LES

BONS EXEMPLES

NOUVELLE MORALE EN ACTION

PARIS. — IMP. SIMON RAÇON ET COMP., RUE D'ERFURTH, 1.

LE CURÉ CHARITABLE — P. 143.

L'abbé Léger faisant porter son dîner à de pauvres malades.

LES
BONS EXEMPLES

NOUVELLE

MORALE EN ACTION

Ouvrage rédigé avec le concours et publié sous les auspices de MM.

LE Bon BENJAMIN DELESSERT

ET

LE B^{on} DE GÉRANDO

DEUXIÈME ÉDITION REVUE ET AUGMENTÉE

PARIS
DIDIER ET Cie, LIBRAIRES-ÉDITEURS
35, QUAI DES AUGUSTINS, 35

MDCCCLVIII

INTRODUCTION

La vertu, disait Platon, *si elle était visible, exciterait d'admirables amours.* Eh bien, la vertu se rend visible, en effet, dans l'exemple des bonnes actions; elle s'y montre dans sa réalité pratique et sous mille formes diverses. Les bonnes actions sont l'ornement de la terre, la gloire de l'humanité, la joie des âmes honnêtes, et comme un reflet de la divinité elle-même. Leur présence est un flambeau qui éclaire et qui guide, un foyer qui réchauffe et ranime; elle excite une noble émulation, un saint enthousiasme; elle vivifie et féconde; elle rend facile cette vertu qu'elle nous montre si belle ; car, en nous disant ce que d'autres ont fait, elle nous prouve que nous pouvons le faire comme eux. Aussi les sages ont-ils recommandé, comme le meilleur des enseignements, celui qui s'opère par les bons exemples ; c'est par ses exemples que celui qui a *traversé en faisant le bien* a donné les plus sublimes leçons au monde.

Les moralistes se sont attachés, dans tous les temps, à recueillir, à faire connaître le récit des actions louables ; de nos jours, plusieurs publications ont eu lieu dans le même but et ont obtenu un juste succès. En venant aujourd'hui publier un recueil de ce genre, nous ne saurions prétendre au mérite de l'invention ; nous ne faisons nous-mêmes que *suivre un bon exemple*, et nous le tenons à honneur.

Cependant, en nous proposant le même objet, nous essayons de donner au recueil que nous publions un caractère particulier, qui, nous l'espérons, contribuera à le rendre plus utile encore.

Les exemples que nous rassemblons dans une suite de tableaux sont empruntés à toutes les conditions de la vie humaine, comme aux différents sexes et aux âges divers. Sans négliger ceux qui appartiennent à d'autres siècles, à d'autres pays, et qui forment ainsi, ou de saintes et perpétuelles traditions, ou un lien sacré de consanguinité pour la grande famille du genre humain, nous nous sommes arrêtés plus spécialement aux exemples pris dans notre nation, dans notre temps, et qui se rapportent ainsi d'une manière plus prochaine à nos mœurs présentes et locales. Cette marche nous a été conseillée, sans doute, par l'intérêt qui s'attache aux souvenirs propres à honorer notre patrie et notre génération ; mais nous avons surtout pensé que le spectacle des bonnes actions, en se rapprochant davantage de ceux auxquels il est offert, leur créerait plus aisément des imitateurs.

Les bonnes actions ont toutes un semblable effet, leur utilité pour la société humaine ; et un même principe, le dévouement.

Mais elles vont à leur but par mille voies diverses ; et la vertu,

INTRODUCTION.

qui en est la source, se montre à la fois toujours ancienne et toujours nouvelle.

Elles se rangent naturellement dans trois classes principales :

Les unes sont du domaine des vertus religieuses; elles s'inspirent aux sublimes sentiments de la piété;

D'autres appartiennent particulièrement aux vertus civiles; elles naissent de la bienveillance et des affections sociales, soit au sein de la famille et dans la vie domestique, soit par les services rendus à la patrie, à l'humanité;

D'autres se caractérisent essentiellement par le courage qu'elles supposent; elles brillent surtout dans les vertus militaires; mais elles éclatent dans tout noble triomphe sur le danger ou sur la souffrance.

Le premier rang appartient sans doute aux vertus religieuses, soit par l'élévation de leurs motifs, soit par leur puissante influence sur toutes les autres, qu'elles alimentent, ennoblissent et consacrent; elles sont comme les reines de l'humanité.

Les vertus civiles forment le lien de la grande famille humaine; elles se recommandent par l'universalité de leurs bienfaits; elles sont les délices et l'ornement de la terre.

Les vertus héroïques, privilége des âmes fortes, captivent l'admiration, s'environnent de gloire, et leur grandeur s'égale à la grandeur du sacrifice.

On voit comment ces différents ordres de vertus se tiennent étroitement : il n'est pas une bonne action que la religion ne conseille, ne réclame et ne sanctifie; il n'en est pas une qui ne soit un tribut envers Dieu. La piété et la charité sont sœurs; le second précepte de la loi se confond avec le premier. Le courage et la force d'âme sont la condition du mérite dans les actions humaines; ils sont nécessaires pour accomplir de grandes actions. L'héroïsme lui-même surtout tire son prix des services auxquels il se consacre, du but pour lequel il se dévoue.

En nous dirigeant, dans le choix que nous offrons au public, par cette classification, nous avons désiré conserver aussi les rapports qui unissent entre eux ces trois ordres de belles actions. Tous les trois se succéderont tour à tour dans nos pages, et, en répandant ainsi la variété, maintiendront l'harmonie, fortifieront et compléteront, les uns par les autres, l'enseignement qui doit ressortir de chacun d'eux.

« La publicité donnée aux bonnes actions, disait naguère un grand orateur, est nécessaire au bien général; notre but, en les faisant paraître à la lumière, est de leur donner des imitateurs et d'encourager la bonté, quelquefois trop faible, mais qui n'attend souvent qu'une impulsion pour se fortifier et pour suivre de si touchants exemples. »

« Il est peut-être plus important qu'on ne le croit, ajoutait-il, de donner, par tous les moyens possibles, cette heureuse impulsion : un bon exemple est la meilleure des leçons [1]. »

La grande et salutaire leçon qui ressort de l'ensemble et des détails de ce tableau, où les bonnes actions sont rapprochées et comparées entre elles, c'est celle du dévouement, du dévouement au devoir, du dévouement pour autrui, de l'oubli de soi-même, d'une générosité sincère et pure. C'est un antidote contre le poison de l'égoïsme, qui s'efforce d'envahir la société, contre la prédominance des intérêts matériels, contre ces ambitions impatientes, insatiables, qui aspirent à troubler le monde. C'est une réfutation éloquente et positive à la fois des « funestes doctrines qui font d'un froid amour-propre le mobile unique des actions humaines. » Qu'on nous permette de continuer d'emprunter ici à l'illustre Cuvier, avec les paroles que nous venons de citer, celles qui suivent et qu'il a proférées à l'occasion d'un recueil semblable, auquel nous nous proposons de souvent recourir :

« En effet, disait-il [2], qui pourra désormais jeter les yeux sur nos annales, et y voir tant de malheureux se priver d'une ché-

---

[1] M. Villemain, discours prononcé à la séance publique de l'Académie française, du 9 août 1834.
[2] M. Villemain, discours prononcé le 25 août 1829.

tive subsistance pour élever des orphelins qui leur sont étrangers, tant de vieux domestiques épuisant ce qui leur reste de forces pour soutenir des maîtres devenus indigents et infirmes, tant de pauvres ouvriers hasardant leur vie dans le péril d'autrui, tant de femmes faibles et malades bravant la mort pour lui arracher quelques victimes, et cela tous les jours, tous les instants de la vie, avec une persévérance qui ne se dément jamais; qui pourra, dis-je, apprendre tant de beaux traits, et ne pas s'écrier que les désolantes théories qui rapportaient toute la morale à l'intérêt personnel ne sont que d'horribles paradoxes, et que cet amour de nos semblables, ce plaisir de leurs plaisirs, cette souffrance de leurs souffrances, que la religion met au premier rang des vertus chrétiennes, est aussi le premier des penchants que la nature imprime en nous? C'est l'instinct du cœur, comme l'abstraction et la parole sont l'instinct de l'esprit : on l'appelle *humanité*, et avec grande raison; car c'est le caractère moral de l'espèce humaine, et il ne lui est pas moins inhérent que ses caractères physiques. »

« Il est, disait aussi, dans une solennité littéraire, un grand orateur chrétien, des vertus cachées qui fuient l'éclat, loin de le chercher; on ne peut, sans les contrister et sans leur faire une sorte de violence, déchirer le voile qui les couvre, pour les produire au grand jour. Sans bruit et sans faste, elles n'ambitionnent pas les applaudissements publics; elles soulagent en secret l'infortune et l'indigence, contentes de s'exercer sous les regards de celui qui ne doit pas laisser sans récompense le verre d'eau froide donné en son nom, et qui a dit cette belle parole : « Il y a plus de bonheur à donner qu'à recevoir. »

« Cependant, il arrive plus d'une fois que ces douces et délicates vertus répandent autour d'elles, et comme malgré elles, je ne sais quelle bonne odeur qui les décèle : semblables à ces fleurs modestes que leur parfum trahit et révèle au passant, dont elles n'étaient pas aperçues; même il importe au bien de tous de tirer, de temps en temps, de leur obscurité ces actions vertueuses qui honorent l'humanité, font rougir le vice, et reposent l'âme fatiguée du récit de tant d'actions scandaleuses et criminelles, que les trompettes de la renommée font retentir dans la France entière.

« Le monde a besoin de grands exemples; c'est le moyen le plus court, comme le plus sûr, de l'accuser et de le confondre sans trop l'humilier. L'homme se roidit contre les leçons qu'on lui donne, il leur oppose son orgueil; le bon exemple le touche toujours, lors même qu'il ne le persuade pas; il n'a autre chose à lui opposer que sa faiblesse : c'est donc servir utilement son pays que de chercher à combattre la publicité du mal par la publicité du bien, l'égoïsme par des actes de dévouement, et la dure indifférence par des traits de charité[1]. »

Les bonnes actions grandissent de toute la modestie de leurs auteurs et de toute la simplicité qui les accompagne.

Afin d'imprimer, à l'image des bons exemples, autant qu'il est possible, le caractère d'un véritable enseignement, nous nous sommes attachés à choisir ceux qui renferment à la fois une instruction plus abondante, plus fructueuse, plus générale; nous ne devions pas négliger de rappeler les beaux traits qui se sont souvent produits dans les conditions sociales les plus élevées; il faut rappeler sans doute aux puissants et aux riches que les dons, confiés à leurs mains par la Providence, ne sont qu'un dépôt dont ils doivent user pour le service de tous, et que leur plus précieux privilège consiste dans l'abondance des moyens qui leur sont donnés pour faire le bien; il faut apprendre également à honorer ceux qui ont su comprendre et remplir une aussi noble mission. Mais les exemples les plus utiles sont ceux qui peuvent obtenir un plus grand nombre d'imitateurs; il faut révéler aussi à ceux qui sont le moins favorisés par la fortune, la puissance inconnue dont ils disposent pour faire beaucoup avec peu.

[1] M. l'évêque d'Hermopolis, discours prononcé dans la séance publique de l'Académie française, le 25 août 1823.

INTRODUCTION.

« Si faire le bien est une vertu, disait encore Cuvier, savoir tirer un grand bien de moyens faibles est une vertu d'un autre ordre, non moins belle dans celui qui la possède, et infiniment plus précieuse pour la société; la Charité a aussi son génie, et alors, comme la Foi, elle produit des miracles[1]. »

« L'instruction, qui découle des exemples empruntés aux conditions les plus modestes, ne suppose ni des circonstances extraordinaires, ni un héroïsme au-dessus de la portée naturelle des âmes honnêtes; elle peut s'appliquer à la vie la plus simple, la plus obscure, la plus dénuée de grandes occasions. Car il n'est pas de destinée si humble, où l'on ne puisse se créer des devoirs qui, par la persévérance, deviennent d'admirables vertus. C'est ainsi que des personnes de la classe la plus pauvre ou du sexe le plus faible ont mérité des honneurs publics[2]. »

Les bonnes actions les plus dignes de ce titre, celles qu'il est le plus utile d'enseigner par l'exemple, sont celles qui appartiennent au fond du caractère, à la constance d'une volonté pure et d'une générosité infatigable. Nous avons donc cherché à signaler de préférence celles dont l'élévation morale « réside moins dans un élan passager de l'âme, dans un effort sublime et momentané, que dans le dévouement uniforme d'une vie entière. Ce résultat même est une leçon. Qui dit vertu dit constance, long effort sur soi-même et en faveur des autres[3]. »

On comprend pourquoi nous avons aussi signalé, avec une sorte de prédilection, les actes d'une charité éclairée. On ne saurait se lasser de recommander de tels exemples, en présence de tant de misères humaines que la charité ne doit pas se lasser elle-même de consoler, de soulager; mais il importe aussi de donner l'intelligence de la vraie charité, de celle qui assiste efficacement. Il importe, plus que jamais peut-être, d'étendre et de fortifier le bienveillant patronage que les classes aisées doi-

---

[1] M. l'évêque d'Hermopolis, dans son discours déjà cité.
[2] M. Villemain, dans son discours déjà cité, du 9 août 1854.
[3] M. Villemain, même discours.

vent aux classes indigentes; d'enseigner aux uns à donner, aux autres à recevoir; car il y a, en effet, des obligations pour ceux qui reçoivent : le bon usage du don et la gratitude envers le bienfaiteur. Aussi rapporterons-nous des exemples de reconnaissance, vertu non moins nécessaire que la générosité, et quelquefois moins pratiquée.

Du reste, raconter les prodiges de la charité, n'est-ce pas convier au culte de la vertu, dans ses applications les plus étendues? n'est-ce pas dans l'exercice de la charité qu'elle se montre plus touchante, plus attrayante, qu'elle révèle mieux sa céleste origine!

Notre dessein ne pouvait être d'offrir ici, à l'imagination des lecteurs, des tableaux fantastiques destinés seulement à les charmer ou à les émouvoir. Nous nous sommes fait, au contraire, un devoir de ne proposer en exemple que des actions réelles, positives, et par conséquent que des récits d'une authenticité incontestable.

Nous avons donc recouru d'abord, pour les exemples des vertus religieuses, aux biographies des héros du christianisme, à celles qui sont le plus accréditées, heureux d'avoir, pour de si beaux modèles, des traditions dignes de la plus entière confiance.

Nous avons consulté ensuite les recueils, déjà mis au jour, qui ont mérité et obtenu la faveur du public, comme ceux dont M. Bérenger, de Lyon, a été l'auteur, comme celui des *Hommes utiles*, et nous leur avons emprunté quelques citations qui pouvaient concourir au but spécial que nous nous proposons dans le nôtre.

Mais nous avons puisé surtout à deux sources principales, qui avaient, à nos yeux, tout ensemble l'avantage de nous fournir, pour l'exactitude des faits, les témoignages les plus dignes de foi, d'établir le mérite des actions sur des autorités respectables, et de présenter les exemples les plus particuliers à notre nation et les mieux en rapport avec les mœurs de notre siècle.

INTRODUCTION.

La première de ces deux sources consiste dans les récits des actions auxquelles l'Académie française a décerné les prix de vertu, fondés par le généreux Montyon, à dater de l'époque de cette fondation. Ici la réalité des faits est prouvée par des enquêtes régulières ; ici la beauté des traits a été signalée par d'imposants suffrages. Nous n'ignorons pas que la sévérité exclusive de quelques moralistes n'a point approuvé ces distributions solennelles de couronnes et de récompenses décernées à la vertu qui se plait à l'ombre, et qui trouve sa rémunération en elle-même, et que certains critiques ont censuré, sous d'autres rapports, ces épisodes des séances académiques, comme trop étrangers au commerce de la littérature et des arts. Nous aurions beaucoup à répondre et aux uns et aux autres ; mais les éminents orateurs qui ont tour à tour présidé à ces solennités y ont trop bien répondu eux-mêmes, et par les considérations qu'ils ont fait valoir, et par le succès qu'ils ont obtenu, pour qu'il soit besoin d'une autre apologie. « L'élite de la société éclairée, qui aime à fréquenter les assemblées littéraires pour y goûter de nobles plaisirs, ne s'est pas moins complu à entendre le récit d'une bonne action, que le mérite d'un bel ouvrage. » Dès la fin du siècle dernier, « elle couvrait de ses applaudissements une marchande mercière de Paris, qui avait brisé les fers d'un prisonnier de la Bastille ; un artisan pauvre qui avait refusé un legs dont le payement aurait appauvri la famille du testateur ; des personnes courageuses qui, au péril de leur vie, avaient secouru des naufragés ; des domestiques fidèles ennoblissant leur état en devenant les soutiens de leurs anciens maîtres tombés dans l'indigence ; une servante qui s'était signalée par son dévouement au milieu du pillage de la manufacture de M. Révillon ; une fille qui avait renoncé à sa liberté pour s'enfermer pendant dix-huit ans auprès de sa mère[1]. »

Pour nous, qui, n'ayant ni couronnes à décerner, ni récom-

---

[1] Discours du comte Daru, directeur de l'Académie française, à la séance publique du 24 août 1819.

penses à distribuer, nous nous bornons ici à reproduire fidèlement le récit des actions dignes d'être transmises pour l'instruction des âges futurs, nous nous félicitons de pouvoir, en puisant à une source semblable, rappeler ainsi le noble tribut que le génie s'est chargé d'acquitter à l'égard de la vertu, et emprunter aux littérateurs les plus distingués de notre pays et de notre siècle, les tableaux des bons exemples qu'ils ont tracés et offerts à l'admiration publique.

La seconde source, non moins précieuse, nous a été ouverte par l'obligeance de M. le ministre de l'intérieur et de M. Antoine Passy, sous-secrétaire d'État à ce département, auxquels nous aimons à témoigner ici notre juste reconnaissance. Elle consiste dans plusieurs documents relatifs aux honneurs et aux récompenses que le gouvernement lui-même a décernés aux actions de dévouement les plus remarquables et qui sont venues à sa connaissance. Ceux de ces documents qui se rapportent à des actions qui ont eu des militaires pour auteurs ont été réunis à cette collection et en accroissent encore la richesse. Combien de traits admirables le gouvernement ne s'est-il pas plu à signaler à l'estime publique, seulement dans deux circonstances récentes, les ravages du choléra en 1831, les inondations qui ont affligé le midi de la France pendant le dernier hiver (1840) !

Les *Annales maritimes*, publiées par le ministère de la marine, nous ont été d'un secours également favorable pour recueillir et reproduire les beaux et nobles exemples que nos marins ont si souvent donnés dans cette vie, qui n'est elle-même qu'un long courage. Nous avons été assez heureux pour obtenir aussi la faveur de recourir aux Archives de la Légion d'honneur.

« Dans notre heureuse patrie, nous pouvons, avec une juste fierté, montrer à nos amis autant de citoyens vertueux que nous avons opposé d'émules à nos rivaux et de braves à nos ennemis [1]. »

---

[1] Le comte de Ségur, discours prononcé le 24 août 1822.

Oh! si nous pouvions, en transmettant le récit des exemples, transmettre aussi les émotions profondes que nous avons ressenties en contemplant nous-mêmes d'aussi beaux modèles; si, en les parcourant, le vieillard se sentait consolé des épreuves de la vie et de la douleur que, tant de fois, lui a fait éprouver le spectacle des désordres causés par les passions humaines; si le jeune homme, enflammé d'une généreuse émulation, s'écriait : « Et moi aussi, je suis capable de dévouement! » si l'homme laborieux, qui, au sein d'une humble condition, se délassera des fatigues du jour par cette lecture, se sentait relevé à ses propres yeux, encouragé en découvrant tout ce qu'il peut y avoir de grandeur dans des vertus simples et ignorées; si la mère, entourée de ses jeunes enfants, pouvait, en attachant leurs regards sur l'image qui retrace ces souvenirs, en leur en expliquant le sujet, déposer dans leurs jeunes cœurs les premiers germes de l'amour du bien; si nos faibles efforts pouvaient ainsi concourir à perpétuer les saintes traditions dont le premier anneau se rattache au ciel, et dont la chaîne doit embrasser l'humanité; alors notre but serait atteint, nos vœux seraient accomplis.

B^{on} DE GÉRANDO.

M. DE MONTYON

PAR M. ERNEST FOUINET

a charité, toujours la charité, c'est la vertu que nous retrouvons partout, sous tous les traits, dans tous les âges, lorsque nous allons à la recherche de ces êtres élus qui furent les protecteurs et les amis du genre humain. La charité ardente, incessante, dévouée, tel est le plus beau caractère dont brillent au fond les anges de ce monde, telle fut par excellence la vocation sainte de M. de Montyon.

Son amour pour la justice et la protection due à tous les hommes devant la loi se manifesta dès son entrée dans la magistrature. Il n'avait que vingt-deux ans lorsque, en 1755, il fut nommé avocat du roi au Châtelet, après les études les plus brillantes, les plus solides, et montra, dans l'exercice de ses fonctions, une telle probité, tant de désintéressement, tant d'inflexible attachement à ses principes, qu'on le surnomma le *gre-*

nadier de la robe; expression heureuse comme toutes celles que trouve la voix populaire, ce glorieux surnom le proclamait, en quelques mots, l'intrépide défenseur des droits, le gardien non moins intrépide qui veillait à l'exécution des devoirs, la sentinelle de la justice, le soldat toujours prêt à monter à l'assaut pour obtenir ce qui était juste.

C'est ce qu'il prouva d'une manière éclatante lorsque, appelé avant l'âge et au moyen d'une honorable dispense, dans une des plus importantes sections du conseil d'État, il s'agit de faire de ce conseil une commission illégale appelée à juger au criminel un magistrat en qui le gouvernement d'alors voyait un ennemi. Tous les conseillers-courtisans s'étaient levés pour voter cette mesure que sollicitait le pouvoir; mais un autre pouvoir sollicitait plus impérieusement que tout autre M. de Montyon, c'était le pouvoir de la conscience et du sentiment du devoir, le pouvoir de la justice. Le jeune maître des requêtes y obéit et s'opposa seul à l'infraction de la loi.

Que lui importait la disgrâce qu'il subit quelques années après? Ne trouvait-il pas en lui les plus pures consolations en se rappelant combien de malheureux il avait arrachés à la mort, à la mort la plus cruelle, à la mort par la faim, lorsqu'il était intendant de la province d'Auvergne? Une famine s'étant tout à coup déclarée dans cette contrée, les hommes, exténués par le besoin, n'avaient plus la force de travailler aux champs, et ainsi se préparait une nouvelle année de disette; les femmes, éplorées, voyaient avec désespoir leurs enfants étendre leurs bras vers elles, en leur demandant, par leurs cris, par leurs gestes, du lait, du pain : elles n'avaient pas un morceau de pain dans la huche, pas une goutte de lait dans leurs mamelles taries. Tout allait périr de misère, de détresse. Mais M. de Montyon était là; il était riche, tout le monde devait avoir du pain de même que lui; c'est ce qu'il s'était dit dans sa justice, sœur de sa charité. Aussitôt des travaux publics ordonnés à ses frais, et qui embellirent la ville d'Aurillac, donnèrent de quoi vivre à une population nombreuse; des approvisionnements eurent lieu à la voix de l'intendant : la province fut sauvée, et, bénissant d'une voix unanime M. de Montyon, elle couvrit par un concert d'actions de grâces les paroles de blâme que faisait entendre contre lui un ministre irrité.

Aussi un monument fut-il élevé à M. de Montyon par les habitants de l'Auvergne. Les sympathies des populations reconnaissantes ne permirent pas que cet homme vertueux restât longtemps et complétement disgracié. Une place de conseiller d'État lui fut départie, et bientôt il fut nommé chancelier de la maison de l'un des princes de la famille royale; voici à quelle occasion. Un jour, il attendait une audience du roi, et, près de lui, attendaient également de jeunes seigneurs de la cour. Ceux-ci, ne rêvant qu'élégance et mode nouvelle, ne manquèrent pas de remarquer le costume antique, la large perruque de M. de Montyon, et de la remarque au sourire il n'y eut qu'un pas; puis voici qu'un prince aussi jeune et aussi étourdi qu'eux, venant à passer, encouragea l'expression de leur gaieté en y prenant part. Le roi le sut et adressa au prince de sévères reproches sur sa conduite envers un magistrat distingué tant par les qualités de l'esprit que par celles de l'âme. Le prince réfléchit. Il vint le lendemain trouver le roi : « Sire, j'ai pensé, lui dit-il, à réparer mon tort envers M. de Montyon. La place de chancelier de ma maison est encore vacante; je viens demander pour lui cet emploi. » M. de Montyon fut appelé sur-le-champ aux fonctions de chancelier du comte d'Artois.

Ses hauts talents allaient peut-être lui valoir la simarre de garde des sceaux au moment où éclata la révolution de 1789, et l'un des plus cruels fléaux de cette grande convulsion fut sans doute l'exil que M. de Montyon dut s'imposer loin de ses compatriotes, qui auraient eu tant besoin de ses secours et de son appui immédiat. Il croyait du moins laisser derrière lui des fondations inattaquables, créées par lui, sous le voile de l'anonyme, dès l'année 1782 : un prix annuel de douze cents francs pour récompenser l'ouvrage le plus utile aux mœurs, et un autre prix de la même somme, destiné à l'auteur de l'action la plus vertueuse. L'Académie française était chargée de décerner l'une et l'autre couronne, à la vertu en préceptes, à la vertu en action; mais le gouvernement révolutionnaire supprima tout à la fois et les fondations pieuses et l'Académie, à laquelle le soin en avait été départi.

Toutefois, dans le cours des quelques années qui s'écoulèrent depuis son retour de l'émigration, de 1815 au 26 décembre 1820, terme de sa belle vie, M. de Montyon réalisa tous les actes de charité qu'il aurait pu accomplir pendant sa longue absence. Les méditer, telle avait sans doute été la consolation des jours passés loin de la patrie, et, à son dernier moment, il ordonna que ses bienfaits fussent éternels. Une riche dotation fut consacrée, par sa volonté suprême, à compléter admirablement l'œuvre de charité qui prend soin des malades pauvres dans les hôpitaux dont Paris a un luxe si magnifique. Naguère encore, il ne se passait pas de jour sans que l'on rencontrât des hommes, des femmes, pâles, épuisés, chancelants, appuyés aux murs, assis sur les bornes des rues, mendiant d'une voix éteinte, d'une main amaigrie, et racontant aux passants qui les interrogeaient comment ils sortaient de l'hôpital, mais à peine guéris, sans force encore pour travailler, sans pain, sans ressource. Ils avaient échappé à une maladie entourée de soins; ils allaient succomber à une convalescence dénuée de tout soutien, de tout bien-être, à une convalescence accablée de misère. Il n'en est plus ainsi à présent. Grâce à M. de Montyon, les pauvres malades n'ont plus à redouter le moment où ils se porteront mieux et devront céder leurs lits à d'autres; s'ils reçoivent des secours au moyen desquels ils peuvent se procurer un asile, se rétablir et retrouver des forces qui leur permettent de se livrer au travail, c'est M. de Montyon qu'ils doivent bénir : l'ange des convalescents pauvres est M. de Montyon.

C'est ce qu'il fut toute sa vie, ange, ange invisible de charité.

Une famille, tombée de l'aisance dans la détresse, souffrait-elle, au fond d'un galetas, tous les maux d'une indigence d'autant plus affreuse qu'elle succédait à l'abondance, d'autant plus complète et désespérée qu'elle se repliait sur elle-même et se dérobait publiquement à tous les regards; oh! il était un ange dont les yeux voyaient les douleurs les plus secrètes, les plus recueillies, un ange qui ne vivait ici-bas que pour les épier, les découvrir, et la malheureuse famille s'en apercevait bientôt en recevant de mystérieux secours. Au milieu des misères de la révolution, souvent les habitants de ce pays d'Auvergne, dont M. de Montyon fut le bienfaiteur, virent descendre sur eux de nouveaux bienfaits, que le rayon voilé d'un ange leur avait apporté d'un lointain exil. Des Français expatriés à Londres apprirent aussi qu'ils avaient cet ange près d'eux, mais ils ne l'apprirent que par ses bonnes œuvres.

M. de Montyon porta donc de lui-même le jugement le plus fondé, et se rendit toute justice lorsque, dans un mémoire adressé au roi proscrit, en 1796, il écrivait ces lignes : « Si je puis me féliciter de quelques actions louables, j'ai pris plus de soin pour les cacher que d'autres n'en ont pris pour en cacher de répréhensibles. » En effet, que de fois les académies, ayant exprimé le regret de n'avoir qu'un prix à décerner lorsque plusieurs concurrents le méritaient, reçurent d'un anonyme les fonds destinés à récompenser ces diverses œuvres d'une valeur égale? Ne nous a-t-on pas raconté la lutte qui s'établit entre un jeune écrivain pauvre et un bienfaiteur anonyme qui voulait venir à son secours? « Je n'accepte le bienfait que sous la condition que je connaîtrai mon bienfaiteur, disait avec délicatesse l'homme de lettres. — Je ne montrerai jamais la main qui répand le bienfait, » répondait l'anonyme avec la modestie de la charité; mais la charité est ingénieuse, et soyons bien sûrs que celle de l'anonyme, qui n'était autre que M. de Montyon, trouva le moyen de venir en aide au pauvre et noble auteur sans révolter la fierté de sa misère.

Ce fut la mort seule qui souleva le voile de M. de Montyon, et fit connaître à la France quelle était cette main cachée qui avait répandu tant de bien. M. de Montyon léguait son immense fortune en plus grande partie aux bureaux de bienfaisance et aux hôpitaux; aussi, chose touchante, vit-on de toutes parts accourir par centaines, à ses funérailles, des pauvres qui pleuraient comme s'ils eussent perdu un père.

Et pourtant, à son dernier soupir, il s'était reproché de *n'avoir pas fait aux hommes tout le bien qu'il aurait pu et par conséquent dû leur faire*, scrupule admirable d'une âme tendre qui n'est jamais satisfaite d'elle-même, parce que la charité, passion sainte, est avide, fervente, insatiable. La charité de M. de Montyon a cependant élevé au milieu de notre société d'immortels monuments. Tant que dura sa longue vie, constamment préoccupé du sort des classes pauvres et du soin de l'améliorer au physique comme au moral, il a appelé à la continuation de ce soin pieux les hommes éclairés de toutes les époques à venir. Le talent et le génie sont ses éternels exécuteurs testamentaires. Grâce à ses riches fondations, des concours annuels sont ouverts pour rechercher les moyens de rendre moins malsaines certaines professions, et des prix sont destinés à récompenser les remèdes les plus utiles au corps. C'est l'Institut qui décerne ces prix.

Le premier soin de M. de Montyon, en rentrant dans sa patrie, avait été de rétablir les fondations que 1793 avait anéanties, et les actions vertueuses, les ouvrages utiles purent encore espérer d'autre récompense que celle d'une conscience satisfaite. L'Académie française reprit avec joie les fonctions que lui confiait un bienfaiteur caché.

Ce fut certainement une belle et féconde pensée que celle d'encourager la publication d'ouvrages *utiles aux mœurs* et la composition de livres tels, que l'artisan, le jeune homme, les ouvrant avec empressement pour se reposer de leurs travaux par les plaisirs de l'imagination et de l'intelligence, y trouveraient de salutaires préceptes de morale et de conduite, soit envers le monde, soit envers le ciel. L'avenir, mieux encore que notre époque, appréciera le service rendu à la société par M. de Montyon, lorsqu'il a ouvert une carrière honnête et pure aux écrivains, dont notre siècle a du reste une déplorable abondance. L'ouvrage le plus utile aux mœurs serait peut-être celui dont le but tendrait à mettre en garde les jeunes gens qui *prennent pour génie une ardeur de rimer*, contre cette croyance funeste dans une prétendue vocation, et serait assez efficace pour les détourner de ces illusions fatales. Quel succès utile et profitable n'obtiendrait pas cet ouvrage qui les déciderait à s'en tenir au métier ou à l'industrie de leurs pères, et à préférer au périlleux métier d'auteur la charrue ou le compas, qui les feraient vivre honorablement! Il est des jours où, plus que jamais, les écrivains doivent être des instituteurs publics : nous sommes essentiellement dans ces jours; voilà pourquoi M. de Montyon a senti qu'il rendrait un service éminent à son pays en faisant un appel à tous ceux qui se sentent capables d'écrire des œuvres utiles, et d'obéir à sa voix en donnant aux hommes des livres bons et salutaires.

Un livre bon et salutaire entre tous, c'est un recueil que publie annuellement l'Académie française, c'est le récit des belles actions auxquelles M. de Montyon a voulu que ce corps illustre décernât aussi les prix attribués par lui aux actions vertueuses. Livre magnifique dont M. de Montyon est bien réellement l'auteur, puisque sans lui il n'existerait pas; il nous montre les plus humbles et les plus admirables vertus dans les galetas les plus dénués, dans les plus humbles chaumières; c'est un superbe trophée de tous les dévouements, qui se résument par le beau mot de charité. Ici, c'est une femme qui ne vit que pour veiller auprès des malades, une jeune fille dont toute la jeunesse s'est pieusement passée à soutenir son père, sa mère infirme, et qui partage encore son morceau de pain sec avec des orphelins; là, c'est un homme qui ne peut voir un incendie sans s'y précipiter pour disputer des malheureux aux flammes ; un autre que les vagues les plus formidables n'effrayent pas quand il s'agit de sauver des naufragés ; là des serviteurs, bien rares de nos jours, qui se sont attachés à leurs maîtres tombés dans la détresse, qui ont travaillé nuit et jour et mendié pour eux! Ames sublimes, saintes manifestations de la divinité, tous ces anges de charité et de dévouement s'enveloppaient dans leurs ailes. M. de Montyon a voulu qu'ils eussent un touchant triomphe public. Chaque année, ils sortent un jour de leur pieux mystères ; de pathétiques narrations apprennent, ce jour-là, à la réunion de tout ce que Paris a de plus brillant et de plus élevé, les actes sublimes d'abnégation qui ont mérité les *prix de vertu* à d'humbles et modestes créatures. Ici l'exemple vient d'en bas resplendir aux yeux d'un auditoire ému qui salue des mêmes applaudissements le nom de ces pauvres vertueux, du vertueux riche M. de Montyon ; et ces noms, prononcés ensemble avec un égal respect, rendent un éclatant témoignage de l'égalité qu'établit la vertu entre les hommes.

VIE DU CARDINAL DE CHEVERUS

RÉSUMÉE PAR M. VILLEMAIN [1]

ur un point des vastes États d'Amérique, dans une de ces grandes villes démocratiques et commerçantes où l'activité du travail et l'amour du gain ont transporté tous les arts de l'Europe, se préparait un autre missionnaire, dévoué plus utilement au bonheur des hommes. Jeté hors de son pays en 1793, un jeune prêtre français avait trouvé à Boston, au milieu du libre concours de toutes les sectes chrétiennes, une église catholique faible et peu nombreuse. Bientôt il l'accroît, il la ranime par l'ardeur de son zèle et sa vertu persuasive; il est à la

[1] Dans son rapport sur le concours de 1841, pour les prix Montyon.

fois le plus fervent et le plus tolérant des hommes. Simple et modeste dans ses manières, spirituel, brillant, gracieux par la parole, il charme les protestants américains en leur prêchant l'Évangile dans la langue de leurs pères.

Cet apostolat dans une ville ne suffit pas à sa charité. Aux confins des six États nommés autrefois la Nouvelle-Angleterre, au delà du Connecticut, erraient encore des tribus sauvages, du nombre de celles que l'implacable progrès de la civilisation américaine fait successivement disparaître de la face du globe. Le jeune prêtre les regarde comme dévolues à sa mission catholique de Boston. S'aidant du jargon d'une vieille esclave sauvage qui parlait un peu l'anglais, il apprend la langue de ces peuplades; puis, seul, comme le missionnaire dont M. de Chateaubriand a tracé l'immortelle peinture, avec son bâton et son bréviaire, il s'enfonce dans la profondeur des bois, et

va chercher des âmes à sauver, des hommes à convertir et à humaniser. Dans cette poursuite, il a le bonheur de retrouver quelques restes d'une ancienne *mission* chrétienne. Il les rassemble, il les vivifie de nouveau par l'ardeur d'une charité dont le souvenir ne s'effacera plus dans le cœur oublieux du sauvage. Vivant sous les huttes de ces pauvres tribus, traversant les fleuves dans leurs frêles pirogues, les sauvant, par ses prières et son autorité, de la contagion des marchands qui leur apportaient les liqueurs enflammées de l'Europe, il passa là plusieurs mois à instruire, à consoler, à guérir; et dans la suite il revint souvent visiter son diocèse du désert. Mais il lui fallut alors le quitter pour retourner à Boston : une épidémie de fièvre jaune l'y rappelait. Il accourt, et dans le trouble général, quand les affections de famille, quand le zèle religieux même, reculaient effrayés, il est partout l'assistant des abandonnés et le consolateur des mourants.

Que pouvait un titre pour tant de vertus? Rome cependant, qui voyait alors (c'était en 1798) le culte catholique menacé dans une partie de l'Europe, apprit avec une vive joie les miracles de charité qu'un prêtre français exilé suscitait en Amérique, et elle se hâta de l'honorer en le nommant évêque de Boston. Ce titre, sans pouvoir, sans crédit temporel au milieu d'une ville étrangère et dissidente, devint pour M. de Cheverus, comme pour un évêque de l'Église primitive, un instrument de charité universelle, un signe public de conciliation et de paix, au milieu de la division des sectes, envenimée par la division des partis. Dans la rudesse souvent si injurieuse de la liberté américaine, son nom, toujours béni par le pauvre, n'était jamais prononcé qu'avec respect; son secours était partout invoqué; ses dons semblaient inépuisables, tout pauvre qu'il était; sa voix faisait partout élever des églises et des écoles. L'âpreté du zèle sectaire tombait devant sa douceur, et souvent les pasteurs des différents cultes le priaient de prêcher dans leurs temples, comme si sa parole vraiment apostolique fût venue rendre aux chrétiens leur unité première. C'est ainsi qu'il fut occupé près de trente ans en Amérique, étendant son influence et sa vertu depuis Boston jusqu'à Baltimore.

L'Europe avait bien changé dans cet intervalle : elle avait été bouleversée et reconstruite. Les républiques, les empires, avaient passé; une restauration était debout pour la seconde fois. Parmi les préoccupations souvent aveugles de ce pouvoir entouré d'obstacles, il lui vint la sage idée de rappeler en France le pieux et tolérant évêque de Boston, et de lui confier un siége épiscopal. Cette simplicité tout apostolique, cette longue habitude des mœurs d'un État libre, cette indulgence d'un esprit aimable et supérieur, cette piété qui se marquait toujours par les œuvres, tous ces traits du caractère de M. de Cheverus lui gagnèrent les cœurs à Montauban comme à Boston. La division des sectes, qu'une fausse politique avait ranimée, céda sans peine au saint évêque, qui venait en 1825 rapporter dans une de nos villes du Midi la tolérance américaine, avec l'effusion d'âme et la douceur de Fénelon.

Bientôt vint s'offrir à lui une de ces occasions déplorables où la charité, où le dévouement, ont besoin d'être immenses

comme le malheur. Une inondation désola le département du Tarn, et, sans entraîner autant de maux que les ravages du

Rhône, il y a quelques mois, frappa des villages entiers de misère et de désespoir. Donnant alors un exemple qui s'est récemment renouvelé, M. de Cheverus se mêle partout au péril, encourage les travailleurs, assiste les victimes, recueille et nourrit dans sa propre demeure plus de trois cents personnes, pendant que ses démarches actives et sa charité impérieuse obtenaient des secours de toutes parts pour réparer les pertes des deux faubourgs inondés.

M. de Cheverus est appelé du siége épiscopal de Montauban à l'archevêché de Bordeaux; les dignités de l'État lui sont prodiguées. Sa modération, son humilité, sa tolérance, sa popularité même, n'en éprouvèrent pas la plus légère attteinte; il resta, pour tout le monde, bienveillant et respecté.

L'épreuve même d'une révolution soudaine ne troubla ni cette vertu si sûre d'elle-même, ni cette autorité si douce exercée sur les âmes. Plaignant le malheur, mais jugeant les fautes, inaccessible aux passions de parti, et préférant à tout la religion et la France, M. de Cheverus seconda de sa libre et fidèle adhésion le pouvoir tutélaire qui s'élevait par le vœu public. Son cœur d'ancien émigré était attristé, il n'en fut que plus tendre et plus secourable à tous. Sa maison épiscopale était appauvrie, il redoubla de simplicité pour lui-même et de charité pour le malheur; on le vit plus souvent à pied dans les rues pour aller visiter les pauvres, et faire parfois le catéchisme dans les écoles d'enseignement mutuel. Quand le fléau du choléra s'étendit, et que, dans le trouble public, on se préparait partout à le combattre, M. de Cheverus fit aussitôt de son palais un hospice, et il n'en sortit que pour aller chaque jour visiter dans les dépôts publics les malheureux frappés de contagion, ou pour monter en chaire et prêcher contre ces bruits funestes d'empoisonnement qui troublaient l'imagination du peuple, et ajoutaient la sédition au fléau. Le mal dura peu, et le peuple de Bordeaux puisa dans cette prompte délivrance plus de dévouement encore à son saint archevêque. Pour lui, son âme vive et pure, en jouissant avec délices des témoignages de l'affection publique, n'en tirait aucun orgueil; et il poursuivait seulement avec plus d'ardeur sa tâche de chaque jour, infatigable dans les moindres devoirs comme il était admirable dans les plus grands.

Une vertu si constante et si approuvée ne pouvait échapper à l'attention du roi. Sa Majesté, dès qu'elle en eut l'occasion, désigna M. de Cheverus pour la pourpre romaine. Toutes les opinions applaudirent avec une égale faveur, et jamais, de nos jours, élection ne fut plus populaire que cette promotion d'un cardinal. C'est qu'il y a dans la bonté du cœur, unie à la pureté religieuse, un charme et un ascendant que nulle prévention ne peut méconnaître; c'est qu'aimer les hommes et leur faire du bien au nom de Dieu sera toujours un grand titre dans le monde. Ce fut la puissance de M. de Cheverus et le secret de sa vie heureuse et honorée.

Cette vie approchait du terme sans se démentir un moment. Lorsqu'il rentra dans Bordeaux avec sa dignité nouvelle de cardinal, un sinistre de mer venait tout récemment d'engloutir quatre-vingts pauvres pêcheurs sortis du port de la Teste. M. de Cheverus, au milieu des acclamations de la foule qui se pressait sur son passage, n'a d'attention et de cœur que pour le désastre qu'il vient d'apprendre; il tourne en pitié et en aumônes tout l'enthousiasme qu'on a pour lui. Les malheureux qui avaient péri laissaient sans ressources leurs veuves, leurs vieux parents et cent soixante et un petits orphelins : c'est là ce qui trouble, ce qui fait pleurer l'archevêque. Il envoie aussitôt, pour porter des secours aux familles désolées, un de ses dignes élèves, celui qui sera plus tard le charitable et courageux évêque d'Alger; il reste à Bordeaux, afin de multiplier les quêtes et de les prêcher lui-même. Il célèbre dans sa cathédrale un service solennel pour les pauvres noyés comme pour les grands de la terre. Des dons passagers ne suffisaient pas : dans son ingénieuse charité, il forme au profit des orphelins de la Teste une association durable de tous les enfants de familles aisées de la ville, ayant à leur tête quelques riches orphelins. Par les

soins des jeunes protecteurs, une école est établie dans Bordeaux pour leurs pauvres pupilles, et l'archevêque soulage ainsi les uns en apprenant aux autres l'exercice éclairé de la bienfaisance et de la vertu.

Ainsi se succèdent incessamment ses bonnes œuvres et ses édifiantes paroles. Fatigué de longs efforts, malade et pressentant déjà sa fin prochaine, M. de Cheverus continua sans interruption de travailler à sa tâche épiscopale, partout inspirant le bien ou le faisant lui-même, et il ne se reposa que pour mourir, en laissant comme un dernier bienfait l'exemple de ses derniers moments.

EUSTACHE, DIT BELIN, NÈGRE DE SAINT-DOMINGUE

PRIX MONTYON, 1832

A Saint-Domingue, sur l'habitation de M. Belin de Villeneuve, propriétaire dans la partie nord de l'île, Eustache naquit en 1773. Il se recommanda de bonne heure à l'attention et aux bienfaits de son maître par des qualités peu communes parmi les noirs. Attaché aux travaux de la sucrerie, dont il s'occupait avec autant de zèle que d'intelligence, il fuyait la société de ses jeunes camarades pour chercher dans la conversation des blancs les instructions qui devaient éclairer son esprit, les vertus qui pouvaient élever son âme. Aussi était-il parvenu à se faire aimer de ses chefs et considérer de ses compagnons, à tel point, qu'au moment où éclatèrent les premiers désastres de la colonie, Eustache dut à l'influence qu'il avait acquise et le salut de son maître et celui d'un grand nombre de propriétaires menacés de périr dans le massacre général.

Quand les nègres, déterminés à la perte des blancs, jurèrent de les égorger tous, ils appelèrent Eustache parmi eux. En lui révélant leur conspiration, ils croient parler à un complice : ils ne sont entendus que par un honnête homme. L'idée du meurtre ne s'associe point, dans l'âme d'Eustache, avec celle de la liberté. Placé entre ses compagnons demandant à la torche et au poignard leur émancipation sanglante, et ses maîtres prêts à périr assassinés sous les décombres de leurs maisons embrasées, il ne balance point. Ni les animosités des noirs contre les blancs, ni la communauté d'intérêts, ni les liens d'affection, ne le retiennent : il va où le porte son sublime instinct, il va où il voit, non des vengeances à exercer, mais des devoirs à remplir, non des triomphateurs à suivre, mais des malheureux à sauver. Dès ce moment, il abjure la race de ceux qui proscrivent : il se fait de la famille des proscrits.

Si notre plan permettait d'entrer dans le long détail des ruses ingénieuses employées par son actif dévouement pour dérober à la mort tant de victimes, on le montrerait sans cesse occupé à prévenir les habitants des complots formés contre eux, se glissant dans les conciliabules des révoltés pour épier et déconcerter leurs mesures, donnant aux propriétaires le temps et les moyens de se réunir, de se fortifier, et enfin d'échapper à l'horrible destinée qui les attendait ; on le ferait voir couvrant son bon maître d'une protection de chaque moment, en échange de celle qu'il lui avait due pendant plus de vingt années ; l'aidant, à travers des périls inouïs, à se ménager une retraite sur un navire américain qui venait de mouiller à Limbé ; faisant transporter dans le bâtiment plusieurs milliers de sucre, pour sauver M. Belin non-seulement du trépas, mais encore du dénûment, et s'embarquant avec lui, sans autre prétention que celle de le servir modestement comme par le passé, après avoir eu l'inconcevable bonheur de mettre hors de danger les jours de quatre cents colons.

Mais quel désespoir ! le navire américain est attaqué et pris par des corsaires anglais. M. Belin et ses amis ne se sont-ils dérobés à la mort que pour tomber dans l'esclavage ? Non : Eustache va les délivrer de ce second péril. Lui qui a fait échouer, du moins en partie, une conspiration, devient alors conspirateur. Tandis que les vainqueurs, sans défiance, se livrent aux joies d'un repas durant lequel il les amuse par ses jeux, l'habile et audacieux Eustache profite de leur sécurité pour tomber sur eux, pour les enchaîner, à l'aide des autres captifs avertis secrètement de son projet; et le bâtiment, délivré, arrive, au milieu des cris de joie de ceux-ci, des soupirs de honte de ceux-là, jusque dans la rade de Baltimore. Ainsi deux fois Eustache a sauvé ses maîtres !

Cet homme, né parmi les esclaves, et digne de figurer au premier rang des citoyens libres, ne se borne pas à signaler sa vertu dans les jours de danger; sa vertu, toujours active, trouve le moyen de s'exercer encore dans les temps de calme. Il n'est point de formes qu'elle ne prenne pour satisfaire l'infatigable besoin d'héroïsme qui dévore le noble enfant de l'Amérique française. Ceux qu'il a sauvés, il va les nourrir; son temps, ses

soins, le produit de son labeur, tout est employé à soutenir l'existence des colons ruinés qui l'entourent. Partout où il passe, il porte des secours, des bienfaits, des consolations. Il faut qu'il dérobe des victimes au tombeau, ou des indigents aux hospices. D'autres ne vivent que pour rêver le mal ; lui n'existe que pour méditer le bien.

Lorsque l'ordre parut se rétablir dans la colonie, M. Belin et son esclave, ou plutôt son bienfaiteur, se hâtèrent d'y retourner avec les autres exilés ; mais, à peine débarqués, ils apprennent une affreuse nouvelle. Vingt mille révoltés, sous le commandement du nègre Jean-François, ont placé leur camp sur les hauteurs voisines de la ville. Cette ville était le Fort-Dauphin, alors occupé par les Espagnols. Les blancs demandent en vain des armes à ces derniers, qui les laissent égorger par les noirs, sortis en tumulte de leurs retranchements. Cinq cents colons périssent dans les rues, dans les maisons, dans l'église même, en présence des Espagnols impassibles. Au bruit de cet épouvantable massacre, M. Belin cherche à fuir. Poursuivi par une troupe de nègres jusque sur les bords de la mer, où il va être précipité, il aperçoit un corps de garde espagnol, se fait reconnaître du commandant, et lui crie : « Sauvez-moi ! » Des soldats accourent, l'arrachent des mains des barbares, le jettent dans leur poste ; et là, couvert de leur uniforme, il voit la fureur des assassins s'arrêter devant l'habit qu'il a revêtu. Il respire, il échappe de nouveau à la mort, et à quelle mort !

Que devenait cependant son fidèle ami ?... Séparé de lui par la foule, après l'avoir inutilement cherché, Eustache recommande son maître à la Providence, et s'efforce de garantir au moins du pillage les débris d'une fortune toujours recomposée et toujours compromise. Habile dans ses projets, c'est à la femme de Jean-François qu'il s'adresse pour conserver les effets de M. Belin. Il se rend sous la tente où elle reposait, couchée et malade, lui annonce la mort de son maître, dont il se dit le légataire, et la conjure de l'aider à soustraire à l'avidité des vainqueurs quelques malles renfermant ses objets précieux, mais dont il se garde bien de faire l'énumération. Muni de son consentement, il coule sous le lit de cette femme ces dernières richesses, court sur le théâtre du carnage, cherche, heureusement en vain, parmi les cadavres, qu'il relève les uns après les autres, celui de son maître; vole aux informations, apprend enfin que ce maître auquel il tient tant, pour lequel il a déjà tant fait, est parvenu à s'échapper; revient essayer d'enlever son dépôt pour le lui rendre, réussit à force d'adresse et de précautions, et s'embarque une seconde fois sur un bâtiment qui se rend au môle Saint-Nicolas, où s'est réfugié M. Belin. Là, Eustache, précédé par le bruit de sa belle conduite, se voit accueilli comme le héros des colonies. On le porte en triomphe, on l'offre en spectacle, on appelle autour de lui les hommages de la population noire; et la vertu a son jour comme le crime avait eu les siens.

Désormais plus de dangers. Aux traits d'un sublime héroïsme vont succéder les marques de la plus ingénieuse affection. Retiré au Port-au-Prince, à la suite de M. Belin, que sa grande réputation avait fait nommer président du conseil privé, Eusta-

che entendait souvent son maître, parvenu au déclin de l'âge, gémir sur l'affaiblissement progressif de sa vue. Si Eustache savait lire, il tromperait les longues insomnies du vieillard en lui faisant la lecture des journaux : quel chagrin pour lui et pour son ami, qui se reproche de ne lui avoir pas procuré dans son enfance un si utile moyen d'instruction ! Ce chagrin ne durera pas. Eustache acquiert le don qu'il regrettait. Il s'adresse en secret à un maître de lecture, et, grâce aux leçons de ce maître, grâce surtout à une volonté puissante, Eustache, sans nuire à son service (car c'était à quatre heures du matin qu'il allait prendre ses leçons), Eustache arrive un jour vers le pauvre demi-aveugle, un livre à la main, et lui prouve par le plus touchant des exemples que, si rien ne semble facile à l'ignorance, rien n'est impossible au dévouement.

Comment les plus hautes inspirations de l'âme ont-elles pu s'allier aux plus délicates inventions du cœur ? comment l'héroïsme a-t-il su devenir la grâce ? Pour charmer la douloureuse cécité d'un père, une Antigone n'aurait pas fait moins ; mais sans doute elle n'eût pas fait mieux.

L'affranchissement d'Eustache suivit de près ; et cet affranchissement, moins encore que ses vertus, l'a naturalisé Français. Bientôt Eustache perdit celui auquel il avait consacré sa vie. Je ne parlerai point de sa douleur : vous la devinez, vous qui êtes entrés dans le secret de sa belle âme. Des legs considérables lui furent remis au nom de M. Belin, entre autres la somme de douze mille francs ; mais tous les trésors qui passaient par des mains si généreuses n'y pouvaient rester. Eustache les regardait comme un dépôt que la Providence lui confiait pour le soulagement des pauvres et des infortunés. Ces nouvelles richesses furent bientôt épuisées, car il y avait tant d'infortunés et tant de pauvres dans les colonies ! Et par malheur on n'y voyait qu'un Eustache !... Ce nom, combien il s'est ennobli depuis que la vertu l'a porté ! Voyez, voyez ce nègre digne de tant de respects, voyez-le déliant tous les jours les nœuds de cette bourse qu'il tient de la reconnaissance de son maître ! Chemises, linge, habits, meubles, tout ce que la misère demande à sa générosité, sa générosité le prodigue à la misère. Voici les soldats, dont la paye est arriérée : Eustache acquitte la dette du gouvernement. Voilà des familles sans pain ; elles en ont : Eustache est venu les visiter. Enfin, Eustache a tout donné : il ne lui reste que le souvenir de ses bonnes actions. C'est assez, il ne se plaindra pas ; il remerciera le ciel, il est content... Il n'a plus rien, mais les autres ont quelque chose.

Depuis ce temps, c'est-à-dire depuis trente-neuf ans, rentré dans l'humble carrière de la domesticité, il passa sa vie à faire ce qu'il a toujours fait, des heureux. Il n'est pas un jour perdu dans cette existence vouée au bien ; à chaque instant on découvre quelque nouvelle preuve de cette générosité incorrigible dont l'exercice lui est si doux. Tantôt ce sont de pauvres enfants qu'il met à ses frais en nourrice, d'autres dont il paye l'apprentissage ; tantôt il achète des outils ou des instruments aratoires aux ouvriers qui n'ont pas même le moyen de se livrer aux travaux de leur profession. Ici d'anciens parents de son maître obtiennent de lui des sommes assez fortes, qu'ils ne lui rendent pas, et dont il ne songe jamais à presser le remboursement ; là, ceux qu'il sert ne lui payent point ses gages, et il les sert encore, parce qu'ils sont tombés dans l'infortune, et que l'infortune a ses droits sur lui. Mais comment donc peut-il suffire à ses prodigalités ? Par ses talents. Bon cuisinier, habile officier de bouche, on l'emploie dans les maisons riches, et il se retranche pour donner. Voilà tout son secret.

Tel est Eustache, tel est cet homme qui honore le nom d'homme. Du sein des deux mondes s'élèvent des milliers de voix pour attester l'inépuisable et sublime bienfaisance d'un simple domestique, qui aurait pu cesser de l'être, s'il n'avait préféré le bonheur de ses semblables au sien. Et, quand la louange vient le chercher, il la repousse, avec sa simplicité habituelle, par ces mots, qu'il a dits à l'un de nous : « Ce n'est pas pour les hommes, mon cher monsieur, que je fais cela ; c'est pour le Maître qui est là-haut. »

DU COURAGE DE L'AMITIÉ

EXTRAIT DE LA MORALE EN ACTION

Deux matelots, l'un Espagnol et l'autre Français, étaient dans les fers à Alger. Le premier s'appelait Antonio ; Roger était le nom de son compagnon d'esclavage. Le hasard voulut qu'ils fussent employés aux mêmes travaux.

L'amitié est la consolation des malheureux. Antonio et Roger en éprouvèrent toutes les douceurs ; ils se communiquèrent leurs peines et leurs regrets ; ils parlaient ensemble de leur famille, de leur patrie, de la joie qu'ils ressentiraient si jamais ils étaient libres ; ils pleuraient enfin dans le sein l'un de l'autre, et cet adoucissement leur suffisait pour porter leurs chaînes avec plus de courage, et pour soutenir les fatigues auxquelles ils étaient condamnés.

Ils travaillaient à la construction d'un chemin qui traversait une montagne. L'Espagnol, un jour, s'arrête, laisse tomber languissamment ses bras, et jette un long regard sur la mer :

« Mon ami, dit-il à Roger avec un profond soupir, tous mes vœux sont au bout de cette vaste étendue d'eau... Que ne puis-je la franchir avec toi !.. Je crois toujours voir ma femme et mes enfants qui me tendent les bras du rivage de Cadix, ou qui donnent des larmes à ma mort. » Antonio était absorbé dans cette image accablante. Chaque fois qu'il revenait à la montagne, il promenait sa vue mélancolique sur cet immense espace qui le séparait de son pays, il formait les mêmes regrets.

Un jour il embrasse avec transport son camarade : « J'aperçois un vaisseau, mon ami... Tiens, regarde... Ne le vois-tu pas comme moi?... Il n'abordera pas ici, parce qu'on évite les parages barbaresques; mais demain, si tu veux, Roger, nos maux finiront... Nous serons libres... Oui, demain, ce navire passera à environ deux lieues du rivage; et alors, du haut de ces rochers, nous nous précipiterons dans la mer, et nous atteindrons le vaisseau ou nous périrons. La mort n'est-elle pas

préférable à une cruelle servitude? — Si tu peux te sauver, répond Roger, je supporterai avec plus de résignation mon malheureux sort... Tu n'ignores pas, Antonio, combien tu m'es cher! Cette amitié qui m'attache à toi ne finira qu'avec ma vie... Je ne te demande qu'une seule grâce, mon ami... Va trouver mon père, si le chagrin de ma perte et sa vieillesse ne l'ont pas fait mourir; dis-lui... — Que j'aille trouver ton père, mon cher Roger?... Eh! que prétends-tu faire?... Me serait-il possible d'être heureux, de vivre un seul instant, si je te laissais dans les fers? — Mais, Antonio, je ne sais pas nager, et tu le sais, toi. — Je sais t'aimer, repart l'Espagnol en fondant en larmes et serrant avec chaleur Roger contre sa poitrine ; mes jours sont les tiens... Nous nous sauverons tous deux. Va, l'amitié me prêtera des forces... Tu te tiendras attaché à cette ceinture. — Il est inutile, Antonio, d'y penser... Je ne saurais m'exposer à faire périr mon ami : l'idée seule m'inspire de l'horreur. Cette ceinture m'échapperait, ou je t'entraînerais avec moi... Je serais la cause de ta perte. — Eh bien, Roger, nous... Mais pourquoi former des craintes ?... Je te l'ai déjà dit, l'amitié soutiendra mon courage. Je t'aime trop pour qu'elle ne fasse pas de miracles... Cesse de combattre mon dessein : je l'ai résolu... Je m'aperçois que les monstres qui nous gardent nous épient ; il y a de nos compagnons mêmes qui seraient assez lâches pour nous trahir... Adieu, j'entends la cloche qui nous appelle : il faut nous séparer... Adieu, mon cher Roger, à demain. » Ils sont renfermés dans leur bagne. Antonio était rempli de son projet : il se voyait déjà franchissant la Méditerranée, libre et dans le sein de ses compatriotes ; il était dans les bras de sa femme et de ses enfants. Roger se présentait un tableau bien différent : son ami, victime de sa générosité, emporté avec lui au fond de la mer, périssant enfin, quand peut-être, en ne s'occupant que de sa seule conservation, il eût pu se sauver et être rendu à une famille qui, selon les apparences, gémissait et souffrait de son esclavage. « Non, se disait dans son cœur l'infortuné Français, je ne céderai point aux sollicitations d'Antonio ; je ne lui causerai pas la mort pour prix de cette amitié si généreuse qu'il m'a vouée : il sera libre... Mon malheureux père apprendra du moins que je vis encore, que je l'aime toujours. Hélas ! je devais être l'appui de sa vieillesse, le consoler !... Je lui étais nécessaire... Peut-être, dans ce moment, expire-t-il dans l'indigence, en désirant voir et embrasser son fils !... Allons, qu'Antonio soit heureux : je mourrai avec moins de douleur. »

On ne vint point le lendemain à l'heure ordinaire tirer les

esclaves de la prison. L'Espagnol était dévoré d'impatience, et Roger ne savait s'il devait se réjouir ou s'affliger de ce contretemps. Enfin, on les rend à leurs travaux. Ils ne pouvaient se parler : leurs maîtres, ce jour-là, les avaient accompagnés. Antonio se contentait de regarder Roger et de soupirer ; quelquefois il lui montrait des yeux la mer, et ne pouvait, à cet aspect, contenir des mouvements qui étaient prêts à lui échapper. Le soir arrive : ils se trouvent seuls. « Saisissons le moment, s'écrie l'Espagnol en s'adressant à son compagnon ; viens. — Non, mon ami ; jamais je ne pourrai me résoudre à exposer ta vie... Adieu, adieu... Antonio, je t'embrasse pour la dernière fois... Sauve-toi, je t'en conjure ; ne perds pas de temps... Souviens-toi toujours de notre tendre amitié. Je te prie seulement de me rendre le service que tu m'a promis à l'égard de mon père. Il doit être bien vieux, bien à plaindre ! Va le consoler. S'il avait besoin de quelques secours... mon ami... » A ces mots, Roger tomba dans les bras d'Antonio en versant un torrent de pleurs : son âme était déchirée. « Tu pleures, Roger !... Ce ne sont pas des pleurs qu'il faut, c'est du courage... Une minute de plus, nous sommes perdus... Peut-être ne retrouverons-nous jamais l'occasion... Choisis : ou laisse-toi conduire, ou je me brise la tête sur ces rochers. » Le Français se jette aux genoux de l'Espagnol, veut encore lui faire des représentations, lui montrer les risques infaillibles qu'il court s'il s'obstine à vouloir le sauver avec lui. Antonio le regarde tendrement, l'embrasse, gagne le sommet d'un rocher, et s'élance avec lui dans la mer. Ils vont d'abord au fond, et reviennent ensuite au-dessus des flots. Antonio s'arme de toutes ses forces, nage en retenant Roger, qui semble s'opposer aux efforts de son ami, et craindre de l'entraîner dans sa chute. Les personnes qui étaient dans le vaisseau restaient frappées d'un spectacle qu'elles ne pouvaient distinguer ; elles croyaient qu'un monstre marin s'approchait du navire. Un nouvel objet détourne leur curiosité : on aperçoit une chaloupe qui s'éloignait du rivage avec précipitation pour se mettre à la poursuite de ce qu'on avait pris pour quelque poisson monstrueux. C'étaient les soldats préposés à la garde des esclaves qui brûlaient de reprendre Antonio et Roger. Celui-ci les voit venir, et en même temps il jette les yeux sur son ami, qui commençait à s'affaiblir. Il fait un effort, et se détache d'Antonio en lui disant : « On nous poursuit ; sauve-toi, et laisse-moi périr... Je retarde ta course. » A peine a-t-il dit ces mots qu'il tombe au fond de la mer. Un nouveau transport d'amitié ranime l'Espagnol : il s'élance vers le Français, le reprend au moment qu'il périssait, et tous deux disparaissent. La chaloupe, incertaine de la route qu'elle devait suivre, s'était arrêtée, tandis qu'une barque détachée du navire allait reconnaître ce qu'on n'avait fait qu'entrevoir. Les flots recommencent à s'agiter ; on distingue enfin deux hommes, dont l'un, qui tenait l'autre embrassé, s'efforçait de nager vers la barque. On fait force de rames pour voler à leur secours. Antonio est près de laisser échapper Roger... Il entend qu'on lui crie : « Bon courage ! » Il serre son ami, fait de nouveaux efforts, et saisit d'une main défaillante un des bords de la barque. Il est près de retomber : on les retient tous deux. Les forces d'Antonio étaient épuisées ; il n'a que le temps de s'écrier : « Qu'on porte du secours à mon ami !... Je me meurs !... » Et les ombres de la mort se répandent sur son visage. Roger, qui était évanoui, ouvre les yeux, lève la tête, et voit Antonio étendu à ses côtés et ne donnant plus aucun signe de vie. Il s'élance sur son corps, l'embrasse, l'inonde de ses larmes, pousse mille cris. « Mon ami, mon bienfaiteur, c'est moi qui suis ton assassin !... Mon cher Antonio, tu ne m'entends plus... C'est donc là la récompense de m'avoir sauvé la vie !... Ah ! qu'on se hâte de me l'ôter, cette vie malheureuse ! Je ne puis plus la supporter : j'ai perdu mon ami !... »

Roger veut se poignarder : on lui arrache une épée dont il s'était saisi. Il raconte, au milieu des sanglots, les détails de son aventure aux gens de la barque. Il retombait toujours sur le corps d'Antonio. « Ne m'empêchez point de mourir... Oui, mon ami, je vais te suivre, ajoutait-il en couvrant ce corps pâle de ses baisers et de ses larmes. Au nom de Dieu, laissez-moi mourir!... » Le ciel, qui sans doute est touché des larmes des hommes lorsqu'elles sont sincères, semble donner une marque signalée de sa bonté en faveur d'un sentiment si rare. Antonio pousse un soupir : Roger jette un cri de joie. On se réunit à lui pour donner du secours au malheureux Espagnol. Enfin il lève un œil mourant ; ses premiers regards cherchent à se fixer sur le Français. A peine l'a-t-il aperçu qu'il s'écrie : « J'ai pu sauver mon cher Roger!... » La barque arrive au vaisseau. Ces deux hommes inspirent une sorte de respect à l'équipage, tant la vertu a de droits sur tous les cœurs! Ils excitent un intérêt puissant : tous se disputent le plaisir de les obliger.

Roger, arrivé en France, courut dans les bras de son père, qui pensa expirer d'un excès de joie; et il fut nommé gondolier de Versailles. L'Espagnol, à qui on avait offert un poste très-avantageux pour un homme de son état, aima mieux rejoindre sa femme et ses enfants; mais l'absence ne diminua rien de son amitié : il demeura en correspondance de lettres avec Roger. Ces lettres sont des chefs-d'œuvre de naïveté et de sentiment. On pourra un jour les rendre publiques pour l'honneur d'un sentiment qui a produit tant d'actions héroïques.

PIERRE GUILLOT

PRIX MONTYON, 1858

Le 15 septembre 1837, le bateau à vapeur le *Vulcain* descendait vers Nantes. Une catastrophe qui fit un grand nombre de victimes arrêta sa course. Le bruit public avait appris aux magistrats qu'au milieu de tous les malheurs s'était rencontré un rare dévouement; on ne savait rien de plus. Il a fallu qu'une compagnie qui fait comme nous, qui recherche les bonnes actions pour les récompenser en les honorant, la Société industrielle de Nantes, se livrât à une minutieuse enquête, fît subir de véritables interrogatoires, et employât, pour découvrir la vertu, les ressorts jusqu'à présent mis en œuvre contre le crime. Voici ce qu'elle a trouvé.

Arrivé près l'Ingrande, le *Vulcain* s'était approché de terre pour embarquer des voyageurs. Dans ce mouvement il touche, ses roues s'embarrassent, sa chaudière se déchire, et la vapeur épanche de tous côtés son flot brûlant. Un marinier, que ce flot redoutable atteint et blesse sur le pont, pense aussitôt à cinq enfants avec lesquels, une minute auparavant, il jouait dans la salle commune. Ce brave homme, qui s'appelle Pierre Guillot, n'a pas d'enfants, mais il aime les enfants. Il avait entendu ceux-là pleurer, et il était allé naturellement aider leur bonne et leur mère à les consoler. Il les tenait sur ses genoux quand la secousse fatale l'avait rappelé précipitamment à son poste. Les infortunés vont périr... Il veut retourner à eux : l'escalier, envahi, avait disparu dans l'eau qui brûle, dans la vapeur qui asphyxie et qui dévore. Vainement il met ses mains sur sa figure : avancer d'un pas est impossible. Et cependant, comme il l'a répété dans son interrogatoire, il y avait là une mère et cinq enfants qui allaient être brûlés tout vivants!... « Cette idée-là, dit-il, me tue. »

Il va aux sabords, se penche, et aperçoit la mère. Vous l'au-

riez vu se suspendre de son pied brûlé à la rampe du bâtiment, et d'un bras robuste enlever cette infortunée, mais sans la sauver : elle était frappée à mort. Il revient, voit la servante et veut la saisir... Elle le repousse : « Non, non ! s'écrie-t-elle à moitié calcinée, sauvez mes enfants ! » Vous pensez que c'est là le trait sublime auquel nos palmes s'adressent?... Hélas! non : le sacrifice a été consommé. Comme nous l'a écrit la Société industrielle de Nantes, c'est de Dieu que cette admirable fille est allée recevoir sa couronne.

Ah! du moins, laissez-nous un moment nous arrêter sur cette mort, qui égale tous les martyres, sur cette tendresse maternelle d'une étrangère qu'aucune tendresse maternelle ne surpassera!... Nous tous, qui appelons près de nos enfants d'autres soins à notre aide, ne sentons-nous pas qu'on respire en apprenant qu'il y a là des affections égales aux nôtres, une sollicitude que ne payera aucun salaire, des cœurs d'où pourrait s'échapper ce cri : « Sauvez, sauvez mes enfants? »

Qu'étaient-ils devenus, en effet?... Faut-il vous dire qu'ils étaient aussi les enfants adoptifs de Guillot?... Il s'est élancé par le sabord, il a plongé dans la fournaise ardente; il y fait deux voyages. Les cinq enfants sont rendus à la lumière, leur bonne l'est à son tour; mais Dieu n'a pas fait de miracle : trois enfants sont morts avec leur bonne et leur mère ; deux seulement vivront.

Maintenant pensez-vous que l'homme qui porte à la fois cette tendresse et cet héroïsme dans le cœur ne compte qu'un acte de dévouement en sa vie?... Sa vie est pleine de traits semblables. Une fois soumis à l'interrogatoire, Guillot eut à rendre bien des comptes : « A Ancenis, n'avez-vous pas, au prix des plus grands dangers, éteint un incendie! — Oh! moins que rien ; c'est à peine si je m'en souviens... Il doit y avoir quatre ans de cela. » Et, comme on lui demande s'il n'a pas d'autres bonnes actions à confesser : « Je ne me rappelle rien de plus. — Mais, à Nantes, le 7 septembre 1830, par une nuit obscure et malgré mille obstacles, n'avez-vous pas sauvé une femme qui se noyait dans la Loire? » Et il fait ingénument son récit. « Mais encore à Nantes, mais ensuite au Pont-de-Cé, n'avez-vous pas sauvé trois hommes en vous exposant à périr avec eux? » Et toujours ses aveux, ainsi obtenus, venaient faire admirer tout ce qu'il y a de simplicité naïve dans cet héroïsme qui se multiplie et qui s'ignore!

FONDATION DES HOSPICES POUR LES ENFANTS TROUVÉS

PAR SAINT VINCENT DE PAUL.[1]

> « Les pauvres enfants que leurs parents avaient abandonnés sont adoptés par la Charité. »

Ce fut en 1648 que saint Vincent de Paul, cet apôtre de la charité chrétienne, fonda le premier hospice pour les enfants trouvés.

La ville de Paris, dont l'immense étendue renferme près d'un million d'habitants, réunit dans son sein toutes les extrémités : le luxe et les richesses y marchent à côté de la misère et de l'indigence; les vertus les plus sublimes s'y rencontrent avec les vices les plus honteux. Le désordre des mœurs et quelquefois la pauvreté font abandonner chaque année une foule d'enfants qui, du temps du saint prêtre, perdaient la vie avant que de l'avoir connue, ou ne la connaissaient que pour en éprouver toutes les rigueurs. On les exposait ou à la porte des

---

[1] Extrait de la *Vie de saint Vincent de Paul*, publiée à Nancy, en 1748, in-4°, t. Ier, page 459.

Saint Vincent de Paul prêchant devant les dames de la cour.

églises ou dans les places publiques. L'unique bien qu'on leur fît était de les faire enlever par un commissaire du Châtelet. On les portait chez une veuve de la rue Saint-Landry, qui, avec deux servantes, se chargeait du soin de leur nourriture; mais, comme le nombre de ces enfants était grand, et que les charités étaient médiocres, cette veuve, faute d'un revenu suffisant, ne pouvait ni entretenir assez de nourrices pour les allaiter, ni élever ceux qui étaient sevrés. Aussi la plupart de ces pauvres enfants mouraient de langueur. Souvent même les servantes, afin de se délivrer de l'importunité de leurs cris, leur faisaient prendre, pour les endormir, un breuvage qui abrégeait leurs jours. Ceux qui échappaient à ce danger étaient ou donnés à qui les voulait prendre, ou vendus à si bas prix, qu'il y en eut pour lesquels on ne paya que vingt sous. Ce qui était plus déplorable, c'est que ceux qui n'avaient pas reçu le baptême mouraient sans le recevoir. La veuve de Saint-Landry avoua qu'elle n'en avait jamais ni baptisé ni fait baptiser aucun.

La malheureuse situation de ces enfants trouvés toucha sensiblement le cœur de saint Vincent. La difficulté était d'y porter remède : la charité du saint l'entreprit, et ses pieux efforts furent couronnés de succès. Il pria d'abord quelques dames de son assemblée d'aller en la maison de la *Couche* (c'est le nom de celle qu'occupait la veuve), et de voir si l'on ne pourrait point arrêter ou du moins diminuer un aussi grand mal. Ces dames furent tellement effrayées du spectacle qu'offrit à leurs yeux cette multitude d'enfants presque abandonnés, que, ne pouvant se charger de tous, elles voulurent au moins se charger de quelques-uns pour leur sauver la vie, et elles en tirèrent douze au sort. On loua, en 1638, une maison à la porte Saint-Victor pour les loger, et mademoiselle le Gras, qui vouait sa vie aux bonnes œuvres, en prit soin avec les filles de la charité. On essaya d'abord de les nourrir avec du lait de chèvre et de vache; mais dans la suite on leur donna des nourrices. Aux premiers enfants ces vertueuses dames en joignaient peu à peu quelques autres, selon les moyens qu'elles avaient. La différence qui se trouvait bientôt entre ceux de la porte Saint-Victor et ceux qui restaient à la Couche attendrissait en faveur de ces derniers; mais il n'était pas possible de les adopter tous. Cependant saint Vincent priait Dieu et le faisait prier de lui manifester ses desseins, d'ouvrir le trésor de sa miséricorde, et de faciliter le succès d'une entreprise qui paraissait encore plus nécessaire qu'elle n'était difficile.

Enfin, après bien des prières, car c'était toujours par là que saint Vincent voulait que l'on commençât, après bien des conférences, on tint, en 1640, une assemblée générale. Le saint y exposa d'une manière si pathétique le besoin de ces innocentes créatures, la gloire qui reviendrait à Dieu de l'éducation chrétienne qu'on leur pourrait donner, la bénédiction et les récompenses qui suivraient une si bonne œuvre, que toutes les dames qui étaient présentes formèrent la résolution de se charger du soin de ces pauvres enfants. Le serviteur de Dieu applaudit à ce généreux dessein; mais, comme il était aussi prudent que zélé, il voulut qu'on n'entreprît rien que par manière d'essai.

Pour diminuer la dépense, outre l'argent qu'il fournissait lui-même, selon sa coutume, il représenta à Anne d'Autriche l'extrême nécessité des enfants exposés, et cette princesse obtint du roi douze mille livres de rente. Avec ce secours, l'établissement se soutint pendant quelques années; mais le nombre de ces enfants, qui croissait tous les jours, et dont l'entretien allait au delà de quarante mille livres; la crainte d'une révolution dans l'État, que les factions commençaient à faire entrevoir, amortirent le courage des dames de la charité. Elles dirent hautement qu'une si excessive dépense passait leurs forces, et qu'elles ne pouvaient plus la soutenir. Ce fut pour prendre un dernier parti que saint Vincent indiqua, en 1648, une assemblée générale. Les dames les plus illustres de la ville et de la cour s'y trouvèrent. Le saint y mit en délibération si l'on continuerait la bonne œuvre qu'on avait commencée, et, après avoir fait valoir toutes les raisons que sa pieuse charité lui suggérait, n'étant plus maître de ses moyens, et prenant un ton plus tendre et plus animé, il conclut en ces termes : « Mesdames, la compassion et la charité vous ont fait adopter ces petites créatures pour vos enfants; vous avez été leurs mères selon la grâce depuis que leurs mères selon la nature les ont abandonnées : voyez maintenant si vous voulez aussi les abandonner... Cessez d'être leurs mères pour devenir à présent leurs juges : leur vie et leur mort sont entre vos mains... Je m'en vais prendre les voix et les suffrages... Il est temps de prononcer leur arrêt, et de savoir si vous ne voulez plus avoir de miséricorde pour eux. Ils vivront si vous continuez d'en prendre un charitable soin, et, au contraire, ils mourront et périront infailliblement si vous les abandonnez : l'expérience ne vous permet pas d'en douter. »

A ces paroles, l'assemblée ne répondit que par des larmes : l'onction de l'Esprit-Saint s'était insinuée dans tous les cœurs.

Il fut arrêté à l'unanimité que, à quelque prix que ce fût, on continuerait ce qu'on avait si bien commencé. En conséquence, on demanda et l'on obtint du roi les bâtiments de Bicêtre, ancien château qui avait été construit sous le règne de Charles V, et qui, sous Louis XIII, servait d'hôpital aux soldats invalides. On y transporta les enfants sevrés; mais, comme on reconnut bientôt que l'air y était trop vif pour eux, on les ramena à Paris, dans le faubourg de Saint-Lazare, où dix ou douze filles de la charité se chargèrent de leur éducation. On leur acheta, dans la suite, deux maisons, l'une dans le faubourg Saint-Antoine, l'autre devant l'Hôtel-Dieu. La libéralité de Louis XIV augmenta leurs revenus plus tard.

Aujourd'hui les enfants trouvés sont recueillis en France dans plus de cent hospices, et y reçoivent les soins les plus tendres des sœurs de la charité, dont l'institution est due au même saint. Chaque année, un grand nombre y sont admis, et environ cent cinquante mille sont élevés et placés aux frais de ces établissements.

Le temps, qui efface peu à peu le souvenir des bienfaits ordinaires, n'altérera jamais, dans les enfants exposés, la mémoire du service signalé que saint Vincent de Paul leur a rendu. Que leurs langues bégayantes ne se dénouent que pour chanter son nom et sa gloire, et que, sensibles à l'éducation chrétienne que leur donnent ces saintes filles qui continuent l'œuvre de saint Vincent, ils s'écrient d'âge en âge, avec un prophète : « Ceux qui m'ont donné la vie m'ont abandonné... J'allais subir le sort rigoureux que tant d'autres avaient subi avant moi ; mais Dieu, par l'entremise d'un serviteur charitable, m'a pris sous sa protection, et sa main libérale m'a beaucoup plus donné que je n'avais perdu ! »

ANNE LANGLADE, DITE AGNOUTINE

PRIX MONTYON, 1837

Agnoutine! voici un nom auquel se rattache le souvenir d'une vertu qui est l'objet de l'admiration et du culte de tout un pays depuis plus d'un demi-siècle : une vie entière, belle, calme et pure, dépensée en œuvres d'abnégation, de courage et de charité ; voici une vénérable fille qui, depuis l'âge de quinze ans (et elle en a aujourd'hui soixante-douze), marche d'un pas égal dans la voie où l'a fait entrer, jeune encore, une vocation que j'appellerai divine. Le lieu même qui l'a vue naître ne sait pas son vrai nom. Nous avons appris qu'elle se nommait Anne Langlade, mais c'est seulement sous le doux surnom d'*Agnoutine* qu'elle est connue dans son propre pays. Les habitants l'ont entendu appeler ainsi dans leur enfance ; ils se sont accoutumés, par l'exemple de leurs pères, à la vénérer sous ce nom, qu'ils confondent avec celui de la bienfaisance, et ils n'ont point voulu en savoir un autre que celui qu'elle a honoré par soixante ans de vertus.

Cette femme habite Saint-Sever, dans les Landes. C'est là qu'elle est née de parents laborieux et peu fortunés, qui vendaient à la classe indigente ce pain noir et grossier connu dans le pays sous le nom de *pain de mélange*. Par une sorte de disposition providentielle, c'est en allant, petite fille, distribuer ce pain dans les plus misérables maisons de la ville, qu'Agnoutine apprit à connaître les pauvres et à les aimer ; c'est à la vue de leur dénûment que se développèrent en elle, avec son merveilleux instinct de charité, le désir, le besoin et la résolution de leur dévouer toute sa vie.

Une angélique piété et une douceur inaltérable la faisaient remarquer dès sa première enfance, et lui attirèrent la protection d'une dame, sa marraine, qui, en mourant, lui légua la possession de la chaumière qu'elle habite encore aujourd'hui. C'est là sa seule richesse : elle ne possède rien autre chose au monde; elle vit du travail de ses mains, et, si ses infirmités l'empêchent d'en aller vendre le produit, il faut alors que des amis lui viennent en aide : car elle distribue tous les ans aux pauvres des sommes considérables, et ne s'en réserve rien ; c'est pour eux seuls qu'elle va de maison en maison rappeler aux riches ce que quelquefois ils oublient, et solliciter des secours qu'on n'oserait lui refuser. Son air confiant et timide implore et remercie tout à la fois.

Aussi il faut entendre les habitants de Saint-Sever dire : *Notre Agnoutine*. Qu'on la nomme dans la ville au premier qui passe, et vous verrez ce qu'il répondra.

Dans ce temps bizarrement cruel où le moindre approvisionnement de pain et de farine était défendu sous peine de l'échafaud, elle accaparait pour les pauvres. Tout le monde le voyait, personne ne le savait.

Dans le même temps, sous peine de l'échafaud encore, il était défendu de donner aux mourants les consolations de la religion : elle allait chercher les prêtres, et les cachait dans sa maison. Tout le monde le voyait, personne ne le savait.

A quinze ans, elle fut belle; elle sortait la nuit comme le jour pour accomplir ses actes secrets de bienfaisance ; jamais la calomnie n'osa élever un nuage jusqu'à sa pureté.

Dans les dernières années de l'Empire, un régiment tint garnison dans la ville. Les soldats, voyant la vénération de la ville entière pour cette sainte fille, s'étaient mis à la partager; et, quand ils la rencontraient dans la rue, ils portaient la main à leur tête, et lui faisaient le salut militaire, comme lorsqu'ils passaient devant leurs propres chefs.

Je prolonge trop, peut-être, ce récit d'une vie si simple, dont tous les événements se confondent, pour ainsi dire, en un seul; toujours la même depuis ces années déjà si lointaines où, jeune fille encore, Agnoutine commença, près des parents dont elle soigna si pieusement la vieillesse, une carrière que les pauvres n'ont jamais discontinué de bénir.

Telles sont les vertus qui ont mérité les premières distinctions.

LA VEUVE VIGNON

PRIX MONTYON, 1832

Marie-Jeanne Dubois, veuve Vignon, résidait à Bordeaux en 1821, vivant chétivement de sa profession de cardeuse de matelas. Elle avait pour amie madame Dubois, veuve d'un ancien officier décédé aux Invalides. L'état d'infirmité où était tombée cette dernière ne lui permettant plus de subvenir par elle-même à ses besoins, et la veuve Vignon se trouvant, de son côté, privée d'une partie de ses pratiques, il fallut songer à se créer une nouvelle existence. La pensée de Paris, où elle est née, où elle a laissé des protecteurs, vient aussitôt s'offrir à la bonne cardeuse de matelas. Il faut donc, elle et son amie, se déterminer à faire le voyage. Mais comment l'entreprendre?... Il est si long, si pénible, si dispendieux!... Elles n'ont ni crédit ni ressource... La veuve

Vignon peut du moins marcher, mais madame Dubois est hors d'état de se mouvoir. Qui n'eût pas reculé devant tant d'obstacles?... Pour ces deux femmes, et surtout pour la dernière, c'était l'immensité à traverser.

La veuve Vignon ne se décourage pas. Son humble mobilier est vendu. Du prix qu'elle en reçoit, elle achète une petite charrette, dans laquelle elle place son amie impotente. Elle s'y attelle intrépidement, et la conduit ainsi de village en village, de ville en ville, à travers une route hérissée d'embarras et de

difficultés, au milieu des fatigues et des privations, sans se plaindre, sans se laisser abattre, sans regretter un instant d'avoir pris une résolution si hardie. A mesure qu'elle avance, les obstacles se multiplient autour d'elle : le ciel se couvre de nuages, la tempête éclate, les chemins deviennent impraticables. Voilà cependant les deux amies parvenues jusqu'à Angoulême, dont elles traversent les rues dans une situation digne de pitié. La pauvre veuve, haletante, couverte de sueur, enfoncée avec sa charrette dans une boue gluante et épaisse, prête à chaque instant à se trouver mal, et ne devant un reste de forces qu'à l'angélique obstination de sa vertu, excitait l'intérêt de tous sans obtenir l'assistance d'un seul. Ce spectacle si nouveau, si touchant, frappe les yeux d'une dame qui passait. Madame la comtesse de Jumilhac, émue jusqu'au fond du cœur à l'aspect de ces deux femmes, s'arrête, interroge, apprend la vérité, court vers les infortunées, qui vont cesser de l'être, répand dans leurs mains l'or qu'elle a recueilli pour elles, leur procure de la main du préfet, bien officiellement informé, une feuille de route avec l'étape et l'indemnité; et, à l'aide d'une si puissante intervention, la veuve Vignon peut arriver au but où l'appelait un dévouement qui ne calculait rien, et qui faisait bien, comme on voit, car la Providence était là.

Rendues à Paris, la bonne veuve et son amie infirme se logent dans un comble. L'ouvrage vient : la cardeuse de laine suffit par son travail à deux existences. Tous les jours elle s'applaudit de sa courageuse résolution, couronnée par le succès; tous les jours elle reçoit les nouvelles bénédictions de sa compagne, qui, bien que plus âgée qu'elle, se plaît à la nommer sa mère adoptive.

LE MILITAIRE EN RETRAITE, FRANÇOIS BURGOT

PRIX MONTYON, 1857

En 1815, un vieux militaire, après avoir servi vingt-deux ans, et fait avec l'armée d'Orient les campagnes d'Égypte et de Syrie, était revenu aveugle de cette expédition, et, de retour en France, vivait à Metz de sa pension d'officier. Dans la maison qu'il habitait, une pauvre femme vient à mourir, laissant trois petits enfants sans appui. François Burgot, se trouvant là, recueillit les enfants, et attendit patiemment des nouvelles du père, qui était à l'armée, et qui les abandonna. L'hospice en mit alors deux en sevrage; l'autre resta près du vieil officier : c'était une petite fille de six ans. Il l'éleva, lui donna de l'instruction, lui fit apprendre un état, et, l'âge venu, il la maria. La voilà mère, mère de deux enfants; mais, son mari étant mort, Marguerite (elle se nommait ainsi) se retrouva bientôt, avec sa petite famille, à la charge de François Burgot, qui la maria de nouveau. Après avoir eu encore deux enfants du second mariage, elle mourut du choléra. Les quatre enfants retombèrent sur les bras du vieux soldat aveugle; et maintenant, à l'âge de soixante-treize ans, il en soutient encore deux auprès de lui. Du vivant de Marguerite, il aidait aussi les ménages : il les logeait dans sa maison, il faisait apprendre des métiers aux gendres. J'ai dit les gendres; il est facile de se tromper, et, en voyant François Burgot si paternellement dévoué à Marguerite et à ses enfants, d'oublier qu'il n'était pas leur père.

Honneur soit rendu à la longue persévérance de cet homme bienfaisant, qui partage ainsi, depuis plus de trente années, une petite pension, son unique moyen d'existence, avec des malheureux qui lui sont étrangers! Qu'il est touchant de retrouver en toute occasion, pendant un si long temps, ce vieux soldat aveugle, les bras toujours prêts à s'ouvrir pour recueillir des enfants sans asile!

L'ADJUDANT MARTINEL

PRIX MONTYON, 1857

Il y a cinq ans; c'était au Champ de Mars et à la nuit du 14 juin. Vous connaissez l'événement : vous savez de quel encombrement subit, après la fête terminée, la foule, pressée de sortir du Champ de Mars, avait obstrué le passage de l'École-Militaire. Une femme suffoquée tombe; ceux qui la suivaient trébuchent sur elle, poussés par la foule croissante, qui se précipite et qui les écrase sous ses pieds : de là un grand désordre, un affreux tumulte, des cris de détresse, des blessés, des mourants, des morts, des malheurs enfin qui, restés heureusement en petit nombre, devenaient incalculables sans le dévouement, la présence d'esprit, l'humanité intelligente d'un homme que d'autres hommes courageux se sont empressés d'imiter.

L'adjudant Martinel, du 1er de cuirassiers, se trouvait en ce moment devant le quartier de son régiment, voisin de la grille. Il entend le tumulte, il accourt, il se jette au-devant de la foule, qu'il cherche à repousser de ses efforts, de sa voix, de ses prières, pour rendre plus libre le passage, et pour en retirer les victimes; mais la foule, ignorante en même temps qu'épouvantée de ce qui se passe, pousse toujours en avant, s'amoncelle de plus en plus, et accroît le péril de tous les efforts qu'elle fait pour en sortir. Dans la lutte, un if illuminé se renverse et barre le chemin. C'est presque vainement alors que le brave Martinel, aidé de quelques cuirassiers, s'efforce d'arracher à une mort imminente les malheureux renversés et blessés. Il a bientôt compris qu'il n'existe qu'un moyen de les secourir et de prévenir de plus grands désastres. Ce moyen, c'est de couper la foule au dedans de la grille. Il court au quartier du régiment : on sonne à cheval. Il n'attend pas lui-même que les hommes de garde soient prêts, car il n'y a pas un seul moment à perdre. Entraînant sur ses pas quelques cuirassiers, il se jette à pied dans l'intérieur du Champ de Mars, il se fait jour à travers la foule, qu'il écarte de toute la force que prête à sa force ordinaire le sentiment de la mission qu'il s'est donnée. Il met, pour arriver au plus fort du péril, toute l'ardeur que les autres mettent à s'en tirer. Il y pénètre enfin, guidant le cuirassier Spenlée, qui, seul de ses camarades, a pu conti-

nuer à le suivre; et là, s'adossant à la foule, à la façon d'un guerrier d'Homère, il travaille avec une admirable énergie à dégager le passage, à relever ceux qui ne sont plus, à sauver ceux qui respirent encore. Un vieil invalide évanoui et un jeune soldat sont emportés dans ses bras et arrachés par lui à la mort, et successivement un jeune garçon, une femme, une petite fille, neuf personnes enfin. On le voit sortir, rentrer sans cesse. En tirant des victimes de la foule, il a failli y rester : n'importe, il y revient pour en chercher encore; il ne croit jamais avoir fini sa tâche. Épuisé, haletant, rien ne peut assouvir cet insatiable besoin dont l'humanité le tourmente; il poursuit sa besogne héroïque au péril continuel de sa vie, donnant à tous l'élan, encourageant tout le monde de sa voix comme de son exemple. Le cuirassier Spenlée, électrisé par lui, sauve à la fois de la terrible bagarre un homme et un enfant. Les officiers de son régiment y sont aussi dignement représentés que les sous-officiers et les soldats. Le porte-étendard Mitz se précipite pour délivrer une femme qu'on écrase; le lieutenant Gruss, qui emportait dans ses bras une jeune fille sans connaissance, se fait encore mettre un jeune garçon sur les épaules, et lutte une demi-heure contre la foule sous ce double fardeau; il tombe, près de périr. Martinel, renversé lui-même, était sur le point de succomber.

C'est alors qu'on vit un curieux et touchant spectacle; c'est alors qu'un piquet de cuirassiers, envoyé pour mettre une digue à l'immense flot qui envahissait la grille, parut de loin au-dessus de la foule, exécutant la manœuvre de salut dans cette mêlée d'espèce nouvelle. On voyait ces braves, consternés et silencieux, s'avancer pas à pas, lentement, avec prudence, sur des chevaux qui, comme s'ils eussent été intelligents de l'humanité de leurs maîtres, semblaient marcher eux-mêmes avec précaution. Il était touchant de voir, de tous côtés, des mains s'élever vers eux comme vers des libérateurs, et leur tendre des enfants, dont ils chargeaient la croupe et le cou de leurs chevaux. A force de lenteur et de ménagement, un à un, deux à deux, en longue et patiente file, ils sont parvenus à enfoncer peu à peu la foule. Ils l'ont enfin coupée, ils ont posé la digue à sa masse immense : la grille est dégagée, les communications sont rétablies, le peuple s'écoule. Officiers, colonel, général, rétablissent l'ordre, complètent les mesures de salut, organisent celles de secours. Alors la scène change, et c'est un autre genre d'exercice qui est offert à l'humanité des soldats et des citoyens : les uns et les autres s'unissent pour secourir les victimes, pour les mettre en lieu d'asile; on établit dans la caserne des ambulances, les cantinières deviennent des sœurs de charité; on apporte les blessés, on leur prodigue les soins les plus délicats et les plus attentifs. De jeunes filles, en revenant à elles, épouvantées de se trouver entre les bras de soldats, se rassurent bientôt en voyant le respect dont on les environne. Il était beau de trouver dans tous ces hommes de guerre tant de sentiment de douce et délicate pitié, de sentir des cœurs si humains palpiter sous les cuirasses! Empressés, attentifs, debout toute la nuit, ils apportaient incessamment aux blessés leur linge, leurs matelas, leurs couvertures : aussi admirables dans cette veille de charité qu'ils le furent jamais dans un jour de bataille.

Au milieu de tant de braves gens, c'est une grande gloire d'avoir pu être remarqué. Il a été bien honorable pour Martinel, quand tant d'autres avaient plus ou moins droit à la récompense, d'avoir été nommé par tous comme celui qui l'avait méritée. Et nous, quand cette approbation universelle est venue nous demander pour lui la couronne que nous accordons aux actions vertueuses, nous l'en avons pu juger d'autant plus digne, que nous avons cru reconnaître, à ces dévouements successifs qui, dans une heure, se sont renouvelés assez de fois pour honorer toute une vie, les caractères auxquels on reconnaît la vertu, je veux dire la constance, la continuité, l'entier oubli de soi-même. En voyant Martinel si à son aise au milieu du danger, accomplissant des actions si difficiles d'une manière si naturelle, nous citons textuellement les paroles du rapport de l'Académie : « Cet homme a l'habitude de telles actions, il les trouve trop simples à faire pour en être à son essai, » alors nous avons cherché dans sa vie, et voici ce que nous avons trouvé.

L'ADJUDANT MARTINEL. 39

Mais à quoi bon raconter ici les divers faits de dévouement, de courage et d'humanité qui ont honoré sa carrière; sa promptitude à se précipiter en toute occasion, pour sauver des malheureux, soit dans la rivière, soit dans les incendies, partout où il y a un danger à courir, partout où il trouve à bien faire? Que deux traits suffisent pour donner ici l'idée de tous les autres.

En 1820, à Strasbourg, un soldat était tombé dans la rivière de l'Ill, près des écluses d'un moulin. La place ne laissait guère de chance de salut; et c'en était fait du malheureux!... Aux cris d'une femme au désespoir, Martinel, qui passait, s'élance tout habillé, sans regarder s'il y va ou non pour lui de la vie. Il nage droit vers l'écluse, et là, s'appuyant d'une main au poteau de la vanne, il se dispose à saisir de l'autre,

au passage, le malheureux qu'un courant rapide emporte vers la roue du moulin; il le voit venir, enfoncé déjà de plusieurs pieds sous l'eau. Il faudrait quitter son appui pour le saisir, mais il sera entraîné lui-même... Il le quitte cependant, saisit le corps, passe sous la roue du moulin avec lui, emporté par la rapidité du courant, et reparaît bientôt de l'autre côté de l'écluse sans avoir lâché le malheureux, qu'il rapporte au bord, et qu'on rend à la vie.

Une autre fois, à Strasbourg encore, ce n'est plus dans l'eau, c'est dans le feu qu'il se jette, c'est dans un péril plus grand et plus certain, dans une poudrière qu'un incendie est près de faire sauter; et c'est un sentiment d'humanité exaltée qui le pousse, car au-dessous de cette chambre, qui renferme un baril de poudre et mille paquets de cartouches, il y a une infirmerie où neuf de ses camarades sont retenus dans leur lit. De tous côtés on se sauvait. Martinèl décide plusieurs hommes à secourir avec lui l'infirmerie, et il monte sans s'apercevoir que l'incendie, qui augmente, a déjà empêché ses compagnons de le suivre. Il arrive seul à la porte d'une chambre voisine de celle où sont les cartouches; il trouve, par fatalité, cette porte fermée. D'un banc il se fait un bélier, et l'enfonce; mais là, près de passer outre, et comme il allait se précipiter, de grandes flammes le repoussent. Alors sa résolution chancelle : il recule, il va redescendre; puis il pense tout à coup que le feu s'approche des cartouches, et que, s'il manque de résolution, ses camarades vont sauter... L'instinct de sa propre conservation, alors, ne l'arrête plus : il s'élance, en fermant les yeux, à travers la flamme, et, les habits, les mains, le visage, les cheveux noircis, brûlés, il trouve avec bonheur les cartouches encore intactes. Il repousse, il écarte les amas de papier d'enveloppe que le feu allait gagner... Il paraît à la fenêtre, il crie, il appelle : « De l'eau! de l'eau! » Sa présence dans la poudrière rassurant ses camarades sur l'imminence du péril, ils montent... La chambre des cartouches est inondée, et les neuf malheureux sont sauvés!

De tels faits, que nous ignorerions encore si d'autres faits plus récents ne les eussent mis en lumière, auraient suffi pour lui mériter notre choix. Certes, ce n'est pas un dévouement ordinaire qui lui fait affronter ainsi l'eau, le feu, tous les dangers. Quand, après l'avoir vu à Strasbourg en 1820, et même à Nanci en 1817, se prodiguer partout où l'humanité lui montre un bon emploi de sa force et de son courage, nous le retrouvons en 1837 à Paris, dans le Champ de Mars, le même au bout de vingt années; quand nous le voyons couronner ses dévouements habituels par un dévouement si vraiment admirable, nous ne pouvons hésiter à lui décerner un prix que ses camarades, ses officiers et tous les témoins de son action lui accordent d'ailleurs d'une voix si unanime. Nous ne nous sommes pas contentés d'écouter cette voix de loin : nous avons été nous-mêmes interroger sur place l'admiration qu'il a inspirée; nous nous sommes transportés au lieu qui a vu son dévouement; nous avons entendu les généraux, les officiers, les soldats, les citoyens, les victimes sauvées, les magistrats de la cité; nous avons écouté, dans la caserne, ses émules eux-mêmes; et ceux qui pouvaient prétendre le plus à lui disputer le prix ont été les plus ardents à déclarer qu'il en était le plus digne, et qu'il avait remporté l'honneur de la journée.

L'Académie française, en lui décernant le prix, a voulu couronner, avec lui et en lui, ce grand nombre de braves dont les dévouements se sont signalés autour du sien dans la soirée du Champ de Mars. Elle voudrait pouvoir détacher en quelque sorte, pour chacun d'eux, une feuille de la couronne qu'elle décerne à Martinel. Le lieutenant Gruss, le porte-étendard Mitz, le cuirassier Spenlée, sont dignes assurément d'être nommés après lui, avec le même honneur qu'ils l'ont été devant leur régiment par l'ordre du chef même de l'armée.

Mais tous les corps présents au Champ de Mars y ont apporté leur contingent de dévouement, de zèle et d'humanité. Les ordres du jour de cinq régiments ont signalé des noms dignes aussi de louanges : le 11ᵉ de dragons, ceux du brigadier Budy, de Vigier, de Rivallier et de Schuburu; le 19ᵉ léger, le musicien Schirack et les chasseurs Blondin et Michaud; le 27ᵉ, le 44ᵉ et le 51ᵉ de ligne, le sous-lieutenant Thirion, les sergents Charpentier et Bellanger, et les braves Robert, Blanc et Cornu. Honneur aux chefs de pareils soldats! honneur aux soldats dont l'humanité égale le courage!

BEAU TRAIT DE MONTESQUIEU

EXTRAIT DE LA MORALE EN ACTION

A Marseille, un jeune homme, nommé Robert, attendait sur le port que quelqu'un entrât dans son canot. Un inconnu s'y plaça; mais un instant après, il se préparait à en sortir, malgré la présence de Robert, qu'il ne soupçonnait pas d'en être le patron. Il lui dit que, puisque le conducteur de cette barque ne se montre point, il va passer dans une autre.

« Monsieur, lui répond le jeune homme, celle-ci est la mienne... Voulez-vous sortir du port? — Non, parce qu'il n'y a plus qu'une heure de jour. Je voulais seulement faire quelques tours dans le bassin pour profiter de la fraîcheur et de la beauté de la soirée... Mais vous n'avez pas l'air d'un marinier, ni le ton d'un homme de cet état. — Je ne le suis pas, en effet... Ce n'est que pour gagner de l'argent que je fais ce métier les fêtes et les dimanches. — Quoi? avare à votre âge?... Cela dépare votre jeunesse et diminue l'intérêt qu'inspire d'abord votre heureuse physionomie. — Ah! monsieur, si vous saviez pourquoi je désire si fort de gagner de l'argent, vous n'ajouteriez pas à ma peine celle de me croire un caractère si bas. — J'ai pu vous faire du tort, mais vous ne vous êtes point expliqué... Faisons notre promenade, et vous me conterez votre histoire. » L'inconnu s'assied. « Eh bien! poursuit-il, dites-moi quels sont vos chagrins... vous m'avez disposé à y prendre part. — Je n'en ai qu'un, dit le jeune homme : celui d'avoir un père dans les fers sans pouvoir l'en tirer... Il était courtier dans cette ville; il s'était procuré, de ses épargnes et de celles de ma mère dans le commerce des modes, un intérêt sur un vaisseau en charge pour Smyrne. Il a voulu veiller lui-même à l'échange de sa pacotille, et en faire le choix. Le vaisseau a été pris par un corsaire, et conduit à Tétuan, où mon malheureux père est esclave avec le reste de l'équipage. Il faut deux mille écus pour sa rançon; mais, comme il s'était épuisé afin de rendre son entreprise plus importante, nous sommes bien éloignés d'avoir cette somme. Cependant ma mère et mes sœurs travaillent jour et nuit; j'en fais de même chez mon maître, dans l'état de joaillier que j'ai embrassé, et je cherche à mettre à profit,

comme vous voyez, les dimanches et les fêtes. Nous nous sommes retranché jusque sur les besoins de première nécessité; une seule petite chambre forme tout notre logement. Je croyais d'abord aller prendre la place de mon père, et le délivrer en me chargeant de ses fers; j'étais prêt à exécuter ce projet, lorsque ma mère, qui en fut informée je ne ne sais comment, m'assura qu'il était aussi impraticable que chimérique, et fît défense à tous les capitaines du Levant de me prendre sur leur bord. — Et recevez-vous quelquefois des nouvelles de votre père? savez-vous quel est son patron à Tétuan, quel traitement il y éprouve? — Son patron est intendant des jardins du roi. On le traite avec humanité, et les travaux auxquels on l'emploie ne sont pas au-dessus de ses forces; mais nous ne sommes pas avec lui pour le consoler, pour le soulager! Il est éloigné de nous, d'une épouse chérie et de trois enfants qu'il aime toujours avec tendresse. — Quel nom porte-t-il à Tétuan? — Il n'en a point changé... Il s'appelle Robert comme à Marseille. — Robert..., chez l'intendant des jardins? — Oui, monsieur. — Votre malheur me touche; mais, d'après vos sentiments, qui le méritent, j'ose vous présager un meilleur sort, et je vous le souhaite bien sincèrement... En jouissant du frais, je voulais me livrer à la solitude... Ne trouvez donc pas mauvais, mon ami, que je sois tranquille un moment. » Lorsqu'il fut nuit, Robert eut ordre d'aborder. Alors l'inconnu sort du bateau, lui remet une bourse entre les mains, et, sans lui laisser le temps de le remercier, s'éloigne avec précipitation. Il y avait dans cette bourse huit doubles louis en or et dix écus en argent. Une telle générosité donna au jeune homme la plus haute opinion de celui qui en était capable. Ce fut en vain qu'il fit des vœux pour le rejoindre et lui en rendre grâce. Six semaines après cette époque, cette famille honnête, qui continuait sans relâche à travailler pour compléter la somme dont elle avait besoin, prenait un dîner frugal, composé de pain et d'amandes sèches, lorsqu'elle voit arriver Robert le père, très-proprement vêtu, qui la surprend dans sa douleur et dans sa misère. Qu'on juge de l'étonnement de sa femme et de ses enfants, de leurs transports de joie! Le bon Robert se jette dans leurs bras, et s'épuise en remerciments sur les cinquante louis qu'on lui a comptés en s'embarquant dans le vaisseau où son passage et sa nourriture étaient acquittés d'avance, sur les habillements qu'on lui a fournis, etc., etc. Il ne sait comment reconnaître tant de zèle et tant d'amour.

Une nouvelle surprise tenait cette famille immobile : ils se regardaient les uns les autres. La mère rompt le silence : elle imagine que c'est son fils qui a tout fait; elle raconte à son père comment, dès l'origine de son esclavage, il a voulu aller prendre sa place, et comment elle l'en avait empêché. Il fallait six mille francs pour sa rançon. « Nous en avions, poursuit-elle, un peu plus de la moitié, dont la meilleure partie était le fruit de son travail... Il aura trouvé des amis qui l'auront aidé. » Tout à coup, rêveur et taciturne, le père reste consterné; puis, s'adressant à son fils : « Malheureux, qu'as-tu fait?... Comment puis-je te devoir ma délivrance sans la regretter? comment pouvait-elle rester un secret à ta mère sans être achetée au prix de la vertu? A ton âge, fils d'un infortuné, d'un esclave, on ne se procure point naturellement les ressources qu'il te fallait. Je frémis de penser que l'amour filial t'ait rendu coupable... Rassure-moi, sois vrai, et mourons tous si tu as pu cesser d'être honnête. — Tranquillisez-vous, mon père, répondit-il en l'embrassant; votre fils n'est pas indigne de ce titre, ni assez heureux pour avoir pu vous prouver combien il lui est cher... Ce n'est point à moi que vous devez votre liberté. Je connais notre bienfaiteur... Souvenez-vous, ma mère, de cet inconnu qui me donna sa bourse... Il m'a fait bien des questions... Je passerai ma vie à le chercher; je le trouverai, et il viendra jouir du spectacle de ses bienfaits. » Ensuite il raconte à son père l'anecdote de l'inconnu, et le rassure ainsi sur ses craintes.

Rendu à sa famille, Robert trouva des amis et des secours. Les succès surpassèrent son attente. Au bout de deux ans, il acquit de l'aisance. Ses enfants, qu'il avait établis, partageaient son bonheur entre lui et sa femme, et il eût été sans mélange si les recherches continuelles du fils avaient pu faire découvrir ce bienfaiteur qui se dérobait avec tant de soin à leur reconnaissance et à leurs vœux. Il le rencontre enfin un dimanche matin, se promenant seul sur le port. « Ah! mon Dieu tutélaire!.... » C'est tout ce qu'il peut prononcer en se jetant à ses pieds, où il tombe sans connaissance. L'inconnu s'empresse de le secourir et de lui demander la cause de son état. « Quoi! monsieur, pouvez-vous l'ignorer? lui répond le jeune homme. Avez-vous oublié Robert et sa famille infortunée, que vous rendîtes à la vie en lui rendant son père? — Vous vous méprenez, mon ami; je ne vous connais point, et vous ne sauriez me connaître... Étranger à Marseille, je n'y suis que depuis peu de jours. — Tout cela peut être; mais souvenez-vous qu'il y a vingt-six mois vous y étiez aussi; rappelez-vous cette promenade dans ce port, l'intérêt que vous prîtes à mon malheur, les questions que vous me fîtes sur les connaissances qui pouvaient vous éclairer et vous donner les lumières nécessaires pour être notre bienfaiteur... Libérateur de mon père, pouvez-vous oublier que vous êtes le sauveur d'une famille entière, et qui ne désire plus rien que votre présence?... Ne vous refusez pas à ses vœux, et venez voir les heureux que vous avez faits... Venez. — Je vous l'ai déjà dit, mon ami, vous vous méprenez. — Non, monsieur, je ne me trompe point : vos traits sont trop profondément gravés dans mon cœur pour que je puisse vous méconnaître... Venez, de grâce... » En même temps il le prenait par le bras, et lui faisait une sorte de violence pour l'entraîner.

Une multitude de peuple s'assemblait autour d'eux. Alors l'inconnu, d'un ton plus grave et plus ferme : « Monsieur, dit-il, cette scène commence à être fatigante... Quelque ressemblance occasionne votre erreur... Rappelez votre raison, et

allez dans votre famille profiter de la tranquillité dont vous me paraissez avoir besoin. — Quelle cruauté! s'écrie le jeune homme. Bienfaiteur de cette famille, pourquoi altérer, par votre résistance, le bonheur qu'elle ne doit qu'à vous?... Resterai-je en vain à vos pieds? serez-vous assez inflexible pour refuser le tribut que nous réservons depuis si longtemps à votre sensibilité?... Et vous qui êtes ici présents, vous que le trouble et le désordre où vous me voyez doivent attendrir, joignez-vous à moi pour que l'auteur de mon salut vienne contempler lui-même son propre ouvrage... » A ces mots, l'inconnu paraît se faire quelque violence; mais, comme on s'y attendait le moins, réunissant toutes ses forces et rappelant son courage pour résister à la séduction de la jouissance délicieuse qui lui est offerte, il s'échappe comme un trait au milieu de la foule, et disparaît en un instant.

Cet inconnu le serait encore aujourd'hui, si ses gens d'affaires, ayant trouvé dans ses papiers, à la mort de leur maître, une note de six mille cinq cents livres envoyées à M. Main, de Cadix, n'en eussent pas demandé compte à ce dernier, mais seulement par curiosité, puisque la note était bâtonnée et le papier chiffonné comme ceux que l'on destine au feu. Le fameux banquier répondit qu'il en avait fait usage pour délivrer un Marseillais, nommé Robert, esclave à Tétuan, conformément aux ordres de Charles de Secondat, baron de Montesquieu, président à mortier au parlement de Bordeaux. On sait que l'illustre Montesquieu aimait à voyager, et qu'il visitait souvent sa sœur, madame d'Héricourt, mariée à Marseille.

LE PASTEUR OBERLIN

Jean-Frédéric Oberlin naquit à Strasbourg, le 31 août 1740, de Jean-Georges Oberlin, professeur au Gymnase de cette ville, et de Marie-Madeleine Felz. Le père, d'un extérieur imposant, d'un caractère vif, ferme et consciencieux, d'un esprit éclairé, se chargea lui-même de l'éducation de ses neuf enfants, dont l'aîné, Jérémie-Jacques, célèbre philologue et antiquaire, est devenu l'une des gloires de l'Alsace par ses travaux littéraires, comme son frère Jean-Frédéric par ses œuvres philanthropiques. Il déposa dans leur cœur le germe de toutes les vertus qui devaient les orner un jour. Peu favorisé de la fortune, plus d'une fois il eut à lutter avec le besoin. Alors ses enfants venaient lui apporter l'offrande de leurs petites épargnes, préludant ainsi, au sein même de leur famille, au doux exercice de la bienfaisance.

Nommé, en 1767, aumônier d'un régiment français, Jean-Frédéric était sur le point d'accepter cette mission, lorsqu'une visite inattendue décida de son sort. Stuber, qui, en 1750, était arrivé pasteur au Banc-de-la-Roche, qu'il devait quitter en 1754 pour y revenir en 1760, venait d'être appelé à la cure de Saint-Thomas, à Strasbourg. Mais, avant de se séparer de ses ouailles, il veut les confier à un successeur capable de continuer l'œuvre de civilisation qu'il avait commencée. Il se présente chez Oberlin, et le trouve dans une mansarde dont l'aspect chétif lui arrache ce cri : « Vous êtes l'homme que je cherche. » Il lui expose l'objet de sa visite. Oberlin accepte avec joie la proposition de Stuber, et, le 1er avril 1767, sa nomination à

la cure de Waldbach est confirmée par une ordonnance de
M. Voyer d'Argenson, alors seigneur du Banc-de-la-Roche.

A peine installé, Oberlin a mesuré toute l'étendue de la tâche
qu'il s'était imposée. Il s'y dévoue avec courage, avec confiance,
guidé par les inspirations religieuses et par le saint amour de
l'humanité. Son plan est bientôt tracé. Il sait que des esprits
incultes sont peu disposés à écouter les leçons de la morale et
de la religion, à secouer le joug des préjugés, l'engouement
d'une aveugle routine. C'est donc par l'instruction qu'il veut
commencer son œuvre de civilisation. A son arrivée au Banc-
de-la-Roche, il n'y avait point de maison d'école : Oberlin fit
l'achat d'un terrain en face de son chétif presbytère. Secondé
par son prédécesseur, il ouvrit une collecte, et, le 31 mai 1769,
il posa la première pierre de l'école de Waldbach; mais telle
était l'indifférence des Banc-de-la-Rochois, que leur pasteur,
avant de pouvoir commencer la construction de la maison, fut
obligé de garantir par un acte qu'elle ne retomberait jamais à
la charge des habitants, de ceux qui devaient en recueillir tous

les avantages; et pendant plus de trente ans il eut à supporter les frais de réparation. Plus tard, ces montagnards, comprenant mieux leurs véritables intérêts, s'associèrent aux efforts de leur digne pasteur, et d'autres écoles s'élevèrent successivement à Bellefosse, à Belmont, à Fouday et à Sollbach. Oberlin s'occupa de former de bons maîtres d'école; il leur donna d'utiles directions, et les attacha à leurs fonctions en améliorant leur sort. Pour exciter l'émulation, il réunissait chaque semaine à Waldbach les écoliers des cinq villages de la paroisse, et s'assurait par lui-même de leurs progrès. Notre infatigable pasteur était l'âme de toutes ces écoles, il embrassait à la fois l'ensemble de l'éducation et descendait dans les moindres détails. Non content d'avoir rédigé de sa propre main le programme de l'enseignement, il en guidait encore l'exécution.

Le ministre de Waldbach était l'ange tutélaire du Banc-de-la-Roche. Tantôt il portait la consolation à des familles affligées, tantôt il ramenait à la vertu des paroissiens égarés, tantôt il visitait les malades. Ni l'intempérie des saisons ni les dangers qu'il courait dans ces excursions ne pouvaient ralentir son zèle apostolique : il avait une confiance sans bornes dans la protection divine. Son activité était prodigieuse. Plus d'une fois on l'a vu partir le soir de Waldbach, franchir à cheval une distance de dix lieues pour se rendre à Strasbourg, employer toute la journée à défendre les intérêts de sa paroisse, revenir pendant la nuit, et le lendemain, de grand matin, gravir déjà les montagnes pour porter à des malades les remèdes qu'il venait d'acheter.

Dans les premières années de sa mission, Oberlin rencontra beaucoup d'obstacles dans la pratique du bien; les réformes qu'il méditait éprouvèrent une vive opposition de la part de quelques gens endurcis et turbulents, qui ne lui épargnèrent ni railleries ni menaces; mais il sut les maîtriser par sa fermeté, son sang-froid, sa prudence; et ceux qui d'abord étaient ses ennemis les plus acharnés sont devenus ses plus ardents prosélytes.

Oberlin agrandit le cercle de ses fonctions pastorales pour se dévouer au bien-être de ses paroissiens. Les communications entre les villages et les hameaux du Banc-de-la-Roche étaient rares et difficiles : il donna l'impulsion aux habitants, et bientôt les chemins furent réparés, élargis et protégés par un double mur de rochers. Mais Oberlin conçut un plus vaste projet : il s'agissait de frayer un chemin à travers la vallée jusqu'à la grande route de Strasbourg. Les difficultés étaient immenses; l'infatigable pasteur ne s'en laissa pas rebuter. Une pioche à la main, il se mit à la tête des travailleurs. Son exemple électrisa

la population entière, et dans l'espace de quelques mois une belle route d'une demi-lieue de longueur ouvrit le Banc-de-la-Roche aux communications extérieures. La Bruche, qui descend des montagnes, ne suivait aucun cours régulier : on lui creusa un lit. De distance en distance on construisit des ponts, dont le principal s'appelle, à juste titre, le *pont de la Charité.* L'entretien des chemins et des ponts resta à la charge d'Oberlin jusqu'à sa mort. L'intérêt qu'il savait inspirer aux amis de l'humanité lui fournissait les moyens de subvenir à ces dépenses.

Pour arracher les Banc-de-la-Rochois à la misère, Oberlin tourna ses regards vers l'amélioration de l'économie rurale. Il conquit à la culture un sol rocailleux, et les nombreuses pierres qui couvraient les champs servent aujourd'hui à en marquer les limites; il donna aux jeunes gens des notions sur l'agriculture, et, avant de recevoir la confirmation chrétienne, ils devaient avoir planté de leurs propres mains au moins deux jeunes arbres. Les laboureurs manquaient d'instruments aratoires, qu'ils étaient obligés de faire venir à grands frais du dehors : le pasteur prévoyant établit un magasin où l'on achetait au prix coûtant et à crédit; ce qu'il appelait, avec tant de raison, le *trafic de la charité*.

Les pommiers sauvages étaient seuls cultivés au Banc-de-la-Roche : Oberlin introduisit les arbres fruitiers, et, pour vaincre

la répugnance des campagnards, il s'adressa à leur curiosité, et planta une pépinière dans des champs traversés par des sentiers très-fréquentés, déployant ainsi, pour faire le bien, toute l'industrie que l'intérêt personnel met à assurer le succès d'une exploitation particulière.

Le sol, appauvri par une culture défectueuse, ne produisait que des fruits dégénérés : Oberlin apprit aux laboureurs à faire servir à l'engrais des terres le rebut des matières animales et végétales. L'amélioration des bestiaux attira son attention et obtint ses encouragements; il détermina les habitants à renoncer à la vaine pâture, et convertit ces mauvais pâturages en champs fertiles, en prés naturels et artificiels, auxquels il ménagea un bon système d'irrigation. Les pommes de terre, principale ressource des habitants, étaient abâtardies : il améliora et augmenta la culture de cette solanée en faisant venir de nouvelles semences de la Suisse, de la Hollande, de la Lorraine; et les pommes de terre sont devenues le principal objet d'exportation du Banc-de-la-Roche. Il introduisit le trèfle de Hollande, dont la tige peu pivotante convient à la nature du sol, et le lin, dont il fit venir des semences de Riga et de Livonie. Jamais il ne recommandait un genre de culture qu'après en avoir fait l'essai à son propre compte. Pour assurer et augmenter les améliorations qu'il avait opérées dans l'économie rurale, il fonda une Société d'agriculture qu'il sut adapter aux localités et à la modicité des ressources; il agrandit l'influence de cette Société en l'affiliant à celle de Strasbourg, dont il était membre depuis son origine.

Les professions industrielles étaient inconnues au Banc-de-la-Roche : Oberlin envoya des jeunes gens en apprentissage, et bientôt le pays eut ses artisans indigènes, et fut affranchi du tribut qu'il payait au dehors. Notre pasteur était lui-même très-habile dans l'exercice des arts mécaniques, et il avait établi dans sa maison un atelier où il se délassait de ses travaux évangéliques. En facilitant les communications avec la vallée, il favorisa l'introduction d'une filature de coton, qui répandit l'aisance parmi les habitants.

Le bon pasteur avait pour ses paroissiens les soins éclairés

d'un père; leur santé devint l'objet d'une tendre prévoyance :
il établit une pharmacie dans sa maison curiale, où l'on distribuait les remèdes gratuitement; il envoya un jeune homme intelligent à Strasbourg pour étudier la médecine et la chirurgie; il fit instruire plusieurs sages-femmes et forma une garde-malade qui allait dans les villages; enfin il publia des instructions sur les secours à administrer aux noyés, aux gelés et aux asphyxiés. Rien de ce qui pouvait contribuer au bien-être de ses paroissiens n'échappait à ce bon pasteur; il entrait dans les détails les plus minutieux de l'économie domestique. Grâce à l'influence de ses sages recommandations, les habitations sont devenues saines; il a doté aussi sa paroisse de plusieurs pompes à feu.

Dans ce repli ignoré des Vosges, Oberlin réalisa toutes les fondations d'humanité qui, dans beaucoup de pays, font encore l'objet des vœux du philanthrope. Il établit une caisse pour les pauvres, et l'une des conditions imposées aux indigents pour participer aux secours était d'envoyer leurs enfants à l'école. Pour amortir et prévenir les dettes, il créa une caisse d'emprunt où l'on prêtait sans intérêt et sans gage, mont-de-piété vraiment digne de ce nom, qui extirpa la mendicité du Banc-de-la-Roche. Pour augmenter les moyens d'instruction, il forma une bibliothèque ambulante, et encore ici il a donné le premier exemple d'une création qui a acquis de nos temps une grande célébrité, sous le nom de *Bibliothèques circulantes*, en Angleterre et aux États-Unis.

Le dévoué pasteur consacra tous les instants de sa longue carrière au bien-être spirituel et temporel de sa paroisse. Il n'y avait, dans la vallée, pas une joie qui ne fût son ouvrage, pas une douleur qu'il ne soulageât, pas une contestation dont il ne fût l'arbitre; il était le centre d'activité de toute cette intéressante population. Ses nombreux bienfaits lui acquirent l'autorité d'un père; il avait le talent de convaincre; il savait mieux encore persuader; il était doué de cette chaleur d'âme, de cette énergie de volonté, qui subjuguent et entraînent les masses. Plus d'une fois il exerça toute la puissance du législateur : témoin les assignats, qu'après leur discrédit il sut maintenir dans la circulation, en leur imposant une réduction de dix centimes chaque fois qu'ils changeaient de mains, afin de faire peser leur amortissement sur la population entière, au lieu de ruiner leurs détenteurs; témoin le nouveau système des poids et mesures, qui était déjà usité dans cette solitude, pendant que, sur presque toute la surface de la France, la routine le rejetait encore, au mépris de la loi; témoin les expiations communes qu'il exigeait pour réparer des délits particuliers. Le spectacle d'une vie si pleine de bonnes œuvres ne pouvait manquer de produire une heureuse influence sur les habitants du Banc-de-la-Roche. A l'exemple de leur pasteur, ils se livrèrent à la pratique de toutes les vertus sociales. Ils lui témoignaient une piété filiale, et, dans leur naïf langage, ils ne le désignaient jamais que sous le doux nom de *Papa*. Lors-

que ses forces, affaiblies par l'âge, ne lui permirent plus de gravir à pied les montagnes pour célébrer le service divin dans

BEAU DÉVOUEMENT D'UN PRÉFET. P. 58.

Le baron Lecouteulx sauvant des malades d'un incendie.

les succursales, les paysans, à tour de rôle, le conduisaient sur un cheval et le recevaient à leur table. Le jour où il dînait dans une maison était un jour de fête pour toute la famille.

Oberlin conserva son activité d'esprit jusqu'à la fin de ses jours. Son corps se refusait à sa volonté, que son imagination rêvait encore le bien; et sa dernière prière fut une intercession pour sa paroisse chérie. Le 1ᵉʳ juin 1826, à six heures du matin, le patriarche du Banc-de-la-Roche se reposa dans le sein de l'éternité, à l'âge de quatre-vingt-six ans. Sa mort fut un deuil général pour la contrée qu'il avait régénérée, et toutes les religions vinrent rendre un dernier hommage à ce digne représentant de la Divinité. Un monument dû au ciseau du célèbre Ohmacht a été inauguré dans le temple de Waldbach le 1ᵉʳ juin 1827, et transmettra aux générations futures les traits vénérés du *bon Papa*.

BEAU DÉVOUEMENT D'UN PRÉFET

PAR M. LE BARON DE GÉRANDO

ien heureuse la cité qui a pour magistrat un homme comme celui dont nous allons parler ! Le baron Félix Lecouteulx du Moley, auditeur au conseil d'État, fut appelé, en 1810, aux fonctions de préfet de la Côte-d'Or. Jeune encore, il jouissait de tous les biens qui peuvent attacher à la vie en donnant le bonheur sur cette terre : une épouse, digne objet de ses affections, une famille charmante, d'excellents amis; il possédait une fortune honorable, il jouissait de la considération publique, il avait été appelé à un poste élevé.

Vers 1812, une colonne de prisonniers espagnols fut dirigée sur Dijon; le typhus y régnait. Le préfet dut, en un moment, créer un hôpital spécial pour prévenir les dangers de la contagion. Literie, pharmacie, services, il disposa tout en personne, il pourvut à tout. A peine les malades étaient-ils installés dans cet asile, que le typhus y redouble ses ravages. Bientôt une nouvelle cause de désolation vient s'y joindre : un incendie éclate dans le voisinage, le feu gagne le dortoir des prisonniers. Il fallait transporter les malades sans le moindre retard; en vain le préfet demande des bras, promet des récompenses; personne n'ose s'exposer; les infirmiers eux-mêmes reculent. Le préfet se précipite dans la salle où gisent ces infortunés, quitte ses habits, les charge sur ses épaules, et les met en sûreté; son secrétaire général suit son exemple : les malades sont sauvés!

C'était vers le 20 ou le 24 mars 1812. Le soir même, Félix Lecouteulx fut saisi de l'affreuse maladie; le 1er avril il succomba entre les bras de sa femme et de ses enfants, noble victime d'un rare dévouement. Digne magistrat, il mourut en héros chrétien, fidèle aux leçons et aux exemples d'une mère qui fut le modèle des vertus.

LA PROBITÉ RÉCOMPENSÉE

EXTRAIT DE LA MORALE EN ACTION

Perrin avait reçu le jour en Bretagne, près de Vitré. Né pauvre, et ayant perdu son père et sa mère avant de pouvoir en bégayer les noms, il dut sa subsistance à la charité publique. Il apprit à lire et à écrire; son éducation ne s'étendit pas plus loin. A l'âge de quinze ans, il servit dans une petite ferme, où on lui confia le soin des troupeaux. Lucette, une jeune paysanne du voisinage, fut, dans le même temps, chargée de ceux de son père. Elle les conduisait dans des pâturages où elle voyait souvent Perrin, qui lui rendait tous les petits services qu'on peut rendre à son âge et dans sa situation. L'habitude de se voir, leurs occupations, leur bonté mutuelle, leurs soins officieux, les attachèrent l'un à l'autre. Perrin se proposa de demander Lucette en mariage à son père. Lucette y consentit, mais elle ne voulut pas être présente à cette visite. Elle devait aller le lendemain à la ville : elle pria Perrin de choisir cet instant, et de venir le soir au-devant d'elle pour lui apprendre comment il aurait été reçu.

Le jeune homme, au temps marqué, vola chez le père de Lucette, et lui déclara avec franchise qu'il aimait sa fille, et qu'il voudrait bien l'épouser. « Tu aimes ma fille? interrompit brusquement le vieillard; tu voudrais l'épouser?... Y songes-tu, Perrin?... Comment feras-tu?... As-tu des habits à lui donner, une maison pour la recevoir et du bien pour la nourrir?... Tu sers, tu n'as rien; Lucette n'est pas assez riche pour fournir à ton entretien et au sien... Perrin, ce n'est pas ainsi qu'on se met en ménage. — J'ai des bras, je suis fort; on ne manque jamais de travail quand on aime... Et que ne ferai-je pas quand il s'agira de soutenir Lucette?... Jusqu'à présent j'ai gagné vingt écus tous les ans, j'en ai amassé cent; ils feront les frais de la noce. J'en travaillerai davantage, mes épargnes augmenteront; je pourrai prendre une petite ferme. Les plus riches habitants de notre village ont commencé comme moi... Pourquoi ne réussirais-je pas comme eux?... — Eh bien, tu es jeune : tu peux attendre encore... Deviens riche, et ma fille est à toi; mais, jusqu'à ce moment, ne m'en parle pas. »

Perrin ne put obtenir d'autre réponse. Il courut chercher Lucette, il la rencontra bientôt. Il était triste; elle lut sur son visage la nouvelle qu'il venait lui annoncer. « Mon père t'a donc refusé? — Ah! Lucette, que je suis malheureux d'être né si pauvre!... Mais je n'ai pas perdu toute espérance : ma situation peut changer. Ton mari n'aurait rien épargné pour te procurer de l'aisance : ferai-je moins pour devenir ton mari? Va, nous serons unis un jour... Conserve-moi toujours ton cœur, souviens-toi que tu me l'as donné. »

En parlant ainsi, ils étaient toujours sur la route de Vitré. La nuit, qui s'avançait, les pressait de regagner leurs maisons : ils allaient fort vite. Perrin fait un faux pas, et tombe. En se relevant, ses mains cherchent ce qui a causé sa chute : c'était un sac assez pesant. Il le ramasse. Curieux de savoir ce qu'il contient, il entre avec Lucette dans un champ où brûlaient encore des racines auxquelles les laboureurs avaient mis le feu pendant le jour. A la clarté qu'elles répandent, il ouvre le sac, et y trouve de l'or. « Que vois-je?... s'écria Lucette. Ah! Perrin, tu es devenu riche!... — Quoi! Lucette, je pourrai te posséder!... Le ciel, favorable à nos désirs, m'aurait-il envoyé de quoi satisfaire ton père et nous rendre heureux?... » Cette idée verse la joie dans leurs âmes; ils contemplent avidement leur trésor; puis, après s'être regardés un moment avec tendresse, ils se mettent en chemin pour aller sur-le-champ le montrer au vieillard. Ils étaient près de sa maison, lorsque Perrin s'arrête :

« Nous n'attendons notre bonheur que de cet or, dit-il à Lucette; mais est-il à nous?... Sans doute il appartient à quelque voyageur... La foire de Vitré vient de finir... Un marchand, en retournant chez lui, l'a vraisemblablement perdu. Dans ce moment où nous nous livrons à la joie, il est peut-être en proie au désespoir le plus affreux. — Ah! Perrin, ta réflexion est terrible!... Le malheureux gémit sans doute... Pouvons-nous jouir de son bien?... Le hasard nous l'a fait trouver, mais le retenir est un vol. — Tu me fais frémir... Nous allions le porter à ton père : il nous aurait rendus heureux; mais peut-on l'être du malheur d'autrui?... Allons voir M. le recteur (c'est le nom que les Bretons donnent à leurs curés). Il a toujours eu mille bontés pour moi, il m'a placé dans la ferme, et je ne dois rien faire sans le consulter. » Le recteur était chez lui. Perrin lui remit le sac qu'il avait trouvé, et avoua qu'il l'avait d'abord regardé comme un présent du ciel. Il ne cacha pas son amitié pour Lucette, et l'obstacle que sa pauvreté mettait à leur union. Le pasteur l'écoute avec bonté; il les regarde l'un et l'autre. Leur procédé l'attendrit; il voit toute l'ardeur de leur tendresse, et admire la probité qui lui est encore supérieure; il applaudit à leur action. « Perrin, conserve toujours les mêmes sentiments, le ciel te bénira. Nous retrouverons le maître de cet or, il récompensera ta probité. J'y joindrai quelques-unes de mes épargnes. Tu posséderas Lucette : je me charge d'obtenir l'aveu de son père. Méritez d'être l'un à l'autre. Si l'argent que tu déposes entre mes mains n'est point réclamé, c'est un bien qui appartient aux pauvres. Tu l'es... Je croirai suivre l'ordre du ciel en te le rendant. Il en a déjà disposé en ta faveur. » Les deux jeunes gens se retirent, satisfaits d'avoir fait leur devoir, et remplis des douces espérances qu'on leur donnait. Le recteur fit crier dans sa paroisse le sac qu'on avait perdu; il le fit ensuite afficher à Vitré et dans tous les villages voisins. Plusieurs hommes avides se présentèrent, mais aucun n'indiqua la somme, ni aucune espèce de monnaie, ni le sac qui la contenait.

Pendant ce temps, le recteur n'oublia pas qu'il avait promis à Perrin de s'occuper de son bonheur. Il lui fit avoir une petite ferme, la monta des bestiaux et des instruments nécessaires au labourage, et deux mois après il le maria avec Lucette. Les deux époux, au comble de leurs vœux, remercièrent avec ardeur le ciel et le recteur. Perrin était laborieux, Lucette s'occupait de son ménage; ils étaient exacts à payer le propriétaire de leur ferme; ils vivaient médiocrement du surplus, et se trouvaient heureux.

L'or perdu ne fut pas réclamé pendant deux ans. Le recteur ne jugea pas qu'il fallût attendre davantage : il le porta au couple vertueux qu'il avait uni. « Mes enfants, leur dit-il, jouissez du bienfait de la Providence, et n'en abusez pas. Les douze mille livres sont actuellement sans produit; vous pouvez en faire usage. Si, par hasard, vous en découvriez le maître, vous devriez sans doute les lui rendre... Faites-en un emploi qui, les changeant seulement de nature, n'en diminue point la valeur. »

Perrin suivit ce conseil. Il se proposa d'acquérir la ferme qu'il tenait à bail. Elle était à vendre, on l'estimait un peu plus de douze mille francs; mais, en payant comptant, on pouvait espérer de l'avoir à ce prix. Cet argent, qu'il ne regardait que comme un dépôt, ne pouvait être mieux placé; et, si le maître se retrouvait un jour, il n'aurait pas à se plaindre.

Le recteur approuva ce projet. L'acquisition fut bientôt faite. Le fermier, devenu propriétaire, donna une plus grande valeur à son terrain; ses champs, mieux cultivés, devinrent plus fertiles. Il vécut dans cette douce aisance qu'il avait eu l'ambition de procurer à Lucette. Deux enfants bénirent successivement leur union; ils prenaient plaisir à se voir revivre dans ces tendres gages de leur amour. En revenant des champs, Perrin trouvait sa femme qui venait au-devant de lui, et lui présentait ses enfants; il les embrassait l'un et l'autre, les quittait pour serrer son épouse dans ses bras, puis revenait encore à eux pour les accabler tour à tour de caresses. L'un essuyait la sueur dont son front était couvert; l'autre essayait de le soula-

ger du poids du hoyau qu'il portait. Perrin souriait de ses faibles efforts, le caressait de nouveau, et rendait grâce au ciel, qui lui avait donné une épouse tendre et des enfants qui lui ressemblaient.

Quelques années après, le vieux recteur mourut. Perrin et Lucette le pleurèrent : ils songeaient avec attendrissement à ce qu'ils lui devaient. Cet événement les fit réfléchir sur eux-mêmes. « Nous mourrons aussi, disaient-ils. Notre ferme restera à nos enfants; elle n'est pas à nous... Si celui à qui elle appartient revenait, il en serait privé pour toujours... Nous emporterions le bien d'autrui au tombeau. » Ils ne pouvaient soutenir cette idée. Leur délicatesse leur fit écrire une déclaration qu'ils déposèrent entre les mains du nouveau recteur, et qu'ils firent signer par les plus notables habitants du village. Cette précaution, qu'ils jugeaient nécessaire pour assurer une restitution à laquelle ils croyaient leurs enfants obligés, les tranquillisa.

Il y avait dix ans qu'ils étaient établis. Perrin, après un travail pénible, revenait un jour dîner avec son épouse. Il vit passer sur la grande route deux hommes dans une voiture, qui versa à quelques pas de lui. Il courut porter du secours, il offrit les chevaux de sa charrue pour transporter les malles; il pria les voyageurs de venir se reposer chez lui; ils n'étaient point blessés. « Ce lieu m'est bien funeste!... s'écria l'un d'eux. Je ne puis y passer sans éprouver de malheurs. J'ai fait, il y a douze ans, une perte assez considérable... Je revenais de la foire de Vitré; j'emportais douze mille francs en or, que j'ai perdus. — Comment, lui dit Perrin, qui l'écoutait avec attention, avez-vous négligé de faire des recherches pour les retrouver? — Cela ne me fut pas possible... Je me rendais à Lorient, où je devais m'embarquer pour les Indes; le temps pressait : le vaisseau, prêt à mettre à la voile, ne m'aurait pas attendu. Je ne pus faire de perquisitions, sans doute inutiles, qui, en retardant mon départ, m'auraient apporté un préjudice beaucoup plus grand que la perte que j'avais faite. »

Ce discours fit tressaillir Perrin. Il s'empresse davantage

Perrin et sa famille aux pieds du voyageur.

auprès du voyageur; il le conjure d'accepter l'asile qu'il lui offre. Sa maison était la plus prochaine et la plus propre habitation du village. On cède à ses instances. Il marche le premier pour montrer le chemin. Il rencontre bientôt sa femme, qui, selon son usage, venait au-devant de lui; il lui dit d'aller promptement préparer un dîner pour ses hôtes. En attendant le repas, il leur présente des rafraîchissements, et fait retomber la conversation sur la perte dont l'un d'eux s'est plaint. Il ne doute point que ce ne soit à lui qu'il doive une restitution. Il va chercher le nouveau recteur, l'informe de ce qu'il vient d'apprendre, l'invite à partager le dîner de ses hôtes et à leur tenir compagnie. Celui-ci l'accompagne, et ne cesse d'admirer la joie que ce bon paysan a d'une découverte qui doit le ruiner.

On dîne. Les voyageurs, satisfaits, ne savent comment reconnaître l'accueil que leur fait Perrin; ils admirent son petit ménage, son bon cœur, sa franchise, l'air ouvert de Lucette, sa candeur, son activité; ils caressent les enfants. Perrin, après le repas, leur montre sa maison, son potager, sa bergerie, ses bestiaux; les entretient de ses champs et de leur produit. « Tout cela vous appartient, dit-il ensuite au premier voyageur. Lorsque ce que vous avez perdu est tombé entre mes mains, voyant qu'il n'était pas réclamé, j'en ai acheté cette ferme, dans le dessein de la remettre un jour à celui qui y a de véritables droits... Elle est à vous. Si j'étais mort avant de vous trouver, M. le recteur a un écrit qui constate votre propriété. »

L'étranger, surpris, lit l'écrit qu'il lui remet; il regarde Perrin, Lucette et ses enfants. « Où suis-je, s'écrie-t-il enfin, et que viens-je d'entendre? Quel procédé! quelle vertu! quelle noblesse! et dans quel état les trouvé-je!... Avez-vous quelque autre bien que cette ferme? ajouta-t-il. — Non; mais, si vous ne la vendez pas, vous aurez besoin d'un fermier, et j'espère que vous me donnerez la préférence. — Votre probité mérite une autre récompense... Il y a douze ans que j'ai perdu la somme que vous avez trouvée... Depuis ce temps, Dieu a béni mon commerce : il s'est étendu, il a prospéré; je ne me suis pas longtemps aperçu de ma perte. Cette restitution, aujourd'hui, ne me rendrait pas plus riche... Vous méritez cette petite fortune... La Providence vous en a fait présent : ce serait l'offenser que de vous l'ôter... Conservez-la, je vous la donne; vous pouviez la garder : je ne la réclamais point. Quel homme eût agi comme vous? »

Il déchira aussitôt l'écrit qu'il tenait dans ses mains. « Une si belle action, ajouta-t-il, ne doit point être ignorée... Il n'est pas besoin de nouvel acte pour assurer ma cession, votre propriété et celle de vos enfants... je le ferai cependant écrire, pour perpétuer le souvenir de vos sentiments et de votre honnêteté. »

Perrin et Lucette tombèrent aux pieds du voyageur. Il les releva et les embrassa. Un notaire, qui fut demandé, écrivit cet acte, le plus beau qu'il eût rédigé de sa vie. Perrin versait des larmes de tendresse et de joie. « Mes enfants, s'écriait-il, baisez la main de votre bienfaiteur... Lucette, ce bien est à nous, et nous pouvons en jouir sans trouble et sans remords. »

LES GRENADIERS FRANÇAIS

EXTRAIT DU PEUPLE INSTRUIT PAR SES PROPRES VERTUS

Un affreux incendie consuma plusieurs maisons de Nancy en 1766. Le fléau était d'autant plus rapide et plus terrible, qu'il attaquait des maisons du peuple, où l'indigence avait presque partout substitué le bois à la pierre. Un vent très-violent hâtait encore les progrès du désastre. Les flammes sortaient par les toits, toutes les poutres étaient embrasées; plusieurs pignons, déjà renversés dans les cendres, annonçaient l'écroulement général et prochain. Les pompes demeuraient inutiles, malgré leur activité, et ni pompiers ni personne n'osaient se hasarder davantage sous ces murailles, où l'on n'avait plus qu'un tombeau à espérer. Au milieu des cris du désespoir, des hurlements de l'avarice, des désordres d'une populace effrayée, une femme attirait tous les yeux par le caractère auguste de sa douleur : c'était une mère. La malheureuse, en larmes, voyait les tourbillons de feu s'avancer vers une chambre du quatrième étage, où la frayeur, le tumulte et la fatalité, trompant sa tendresse, lui avaient fait abandonner dans leurs berceaux deux enfants qu'elle n'aimait que davantage pour n'avoir pas de pain à leur donner. A genoux, les mains au ciel, la mort au cœur, les yeux fixés sur les flammes, qui gagnent sans cesse et la brûlent sans la toucher, elle désigne l'endroit, implore du secours, et n'excite qu'une vaine pitié, que la terreur et le danger glacent aussitôt.

Le régiment du Roi (infanterie) était en garnison dans la ville. Deux grenadiers issus de la même mère s'approchent de la chambre où sont déposés ces infortunés. C'est sur les poutres brûlantes qu'ils volent à une gloire aussi vraie et peut-être plus douce que celle qui leur est déjà connue. Soudain ils disparaissent dans les nuages de fumée qui s'élèvent. A peine sont-ils entrés que la moitié de la maison s'écroule... La mère

tombe, et croit tout perdu... Les mêmes braves reparaissent, leurs vêtements à demi brûlés, leurs cheveux roussis jusqu'à la racine, et rendant chacun un enfant à cette mère, qui se relève aux acclamations du peuple, au bruit de l'édifice qui s'abîme en entier, et à la vue de ses libérateurs.

LES MILICIENS GÉNÉREUX

EXTRAIT DU PEUPLE INSTRUIT PAR SES PROPRES VERTUS

Le tirage de la milice se faisait en Poitou vers la fin d'avril 1776. Deux veuves de la paroisse de Voulême et de celle de Saint-Macoux avaient chacune, entre autres enfants, un fils aîné d'âge et de taille à tirer, mais dont elles ne pouvaient se passer pour la culture des terres qu'elles faisaient valoir. Plongées dans l'affliction, elles conjuraient le ciel de ne pas permettre que le sort tombât sur leurs fils. Les jeunes gens des deux paroisses virent le triste état de ces femmes, et en furent touchés. De concert ils courent chez le commissaire, et le conjurent de vouloir bien exempter deux de leurs camarades, sans toutefois contrevenir à l'ordonnance. Le commissaire leur représente que la chose est difficile. « Point du tout, monsieur, répondirent-ils; il n'est rien de plus aisé... Mêlez ensemble les billets blancs et les billets noirs, et nous en faisons notre affaire. » Ils tirent deux billets blancs, et ils les donnent aux fils des deux veuves. « Allons, monsieur le commissaire, continuent-ils d'un ton plus gai, c'est à nous, à présent... La bonne œuvre est faite, et nous voilà contents. »

LA LÉGION THÉBAINE

'an 286, l'empereur Maximien passa dans les Gaules pour réprimer les Bagaudes, faction qui s'était formée contre les Romains. Il crut nécessaire de renforcer son armée, et fit venir d'Orient la légion Thébaine; elle était composée de six mille six cents hommes, tous chrétiens, et remarquables à la fois par leur courage et leur piété, sachant allier l'exercice des armes avec la pratique de l'Évangile. Maurice en était capitaine; Exupère et Candide étaient, après lui, les principaux officiers. Elle joignit, avant le passage des Alpes, le corps de l'armée, qui fit séjour à Octodure, aujourd'hui Martigny-en-Valais. Maximien, qui avait encore plus à cœur d'exterminer les chrétiens que les ennemis de l'État, commanda la légion Thébaine pour persécuter les fidèles, et voulut, en même temps, les obliger à prendre part aux sacrifices qu'il faisait à ses dieux, en entrant dans les Gaules. Ces braves soldats répondirent qu'ils étaient venus pour combattre les ennemis de l'État, et non pas pour tremper leurs mains dans le sang de leurs frères, ou pour les souiller par un culte impie. Maximien fut si irrité de cette réponse, qu'il fit aussitôt décimer la légion. Ceux sur qui le sort tomba se laissèrent égorger sans la moindre résistance. Lorsque cette boucherie fut terminée, et en présence des cadavres de leurs compagnons, on demanda à ceux qui survivaient s'ils voulaient maintenant sacrifier aux dieux. Ils s'écrièrent avec une indignation nouvelle qu'ils détestaient les dieux païens. Maximien ordonna que la légion fût décimée une seconde fois. Pressés d'obéir à l'empereur, les autres lui présentèrent la remontrance suivante : « Nous sommes vos soldats, seigneur, mais nous sommes aussi les serviteurs de Dieu ; nous vous devons le service de la guerre, mais nous devons à Dieu l'innocence des mœurs ; nous recevons de vous la paye, il nous a donné et il nous conserve la vie ; nous ne pouvons vous obéir en renonçant à notre Créateur, notre maître et le vôtre. Nous sommes disposés à exécuter vos ordres en tout ce qui n'offense pas le Seigneur ; mais, s'il faut choisir entre désobéir à Dieu ou à un homme, nous préférons l'obéissance à Dieu. Menez-nous à l'ennemi : nos mains sont prêtes à combattre les rebelles et les impies, mais elles ne savent point répandre le sang des citoyens et des innocents. Nous avons fait serment à Dieu avant de vous le faire. Eh ! comment pourriez-vous compter sur notre fidélité, si nous manquions à celle que nous avons jurée ? Si vous cherchez à faire mourir des chrétiens, nous voici ; nous confessons un Dieu créateur de toutes choses, et Jésus-Christ, son fils ; nous sommes disposés à nous laisser égorger comme nos compagnons, dont nous envions le sort. Ne craignez pas de révolte, les chrétiens savent mourir, et non se révolter. Nous avons des armes, mais nous ne nous en servirons pas ; nous aimons beaucoup mieux mourir innocents que de vivre coupables. »

Une remontrance si généreuse et si mesurée ne fit qu'allumer la fureur de Maximien. Désespérant de vaincre leur constance héroïque, il prit la résolution de faire massacrer la légion entière. Il fit marcher des troupes pour l'envelopper et la tailler en pièces. Ces braves guerriers jetèrent bas leurs armes, se dépouillèrent de leurs cuirasses, et présentèrent le cou à leurs bourreaux ; on n'entendit ni plaintes ni gémissements. Ils ne parlèrent que pour s'animer les uns les autres à mourir pour Jésus-Christ.

LE PÈRE LE JEUNE

Jean le Jeune, surnommé le père l'Aveugle, après une maladie qui le priva de la vue à l'âge de quarante-trois ans, fut un des missionnaires les plus zélés du dix-septième siècle. Malgré son infirmité, il ne cessa de prêcher la parole de Dieu dans presque toute les provinces de la France. Il parcourut le diocèse de Limoges, accompagné de jeunes missionnaires, ses élèves, sans être effrayé des difficultés de ce pays, ni de la grossièreté des habitants, qui le reçurent d'abord fort mal, mais que ses vertus et ses touchantes paroles adoucirent à un tel point, que lorsqu'il partit ils l'accompagnèrent en pleurant, comme un père qu'ils ne devaient plus revoir. Les travaux fatigants, dont il fut occupé pendant de longues années, l'affaiblirent tellement, que, dans les derniers temps de sa vie, il fut contraint par ses infirmités de garder la chambre. Mais, bien qu'obligé de renoncer à ses courses évangéliques, il n'en continua pas moins ses fonctions pieuses et la sainte tâche qu'il s'était imposée de sacrifier tout son temps à l'enseignement de la morale de Jésus-Christ. Appuyé sur deux jeunes prêtres qui soutenaient ses pas tremblants, il se faisait conduire dans les maisons des pauvres, et leur distribuait des aumônes et des consolations. Le soir, une foule de petits enfants se rassemblaient dans sa chambre, et il leur expliquait les vérités élémentaires de la religion. Son éloquence simple et touchante faisait couler les larmes de ses petits auditeurs, dont le nombre augmentait chaque jour. Ce fut en s'acquittant de ces devoirs pieux qu'il termina sa carrière à l'âge de quatre-vingts ans, le 19 août 1672. Lorsqu'il eut rendu le dernier soupir, ses jeunes élèves, qui attendaient à la porte cette fatale nouvelle, se précipitèrent en sanglotant dans la chambre de leur précepteur, et chacun d'eux tâchait de s'emparer de quelque lambeau de ses vêtements, comme d'une relique sainte, qui fut conservée religieusement.

LES TROIS FRÈRES CONTÉ

PRIX MONTYON, 1855

ien des hommes jouissent de l'estime publique et de hautes récompenses, qui sont fort loin de les mériter autant que les hommes simples et courageux dont nous allons raconter brièvement les belles actions : ce sont trois frères animés au même degré de la passion du dévouement. Leur nom est Conté; le théâtre de leurs travaux, Cahors; le fleuve, ou plutôt le torrent contre lequel ils passent leur vie à lutter, le Lot. Depuis douze ans qu'ils habitaient sur le port, ils avaient déjà retiré des flots, *isolément*, vingt-six personnes, dont vingt-quatre vivantes, lorsque, pendant l'enquête, une vingt-septième dut la vie à leur courage. Mais ce n'est pas tout. Le 28 janvier 1827, une barque montée par six hommes, dont aucun ne savait nager, va se briser contre une pile du pont. Le courant les emporte sur quelques débris, et les jette contre la chaussée, où un accident les tient un moment suspendus au-dessus d'une chute profonde. Nul secours n'est possible : tous les bateliers accourus renoncent à rien tenter... Mais voilà que deux des Conté arrivent. Ils s'élancent dans leur bachot, franchissent audacieusement la chute, vont recevoir deux des mariniers que le flot emportait, reviennent disputer les quatre autres au torrent, et les sauvent avec un bonheur qui tient du miracle, comme leur courage.

En 1836, l'aîné, qui est teinturier, travaillait, couvert de sueur, parmi les chaudières bouillantes. On crie que le jeune Lartigue se noie... (Le jeune Lartigue est fils d'un ennemi du père des Conté.) Vous pensez bien que Conté s'élance. Il se blesse le pied sur le rivage; mais il peut marcher encore... Il arrive, poursuit dans le courant rapide le jeune Lartigue, le saisit, le perd, le retrouve, et, fatigué du fardeau après cette longue lutte, il est entraîné à son tour. Par bonheur, un autre des Conté est arrivé... A qui va-t-il d'abord?... Au jeune Lartigue, et tous deux sont sauvés.

Une autre fois, le Lot s'enfle pendant la nuit, franchit toutes ses barrières, envahit un quartier populeux, et, grossissant toujours, laisse voir, au lever du soleil, la foule des malheureux qui se sont réfugiés, d'étage en étage, sur les toits de leurs maisons, et qui n'ont plus d'asile. L'aîné des Conté était à l'armée; mais ils sont toujours deux pour se dévouer, car le troisième a treize ans maintenant : il peut imiter les deux autres. Il le fait. Le torrent était furieux. Les deux intrépides bateliers lui disputent une à une toutes ses victimes. Plus de soixante lui sont arrachées par eux; ils ne se retirent que quand la tâche est finie, épuisés de fatigue, saisis déjà par une fièvre brûlante, qui, pendant deux mois entiers, fait craindre pour leur vie. Sur ces entrefaites, on crie qu'une vieille mendiante de soixante-dix ans est tombée dans le Lot. L'un des Conté l'a entendu, et déjà l'intrépide jeune homme, oubliant sa vie menacée, est allé redemander aux flots quelques jours que la pauvre vieille femme pouvait encore passer sur la terre.

SŒUR MARTHE

PORTRAITS ET HISTOIRES DES HOMMES UTILES

Anne Biget naquit, le 26 octobre 1748, à Thoraise, joli village situé sur les rives du Doubs, à peu de distance de Besançon. Elle montrait, dès son enfance, un naturel affectueux et compatissant, qui la faisait chérir de tous ceux qui l'approchaient. Un jour, portant de petits gâteaux à ses sœurs, qui étaient en pension à Besançon, elle les donna tous à de pauvres prisonniers qu'elle rencontra sur le pont de la ville.

Quand le moment vint de choisir un état, elle se fit recevoir sœur converse au couvent de la Visitation. C'est dans l'exercice de ces fonctions que sœur Marthe reçut le nom de religion qu'elle devait rendre si cher à la reconnaissance publique. Dès les premiers temps de son entrée au couvent, elle ajoutait déjà des œuvres de surérogation à l'observance de la règle. L'archevêque de Besançon (Durfort) lui avait permis de visiter les prisonniers, qu'elle appelait ses amis. Elle leur consacra tous ses soins quand la Révolution eut détruit l'ordre de religieuses auquel elle appartenait. Sœur Marthe vivait à Besançon de la modique pension d'ancienne religieuse, s'élevant à trois cent trente-trois francs, et était propriétaire d'une petite maison. C'était avec de si faibles ressources que cette femme charitable était devenue une providence pour les pauvres. Sa demeure était le rendez-vous des vieillards, des enfants et des malades de la classe indigente; elle leur distribuait des aumônes et des aliments : ils trouvaient dans la sœur Marthe une infatigable pourvoyeuse. Elle se multipliait pour secourir, et sa charité ne se rebutait d'aucun obstacle; elle allait, quêtant pour les pauvres, dans toutes les maisons; et telle était la vénération qu'elle inspirait, qu'on eût rougi de ne pas s'associer par quelque offrande à son admirable charité. Ses soins ne se bornaient pas aux seuls pauvres de la ville : sœur Marthe allait, dans les villages environnants, visiter, consoler et soigner les malades; elle leur fournissait des médicaments, et préparait les boissons qui leur étaient ordonnées; elle bravait toutes les fatigues : ni l'ardeur de l'été ni la rigueur de l'hiver ne pouvaient ralentir son zèle. Quelle que fût l'intensité du froid, jamais elle n'allumait de feu pour elle : cette dépense eût été un tort fait à ses malheureux, disait-elle. Sa seule nourriture fut, pendant onze ans, du pain le plus grossier et du lait. Cette frugalité extrême lui permettait de faire plus de bien.

Lors d'un incendie qui réduisit en cendres, le 23 mars 1805, la moitié d'un hameau près de Besançon, la sœur Marthe fut des premières à se rendre sur ce théâtre de désolation. Son exemple, plus puissant encore que ses exhortations, excitant et soutenant le courage des travailleurs, contribua puissamment à arrêter les progrès du feu; et sa présence d'esprit sauva une partie des habitations. Une chaumière en proie aux flammes était habitée par une femme nommée Catherine Simon, nourrice de deux enfants, et l'incendie avait si promptement et si complétement enveloppé cette demeure, que la malheureuse nourrice n'avait pu se soustraire par la fuite au sort affreux qui la menaçait. Sa perte et celle des deux petits enfants paraissaient inévitables : personne n'osait se hasarder à essayer de leur porter quelque secours. Sœur Marthe, témoin de cette scène déchirante, priait, suppliait, menaçait même; mais c'était en vain. Elle offrait tout ce qu'elle possédait, et même jusqu'à sa croix d'or, à celui qui tenterait de sauver ces trois victimes. Enfin, ne comptant plus que sur son propre courage et sans calculer le danger, sœur Marthe, malgré son âge, s'élance au milieu des débris enflammés, et, comme protégée par un prodige de la Providence, sans autre accident que quelques brûlures aux mains et au visage, elle parvient à arracher aux flammes la pauvre femme et les deux enfants.

Ce fut deux années après cet incendie, le 7 août 1807, que

la sœur Marthe, étant allée cueillir des plantes sur les bords du Doubs, entendit non loin d'elle le bruit sourd que produit la chute d'un corps dans une eau profonde. Elle se retourna, et aperçut un jeune garçon âgé de neuf ans, Adrien Ledieu, fils d'un pauvre berger, qui venait de tomber dans la rivière, et qui était déjà entraîné par le courant. Sans calculer le péril auquel elle s'exposait elle-même, ne sachant point nager, la courageuse femme se précipita après l'infortuné, et parvint, par les plus pénibles efforts et après avoir couru elle-même le plus grand danger, à sauver la vie à cet enfant.

Les soldats étrangers que le sort des armes avait rendus nos prisonniers ne pouvaient manquer d'exciter la pieuse sollicitude de la sœur Marthe. En 1809, six cents prisonniers espagnols furent amenés à Besançon. Ces malheureux étaient dans un état affreux; beaucoup d'entre eux étaient blessés ou malades, et tous étaient presque nus. La sœur Marthe voit s'augmenter le nombre des infortunés qu'elle soulageait sans s'effrayer du surcroît de peines que va lui imposer la noble tâche qu'elle a entreprise. A l'âge de soixante-deux ans, il semble que la charité lui a donné des forces nouvelles : son activité en est redoublée. Elle invente, elle crée des ressources pour prodiguer à ces pauvres étrangers les soins les plus touchants; elle pourvoit à leurs besoins les plus urgents, et les soigne dans leurs maladies. Lorsque les prisonniers avaient quelque réclamation ou quelque demande à faire au commandant de la place, la sœur Marthe était toujours un gage assuré du succès. Ce général dit un jour à la sœur Marthe : « Vous allez être bien affligée, ma sœur... voilà vos bons amis les Espagnols qui vont quitter Besançon. — Oui, répondit-elle; mais on dit qu'on amènera les Anglais... Ils seront aussi mes amis, puisqu'ils sont malheureux. »

Les déplorables années 1813 et 1814 mirent à de nouvelles épreuves la charité courageuse de la sœur Marthe. Tous les fléaux d'une guerre malheureuse désolaient la France envahie. La sœur Marthe brava tous les dangers des champs de bataille pour aller secourir, sans distinction, les blessés français ou ennemis; on la vit, en plus d'une rencontre, aller les relever et les panser sous le feu du canon. On la retrouvait, après les actions les plus meurtrières, dans les ambulances ou dans les hôpitaux; elle mettait les habitants à contribution pour fournir du vieux linge; elle rassemblait les femmes et les jeunes filles pour faire de la charpie à pansement; elle communiquait à tous l'enthousiasme qui l'animait. C'est dans une de ces ambulances, en 1814, que la sœur Marthe, rencontrée par le duc de Reggio, reçut de ce guerrier illustre cet éloge si complet en si peu de mots. « Je vous connaissais déjà depuis longtemps... Quand mes soldats étaient blessés, ils s'écriaient : Où est notre sœur Marthe? » Ce fut vers la même époque que la bienfaitrice des prisonniers reçut la récompense la plus digne de son bon cœur : elle eut le bonheur d'obtenir la grâce d'un pauvre conscrit déserteur, déjà conduit sur la place où il devait être fusillé.

Les récompenses et les distinctions que la sœur Marthe reçut l'honorent moins que ceux-là mêmes qui les lui ont décernées. Dès l'an 1801, la Société d'agriculture de Besançon lui avait offert une médaille d'argent avec cette inscription : *Hommage à la vertu!* En 1815, le ministre de la guerre lui fit remettre une croix. Sœur Marthe reçut, la même année, des médailles d'or de l'empereur de Russie et du roi de Prusse. L'empereur d'Autriche lui accorda la médaille du Mérite-Civil. Le roi d'Espagne lui fit aussi remettre une décoration.

Sœur Marthe rendit paisiblement son âme à l'Auteur de toute charité et de tout bien, le 29 mars 1824, âgée de soixante-treize ans.

ALEXANDRE MARTIN

PRIX MONTYON, 1858

Champrond-en-Gâtinais, non loin de la Louppe, dans l'arrondissement de Nogent-le-Rotrou, qui appartenait autrefois tout entier à Sully, habite un menuisier nommé Alexandre Martin, dont la famille avait été au service des l'Aubespine au temps de leur opulence. Lui-même avait dû son éducation et son état aux bontés du marquis de l'Aubespine, ancien colonel du régiment de la Reine, qui, pendant la Révolution, l'attacha à son service; et il n'oubliait pas les premiers bienfaits de son maître. Pendant trente-cinq ans il ne le quitta point.

Il vit tomber et se perdre toute cette fortune amassée par Sully : tout fut engagé en peu d'années. On vit passer en des mains étrangères le château de Villebon, cher à toute la contrée, et consacré dans le respect par le souvenir du grand homme. Le marquis de l'Aubespine ne réserva que trois rentes viagères : une de six mille francs pour lui-même, une autre de deux mille quatre cents francs pour son fils, et une troisième de quatre cents francs pour Martin. Peu après, il mourut. Martin venait de se retirer dans sa famille, comptant en vain sur la pension de quatre cents francs, que les créanciers avaient saisie. Privé de ce secours, il avait repris tranquillement la profession de ses jeunes années, quand, le 16 juin 1830, sa porte s'ouvre... Le fils de son maître, le comte de l'Aubespine,

Martin servant à table les enfants de son ancien maître qu'il a adoptés.

paraît avec ses trois enfants : Angélique, âgée de cinq ans; Joséphine, de quatre ans, et Louis, qui n'avait pas dix-huit mois. Le père de ces infortunés était obligé de fuir la France : il allait s'expatrier. Il ne parle à Martin que d'une courte absence, et s'éloigne pour ne plus revenir, laissant au menuisier de Champrond-en-Gâtinais le dépôt de tout ce qui restait du sang du grand Sully.

Martin avait lui-même trois enfants. Heureusement, sa fille aînée sortait d'apprentissage : elle était capable de travailler. Sa mère et elle gagnaient vingt-quatre sous par jour; Martin en gagnait trente. C'est avec ce revenu qu'ils entendaient élever la nouvelle famille que la Providence ajoutait à la leur. Quand le travail manque, ils empruntent; quand ils ne peuvent emprunter, ils vendent leur mobilier. Ils ne connaissent pas de privations, pourvu que les petits-fils de leur maître ne les sentent pas. Ils vivent de pain noir : le pain blanc ne manque jamais aux jeunes l'Aubespine. Et ne croyez pas que Martin s'assoie à la même table qu'eux : le vieux serviteur a, pour le rang de ses maîtres, le même respect qu'au temps de leur opulence; il les sert à table dans sa chaumière comme il l'eût fait dans le château de Villebon, ne comprenant pas qu'il fût devenu leur égal parce que leur fortune était changée, ne sachant pas surtout que la supériorité s'était déplacée, et qu'il l'avait mise de son côté par sa vertu.

En effet, après six années, le comte de l'Aubespine n'existait plus. Il fallait aux pauvres enfants un tuteur : quel autre le serait que Martin?... La tutelle des enfants de Sully est bien placée : elle est dévolue au plus noble cœur.

Cependant le dévouement de Martin s'était ébruité dans la contrée. Le pays chartrain, que remplissait autrefois la puissance, que remplit encore la mémoire de Sully, s'en est ému. Les respectables dames de Saint-Paul, à Chartres, revendiquent les petites-filles du marquis de l'Aubespine. Les enfants grandissent; le curé de Champrond s'occupe de leur esprit naissant; mais leur éducation exige d'autres soins... Martin ne consent qu'avec douleur à une séparation devenue nécessaire, et il remet ses pupilles aux pieuses mains qui compléteront son ouvrage.

L'éducation du jeune Louis, quoique moins âgé que ses sœurs, commençait aussi à mériter une pressante sollicitude. L'hospice de Nogent-le-Rotrou, que Sully dota et qui garde ses cendres, envoya dans ce but quelques secours. De tout l'héritage du ministre et de l'ami de Henri IV, la part qu'il a faite aux malheureux est la seule dont une parcelle soit arrivée à sa postérité.

C'étaient là cependant des ressources insuffisantes. Quelques cœurs généreux ont imaginé d'y suppléer par la voie des souscriptions, et un prélat bienveillant a offert un pieux asile; mais il fallait les forces vives de l'éducation pour donner à l'esprit et à l'âme de cet enfant la trempe qu'exige sa destinée. Le roi vient de lui accorder une bourse au collége de Henri IV. Il l'a fait pour la mémoire du ministre qui eut la fortune de bien servir la France et de laisser un nom respecté; il l'a fait pour le vertueux serviteur qui a mérité cette consolation, de voir son élève mis en demeure de remonter, s'il le veut et s'il le sait, au rang dont il est déchu.

Martin, votre tâche est accomplie : vous avez bien mérité de tous les gens de bien... Vous avez montré à notre siècle un spectacle toujours trop rare : la reconnaissance, la fidélité, le respect.

LE BATELIER DE MONTEREAU, MATHIEU, DIT BOISDOUX

PRIX MONTYON, 1840

Mathieu, dit Boisdoux, est un brave homme rangé, sobre, laborieux, qui travaille le jour, qui travaille la nuit, pour nourrir sa mère et élever ses enfants. Son seul désordre est de prodiguer sa vie, cette vie si nécessaire à tous les siens, pour le bien de ses semblables. Qu'il découvre au loin la lueur d'un incendie, il y court, et vous pouvez compter qu'une fois arrivé, il sera partout où seront les grands services à rendre, les grands dangers à braver. Qu'un accident arrive sur la Seine ou l'Yonne, qu'un enfant, qu'un homme crie, au secours, si loin que soit Boisdoux, il l'entendra, et l'enfant, l'homme, sera sauvé. On ne compte plus les incendies où a éclaté son courage, les victimes qu'il a disputées aux deux rivières de sa cité. Un jour, leurs flots débordés couvraient au loin la plaine : plusieurs quartiers étaient inondés. Les habitants, réfugiés sur les hauteurs, ne communiquaient plus qu'en bateau avec leurs maisons envahies. Trois d'entre eux, qui étaient allés ainsi voir les ravages de l'inondation, remontent dans leur batelet, et, du pied, le poussent au large. Ils n'avaient ni croc ni rames; ils s'en aperçoivent quand il n'est plus temps : le fleuve les emporte. Le pont est devant eux, dont les arches, pour la plupart, sont déjà cachées sous les eaux. Ils vont y être brisés... Ils crient au secours. Boisdoux les a entendus... Que fera-t-il?

Ira-t-il chercher son bateau? Point : le temps presse. Il se précipite, il nage : il fera ensuite comme il pourra. Ce qu'il fit, le voici.

Les malheureux allaient toujours... Il était loin d'eux; il les voyait fuir, arriver au pont. Quelles angoisses pour Boisdoux!... Enfin, il a tant peur pour ces trois hommes qui vont périr, il fait de tels efforts, qu'il est arrivé : il a rejoint le bateau. A quoi bon pour un autre que Boisdoux?... Avec ce flot emporté, ce pont qu'on touche, sans rames, sans aviron, que peut-il de plus que ces trois hommes, qui n'ont rien pu pour eux-mêmes?... Il a de plus qu'eux le courage le plus intelligent, celui qui se dévoue : il y a là une lumière et une force divines. Boisdoux roidit son bras contre le batelet pour l'arrêter; il se saisit de la corde qui pend, lutte contre le flot, et, comme il y faut ses deux bras, tant le flot est terrible, il prend de ses dents la corde

qui les doit sauver. Dieu aidant, il les sauve, en effet, à force de courage et de fatigue; il arrive au rivage épuisé, mais content : les trois hommes lui ont dû la vie

Une autre fois, le **7 novembre 1840**, le coche d'Auxerre,

ce coche antique qui a eu, dans sa carrière vénérable, une fortune qu'on ne sait pas beaucoup, celle de mener à Paris, la première fois qu'il y vint, un jeune officier de l'école de Brienne qu'on appelait Napoléon Bonaparte, le coche d'Auxerre descendait sur Paris, ne portant pas probablement d'aussi grandes destinées, mais réservé à une grande catastrophe et portant la gloire à Boisdoux. Le flot, cette fois encore, était rapide. Le coche va droit au pont, et manque l'arche. Un grand cri se fait entendre... Il était brisé, englouti. Boisdoux a tout vu, tout entendu : il s'est élancé, il court, jette sa veste; « car, a-t-il dit dans son interrogatoire, je pensais bien qu'il y aurait de la besogne pour moi. » Il y en avait en effet. Le coche portait vingt-trois passagers; ils étaient presque tous dans la salle commune. Le navire est englouti, sauf l'arrière, qu'on voit encore à fleur de l'eau. Boisdoux y est arrivé : il est sur ce qui reste du pont; et, comme il s'enquiert des moyens de sauver ces malheureux, un homme qui se tenait cramponné dans l'eau jusqu'à la ceinture lui répond qu'ils sont perdus... Qui pourrait penser à les sauver? « Moi, dit Boisdoux : je suis venu pour cela. » Et il cherche les issues. Une de ces fenêtres de navire qu'on appelle des sabords était seule à moitié hors de l'eau. Elle est trop étroite pour lui donner passage; mais tout autre moyen est impossible : il y passera. Vous l'auriez vu faire effort pour forcer l'entrée du sabord, pour plonger dans le gouffre où ces infortunés luttent contre la mort, comme d'autres eussent fait pour en sortir. Enfin, il entre, il est dans cet abîme; il saisit une des victimes, une jeune fille, l'amène au sabord, la fait passer, respire et se replonge dans le gouffre. Il ramène un jeune homme encore vivant, puis encore une jeune fille, puis une autre : celle-ci ne vivait plus. Le temps s'écoulait dans cette lutte héroïque... La mort, malgré tout, allait plus vite que Boisdoux. Cependant il recommence; mais c'était en vain... Il n'y avait plus là d'être vivant que lui. Il faut qu'il se contente de ces trois vies qu'il a sauvées, de ces deux jeunes filles, de ce jeune homme, qui n'ont revu que grâce à lui la clarté du jour.

Enfin, il se décide à revenir à la lumière, à sortir de l'eau, des ténèbres, de ce tombeau si rempli. Il était épuisé de fatigue : il fallut qu'on vînt à son aide, qu'on le tirât avec effort de ce sabord qu'il avait franchi tout seul quand il avait fallu se dévouer, devant lequel il faiblissait quand il n'avait plus qu'à se sauver lui-même.

DÉVOUEMENT HÉROÏQUE

PRIX MONTYON, 1850

Simon Albouy exerce dans la ville de Rodez la profession de tisserand, ainsi que son père septuagénaire, auquel son travail fournit les moyens d'existence.

Revenant chez lui vers les sept heures du soir, il fit la rencontre d'un chien enragé qui avait déjà blessé grièvement plusieurs personnes. Cet animal, qui s'avançait rapidement, se mit à le poursuivre. Albouy, après s'être adossé contre un mur, l'attendit avec courage; et le chien, s'étant jeté sur lui, le mordit cruellement. Cependant le blessé parvint à se rendre maître de l'animal furieux, et se mit à crier au secours. « Je ne le lâcherai pas, dit-il; je veux éviter qu'il fasse d'autres malheurs... Apportez une hache, et brisez-lui les reins. Je réponds de le tenir, et je sacrifie ma vie pour sauver mes concitoyens. »

Courage de Simon Albouy

Il résulte de la déposition du sieur Langlande, médecin dans la ville de Rodez, qu'Albouy, visité par lui, a reçu du chien enragé quatorze blessures profondes au ventre, sur la cuisse et sur les mains; que ce médecin a cautérisé toutes ces plaies en les brûlant avec un fer rouge, opération qu'Albouy a supportée avec autant de courage qu'il en avait montré quand il luttait contre l'animal hydrophobe « Opérez, allez toujours, disait-il au médecin : je ne crains rien. Je suis content en pensant que j'ai pu me rendre utile à mes semblables. » Heureusement on n'a point à regretter la perte de ce courageux citoyen.

L'Académie française n'a pu résister au sentiment d'admiration que lui a inspiré le dévouement héroïque de Simon Albouy, et lui a décerné un prix de quatre mille francs.

LA FIDÉLITÉ MAL RÉCOMPENSÉE

EXTRAIT DE LA MORALE EN ACTION

Monsieur P... avait un chien nommé Muphty, qu'il aimait beaucoup. Un jour qu'il devait recevoir une somme de douze cents livres à la campagne, il monte à cheval, et Muphty ne manque pas de l'accompagner. Cet animal est témoin de tout : il voit que M. P... compte et recompte de l'argent qu'il enferme avec soin dans un sac, et qu'il remonte à cheval d'un air satisfait.

Muphty prend part à la joie de son maître : il s'agite, saute autour de lui, et jappe pour le féliciter. Vers le milieu du chemin, M. P... est obligé de mettre pied à terre. Il attache son cheval à un arbre, et passe derrière une haie. En s'éloignant, il se rappelle que son argent est resté sur le cheval, et que le premier venu pourrait s'en emparer. Il va prudemment prendre le sac, le pose à côté de lui auprès d'un buisson, où il s'arrête quelque temps; ensuite il n'y pense plus, se lève et se dispose à partir.

Muphty, qui observait tous ses mouvements et qui le suivait pas à pas, s'aperçoit de cette distraction. Il court au sac, et essaye de le soulever ou de le traîner avec ses dents. Ce poids étant trop lourd, il retourne à son maître, s'accroche à ses habits pour l'empêcher de monter à cheval; il aboie, il mord. M. P... n'y fait aucune attention, repousse son chien et part.

Le chien s'étonne de ce que ses avis ne sont pas mieux écoutés. Ne pouvant empêcher le cheval d'avancer, son zèle l'emporte enfin : il se jette sur lui et le mord en plusieurs endroits.

C'est alors que M. P... commence à craindre que Muphty ne soit enragé. Dans certains esprits, les soupçons se changent bientôt en certitude. On traverse un ruisseau. Le chien, quoique tout haletant, continue d'aboyer et de mordre; et, dans l'excès de son zèle, il ne songe point à se désaltérer. « Ah! mon malheur est donc certain? s'écrie M. P...; mon chien est enragé! S'il allait se jeter sur quelqu'un!... Il faut le tuer... Un chien qui m'était si fidèle!... Mais, si j'attends, il pourra bien me mordre moi-même. Allons, c'est un devoir... » Il prend un pistolet, vise et lâche le coup en détournant les yeux. Le chien tombe. En se débattant, il se tourne vers son maître, et semble lui reprocher son ingratitude.

M. P... s'éloigne en frémissant; il se retourne, et Muphty agite sa queue en le regardant, comme pour lui dire un dernier adieu. M. P..., au désespoir, est tenté de descendre pour chercher quelque remède au coup qu'il a porté. Un reste de frayeur l'arrête. Il continue tristement sa route, livré à des regrets, à des remords, et poursuivi par l'image de Muphty mourant. Il ne sait comment expier ce trait de barbarie; il donnerait tout pour qu'il fût possible de le réparer, et il maudit mille fois son voyage. Tout à coup cette idée lui rappelle celle de son sac : il voit qu'il ne l'a plus... Il se souvient de l'endroit où il l'a laissé : c'est pour lui un coup de lumière. Voilà l'explication des cris et de la colère du malheureux Muphty!... Il retourne à toute bride chercher son argent en déplorant son injustice. Une trace de sang, qu'il aperçoit le long du chemin, le fait frissonner, et met le comble à sa douleur. Il arrive au pied du buisson, et qu'y trouve-t-il? Muphty

expirant, qui s'était traîné jusque-là pour veiller du moins sur le bien de son malheureux maître, et pour le servir jusqu'au dernier instant.

BELSUNCE, ÉVÊQUE DE MARSEILLE

PUBLICATION DES HOMMES UTILES

De Belsunce de Castel-Maron (Henri-François-Xavier) naquit le 4 décembre 1671, au château de la Force en Périgord, d'Armand de Belsunce, marquis de Castel-Maron, baron de Gavaudan, etc., et d'Anne de Caumont-Lausun. Le jeune Belsunce, quand il eut terminé ses études à Paris, au collège de Louis-le-Grand, entra dans la compagnie de Jésus, qui dirigeait ce collège. Il fut appelé au siége épiscopal de Marseille, le 19 janvier 1709, mais il ne fut sacré que l'année suivante (31 mai 1710). Ce fut dix années après que, dans ce même mois et presque à pareil jour (27 mai 1720), la peste, éclatant à Marseille, devait immortaliser le nom de l'évêque Belsunce.

Ce fut le 25 mai 1720, que le vaisseau d'un capitaine Chatard, arrivant de Séide, de Tripoli, de Syrie et de Chypre, aborda aux îles du château d'Iff, après avoir perdu six hommes de son équipage pendant sa traversée. Le 27, un des matelots meurt à bord; le 12 juin, le garde de quarantaine sur ce navire succombe. Ce n'est que vers le 23 juin que la peste se communique à des portefaix, et c'est du 10 au 15 juillet seulement que le fléau se propage dans la ville. Dès le milieu du mois d'août, la ville de Marseille offrait déjà le tableau que trace son évêque dans l'un de ses mandements. « Sans entrer dans le secret de tant de maisons désolées par la peste et par la faim, où l'on n'entendait que des gémissements et des cris, où des cadavres, que l'on n'avait pu faire enlever, pourrissant depuis plusieurs jours auprès de ceux même qui n'étaient pas encore morts, et souvent dans le même lit, étaient pour ces malheureux un supplice plus dur que la mort elle-même; sans parler de toutes les horreurs qui n'ont pas été publiques, de quels spectacles affreux, pendant quatre mois, n'avons-nous pas été et ne sommes-nous pas encore les témoins! Nous avons vu tout à la fois toutes les rues de cette ville bordées de deux côtés de morts à demi pourris, et si remplies de hardes et de meubles pestiférés, jetés par les fenêtres, que nous ne savions où mettre les pieds. Toutes les places publiques, toutes les portes des églises, étaient traversées de cadavres entassés, et, en plus d'un endroit, mangés par les chiens. Combien de fois, dans notre très-amère douleur, nous avons vu ces moribonds tendre vers nous leurs mains tremblantes, pour nous témoigner leur joie de nous revoir encore une fois avant que de mourir, et nous demander ensuite avec larmes notre bénédiction et l'absolution de leurs péchés. »

Le 31 août, les hôpitaux de la peste ne sont plus assez grands pour recevoir le nombre de malades qui s'y présentent en foule. Sitôt que, dans une maison, une personne se sent frappée de ce mal, elle devient à l'instant un objet d'horreur et d'effroi à ceux mêmes qui sont les plus proches. La nature oubliant les lois de la chair et du sang, on prend le barbare parti ou de jeter le pauvre malade hors de la maison ou de s'enfuir, l'abandonnant tout seul, sans secours, en proie à la maladie, à la faim, à la soif, à tout ce qui peut rendre la mort le plus cruelle. Les femmes en usent ainsi envers leurs maris, les maris envers leurs femmes, les enfants envers leurs pères et mères, et ceux-là envers leurs enfants. C'est de là que l'on voit ce nombre infini de malades de tout âge, de toute condition, étendus dans les rues et les places publiques.

A la date du 4 septembre, presque tous les religieux et prêtres qui assistaient les pestiférés ont péri. On compte déjà parmi ces victimes quarante-deux capucins, trente-deux observantins, vingt-neuf récollets, vingt-deux augustins réformés, vingt et un jésuites, dix carmes déchaussés, et la plupart des vicaires des chapitres et des paroisses. Le clergé marseillais n'a qu'à prendre exemple sur son évêque. Dès le commencement de la contagion, on l'a pressé de sortir de la ville pour tâcher de se conserver au reste de son diocèse; il a rejeté tous ces conseils : il reste avec une fermeté inébranlable, prêt à donner sa vie pour son troupeau; mais il ne se borne pas à rester prosterné au pied des autels et à lever les mains au ciel. Sa charité est active, il est tous les jours sur le pavé de tous les quartiers de la ville, et va partout visiter les malades dans les plus hauts et les plus sombres appartements des maisons, dans les rues, à travers les cadavres, sur les places publiques, sur le port, sur le cours. Les plus misérables, les plus abandonnés, les plus hideux, sont ceux auxquels il va avec le plus d'empressement et sans craindre ces souffles mortels qui portent le poison. Il les approche, les confesse, les exhorte à la patience, les dispose à la mort, verse dans leurs âmes des consolations célestes, et laisse à tous des fruits abondants de sa généreuse charité, répandant de l'argent partout. Plus de vingt-cinq mille écus (en deux mois) ont déjà coulé de ses mains, et il cherche encore à tout engager, pour en pouvoir répandre davantage. La mort a respecté ce nouveau Charles Borromée, mais elle l'a toujours environné et a fauché jusque sous ses pieds. La peste gagne son palais : la plupart de ses officiers et domestiques en sont frappés. Il est contraint d'aller prendre retraite en l'hôtel du premier président. La peste l'y poursuit encore, et n'attaque pas seulement le reste de ses domestiques, mais deux personnes qui lui sont très-chères par leurs mérites distingués, et qui sont ses aides dans ses saintes peines : le père de la Fare, jésuite, et le sieur Bougerel, chanoine de la Mayor. S'il a la consolation de voir échapper le premier, il a la douleur de voir expirer l'autre; tout cela cependant ne l'ébranle pas.

L'extrait suivant d'une réponse du pieux prélat au chanoine

M. de Belzunce soignant les pestiférés de Marseille.

Plomet de Montpellier, peut donner quelque idée de la sérénité et de la modestie de l'intrépide Belsunce. Cette réponse est du 18 octobre :

« Il est vrai, monsieur, qu'étant enveloppé, depuis quatre mois, des ombres de la mort, voyant sans cesse des morts et des mourants, voyant chaque jour abattre à mes côtés tout ce qui m'approche de plus près, ayant perdu tous ceux qui avaient le zèle de venir avec moi confesser les malades exposés dans les rues, il est vrai que je suis digne de toute votre compassion ; mais je ne mérite en aucune façon toutes les louanges que vous me prodiguez. Je n'ai point vendu ma crosse, ni ma vaisselle, comme on vous l'a dit, monsieur ; je n'ai point de vaisselle et je n'ai trouvé aucun acheteur de mes meubles et autres choses que je voulais vendre. Ainsi il m'a fallu recourir à d'autres moyens qui m'ont été plus efficaces, et mes proches et mes amis ont eu la charité de me secourir dans cette triste occasion ; de sorte que, par la grâce du Seigneur, quoique je n'aie pu rien vendre, j'ai pu secourir mon cher troupeau... Le mal, Dieu merci, est très-considérablement diminué : je vais partout à présent sans trouver de cadavres ni de malades à confesser, rien que des aumônes à faire, et nous commençons à respirer ; mais la main du Dieu de justice s'appesantit encore sur moi : j'ai perdu onze personnes chez moi, j'en ai encore cinq malades. Dieu vient de m'enlever le seul de mes chanoines qui avait eu le zèle et l'amitié de ne me pas quitter, » etc.

Ce fut le 1er novembre, fête de tous les saints, que le pieux évêque, émule de saint Charles Borromée, qui en avait donné l'exemple dans Milan, à pareil jour de la Toussaint, sortit en procession, nu-pieds et portant la croix entre ses bras et la corde au cou, comme se chargeant de tous les péchés du peuple, et célébra la messe en public, sur un autel qu'il avait fait dresser au bout du Cours, du côté de la porte d'Aix. L'exhortation qu'il adressa aux assistants fut souvent interrompue par ses larmes et celles de l'auditoire.

La cour, croyant récompenser Belsunce, lui offrit, en 1723, l'évêché de Laon, avec le titre de duc et la seconde pairie de France. Le duc de Saint-Simon, qui a traité Belsunce avec beaucoup de dureté dans ses mémoires, rend hommage du moins au désintéressement dont le prélat fit preuve en cette

circonstance. Belsunce, six ans après, refusa de même l'archevêché de Bordeaux (1729), et fut enfin décoré du *Pallium* par le pape Clément XII (1731). Belsunce, chéri et vénéré des Marseillais, termina au milieu d'eux sa longue et honorable carrière, le 4 juin 1755.

MADAME DE MIRAMION

Madame de Bonneau de Miramion, devenue veuve à l'âge de quinze ans, après quelques mois seulement de mariage, refusa tous les partis qui s'offrirent alors, attirés par sa jeunesse, sa beauté et sa fortune, et résolut de consacrer dans la retraite le reste de sa vie à la bienfaisance. Elle se retira d'abord chez les sœurs grises, où elle demeura quelque temps, et s'affermit dans sa résolution de fuir à jamais le monde et les plaisirs de la richesse et des grandeurs.

Elle s'appliqua en même temps à l'étude de la médecine, et inventa quelques médicaments d'une composition simple, qu'elle employait pour soigner les maladies des pauvres, auxquels elle en avait donné les recettes. Chaque soir, elle sortait en secret de son hôtel pour aller visiter les malheureux malades qui n'avaient d'espoir que dans ses soins, et, plus d'une fois, elle passa la nuit au chevet du lit des mourants, qu'elle consolait par ses douces paroles, et que souvent elle arracha à un trépas qui paraissait certain; ou bien elle parcourait les rues, cherchant les enfants abandonnés, qu'elle faisait nourrir et élevait à ses frais.

Elle était toujours accompagnée, dans ses excursions charitables, par une pauvre fille à laquelle elle avait sauvé la vie, voici dans quelle occasion. Un soir qu'elle passait auprès du Petit-Pont, elle entendit pousser un grand cri, et ordonna à son cocher d'arrêter; malgré l'heure avancée, elle marcha vers l'endroit d'où était partie cette clameur douloureuse, et vit une pauvre fille de douze à quatorze ans qui se roulait sur le pavé en appelant son père. Elle la releva, et, lui adressant la parole avec bonté, elle apprit de la malheureuse que sa mère était morte le soir, faute de pouvoir acheter des médicaments et quelques aliments légers qui lui étaient ordonnés, et que son père, au désespoir, venait de se précipiter dans la Seine. Madame de Miramion tâcha de consoler la pauvre orpheline, fit ensevelir à ses frais le corps de sa mère, et la garda auprès d'elle pour la suivre et la servir dans ses œuvres de charité.

Pendant les troubles de la Fronde, la misère étant devenue insupportable; il mourait chaque jour un grand nombre de pauvres, qui ne pouvaient satisfaire leur faim. Madame de Miramion engagea presque tous ses biens, et acheta une grande quantité d'aliments de toute espèce, qu'elle faisait distribuer à sa porte, chaque matin, aux indigents de Paris. Elle porta cette œuvre de charité si loin, qu'elle alla, pour l'accomplir, jusqu'à vendre son collier, ses diamants et sa vaisselle. Aussi était-elle chérie des indigents de Paris, qui ne la nommaient que le soutien des pauvres et la mère des orphelins.

Pieuse et bienfaisante, elle fonda dans sa maison des *retraites* qui avaient lieu deux fois l'année pour les dames, et quatre fois par an pour un certain nombre de pauvres.

Les vertus de madame de Miramion l'avaient rendue un objet de vénération pour Louis XIV et pour toutes les personnes de sa cour; mais elle ne se servait jamais de son crédit et de son influence qu'en faveur des malheureux. « Le roi, dit Dangeau, écrivain de ce temps, l'aidait dans les œuvres de charité qu'elle faisait, et ne lui refusait jamais rien. »

Elle mourut à Paris, le 24 mars 1696, et fut inhumée dans le cimetière de Saint-Nicolas-du-Chardonnet. Des pauvres nombreux suivaient ses restes à leur dernière demeure, et, lorsque la terre tomba sur son cercueil, des larmes abondantes coulaient de tous les yeux, et la pauvre orpheline à qui elle avait sauvé la vie ne put s'arracher de ce triste lieu, où elle resta pendant un jour entier à prier. Mais elle ne put survivre à sa bienfaitrice, car, malgré les efforts qu'elle fit pour triompher de sa douleur, sa santé s'altéra visiblement, et elle mourut quelques mois après madame de Miramion.

PIERRE-ALEXANDRE PHLIPAULT

PRIX MONTYON, 1820

onsieur Phlipault, ancien concierge des Académies de peinture et de sculpture, puis agent de surveillance de l'École royale des Beaux-Arts, n'a pas, dans toute une carrière de quatre-vingt-sept ans, passé un seul jour qui ne fût marqué par quelque acte de désintéressement et de bienfaisance. Sa vie appartenait plus aux autres qu'à lui-même. Il fit le bien sans vaine gloire, s'étonnant même que l'on trouvât des sujets d'éloges dans des actions qu'il regardait comme des devoirs.

Ce fut d'abord dans sa famille qu'il préluda à cet exercice continu de la bienfaisance, qui a été la grande occupation de sa vie.

Son père, homme respectable, lui avait laissé, en mourant, pour tout héritage, le soin d'élever les nombreux orphelins qui lui survivaient. M. Phlipault, digne de la confiance paternelle, renonça pour jamais à l'espoir de se voir survivre dans ses propres enfants, pour être sûr de se dévouer plus entièrement à ses frères et sœurs, et à leur jeune famille, dont il allait devenir le père.

« Les personnes qui connaissent depuis longtemps M. Phlipault savent avec quelle religieuse persévérance il a rempli cette promesse, et la remplit encore. Elles l'ont vu consacrer, pendant quarante ans, le produit d'une place modique, son unique ressource, au soutien de tous ses frères et sœurs et à celui de leur famille. La plupart sont morts dans sa maison, comblant de leurs bénédictions un frère et un oncle si bon et si généreux... Malgré ses nombreuses charges, M. Phlipault tendait encore une main secourable à l'amitié malheureuse : un poëte connu et un vieil ami de collége éprouvèrent, jusqu'à leurs derniers moments, la bonté de son cœur... »

M. Phlipault était donc, on peut le dire, la providence de ses parents et de ses amis. Une occasion s'offrit d'étendre encore sa générosité sur des étrangers, il ne la repoussa point : les âmes charitables suffisent à tout, ainsi que vous l'allez voir.

« M. Renou, ancien secrétaire de l'Académie de peinture et de sculpture, mourut dans un état voisin de la misère. Sa femme le suivit de près, laissant deux orphelins, un fils et une fille. Cette dernière était âgée de quinze ans, son frère était plus jeune encore. Tous deux n'avaient d'autre ressource que la commisération publique, pour soutenir leur existence. M. Phlipault ne put souffrir que les enfants d'un homme que sa place avait mis au-dessus de lui fussent réduits à cette extrémité. Il retira donc ces enfants chez lui, les nourrit, les entretint, comme s'ils eussent été les siens. Ne voulant pas que le secours qu'il leur accordait ne fût que temporaire, désirant, de plus, que par la suite ils pussent se suffire à eux-mêmes, il plaça la jeune fille dans une maison de commerce, après les informations les plus scrupuleuses...

« Les membres de la quatrième classe de l'Institut, consacrée aux beaux-arts, excités par l'exemple de sa bonne action, sollicitèrent et obtinrent de M. de Fontanes, alors grand maître de l'Université, une demi-bourse dans l'un des colléges de Paris, pour le fils de leur ancien confrère, M. Renou. M. Phlipault suppléa à toutes les autres dépenses. Plus tard, la bourse entière fut accordée; mais M. Phlipault n'en continua pas moins de se regarder comme chargé de ce jeune homme. Sa conduite fut telle, que le proviseur du collége le prit toujours pour son plus proche parent, et n'a su quelles relations existaient entre eux que longtemps après la fin des études du jeune Renou.

« A l'âge de dix-huit ans, ce jeune homme dut sortir du collége; et ce fut encore M. Phlipault qui le recueillit. Mais alors l'élève sentit se mêler à sa reconnaissance quelques regrets d'être à charge à un vieillard : il s'occupa des moyens de se faire un état; il suivit des cours de sciences; il reçut même du ministère de l'intérieur une petite somme pour subvenir à ses besoins les plus pressants, durant ce complément d'études... M. Phlipault, pourtant, continua de le loger et de le nourrir. Il a fait revenir aussi auprès de lui mademoiselle Renou, parce que la maison de commerce dans laquelle elle était entrée a cessé d'exister, et il trouve la récompense de sa générosité persévérante dans les témoignages de gratitude de ces deux jeunes gens, qu'il a formés au bien, en même temps qu'il les a préservés de l'indigence.

« Cette jeunesse si bruyante des écoles en donna une preuve bien sensible à l'époque d'une maladie qu'il fit au Louvre. Plus de deux cents élèves montaient et descendaient un escalier touchant à l'alcôve du malade dans un tel silence, avec de telles précautions, qu'on eût cru que les études étaient interrompues. Ces soins pieux se soutinrent constamment jusqu'au jour où, par des acclamations de joie et des embrassements réitérés, le malade convalescent fut reçu au milieu d'eux. »

MADEMOISELLE DÉTRIMONT

PRIX MONTYON, 1826

ertainement, on pourrait dire de mademoiselle Détrimont, comme on l'a dit de ces saintes sœurs :

Son espoir ici-bas est d'essuyer des pleurs,
Et sa gloire se borne à calmer des douleurs.

Au commencement de l'année dernière, dans la commune de Saint-Remi-Bosrecourt, arrondissement de Dieppe, département de la Seine-Inférieure, une maladie épidémique, contagieuse, ayant tous les caractères du typhus, s'était introduite, on ignore de quelle manière, dans une maison qu'habitait une pauvre famille, composée de onze personnes. En six jours, la grand'mère et deux de ses petits-enfants avaient succombé. Un mois après, la mère mourut, et deux autres de ses enfants la suivirent à sept ou huit jours d'intervalle. Jacques Vasselin, chef de cette famille infortunée, restait seul avec quatre enfants ; et ils étaient tous les cinq attaqués du mal qui avait déjà frappé six victimes sous leurs yeux.

Effrayés de tant de morts si promptes et qui s'étaient succédé si rapidement, les parents, les amis, les voisins, n'osaient approcher de Vasselin et de ses enfants : abandonnés de tous, ils semblaient condamnés à périr sans espoir de secours. « Nous ne voulons pas aller chercher la mort; » telle était la réponse de tous ceux que l'autorité du lieu pressait de porter quelque soulagement, quelques soins à ces malheureux. Mademoiselle Célestine Détrimont, habitante d'une commune voisine, informée de ces faits par la voix publique, vint s'offrir au maire de Saint-Remi, pour donner aux restes de cette famille infortunée les secours qui leur étaient refusés de toutes parts. Le maire accepte avec attendrissement son offre; mais il ne croit pas devoir lui cacher le danger qu'elle allait courir. « Je sais à quoi je m'expose, répondit-elle; mais je ne puis laisser périr cinq malheureux ainsi abandonnés : quand on sert Dieu et ses pauvres, on ne craint pas la mort. » Et, après avoir consenti à peine à se munir de quelques préservatifs, elle alla s'enfermer dans une maison infectée, où gisaient entassés Vasselin et ses quatre enfants. Un de ces enfants mourut. Mademoiselle Détrimont l'ensevelit elle-même, et porta son corps dans la cour de

la maison, seul endroit d'où l'on osât approcher. Enfin, ses soins actifs et constants secondant l'effet des médicaments qui lui furent envoyés, elle eut le bonheur d'arracher à une mort qui paraissait certaine Vasselin et les trois enfants qui lui restaient. Cette belle action n'est pas un fait unique dans la vie de mademoiselle Détrimont. Nombre d'actions semblables, qui n'étaient connues que du ciel et des infortunés qu'elle secourait, viennent d'être tirées de l'obscurité où elle aimait à les ensevelir. Il y a vingt-sept ans qu'elle se consacre au soulagement des malheureux.

LE SOLDAT EN GARNISON

EXTRAIT DES ARCHIVES DU MINISTÈRE DE L'INTÉRIEUR

En 1832, dans un incendie qui éclata dans la ville de Maubeuge, un nommé Buisson, soldat du 9° régiment en garnison dans cette ville, fit preuve d'un courage et d'un dévouement bien remarquables. On était dans une vive inquiétude sur le sort de trois enfants couchés dans les appartements supérieurs d'une maison que dévorait l'incendie. L'emplacement du cabinet où se trouvaient les deux aînés, et où le feu avait fait des progrès effrayants, ne laissait que trop pressentir leur affreuse destinée; mais le troisième, couché dans une chambre contiguë, pouvait être encore sauvé. Plusieurs tentatives furent faites pour y parvenir; mais la fumée était si épaisse et la chaleur si suffocante, qu'on essaya inutilement d'y pénétrer. C'est alors que Buisson, n'écoutant que son courage, se précipita dans la chambre et la parcourut en tous sens, jusqu'au moment où il sentit rouler sous lui le malheureux enfant qu'il cherchait. L'enfant était asphyxié et sa chevelure brûlée. Buisson le saisit et l'emporte. Les plus grands soins lui furent prodigués par les officiers de santé de l'armée, et il fut rappelé à la vie.

Quant à Buisson, il eut les mains et les vêtements brûlés. Sa conduite pleine de courage lui valut les éloges de toutes les personnes qui en furent témoins; elle fut citée dans un ordre du jour, et le gouvernement lui accorda une médaille d'honneur pour perpétuer le souvenir de sa belle action.

LES INSULAIRES BIENFAISANTS

OU LES HABITANTS DE L'ILE DE SEN

EXTRAIT DU BULLETIN DE LA SOCIÉTÉ CENTRALE ET LOCALE DES NAUFRAGÉS

L'île de Sen ou des Vieillards, plateau isolé et stérile, consacré jadis aux pontifes du culte druidique, est en même temps aussi une terre protectrice; elle est habitée par une population si active et si généreuse, qu'elle semble avoir dévoué toute son existence à l'humanité. Là, une soixantaine de misérables cabanes renferment les plus grandes vertus hospitalières. Ces insulaires ont, de 1617 à 1763, sauvé d'une perte certaine un vaisseau de ligne, une frégate, deux corvettes, un lougre, trois embarcations de commerce, dans lesquelles se trouvait un transport ramenant cinq cents hommes de troupes françaises des colonies; cinq équipages entiers de bâtiments de guerre et de négoce, et, de plus, huit cent dix-neuf hommes, dont huit cents faisaient partie de ceux qui montaient le *Séduisant*, brisé sur le Tévenec, le plus dangereux des écueils de cette terrible chaussée de Sen, si féconde en désastres nocturnes, en trépas ignorés. Ils auraient sauvé jusqu'au dernier individu du *Séduisant*, si la tempête, devenue encore plus horrible, n'avait pas rendu la mer absolument impraticable. Pendant onze jours qu'elle interdit toute communication avec la terre, ils partagèrent fraternellement avec ces nombreux hôtes leurs habitations et leurs

vivres, en sorte que, si elle se fût prolongée davantage, réfugiés et habitants y seraient également morts de faim. C'est aussi de cette enceinte de rochers que le brick anglais la *Bellessima* vit accourir ses intrépides libérateurs, pour lesquels M. l'amiral Codrington avait fait parvenir une gratification qui leur a été remise par l'intermédiaire de M. le commissaire de marine d'Audierne, membre honoraire de la Société. En exécution des intentions de l'illustre donateur, il l'avait partagée entre MM. Jacques et Noël Milliner, Michel Guilcher et Charlès; mais, ce dernier n'ayant jamais démenti le désintéressement évangélique, les vertus chrétiennes qui ont animé toutes ses actions, la part du vénérable pasteur a été, de concert avec lui, distribuée à ceux des indigents de l'île qui avaient fait preuve de zèle pour l'équipage naufragé.

LE DÉBORDEMENT DE L'ADIGE

XVIIIe SIÈCLE

ans un débordement de l'Adige, le pont de Vérone fut emporté. Il ne restait plus que l'arcade du milieu, sur laquelle était une maison, et dans cette maison une famille entière de la ville. On voyait cette famille éplorée tendre les mains et demander du secours. Cependant la force du torrent détruisait à vue d'œil les piliers de l'arcade. Dans ce péril, le comte Spolverini propose une bourse de cent louis à celui qui aura le courage d'aller sur un bateau délivrer ces malheureux. Il y avait à courir le danger d'être emporté par la rapidité du fleuve, ou de voir, en abordant au-dessous de la maison, s'écrouler l'arcade ruinée. Le concours du peuple était innombrable, et personne n'osait s'offrir. Dans ce moment, passe un jeune villageois; on lui dit quelle est l'entreprise proposée, et quel sera le prix du succès. Il monte sur un bateau, gagne à force de rames le milieu du fleuve, aborde, attend au bas de la pile que toute la famille, père, mère, enfants et vieillards, se glissant le long d'une corde, soient descendus dans le bateau. « Courage, dit-il, vous voilà sauvés. » Il rame, surmonte l'effort des eaux, et regagne enfin le rivage.

Le comte Spolverini veut lui donner la récompense promise : « Je ne vends point ma vie, lui dit le villageois; mon travail suffit pour me nourrir, moi, ma femme et mes enfants; donnez cela à cette famille, qui en a plus besoin que moi. »

SAINT VINCENT DE PAUL

FONDANT L'INSTITUTION DES SŒURS DE LA CHARITÉ [1]

aint Vincent de Paul était curé à Châtillon, en 1617. Un jour de fête, comme il était prêt à monter en chaire, une dame l'arrêta un moment et le pria de recommander aux charités de ses paroissiens une famille extrêmement pauvre, dont la plupart des enfants et des domestiques étaient tombés malades dans une ferme éloignée d'une demi-lieue de Châtillon. Il le fit avec cette onction qui lui était naturelle, et qui semblait redoubler toutes les fois qu'il s'agissait de l'intérêt de ceux qui étaient dans la misère. Il établit avec beaucoup de force la nécessité de secourir les pauvres, surtout quand la maladie se trouve jointe à l'indigence, et qu'ils sont hors d'état de se soulager eux-mêmes, comme l'étaient ceux qu'il leur recommandait.

Après la prédication, un grand nombre de ceux qui l'avaient entendue sortirent pour aller visiter ces pauvres gens; personne n'y alla les mains vides; les uns leur portèrent du pain; les autres du vin, de la viande et autres choses semblables. Saint Vincent y alla lui-même après les offices, avec quelques-uns des habitants de Châtillon. Comme il ne savait pas que tant d'autres y fussent déjà allés avant lui, il fut fort surpris de rencontrer dans le chemin une multitude de personnes qui revenaient par troupes, et dont quelques-unes se reposaient sous des arbres,

---

[1] Extrait de la *Vie de saint Vincent de Paul*.

parce que la chaleur était excessive. Il loua leur zèle, mais il ne le trouva pas assez sage. *Voilà*, dit-il, *une grande charité ; mais*

elle n'est pas réglée. Ces malades auront trop de provisions à la fois ; cette abondance même en rendra une partie inutile. Celles qui ne seront pas consommées sur-le-champ se gâteront et seront perdues, et ces pauvres malheureux retomberont bientôt dans leur première nécessité.

Cette première réflexion porta saint Vincent, qui avait un esprit d'arrangement et de système, à examiner par quel moyen on pourrait secourir avec ordre, non-seulement cette famille affligée, qui était alors l'objet de son zèle, mais tous ceux qui, dans la suite, se trouveraient dans une nécessité semblable. Il en conféra avec quelques femmes de sa paroisse, qui avaient du bien et de la piété. Chacun voulut avoir part à une si bonne œuvre, et le saint, pour profiter de ces heureuses dispositions, dressa un projet de règlement dont il voulut qu'on fît l'essai pendant quelque temps avant que d'y faire mettre le sceau de l'approbation des supérieurs ecclésiastiques. Saint Vincent avait une maxime qu'il suivait toujours : il était persuadé qu'un homme sage doit ajuster ses idées à l'expérience, et qu'il y a mille choses qui, quoique fort belles dans la spéculation, ne sont ni possibles, ni avantageuses dans la pratique. Ce ne fut que lorsqu'une expérience de trois mois lui eut fait connaître qu'il n'y avait rien à risquer, que saint Vincent demanda et obtint l'approbation supérieure. Cette association reçut le nom de *Confrérie de la Charité.* Le règlement dit :

« 1° Les personnes qui s'uniront ensemble pour soulager les pauvres malades se proposeront Jésus-Christ pour modèle. Elles se souviendront que ce divin Sauveur, qui est la charité même, n'a rien recommandé avec plus d'instance que la pratique des œuvres de miséricorde, et qu'il l'a proposée à tous les chrétiens par ces paroles : *Soyez miséricordieux comme votre Père est miséricordieux;* et par celles-ci encore : *Venez, les bien-aimés de mon Père, possédez le royaume qui vous a été préparé dès le commencement du monde; car j'ai eu faim et vous m'avez donné à manger, j'ai été malade et vous m'avez visité.*

« 2° On n'admettra à cet emploi de charité que des femmes et des filles dont la vertu et la sagesse soient reconnues. Les unes et les autres n'y seront reçues que du consentement des personnes dont elles dépendent. Elles n'auront d'autre nom que celui de servantes des pauvres, et elles se feront gloire de le porter.....

« 10° ..... On préparera la nourriture des malades, et on les servira de ses propres mains. On en usera à leur égard comme une mère pleine de tendresse en use à l'égard de son fils unique. On leur dira quelque petit mot de Notre-Seigneur, et on tâchera de les égayer et de les réjouir s'ils paraissent trop frappés de leur mal. »

Ainsi s'établit à Châtillon la première confrérie de la Charité. Il serait difficile de rapporter tout le bien qu'elle produisit, les conversions dont elle fut la source, et les secours qu'en reçurent les pauvres. Les habitants de Bourg et des lieux voisins en établirent bientôt de semblables chez eux. L'homme de Dieu, que ses premiers succès avaient surpris et encouragé, multiplia sa pieuse association pendant toute sa vie, autant qu'il le put faire. En peu d'années, il l'établit à Villepreux, à Joigny, à Montmirel, et en plus de trente paroisses environnantes. C'est de là qu'elle passa en Lorraine, en Savoie, en Italie, et en tant d'autres lieux.

Comme le saint prêtre avait un attrait particulier pour les pauvres de la campagne, qui, communément, sont le plus abandonnés, il ne pensa pas d'abord à introduire la nouvelle confrérie dans les villes considérables. Cependant il se trouva bientôt obligé de l'établir dans la capitale même du royaume. Quelques dames qui avaient des maisons de campagne dans l'Ile-de-France et dans les provinces voisines où le saint avait fait des missions, virent et admirèrent les grands biens qui naissaient d'une si sainte association; elles se rappelaient en même temps qu'il y avait dans Paris un grand nombre d'artisans et d'ouvriers que la honte ou d'autres raisons empêchaient de se faire porter à l'hôpital lorsqu'ils tombaient malades, et que ces sortes de personnes, à qui tout manque dès qu'elles sont hors d'état de travailler, se trouvaient, en un ou deux jours, réduites à l'état le plus fâcheux, n'ayant ni ressources, ni appui, ni consolation. Elles en parlèrent à MM. les curés, et leur proposèrent l'établissement de la confrérie de la Charité, comme un moyen propre à arrêter le mal sur lequel ils gémissaient eux-mêmes depuis longtemps. Plusieurs d'entre eux en conférèrent avec le saint, persuadés qu'il y avait une bénédiction particulière attachée à toutes les œuvres qui passaient par ses mains; ils le prièrent de se charger de l'entreprise et d'ajouter à son premier plan ou d'en retrancher tout ce qu'il jugerait à propos, eu égard à la diversité des lieux et des personnes. Le saint homme le fit avec cette activité qui lui était naturelle quand il s'agissait de l'intérêt des pauvres. La pre-

Saint Vincent de Paul fondant l'institution des Sœurs de la Charité.

mière paroisse où il établit la confrérie de la Charité fut celle de Saint-Sauveur. De là elle se répandit avec tant de rapidité dans les autres paroisses de Paris, qu'il fut aisé d'apercevoir que cette œuvre était du nombre de celles que Dieu prend sous sa protection.

Il y avait environ dix-sept ans que saint Vincent de Paul avait établi les confréries de la Charité en faveur des pauvres malades; les femmes d'un rang élevé de la société voulurent être agrégées à cette pieuse association. Mais ce qui rendit ces confréries plus brillantes contribua peu à peu à les rendre moins utiles. Les premières dames qui s'y étaient engagées l'avaient fait par choix, et elles servaient les pauvres en personne. Il n'en fut pas ainsi de celles qui les remplacèrent : quelques-unes y entrèrent parce que c'était la mode, d'autres agirent par des motifs plus purs; mais leur position d'épouses et de mères ne leur laissa pas la liberté dont elles avaient besoin. Les unes et les autres s'en rapportèrent donc à leurs domestiques, et l'on voyait chaque jour dépérir cet établissement. Pour remédier à ce désordre, on jugea qu'il était nécessaire d'avoir des *servantes*, qui, uniquement occupées du soin des pauvres infirmes, leur distribuassent chaque jour la nourriture et les médicaments selon l'exigence de leurs maladies. Pour exécuter ce projet, il fallait, avant toutes choses, trouver des personnes qui voulussent s'y prêter; il fallait encore, après les avoir trouvées, les former et les rendre propres à cet emploi, qui demande beaucoup de capacité et de vertu, et plus de vertu que de capacité.

Plusieurs filles se présentèrent au saint. Il en choisit trois ou quatre qu'il jugea les plus propres à bien faire; il les mit, sur la fin de l'année 1633, entre les mains de mademoiselle Legras, que sa charité pour les pauvres consumait. Elle les reçut, les logea et les entretint dans sa maison, où elle ne négligea rien de tout ce qui pouvait contribuer à les rendre capables de ce qu'on attendait d'elles. Ces premières filles, que les besoins pressants des pauvres ne permirent pas de garder longtemps, édifièrent toutes les paroisses où on les envoya. Leur modestie,

leur douceur, leur empressement à soulager les malades, et la sainteté de leur vie, charmèrent ceux qui en furent témoins. De si beaux exemples frappèrent, et bientôt d'autres jeunes personnes vinrent s'offrir pour rendre, comme elles, leurs humbles services à Dieu dans la personne de ses pauvres.

Voilà quels furent les commencements de cette compagnie de vierges qui, sous le nom de Sœurs de la Charité, a aujourd'hui plus de quarante maisons dans la seule ville de Paris. L'intention du fondateur n'avait été d'abord que d'aider, dans les paroisses, ceux des malades qui étaient dépourvus des secours nécessaires; mais plus tard il chargea ces pieuses filles de l'éducation des enfants trouvés, de l'instruction des jeunes filles, du soin d'un grand nombre d'hôpitaux, et même des criminels condamnés aux galères. Comme ces diverses occupations font, en quelque sorte, d'une seule compagnie plusieurs communautés, le saint prêtre leur prescrivit des règles et générales et particulières pour diriger et soutenir le corps tout entier et les différentes parties qui le composent. Les constitutions qu'il a dressées à cet effet sont un chef-d'œuvre de prudence et de sagesse.

Quoiqu'elles ne soient, dit-il, ni ne puissent être religieuses cloîtrées, elles doivent cependant mener une vie aussi parfaite que l'est celle des plus saintes religieuses dans leurs monastères ; car, pour elles, *elles n'ont ordinairement pour monastère que les maisons des malades ; pour cellule, qu'une chambre de louage ; pour chapelle, que l'église de leur paroisse, pour cloître, que les rues de la ville ou les salles des hôpitaux ; pour clôture, que l'obéissance ; pour grille, que la crainte de Dieu, et pour voile, que la sainte modestie.*

Les filles de la Charité ne font que des vœux simples, et ne les prononcent pour la première fois qu'après cinq années d'épreuve. Pour les retenir dans une juste dépendance et leur laisser en même temps tout le mérite d'une pleine liberté, elles ne les font chaque fois que pour un an, et la liberté qu'elles ont d'en sortir n'a presque servi, jusqu'à présent, qu'à les y attacher par des nœuds et plus constants et plus inviolables.

Ces règlements, après avoir été pratiqués pendant près de vingt années, furent approuvés par l'archevêque de Paris, le cardinal de Retz, et le roi les confirma par ses lettres patentes en 1657. Cette admirable institution a continué de répandre ses bienfaits pendant l'intervalle de temps qui a vu supprimer les congrégations religieuses, et même pendant les violents orages qui ont exposé ses membres à des persécutions. Rétablie avec une existence légale par le gouvernement impérial, par le décret du 8 février 1809, elle possède aujourd'hui plus de trois cents établissements en France. Elle s'est étendue dans tous les pays voisins et a envoyé des colonies au delà des mers. Que de milliers de pauvres, de malades, de veuves et d'orphelins doivent aujourd'hui à la charité et à la sagesse de saint Vincent de Paul les secours temporels et spirituels qu'ils reçoivent de ces pieuses filles, qui continuent si dignement l'œuvre de leur saint fondateur!

LA FAMILLE GROSSO

PRIX MONTYON, 1838

Une pauvre et honnête famille, depuis longues années, soutient de ses deniers et entoure de soins la vieillesse invalide et souffrante d'un colonel espagnol que diverses vicissitudes ont laissé sans fortune et sans asile. Cet officier avait eu à son service, vingt-cinq ans, le nommé Grosso, qui avait fait la guerre sous ses ordres. Dans la vieillesse et l'adversité, son serviteur fidèle ne l'abandonna point. Mais Grosso mourut. Sa femme, son fils, crurent au devoir de continuer sa tâche : ils s'y dévouèrent avec courage. Le fils, chaque mois, apportait tout son gain à sa mère pour faire vivre l'ancien maître de son père. Cependant voilà que, lui aussi, à trente-trois ans, la mort est venue le frapper; et la mère, accablée de tant de coups, est désormais incapable de travail. Deux filles restaient pour porter tout cet héritage de dévouement et soutenir à la fois le vieillard et sa bienfaitrice. Elles sont brodeuses de leur état; elles travaillèrent la nuit et le jour, elles travaillèrent si bien, que l'aînée, atteinte d'une maladie sans remède, cessa de pouvoir payer son tribut. Elle tombait ainsi, avec son hôte et sa mère, à la charge de sa plus jeune sœur. Pétronille Grosso accepte tous les fardeaux que lui envoie la Providence. A force de travail, de privations et de courage, elle suffit à tout. Son courage ne fléchira point. Mais déjà sa santé s'épuise, et, quand les voisins, effrayés pour elle, lui offrent les moyens d'acheter des aliments plus solides, elle achète au vieillard quelque surprise qui lui rappelle sa fortune et sa patrie. Quand on lui apporte, dans les rigueurs de l'hiver, des vêtements plus chauds, elle les donne à sa sœur. Sa constance parmi tant d'infortunes semblerait surhumaine, si elle ne trouvait dans la religion le seul soutien qui puisse toujours égaler nos forces à nos devoirs et à nos misères. Mais n'admire-t-on pas cette famille que la mort frappe à coups redoublés, sans y tarir la source des sentiments généreux! La vertu s'y transmet, comme une succession, au plus proche héritier. Rien n'atteste mieux l'heureuse puissance de l'éducation et ne fait plus vivement sentir ce que peuvent les pères pour assurer à leurs enfants le trésor des bons sentiments avec celui des bons exemples.

PHILIPPE BARRÉ

PRIX MONTYON, 1830

Philippe Barré n'a pas seulement ce courage, cette force d'âme qui élève au-dessus de la crainte, et porte à braver le danger; chez lui, c'est encore une disposition habituelle à s'exposer lui-même au péril, afin d'en préserver ou d'en tirer ses semblables : il est courageux par humanité.

Philippe Barré est chargé de cinq enfants et de sa belle-mère, qu'il fait vivre par son travail journalier. En 1817, à l'aspect d'une voiture dans laquelle étaient deux estropiés près d'être engloutis par les eaux, Barré se jette dans la rivière ; et, après de grands efforts et un travail opiniâtre, il les ramène à bord sains et saufs, avec le cheval attelé à la voiture.

En 1818, Jean-Baptiste Dumilly, aussi charretier de bateaux à Rolleboise, tombe dans l'eau de dessus la berge (au Roulle, département de l'Eure); deux chevaux, sur l'un desquels il était monté, y tombent avec lui. Aux cris que Dumilly pousse pendant sa chute, Barré, qui le suivait par derrière, chargé de la conduite d'un autre bateau, se plonge tout habillé, sauve d'abord l'homme que le courant entraînait, et ramène ensuite les chevaux.

En 1821, au mois de décembre, un incendie éclate dans les écuries de M. Harang, aubergiste, dans l'une desquelles étaient sept chevaux et un de ses charretiers.

Philippe Barré n'hésite pas à s'élancer au travers du feu,

saisit d'abord et sauve le charretier près de périr; revient aux chevaux, coupe promptement les longes de chacun, et les fait

sortir du gouffre qui allait les engloutir; puis, en fermant hermétiquement l'écurie, étouffe le feu, dont il se rend maître.

En 1822, au mois de janvier, un militaire vétéran, âgé de soixante-trois ans, tombe dans l'eau à Rolleboise au moment où il montait dans la galiote; Barré le voit tomber, se lance dans l'eau et le sauve.

En 1825, le 3 février, Barré entend des cris sortant du bateau de M. Bayard, marchand à Paris, resté arrêté à cause des glaces, à Rolleboise, de l'autre côté de la Seine, et à bord duquel était M. Lacombe, commis marchand de vins.

Malgré la rigueur de la saison, Barré se jette dans la rivière, qu'il traverse à la nage, arrive au bateau, ranime le courage abattu des mariniers, examine le dessous de ce bateau, et voit que l'eau s'y introduit par une ouverture faite par des morceaux de glace. Il se sert de matelas qu'il trouve sous sa main pour empêcher l'eau de pénétrer davantage; et, après deux heures d'un travail aussi courageux que pénible, les hommes et l'équipage sont sauvés; mais il fallut jeter les tonneaux de vin dont le bateau était chargé.

En 1827, au mois de juillet, entre Rolleboise et Méricourt, Barré, averti par une clameur publique, plonge dans la rivière de Seine, à l'endroit où s'enfonçait la voiture de M. Alexandre Routier, marchand à Méricourt, et la ramène à bord avec les marchandises qu'elle contenait et le cheval qui y était attelé.

En 1829, au mois d'octobre, le feu se manifeste dans les écuries de M. Viollet, aubergiste; aux cris de : Au feu!... Barré accourt et parvient à arrêter l'incendie, non sans courir lui-même de grands dangers.

Peu de temps après, étant couché dans son lit, Barré entend crier : Au malheur! Sans se donner le temps de prendre ses vêtements, Barré va droit aux cris, aperçoit dans la Seine, au bas de Rolleboise, une voiture qui se perdait; trois hommes étaient dedans, et elle était attelée d'un cheval. Barré se jette à l'eau suivant sa coutume, sauve les hommes, le cheval et la voiture.

On assure que sa vie entière est semée de traits pareils : on a recueilli et cité ceux qui sont le plus connus dans le pays. Ce sont les attestations de MM. les maires et adjoints, du curé et des notables habitants des communes de Rolleboise et de Bonnières, et de M. le sous-préfet de Mantes.

LES DOUZE FRÈRES

Au siècle dernier, en Angleterre, douze soldats, n'ayant que leur solde pour vivre, tous fils d'un vieillard presque centenaire, obtinrent un congé dont ils profitèrent pour venir voir leur père, qu'ils trouvèrent manquant de pain. « Point de pain! s'écria l'un d'eux, et avoir donné douze défenseurs à la patrie! Il faut que notre bon père soit assisté! — Mais comment? — N'y a-t-il pas un *lombard*[1] ici? dit le plus jeune après un moment de réflexion. — Un lombard! qu'en ferions-nous? Avons-nous quelque chose à y porter? On ne prête rien sans sûreté. — Nous n'avons rien! reprit le jeune homme; vous allez voir. Notre père a été tailleur, il a exercé longtemps ce métier; il meurt de faim, cela prouve sa probité. Nous sommes tous au service depuis quelques années, personne ne peut nous reprocher la moindre chose contre l'honneur. Mettons cet honneur en gage; on nous confiera bien cinquante livres sterling sur ce dépôt. » Cette idée fut approuvée unanimement, et les frères écrivirent et signèrent tous ce billet : « Douze Anglais, fils d'un tailleur réduit à la plus grande pauvreté à l'âge de près de cent ans, servant tous douze le roi et la patrie avec zèle, demandent à la direction du lombard la somme de cinquante livres pour soulager leur infortuné père. Pour sûreté de cette somme, ils engagent leur honneur, et promettent le remboursement dans le terme d'une année. » Ils firent porter ce billet à la direction

---

[1] Mont-de-piété en Angleterre.

du lombard et allèrent eux-mêmes en chercher la réponse. Elle fut favorable. On leur donna les cinquante livres, on déchira le billet, et on promit de fournir aux besoins du vieillard pendant sa vie.

TRAIT DE JUSTICE

EXTRAIT DE LA MORALE EN ACTION

Dans les rues de Vienne, l'empereur Joseph II, se promenant seul, vêtu comme un simple particulier, rencontra une jeune personne tout éplorée, qui portait un paquet sous son bras. « Qu'avez-vous? lui dit-il affectueusement; que portez-vous? où allez-vous? Ne pourrais-je calmer votre douleur? — Je porte des hardes de ma malheureuse mère, répondit la jeune personne au prince qui lui était inconnu; je vais les vendre. C'est, ajouta-t-elle d'une voix entrecoupée, notre dernière ressource. Ah! si mon père, qui versa tant de fois son sang pour la patrie, vivait encore, ou s'il avait obtenu la récompense due à ses services, vous ne me verriez pas dans cet état. — Si l'empereur, lui répondit le monarque attendri, avait connu vos malheurs, il les aurait adoucis; vous auriez dû lui présenter un mémoire et employer quelqu'un qui lui eût exposé vos besoins. — Je l'ai fait, répliqua-t-elle, mais inutilement; le seigneur à qui je m'étais adressée m'a dit qu'il n'avait jamais pu rien obtenir. — On vous a déguisé la vérité, ajouta le prince en dissimulant la peine qu'un tel aveu lui faisait; je puis vous assurer qu'on ne lui aura pas dit un mot de votre situation, et qu'il aime trop la justice pour laisser périr la veuve et la fille d'un officier qui l'a bien servi. Faites un mémoire, apportez-le-moi demain au château, en tel endroit, à telle heure; si tout ce que vous dites est vrai, je vous ferai parler à l'empereur, et vous en obtiendrez justice. »

La jeune personne, en essuyant ses pleurs, prodiguait des remerciments à l'inconnu, lorsqu'il ajouta : « Il ne faut cependant pas vendre les hardes de votre mère; combien comp-

tiez-vous en avoir? — Six ducats, dit-elle. — Permettez que je vous en prête douze, jusqu'à ce que nous ayons vu le succès de nos soins. » A ces mots, la jeune fille vole chez elle, remet à sa mère les douze ducats avec les hardes, et lui fait part des espérances qu'un seigneur inconnu vient de lui donner ; elle le dépeint, et des parents qui l'écoutaient reconnaissent l'empereur dans tout ce qu'elle en dit.

Désespérée d'avoir parlé si librement, elle ne peut se résoudre à aller le lendemain au château : ses parents l'y entraînent; elle y arrive tremblante, voit son souverain dans son bienfaiteur, et s'évanouit.

Cependant le prince, qui avait demandé la veille le nom de son père et celui du régiment dans lequel il avait servi, avait pris des informations, et avait trouvé que tout ce qu'elle lui avait dit était vrai. Lorsqu'elle eut repris ses sens, l'empereur la fit entrer avec ses parents dans son cabinet, et lui dit de la manière la plus obligeante : « Voilà, mademoiselle, pour madame votre mère, le brevet d'une pension égale aux appointements qu'avait M. votre père, dont la moitié sera réversible sur vous, si vous avez le malheur de la perdre. Je suis fâché de n'avoir pas appris plus tôt votre situation, j'aurais adouci votre sort. » Depuis cette époque, ce prince fixa un jour de la semaine où tout le monde était admis à son audience.

L'ABBÉ LEGRIS-DUVAL[1]

dmirons cet homme si puissant en œuvres et en paroles! C'est un simple ecclésiastique qui, né dans une condition ordinaire, n'a rien demandé ni aux hommes ni à la fortune. Il ne se présente point aux regards du monde et à la considération publique avec l'éclat des honneurs et des dignités; il n'a aucun titre pour exercer l'autorité et commander l'obéissance; il ne porte avec lui que des paroles de douceur, de paix et de charité; il fait rarement entendre le tonnerre des vengeances du ciel. Son évangile est celui de Jésus-Christ, qui attire et adoucit les cœurs, pardonne à la faiblesse en faveur du repentir, fait haïr le vice et aimer la vertu. Il a l'onction de Fénelon, l'active charité de saint Vincent de Paul.

René-Michel Legris-Duval naquit à Landernau (département du Finistère) en 1765. En 1790, il commence à exercer les fonctions du saint ministère vers lequel un penchant irrésistible l'avait attiré dès son enfance. Retiré à Versailles et à Meudon pendant la tourmente révolutionnaire, il s'échappait souvent de sa retraite pour porter les secours de la religion dans la ville et dans les campagnes où il savait que son ministère était réclamé.

En s'engageant au pied des autels au service de Dieu, il s'en-

---

[1] Extrait d'une notice sur sa vie, par le cardinal de Bausset.

gagea en même temps, par une promesse formelle, à se dévouer tout entier au bien de ses semblables, à s'oublier lui-même autant qu'il le pourrait, à ne travailler, à n'exister que pour lui et pour eux. « Ah! s'écriait-il, qu'elle est pénétrante, qu'elle est heureuse, cette pensée que nous sommes utiles aux autres! Partout on trouve des malheureux à consoler, des aveugles à éclairer, des faibles à soutenir, des pauvres à secourir; partout des amis et des frères. »

Les pieuses occupations de l'abbé Duval et les succès de son ministère avaient porté son nom à Paris. Il y fut appelé en 1796, et, bientôt, telles furent la confiance et l'estime qu'on lui accordait, qu'on ne pouvait concevoir une pensée ou un plan de bienfaisance qu'on ne se crût obligé de le lui soumettre pour en diriger et en régler l'exécution. On le considérait en quelque sorte comme le premier ministre de la Providence, et son concours était regardé comme le garant de l'approbation publique et le gage infaillible du succès. Aussitôt qu'il consentait à attacher son nom à un établissement quelconque, les moyens, les agents, les instruments, venaient s'offrir d'eux-mêmes à son inépuisable charité.

C'était sur les traces de saint Vincent de Paul que l'abbé Duval aspirait à marcher, sur celles du célèbre curé de Saint-Sulpice, M. Languet, dont l'ameublement consistait en un lit de serge et deux chaises de paille, et qui trouvait le moyen de distribuer, tous les ans, un million d'aumônes aux pauvres. Il ne prononça pas un seul sermon ou un seul discours, la dernière année de sa vie, qui n'eût pour objet quelque établissement utile.

Il prêcha dans l'église des Missions-Étrangères, le 22 décembre 1817, pour l'œuvre des pauvres Savoyards. Cette œuvre si respectable, commencée dans le siècle dernier par l'abbé de *Pontbriant*, continuée et perfectionnée par le vertueux abbé de Fénelon, digne du beau nom qu'il portait, unissait par un lien de confraternité commune, fondée sur l'habitude des pratiques religieuses et morales, ces jeunes étrangers, orphelins en France, sans amis et sans protecteurs. L'abbé Duval fit plus encore que ses respectables prédécesseurs. Excités et appelés par lui, d'estimables jeunes gens consentirent avec joie à diriger les petits Savoyards, à leur donner les premiers éléments de la religion, et à ajouter à des instructions utiles le plus puissant moyen de persuasion, celui de leur procurer du travail et des secours pour les préserver également de la misère et de l'oisiveté. La religion et la charité sont inséparables : l'une élève l'homme jusqu'au ciel, l'autre en descend pour consoler le malheur sur la terre.

Les regards paternels de l'abbé Duval pénétrèrent jusque dans l'obscurité des prisons. Il n'avait pas le pouvoir de briser les fers des détenus; mais il pensait que le défaut d'instruction et surtout d'une instruction religieuse avait autant contribué que leur dépravation morale aux excès dont ils s'étaient rendus coupables. L'abbé Duval se flatta de pouvoir rendre à

la vertu les plus jeunes d'entre eux, en leur rendant les goûts honnêtes et estimables qu'un certain degré d'instruction dispose toujours à cultiver, lorsque le cœur n'est pas entièrement corrompu.

Un ecclésiastique respectable, M. Arnoux, en avait conçu la première pensée. La connaissance qu'il avait prise de l'état des prisons lui fit voir que le plus pressant besoin était de séparer les jeunes coupables de ceux d'un âge plus avancé, dont les exemples ou les discours ne pouvaient que les entretenir dans l'habitude des vices, et peut-être les familiariser avec le crime.

L'abbé Duval saisit fortement l'idée de M. Arnoux, et entrevit tous les avantages que la religion et la morale publique pouvaient en recueillir. Il concourut à son exécution par tous les moyens qui étaient en son pouvoir. Le gouvernement accueillit le plan de l'abbé Arnoux avec une grande satisfaction, et lui accorda l'ancien couvent des Dominicains de la rue Saint-Jacques, pour recevoir ces jeunes détenus. C'est là qu'on s'occupa à les rendre à la religion, à leurs familles et à la société, en leur procurant cette instruction religieuse et morale dont ils étaient dépourvus, et en leur faisant apprendre différents métiers pour leur procurer, pour la suite de leur vie, une existence douce, honnête et indépendante. L'abbé Arnoux consentit à se charger de la direction de cet établissement. Le succès le plus heureux et le plus complet fut la récompense de ce ministère vraiment pastoral, et justifia les espérances des pieux instituteurs.

Aussitôt que l'abbé Duval créait une institution ou était appelé à lui donner la forme et les règles les plus propres à en assurer le succès et la stabilité, il formait en même temps une association pour en maintenir l'esprit et en perpétuer le bienfait; il en réunissait les membres de temps en temps auprès de lui, se faisait rendre compte de leurs travaux, les soutenait par ses encouragements et les dirigeait par ses utiles avis.

Madame la marquise de Croisy, l'une des principales coopératrices de l'abbé Duval dans ses œuvres de bienfaisance, acheta une maison à Issy pour y fonder une congrégation des religieuses de Saint-André, à l'instar de celles de Poitiers, qui se consacrent à l'instruction des enfants dans la campagne. L'abbé Duval ne se borna pas à seconder les vues saintes et utiles qui avaient présidé à cet établissement; il obtint en peu de temps tous les fonds nécessaires et tous les objets propres à répandre, parmi les jeunes filles des campagnes, cette instruction élémentaires dont elles étaient privées.

Mais l'entreprise la plus extraordinaire peut-être de l'abbé Duval, celle dont la candeur la plus pure pouvait seule concevoir la pensée et oser promettre le succès, ce fut de mettre, en quelque sorte, la vertu en présence habituelle du vice. Ce fut lui qui créa l'œuvre des *Filles repenties*. Il excita des dames qui avaient une entière confiance en lui à aller dans les prisons, et à essayer de ramener à Dieu et à la vertu des âmes qui semblaient flétries par le vice, mais que l'ignorance et des occasions funestes avaient peut-être entraînées au mal. Son courage triompha de tous les obstacles et passa dans le cœur de quelques personnes généreuses qui se dévouèrent à une tâche si effrayante avec une ardeur que la religion seule pouvait inspirer. Le succès qui a couronné leurs efforts a justifié les espérances et la sagacité de celui qui en avait conçu le projet et qui en avait pressé l'exécution.

Il serait curieux de connaître le montant des sommes que la confiance publique a mises successivement à la disposition de l'abbé Duval; mais il avait, à cet égard, une sorte de pudeur qui donnait un charme de plus à la pureté de sa charité. C'était dans des assemblées publiques qu'il provoquait les dons d'une bienfaisance libre, secrète, volontaire; c'était ensuite dans des réunions particulières, entre des personnes connues par leur sagesse et leur bon esprit, qu'il concertait les mesures les plus propres à en assurer la destination. Les fonds ne passaient jamais par ses mains, il se contentait de les créer. Il n'avait par lui-même ni places ni fortune; il était étranger au monde; il vivait dans la retraite et n'en sortait que pour les devoirs de son ministère, et ce qui lui restait de son modique patrimoine n'aurait pas suffi aux premiers moyens de subsister. Mais quels étaient donc les moyens de cet homme qui a fait tant de choses en si peu de temps? Ses moyens se bornaient à la confiance qu'il savait inspirer, au charme d'une sensibilité douce et modeste, à la seule passion qu'il ait jamais éprouvée, celle de faire du bien aux hommes.

Il était écrit que l'apôtre de la charité en devait mourir le martyr. Appelé auprès d'une dame mourante dans les derniers jours de décembre, il alla au milieu de la nuit, par un froid rigoureux, et quoique déjà souffrant, porter ses prières et ses

derniers secours à l'agonisante. Frappé lui-même à mort, il expira, à l'âge de cinquante-cinq ans, le 18 janvier 1819, entre les bras de l'abbé Desjardin, son digne ami.

Le concours immense qui accompagna son cercueil, les larmes répandues, la douleur triste et silencieuse qui se remarquait sur toutes les physionomies, peignent mieux que les pa-

Antoine Bonafox secourant une pauvre paralytique et son enfant.

roles les regrets qu'inspirait la mort de cet homme vertueux. Mais ce qui est le plus frappant dans ce concours unanime de louanges et de bénédictions, c'est que l'on n'entendit pas une seule voix malveillante troubler cette harmonie de la piété, de la douleur et de la reconnaissance; et, tandis qu'on voit les vertus les plus pures outragées par la calomnie, les réputations les plus honorables flétries par de viles accusations, les intentions les plus innocentes dénaturées par d'odieuses insinuations, l'abbé Duval jouit presque seul de cette honorable exception, qui n'a pas permis à un seul trait de l'envie et de la méchanceté d'arriver jusqu'à son nom et à sa mémoire.

GÉNÉREUSE BIENFAISANCE D'UN RÉMOULEUR

PRIX MONTYON, 1821

Antoine Bonafox, âgé de quarante ans, né dans le département du Cantal, exerçant à Paris le métier de rémouleur ou gagne-petit, logeait dans la même maison et au même étage que la veuve Drouillant, qui est âgée aujourd'hui de soixante ans.

Des attestations nombreuses ont certifié le mérite et les malheurs de cette femme. Elle avait eu douze enfants, et les avait tous nourris; il lui restait seulement un garçon quand elle perdit son mari.

Ce funeste événement la réduisait à la misère, et ne lui permettait plus de donner de l'éducation et un métier à son fils. Le rémouleur, qui n'a pour subsister lui-même que le produit de ce qu'il peut gagner chaque jour, fut touché de l'infortune de la mère et du sort de son fils. Il commença par donner quelques secours, que cette bonne femme tâchait de reconnaître par son zèle et ses soins envers lui.

La veuve Drouillant ayant été atteinte d'une attaque d'apoplexie, Bonafox s'opposa à ce qu'elle fût transportée à l'hôpital, et fit des sacrifices pour qu'elle fût traitée chez elle.

Son fils avait été mis en apprentissage. Le bon rémouleur fournissait en partie ce qui était nécessaire pour sa dépense, et imaginait quelquefois des prétextes pour donner ses habits à cet enfant.

Une seconde attaque a été encore plus funeste pour la veuve Drouillant. Percluse d'un bras, elle ne peut faire usage de ses jambes qu'à l'aide d'une béquille. Ce nouvel accident a excité encore plus le zèle et la générosité de Bonafox : il a fait de nouveaux et plus grands sacrifices pour subvenir aux besoins de la mère et du jeune homme, qui aura terminé dans un an son apprentissage du métier de poêlier.

La longue et touchante générosité d'un ouvrier, d'un gagne-petit, qui, vivant du produit de sa journée, en consacre, depuis plusieurs années, une partie à soulager une famille malheureuse, et met dans ses procédés une délicatesse et des sentiments qui honoreraient des personnes d'un état distingué, a été jugée digne d'être proposée en exemple et d'obtenir une récompense.

L'APPRENTIE RECONNAISSANTE. — ANTOINETTE LOUIS

PRIX MONTYON, 1824

Antoinette Louis était orpheline, et n'avait aucune fortune ni aucun moyen, lorsqu'à l'âge de onze ans elle fut recueillie par les demoiselles Vayer, qui avaient connu sa mère, et qui lui firent apprendre l'état d'ouvrière en linge, qu'elles exerçaient à cette époque, et qui alors suffisait à leur existence.

Malheureusement, de ces demoiselles Vayer, l'une, devenue paralytique d'une partie du corps, fut dans l'impossibilité de travailler; l'autre, sourde et muette de naissance, fut encore affligée d'une maladie sur les yeux qui lui en ôta presque tout à fait l'usage. Ces deux sœurs n'eurent plus alors de ressources pour subsister : il leur fallut recourir au bureau de charité; mais tout le monde connaît l'insuffisance de ces secours. Les demoiselles Vayer ne pouvaient pas vivre. Ce fut alors qu'Antoinette Louis, vivement reconnaissante des services qu'elles lui avaient rendus, se détermina à leur consacrer tout son temps et tout le produit de son travail pour les soutenir.

Ce sacrifice si généreux fut même absolu.

La demoiselle Louis ne vécut plus que pour ses infortunées bienfaitrices.

Elle se réunit à elles, s'occupa de leurs infirmités, travailla à les adoucir, leur prodigua les soins les plus assidus, les assista de tous les moyens qui dépendaient d'elle, s'imposa même toutes les privations qui pouvaient ajouter encore à ces moyens, et confondit, pour ainsi dire, son existence avec la leur propre.

Ce zèle religieux de la demoiselle Louis pour les demoiselles Vayer, ce sentiment tendre, cette piété active, remontent à l'année 1805, et ne se sont pas démentis un seul instant depuis cette époque.

Sans doute, il n'y a qu'une grande vertu, et une vertu même appuyée sur la religion, qui puisse inspirer de pareils efforts. On peut faire du bien un moment, on peut en faire par intervalles, on peut en faire qui exige quelques sacrifices : il y en a, heureusement pour l'humanité, des exemples sans nombre ; mais en faire toujours, à tous les instants de la vie, sans se lasser, sans perdre courage, et en se sacrifiant tout entier et perpétuellement soi-même à ceux dont on embrasse le malheur, voilà ce qui est extrêmement rare, ce qui n'appartient surtout qu'à la religion, et ce que la religion elle-même n'obtient que de ces âmes privilégiées qui ne connaissent que sa puissance, et n'ont d'autre guide que sa bonté.

GRAND DÉVOUEMENT. — DACHEUX

PRIX MONTYON, 1824

Dacheux est né à Dieppe. Entré d'abord comme marin au service de l'État, Dacheux a ensuite habité quelque temps, en qualité de colon, l'île de Saint-Domingue, où il avait quelque fortune qu'il a perdue, et il est venu, il y a plusieurs années, se fixer dans le département de la Seine, et résider dans la commune de la Villette. C'est là qu'il a découvert ce que je pourrais appeler en quelque sorte sa vocation, c'est-à-dire le besoin ardent de secourir les malheureux et de sauver leur vie, quand ils étaient exposés à la perdre, aux dépens même de la sienne.

Ce besoin, en effet, il l'a satisfait dans une infinité d'occasions.

Il est prouvé par des attestations les plus authentiques que, dans le seul bassin de la Villette, le sieur Dacheux a retiré de l'eau un grand nombre de personnes qui y étaient tombées, et les a rappelées à la vie par les soins qu'il leur a donnés.

Il en a repêché un grand nombre d'autres dans la Seine, qu'il a également rappelées à la vie par les mêmes soins.

Il en a sauvé ainsi plus de cent, en s'exposant souvent à de grands périls; et, quoique l'imagination elle-même en soit pour ainsi dire confondue, les preuves en sont incontestables et n'admettent pas seulement de doute.

Et ce qui est également prouvé, c'est que, non-seulement le sieur Dacheux n'a jamais voulu recevoir d'aucun de ces asphyxiés nulle espèce de rétribution, ni aucune marque de reconnaissance, mais qu'au contraire il leur prêtait quelquefois ses propres vêtements, et leur donnait même encore des secours.

C'eût été, au reste, beaucoup pour tout autre que le sieur Dacheux, que ce courage de s'élancer ainsi dans les flots pour en retirer les personnes qui y étaient tombées, d'affronter les périls d'une telle entreprise, de les surmonter même à force d'exposer sa vie; mais, pour le sieur Dacheux, ce courage ne suffisait pas à l'ardeur de ce sentiment profond d'humanité qui l'emportait comme malgré lui et disposait de toutes ses facultés. Sur le rivage même, et au moment où le corps de l'asphyxié

était déposé, le sieur Dacheux, collant sa bouche contre celle de l'asphyxié, soufflait dans ses poumons un air pur qui rétablissait le mouvement de ses organes, et rappelait la vie presque éteinte de l'infortuné.

Certes, c'est là un dévouement dont le caractère est au-dessus de toute espèce d'appréciation et dont on ne peut pas calculer l'effort; c'est le triomphe de l'humanité; c'en est, pour ainsi dire, le beau idéal.

On cherche quelle pourrait être l'espèce de récompense qu'il serait possible d'assigner à un dévouement semblable, on n'en trouve pas.

On est forcé, malgré soi, de respecter la grandeur d'un tel sacrifice.

On craindrait, pour ainsi dire, d'en affaiblir l'honneur par des récompenses.

Une vertu si élevée, et qui, en même temps, a des racines si profondes, ne peut trouver son prix qu'en elle seule.

Et cependant une chose qui ajoute encore à cette vertu, quelque étonnante qu'elle puisse être, c'est que, pour la rendre en quelque sorte inutile, et pour qu'il fût possible de remplacer, dans les secours à donner aux asphyxiés par immersion pour les rappeler à la vie, l'incroyable travail que le sieur Dacheux ne craignait pas de faire lui-même dans le même objet, la passion de l'humanité lui a fait, par de profondes combinaisons, perfectionner une pompe destinée à le suppléer lui-même, en introduisant par la bouche, dans le corps des asphyxiés, un air doucement échauffé d'avance au degré de la température humaine, et qui rend de cette manière aux poumons l'élasticité de leurs mouvements.

Ainsi, par l'adoption de ce mécanisme ingénieux, le sieur Dacheux a pu espérer de suppléer, à force d'art, à ces secours bienfaisants qu'il avait le généreux courage de donner à ce genre de malheur, mais qu'on pouvait désespérer de voir imiter.

Un service de cette nature, un service aussi immense, aussi fécond dans ses résultats, aussi utile à l'humanité, n'est-il pas au-dessus de toutes les récompenses?

Les peuples anciens s'étaient sentis eux-mêmes dans l'impuissance de les payer, ces services.

Le peuple romain n'avait trouvé qu'une couronne de chêne à poser sur la tête de celui qui avait sauvé un homme.

Si on en avait sauvé plusieurs, ce peuple célèbre ajoutait à la couronne des monnaies ou des médailles cette devise fameuse : *Ob cives servatos*.

Mais cette couronne, ces monnaies, ces médailles, c'était de la gloire.

Cette gloire n'est pas non plus étrangère au sieur Dacheux.

Un regard du monarque est tombé sur lui.

Une médaille lui a été décernée en son nom.

Des dons de sa munificence lui ont été accordés aussi.

Le sieur Dacheux est père de famille, il n'a aucune fortune ; il a, à la vérité, une place, et qui était bien la seule qui pût lui convenir, celle de préposé à la surveillance des boîtes de secours aux noyés et aux asphyxiés, mais un traitement très-médiocre est attaché à cette place, et aussi n'a-t-il pu s'établir que dans une cabane qu'on lui a permis de construire sur le port Saint-Nicolas, et d'où, toujours semblable à lui-même, il épie en quelque sorte, à chaque moment orageux ou seulement menaçant, tous les accidents qui peuvent réclamer son zèle, pour y remédier sur-le-champ.

LE BON GENDARME. — JOSEPH TAINE

PRIX MONTYON, 1828

Beaucoup de personnes sont portées à croire que les habitudes militaires n'inspirent d'autre zèle que celui de l'honneur et de la bravoure. Cette fermeté, ce mépris de la vie qu'elles donnent au soldat, semblent l'endurcir sur les calamités ordinaires, et l'affranchir de l'exercice des résignations circonscrites dans le foyer domestique. Les élans de la force l'emportent à de nobles périls plutôt qu'ils ne le soumettent aux patientes commisérations. Le département de la Haute-Saône recommande le beau-frère de Froux, petit marchand de toile, de qui la femme ne survécut que trois semaines à son mari. Son allié, le brave Philippe-Ferdinand-Joseph Taine, simple gendarme de la brigade de Rioz, chargé lui-même de six enfants en bas âge, n'ayant d'autres moyens que sa solde et une faible rente de cent francs, ne craignit pas d'accroître sa pénurie et de devenir le père des quatre orphelins, ses collatéraux indirects. A force d'industrie et d'épargnes, il parvint à nourrir et à élever cette double et nombreuse famille. Deux de ses filles adoptives sont déjà couturières et lingères; il espère successivement pourvoir d'un état ses autres enfants, restés encore à sa charge. Joseph Taine n'a pas ralenti ses ponctuels et loyaux services en s'imposant un tel surcroît d'activité. Le charitable héroïsme de ce gendarme donne un bel exemple au corps de la gendarmerie, car, tandis

qu'on outre-passait parfois les rigueurs de la discipline pour exécuter des mesures abusivement cruelles, lui, fidèlement

soumis à la loi de l'humanité, se sacrifiait sans réserve au devoir de secourir le malheur et la faiblesse. C'était ennoblir les règles de l'obéissance.

Saint Médard couronne la rosière

SUR LA FÊTE DE LA ROSE, ÉTABLIE A SALENCY

EXTRAIT DE L'ANCIENNE MORALE EN ACTION

L'institution de la fête de la Rose est très-ancienne. On l'attribue à saint Médard, évêque de Noyon, qui vivait dans le cinquième siècle de notre ère, du temps de Clovis. Ce bon évêque, qui était en même temps seigneur de Salency, village à une demi-lieue de Noyon, avait imaginé de donner tous les ans à celles des filles de sa terre qui jouiraient de la plus grande réputation de vertu, une somme de vingt-cinq livres et une couronne ou chapeau de roses. On dit qu'il donna lui-même ce prix glorieux à une de ses sœurs, que la voix publique avait nommée pour être rosière. On voit encore au-dessus de l'autel de la chapelle de Saint-Médard, située à l'une des extrémités du village de Salency, un tableau où ce saint prélat est représenté en habits pontificaux, et mettant une couronne de roses sur la tête de sa sœur, qui est coiffée en cheveux et à genoux.

Cette récompense devint pour les filles de Salency un puissant motif de sagesse. Indépendamment de l'honneur qu'en retirait la rosière, elle trouvait infailliblement à se marier dans l'année. Saint Médard, frappé de ces avantages, perpétua cet établissement; il détacha des domaines de sa terre douze arpents, dont il affecta les revenus au payement de vingt-cinq livres et des frais accessoires de la cérémonie de la Rose.

Selon le titre de fondation, il faut non-seulement que la rosière ait une conduite irréprochable, mais que son père, sa mère, ses frères, ses sœurs et autres parents, en remontant jusqu'à la quatrième génération, soient eux-mêmes irrépréhensibles. La tache la plus légère, le moindre soupçon, le plus petit nuage dans sa famille, seraient des titres d'exclusion. Il faut des quatre, des huit, des seize quartiers de noblesse, pour entrer dans certains ordres, dans certains chapitres; des quartiers de probité, mérite réel, ne vaudraient-ils pas mieux que ces quartiers de noblesse, mérite de préjugés?

Le seigneur de Salency a toujours été en possession, et seul jouit encore, du droit de choisir la rosière entre trois filles du village de Salency qu'on lui présente un mois d'avance. Lorsqu'il l'a nommée, il est obligé de la faire annoncer au prône de la paroisse, afin que les autres filles, ses rivales, aient le temps d'examiner ce choix, et de le contredire s'il n'était pas conforme à la justice la plus rigoureuse. Cet examen se fait avec l'impartialité la plus sévère. Ce n'est qu'après cette épreuve que le choix du seigneur est confirmé.

Le 8 juin, jour de la fête de saint Médard, vers les deux heures après midi, la rosière, vêtue de blanc, les cheveux flottant en grosses boucles sur les épaules, accompagnée de sa famille et de douze filles aussi vêtues en blanc, avec un large ruban bleu en baudrier, auxquelles douze garçons du village donnent la main, se rend au château de Salency au son des tambours, des violons, des musettes, etc. Le seigneur lui-même ou son épouse va la recevoir; elle lui fait un petit compliment pour le remercier de la préférence qu'il lui a donnée; ensuite le seigneur ou celui qui le représente, et son bailli, lui donnent chacun la main, et, précédés des instruments, suivis d'un nombreux cortége, ils la mènent à la paroisse, où elle entend les vêpres sur un prie-Dieu placé au milieu du chœur.

Les vêpres finies, le clergé sort processionnellement avec le peuple pour aller à la chapelle de Saint-Médard. C'est là que le curé ou l'officiant bénit la couronne ou chapeau de roses, qui est sur l'autel. Ce chapeau est entouré d'un ruban bleu * et garni sur le devant d'un anneau d'argent. Après la bénédiction et un discours analogue au sujet, le célébrant pose la couronne sur la tête de la rosière, qui est à genoux, et lui remet en même temps les vingt-cinq livres en présence du seigneur et des officiers de la justice.

La rosière, ainsi couronnée, est conduite de nouveau par le seigneur ou son fiscal, et toute sa suite, jusqu'à la paroisse, où l'on chante le *Te Deum* et une antienne à saint Médard au bruit de la mousqueterie des jeunes gens du village. Au sortir de l'église, le seigneur ou son représentant mène la rosière jusqu'au milieu de la grande rue de Salency, où des censitaires de la seigneurie ont fait dresser une table garnie d'une nappe, de six serviettes, de six assiettes, de deux couteaux, d'une salière pleine de sel, d'un lot de vin clairet en deux pots (environ deux pintes et demie de Paris), de deux verres, d'un demi-lot d'eau fraîche, de deux pains blancs d'un sou, d'un demi-cent de noix et d'un fromage de trois sous. On donne encore à la rosière, par forme d'hommage, une flèche, deux balles de paume et un sifflet de corne, avec lequel un des censitaires

---

* Louis XIII se trouvant au château de Varennes, près de Salency, M. de Belloy, alors seigneur de ce dernier village, demanda à ce monarque de faire donner en son nom cette récompense de la vertu. Louis XIII y consentit, et envoya le marquis de Gordes, son premier capitaine des gardes, qui fit la cérémonie de la Rose pour le roi, et qui, par ses ordres, ajouta aux fleurs une bague d'argent et un cordon bleu. C'est depuis cette époque que la rosière reçoit cette bague, et qu'elle et ses compagnes sont décorées de ce ruban. Tous ces faits sont constatés par les titres les plus authentiques.

siffle trois fois avant que de l'offrir. Ils sont obligés de satisfaire exactement à toutes ces servitudes, sous peine de soixante sous d'amende.

De là, toute l'assemblée se rend dans la cour du château, sous un gros arbre, où le seigneur danse le premier avec la rosière. Ce bal champêtre finit au coucher du soleil. Le lendemain, dans l'après-midi, la rosière invite chez elle toutes les filles du village, et leur donne une grande collation, suivie de tous les divertissements ordinaires en pareil cas.

Voilà l'origine et les détails de la fête de la Rose : le récit seul en doit intéresser. Il est donc encore un endroit sur la terre où un chapeau de roses est regardé comme le prix le plus honorable et le plus flatteur qu'on puisse donner à la vertu! Cet établissement excite à Salency l'émulation des mœurs et de la sagesse. Tous les habitants du village, composé de cent quarante-huit feux, sont doux, honnêtes, sobres, laborieux. Ils sont environ cinq cents; ils n'ont point de charrues : chacun bêche sa portion de terre, et tout le monde y vit satisfait de son sort. On assure qu'il n'y a pas un seul exemple, dans toute la rigueur du terme, d'un crime commis à Salency par un naturel du lieu, ni même d'un vice grossier, encore moins d'une faiblesse de la part du sexe; tandis que tous les paysans des environs sont aussi brutaux, aussi vicieux qu'ailleurs. Quel bien produit un seul établissement sage! Et que ne ferait-on pas des hommes en attachant de l'honneur et de la gloire au mérite et à la vertu?

LE CURÉ CHARITABLE

EXTRAIT DES ANECDOTES CHRÉTIENNES

Parmi les curés de Paris chez qui les malheureux trouvent tant de ressources, on distinguait, il y a quelques années, M. Léger, curé de Saint-André-des-Arts, dont on peut faire l'éloge en deux mots : *Il a passé sa vie à faire du bien.* Il n'était pas rare de voir enlever son dîner de sa table pour être porté à des malades qui manquaient de bouillon et à de pauvres femmes en couches. Il se privait même du nécessaire, et, s'il est vrai qu'il n'y a point de détails de bienfaisance qui soient trop petits pour la sensibilité, il doit être permis de raconter que, dans un hiver très-rigoureux, les sœurs de la charité de sa paroisse lui ayant représenté qu'il était à peine vêtu avec une soutane usée, le forcèrent, pour ainsi dire, à se couvrir par-dessous d'une camisole de laine. Le soir même, il ne l'avait plus. Comme on l'en grondait : « J'ai trouvé, dit-il, dans un grenier, un homme qui était nu; je lui ai donné ma camisole, et j'ai eu assez de ma soutane. »

LA SERVANTE DU PASTEUR OBERLIN, LOUISE SCHEPPLER

LA VÉRITABLE FONDATRICE DES SALLES D'ASILE EN FRANCE

PRIX MONTYON, 1829

Louise Scheppler, à peine âgée de quinze ans, fut si vivement frappée des vertus du pasteur Oberlin, de cet homme de Dieu, que, bien qu'elle jouît d'un petit patrimoine, elle lui demanda d'entrer à son service et de prendre part aux œuvres de sa charité. Dès lors, sans jamais accepter de salaire, elle ne le quitta plus. Devenue son aide, son messager, l'ange de toutes ces cabanes, elle y porta sans cesse tous les genres de consolation. Dans aucune circonstance on n'a mieux vu à quel point le sentiment peut exalter l'intelligence. Cette simple villageoise avait compris son maître et tout ce que ses pensées avaient de plus élevé; souvent même elle l'étonnait par des idées heureuses auxquelles il n'avait point songé, et qu'il s'empressait de faire entrer dans l'ensemble de ses opérations. C'est ainsi que, remarquant la difficulté que les cultivateurs éprouvaient à se livrer à la fois à leurs travaux champêtres et au soin de veiller sur leurs petits enfants, elle imagina de rassembler ces enfants en bas âge dans des salles spacieuses où, pendant que les parents vaquaient à leurs occupations, des conductrices intelligentes les gardaient, les amusaient, et commençaient à leur montrer les lettres et à les exercer à de petits travaux. C'est de là qu'est venue, en Angleterre et en France, l'institution de ces salles d'asile où l'on reçoit et où l'on garde les enfants des ouvriers, si souvent abandonnés, dans les villes, au vice et aux accidents. L'honneur d'une idée qui a déjà tant fructifié, et qui bientôt sera adoptée partout, est entièrement dû à Louise Scheppler, à cette pauvre paysanne du Banc-de-la-Roche! Elle y a consacré le peu qu'elle possédait, et de plus sa jeunesse et sa santé. Encore aujourd'hui, quoique avancée en âge, elle réunit autour d'elle, sans rétribution, une centaine d'enfants de trois

à sept ans, et leur donne une instruction appropriée à leur âge. Les adultes, grâce à M. Oberlin, n'ont plus de besoins moraux; mais quelques-uns encore, dans la vieillesse et la maladie, éprouvent des besoins physiques. Louise Scheppler y pourvoit : des bouillons, des remèdes, elle trouve moyen de tout distribuer; leurs besoins pécuniaires mêmes ne sont pas oubliés : elle a fondé et elle administre un mont-de-piété d'une espèce toute particulière, et qui serait bien aussi une invention admirable s'il était possible de le multiplier comme les salles d'asile ; car il est du très-petit nombre de ceux qui n'usurpent pas leur nom : on y prête sans intérêt et sans gages.

Lorsque M. Oberlin mourut, par un testament au rebours de celui d'Eudamidas, il légua Louise Scheppler à ses enfants. Permettez-nous de vous lire quelques lignes de cet acte de dernière volonté; ces simples paroles d'un maître mourant seront plus éloquentes que tout ce que nous pourrions y ajouter :

« Mes chers enfants, dit-il, je vous lègue une fidèle garde, celle qui vous a élevés, l'infatigable Louise; elle a été pour vous garde soigneuse, mère fidèle, institutrice, tout absolument : son zèle s'est étendu plus loin. Véritable apôtre du Seigneur, elle est allée dans tous les villages où je l'envoyais assembler les enfants autour d'elle, les instruire de la volonté de Dieu, leur apprendre à chanter de beaux cantiques, leur montrer les œuvres de ce Dieu paternel et tout-puissant dans la nature, prier avec eux et leur communiquer toutes les instructions qu'elle avait reçues de moi et de votre excellente mère. Les difficultés innombrables qu'elle rencontrait dans ces saintes occupations en auraient découragé mille autres. Le caractère revêche des enfants, leur langage patois, les mauvais chemins, les rudes saisons, pierres, eaux, pluies abondantes, vents glacés, grêle, neiges profondes, rien ne la retenait. Elle a sacrifié son temps et sa personne au service de Dieu. Jugez, mes chers enfants, de la dette que vous avez contractée envers elle et moi! Encore une fois, je vous la lègue... Vous ferez voir, par les soins que vous prendrez pour elle, si vous avez du respect pour la dernière volonté d'un père. Mais oui, vous remplirez mes vœux : vous serez pour elle, à votre tour, tous ensemble et chacun de vous en particulier, ce qu'elle fut pour vous. »

MM. et mesdemoiselles Oberlin, fidèles au vœu de leur père, voulurent donner à Louise Scheppler une part d'enfant; mais rien ne put déterminer cette fille généreuse à réduire le patrimoine, déjà si modique, laissé par son maître; elle demanda seulement la permission d'ajouter le nom d'Oberlin au sien, et ceux à qui appartient le droit de porter ce nom honorable ont cru l'honorer encore en le partageant ainsi.

JOSEPH CANGE

Sous la Terreur, un malheureux, père de trois enfants, emprisonné à Saint-Lazare, avait laissé sa famille sans secours; inquiet, il s'adresse à Cange, commissionnaire de la prison, et l'envoie à sa femme pour lui donner de ses nouvelles; le commissionnaire, pénétré de douleur à la vue de cette famille désespérée, n'envisage que le besoin de la sauver. Il avait cent francs pour toute fortune; il en remet la moitié à l'épouse : « Tenez, lui dit-il, voilà ce que votre mari vous envoie; un de ses amis, prisonnier comme lui, l'a obligé : il ne manquera de rien. »

Cange retourne auprès du mari : « Votre femme et vos enfants se portent bien, lui dit-il, ils ne souffrent point; une voisine généreuse et compatissante a pourvu à tous leurs besoins; et voilà cinquante francs que votre épouse m'a chargé de vous remettre. » C'était l'autre moitié de la somme du commissionnaire.

Le mari ayant été rendu à la liberté, les deux époux se ques=

tionnent sur le double bienfait qu'ils ont reçu en même temps. Ils cherchent Cange, l'interrogent, le tourmentent pour arracher son secret : « Voilà bien des raisons, leur dit-il ; eh bien, c'est moi. Je ne pouvais pas faire mieux. » Et il se dérobe aussitôt à leur reconnaissance.

Ce brave homme avait six enfants à sa charge. Trois d'entre eux étaient les siens ; les trois autres appartenaient à sa belle-sœur, qui venait de mourir pendant que son mari était à l'armée.

DESGENETTES ET LARREY

Lors de l'expédition d'Égypte (1798-1801), Desgenettes, médecin en chef de l'armée française, et Larrey, chirurgien en chef, s'illustrèrent par leur dévouement. Les soldats traversaient le désert, en allant d'Alexandrie à Damanhour, dans ces plaines arides, brûlées par un soleil ardent ; un grand nombre succombaient à la soif, irritée encore par le *mirage*, phénomène physique dû à la réflexion des rayons de lumière, qui fait voir à l'horizon une inondation apparente. Larrey, épuisé lui-même de soif, et n'ayant pour la satisfaire qu'un peu d'esprit-de-vin dans une petite outre de cuir, parcourait les rangs de ceux qui, plus affaiblis, avaient peine à suivre l'armée, et exprimait sur leurs lèvres quelques gouttes de la liqueur fortifiante.

Au siège de Saint-Jean d'Acre, l'hôpital était encombré de

malades de la peste; pour ranimer leur courage en partageant volontairement leur danger, Desgenettes n'hésita pas à s'inoculer la terrible maladie. En présence de tous les pestiférés, il prit une lancette trempée dans le pus des pustules d'un malade qui venait d'expirer, et se fit deux piqûres, l'une dans l'aine, et l'autre au voisinage de l'aisselle, sans prendre d'autres précautions que de se laver avec de l'eau de savon qu'on lui présenta. Il eut le bonheur de n'être pas atteint, et de n'avoir d'autre mal que deux petits points d'inflammation dans les endroits blessés.

Le quartier-maître de la soixante-quatorzième demi-brigade, une heure avant sa mort, invita Desgenettes à boire, dans le verre dont il se servait, une partie de sa tisane. Bravant le péril de la contagion et voulant le rassurer, Desgenettes but aussitôt toute la tisane. Cette action fit pâlir et frissonner de terreur un vieux capitaine, nommé Durand, qui était présent.

Décimés par les maladies et les privations, les soldats français supportaient tout avec constance. Témoins de la résignation et de la valeur de nos troupes, les habitants du Fayoum, riche province d'Égypte, disaient un jour au général Desaix, qu'ils nommaient en arabe *Sultan Kébir* (le sultan juste) : « Sultan Kébir, tu ne devrais pas donner du pain à tes soldats; ils méritent d'être nourris avec du sucre. »

L'ADOPTION, OU LE CINQUIÈME ENFANT

PRIX MONTYON, 1839

Un conducteur de cabriolet de remise, François Poyer, qui stationne depuis dix ans à l'hôtel des Fermes, rue de Grenelle-Saint-Honoré, s'est toujours fait remarquer dans sa profession par une conduite régulière et par des mœurs irréprochables. Il est marié, il a quatre enfants, et n'a, pour soutenir sa famille, que le salaire quotidien qu'il reçoit du propriétaire de sa voiture.

En 1829, une dame vient mettre son jeune fils en sevrage chez lui. Le premier mois fut payé d'avance; mais de longtemps la mère ne revient plus, et l'enfant abandonné reste à la charge de Poyer, dont le travail suffit à peine à nourrir et à élever les siens; mais il n'hésite pas à en garder un cinquième : il supprime le vin de ses repas pour subvenir à cette nouvelle dépense.

Après deux ans, la mère du pauvre enfant reparait enfin, mais pour le réclamer. On s'en sépare avec peine : on le lui rend sans exiger un juste salaire; mais quand, quelques jours après, l'honnête conducteur va s'informer de la santé de son petit Louis, la mauvaise mère se trouble : elle balbutie et répond avec embarras que, la veille, elle a envoyé son fils aux environs de Tours, chez de riches parents qui ont promis d'en prendre soin. La tendresse de Poyer s'inquiète : il soupçonne un mensonge. Il va s'informer à toutes les voitures publiques et s'assure qu'aucun enfant n'est parti pour Tours à l'époque désignée. Infatigable dans ses recherches, il apprend qu'il en a été exposé un aux portes de la Préfecture de police; que de là il a été transféré à l'hospice des Enfants-Trouvés. Il y court, et reconnaît son pauvre nourrisson, faible, souffrant, menacé de

perdre la vue. Il le réclame, il veut reprendre son bien; mais les règlements s'y opposent : ils exigent qu'à sa majorité une somme de deux cent cinquante francs lui soit assurée par contrat. Que faire?... Poyer, désolé, consulte sa famille. Elle approuve sa résolution, et le lendemain, 14 septembre 1829, l'acte d'adoption est dressé par M. Champion, notaire. A d'anciennes privations s'ajouteront des privations nouvelles; le mari travaillera plus matin, la femme veillera plus tard, et les deux cent cinquante francs sont assurés. Oh! quel beau jour pour Poyer quand il ramène son cinquième enfant dans ses modestes foyers! Sa mère d'adoption, qui était bien sa véritable mère, le presse dans ses bras; ses tendres soins lui rendent la santé, et, après douze ans où il n'a reçu que de bonnes leçons et surtout de bons exemples, ses parents adoptifs l'ont mis en apprentissage dans un établissement de menuiserie. Poyer a aujourd'hui soixante-quatre ans. Si son courage est toujours le même, ses forces peuvent le trahir; mais sa vieillesse ne sera point abandonnée : il devra à un des plus grands bienfaiteurs de l'humanité une part du trésor que sa confiance a remis en nos mains, et jamais un plus digne usage n'en aura été fait. L'Académie a accordé à Poyer un prix de trois mille francs.

JOSEPH IGNACE, DIT NAXI

PRIX MONTYON, 1839

Il y a en Lorraine une petite ville peu connue, au milieu de plaines basses et marécageuses, à quelques lieues de Nancy. Une rivière la traverse qui, pendant la belle saison, a souvent peu d'eau; en quelques endroits on peut la passer alors à gué : on s'accoutume ainsi à la croire sans danger; mais l'eau y devient tout à coup très-haute à la moindre pluie d'orage; elle a des places fort redoutées dans le pays et citées pour nombre d'accidents.

Dans cette ville, qu'on appelle Vic, au bord de la Seille, c'est le nom de la rivière, habite un homme que la Providence semble y avoir placé tout exprès pour répondre à tous ceux qui, dans les accidents que la crue des eaux amène, invoquent du

Joseph Ignace s'élançant, malgré sa femme, pour sauver une petite fille.

secours. Joseph Ignace, dit Naxi, toujours prêt au moment du besoin, a en cela d'autant plus de mérite, que ce n'est point un batelier, un homme de rivière. Son métier est de la ville : c'est un chapelier, un ancien soldat.

Le soin de sauver les malheureux surpris et entraînés par les eaux est devenu chez lui une habitude et presque une vocation, de telle sorte qu'on a fini par le considérer dans le pays comme le gardien de la rivière. Si un accident arrive, la première idée qui vient, c'est d'aller chercher Joseph Ignace. On dit : « Si Joseph était là! » et Joseph est toujours là. Dès qu'on l'appelle, il a quitté son travail, sa boutique, sa table, son lit, l'hiver comme l'été, par tous les temps et à toutes les heures.

Il a commencé dès l'enfance cette carrière de dévouement et d'humanité. A onze ans, il avait déjà sauvé un homme.

Beaucoup de faits sont signalés par la ville de Vic; et un grand nombre de gens qu'il a sauvés, de tous âges et de tous états, les appuient de leurs témoignages.

C'est un vigneron, Louis Vaultrin, qui pêchait au bord de la Seille, et que la Seille avait entraîné; c'est un sellier, Nicolas Chaussier, qui tombe à l'eau, prêt à périr; un soldat qui se noie avec son cheval; des ouvriers qui chavirent avec leur bateau; deux écoliers se baignant dans un courant trop rapide, qui ont déjà disparu sous l'eau, et qu'il rend à leur famille. Une autre fois, c'est un malheureux aliéné qu'il sauve; c'est une femme âgée; c'est une petite fille de trois ans.

Cette enfant était tombée dans la rivière du haut d'un pont. Deux habitants de Vic, témoins de sa chute, s'étaient aussitôt élancés après elle; mais, inhabiles à nager, ils ne purent l'atteindre. L'eau, très-haute alors, l'avait entraînée déjà loin; l'enfant surnageait toujours; mais vers un endroit fort dangereux on voyait déjà l'eau tourbillonner autour d'elle, prête à l'engloutir. On accourt chez Joseph Ignace. Il venait de prendre son repas, il était malade, le froid de l'eau pouvait le tuer. Il part malgré sa femme, qui se jette au-devant de lui pour le retenir. Aux supplications et aux larmes de sa femme il répond un seul mot : « Je veux sauver cette enfant-là. » Il l'a ramenée à son père, et maintenant, grâce à cet homme généreux, elle est vivante, elle grandit, elle joue, elle a cinq ans.

Mais un jour surtout fut le jour de triomphe de sa courageuse et persévérante humanité.

La rivière de Seille, enflée par de longues pluies, avait répandu l'inondation sur ses deux rives. Elle était entrée dans les rues de la ville, elle était montée de plusieurs pieds jusque dans les habitations. Beaucoup de gens appelaient du secours : Joseph Ignace entendit tout le monde. Il suit son impulsion, il fait son office accoutumé. Des ménages entiers, maris et femmes, parents âgés et petits enfants, lui durent leur sûreté, leur salut. Avec un dévouement infatigable, par le froid du mois de novembre, il resta dans l'eau depuis six heures du matin jusqu'à la nuit, onze heures entières, et sans relâche! Ce jour-là, il sauva de l'eau dix-neuf personnes.

Si nous vivions au temps et au pays où, pour chaque citoyen sauvé, on donnait une couronne de chêne, Joseph Ignace, jusqu'à ce jour, à notre connaissance, en aurait trente-deux à suspendre dans sa maison.

Un mouvement bien naturel et heureusement bien ordinaire porte sans doute à se jeter au secours de tout malheureux qui se noie; mais, quand ce mouvement généreux montre une constance qui ne se dément jamais, il cesse d'être seulement de l'humanité et du courage, et il s'élève jusqu'à la vertu.

L'Académie a décerné le premier prix des actes vertueux à Joseph Ignace, dit Naxi.

LE HÉROS SANS LE SAVOIR

EXTRAIT DU PEUPLE INSTRUIT PAR SES PROPRES VERTUS

Après la bataille de la Marsaille, gagnée par Catinat, lorsque les acclamations se faisaient encore entendre, et que ce général était encore environné de ceux qui s'empressaient à lui faire leur cour, on vit un vieux soldat de son régiment fendre la presse et tomber à ses pieds en demandant grâce, au nom de toute la troupe, pour leur plus brave camarade, qu'on voulait arrêter comme déserteur, et qui, la veille, avait pris à la bataille un drapeau et fait plusieurs prisonniers.

« Sois tranquille, mon ami, lui répond le général. Fais venir ce déserteur. »

Il parut aussitôt.

« O mon père! dit-il en se prosternant, ma mère, sans bien, sans protection, était devenue impotente et réduite à la dernière misère. Je m'engageai pour la faire subsister. Peu de temps après avoir rejoint mon régiment, j'appris qu'elle était dangereusement malade. Je demandai un congé pour l'aller secourir : on me le refusa. Ne pouvant résister à la nature, je quittai mes drapeaux pour voler auprès d'elle; et, aussitôt qu'elle fut rétablie, je rejoignis l'armée. O mon père! voilà le crime que j'ai commis, et dont je tâchai hier d'effacer la honte. Je ne demande point qu'on me fasse grâce, mais seulement que, quand je ne serai plus, on ait soin de ma pauvre mère.. — Mon fils, répondit avec vivacité Catinat, dont les entrailles étaient émues, que ne veniez-vous me trouver? ou, si vous me croyez un barbare, pourquoi m'appelez-vous votre père?... Vos sentiments

vous mettent dans le cas d'être officier, vous le serez... Votre mère sera secourue, et votre bon camarade récompensé... Allez, j'en instruirai le roi. »

JEANNOT ET COLIN

EXTRAIT DE LA MORALE EN ACTION

Jeannot et Colin apprenaient à lire chez le magister du même village. Jeannot était fils d'un marchand de mulets, et Colin devait le jour à un brave laboureur. Ces deux jeunes enfants s'aimaient beaucoup, et ils avaient ensemble les petites familiarités dont on se ressouvient toujours avec agrément quand on se rencontre ainsi dans le monde.

Le temps de leurs études était sur le point de finir, quand un tailleur apporte à Jeannot un habit de velours de diverses couleurs, avec une veste de Lyon de fort bon goût; le tout était accompagné d'une lettre *à monsieur de la Jeannotière*. Colin admira l'habit et ne fut point jaloux; mais Jeannot prit un air de supériorité qui affligea Colin. Dès ce moment, Jeannot n'étudia plus, se regarda au miroir et méprisa tout le monde. Quelque temps après, un valet de chambre arrive en poste et apporte une seconde lettre à M. le marquis de la Jeannotière; c'était un ordre de M. son père de faire venir M. son fils à Paris. Jeannot monte en chaise et tend la main à Colin avec un sourire de protection; Colin sentit son néant et pleura. Jeannot partit dans toute la pompe de sa gloire.

Il faut savoir que M. Jeannot père, à force d'intrigues, avait acquis assez rapidement des biens immenses dans les entreprises; bientôt on ne l'appela que M. de la Jeannotière; il y avait même déjà six mois qu'il avait acheté un marquisat lorsqu'il retira de l'école M. le marquis son fils pour le mettre à

Paris dans le beau monde. Colin, toujours tendre, écrivit une lettre de compliment à son ancien camarade, et n'en reçut point de réponse. Colin en fut malade de douleur.

Au lieu de faire enseigner au petit marquis les sciences utiles, ses parents lui firent seulement apprendre à danser. Ainsi éloigné des études qui doivent occuper un jeune homme, il fut bientôt conduit par l'oisiveté dans le libertinage. Il dépensa des sommes immenses à rechercher de faux plaisirs, pendant que ses parents s'épuisaient de leur côté à vivre en grands seigneurs.

Une jeune veuve de qualité, qui n'avait qu'une fortune médiocre, voulut bien se résoudre à mettre en sûreté les grands biens de M. et de madame de la Jeannotière en se les appropriant et en épousant le jeune marquis. Une vieille voisine proposa le mariage. Les parents, éblouis de la splendeur de cette alliance, acceptèrent avec joie la proposition. Tout était déjà prêt pour les noces, et le jeune marquis, aux genoux de sa belle, recevait déjà les compliments de leurs amis communs, lors-

qu'un valet de chambre de sa mère arriva tout effaré : « Voici bien d'autres nouvelles, dit-il; des huissiers déménagent la maison de monsieur et de madame; tout est saisi par des créanciers; on parle de prise de corps, et je vais faire mes diligences pour être payé de mes gages. — Voyons un peu, dit le marquis, ce que c'est que ça. — Oui, dit la veuve, allez punir ces coquins; allez vite. » Il y court; il arrive à la maison : son père était déjà emprisonné; tous les domestiques avaient fui chacun de leur côté, en emportant tout ce qu'ils avaient pu; sa mère était seule, sans secours, sans consolation, noyée dans les larmes; il ne lui restait rien que le souvenir de sa fortune et de ses folles dépenses.

Après que le fils eut longtemps pleuré avec la mère, il lui dit enfin : « Ne nous désespérons pas; cette jeune veuve m'aime éperdument; elle est plus généreuse encore que riche : je réponds d'elle, je vais la chercher, et je vous l'amène. » Il retourne chez sa maîtresse. « Quoi! c'est vous, lui dit-elle, monsieur de la Jeannotière! que venez-vous faire ici? Abandonne-t-on ainsi sa mère? Allez chez cette pauvre femme, et dites-lui que je lui veux toujours du bien : j'ai besoin d'une femme de chambre, je lui donnerai la préférence. »

Le marquis, stupéfait, la rage dans le cœur, alla chez ceux qu'il avait vus venir le plus familièrement dans la maison de son père; ils le reçurent tous avec une politesse étudiée, en ne lui donnant que de vagues espérances. Il apprit mieux à connaître le monde en une demi-journée que dans tout le reste de sa vie.

Comme il était plongé dans l'accablement du désespoir, il vit avancer une chaise roulante à l'antique, espèce de tombereau couvert avec des rideaux de cuir, suivi de quatre charrettes énormes, toutes chargées. Il y avait dans la chaise un jeune homme grossièrement vêtu; c'était un visage rond et frais, qui respirait la douceur et la gaieté; sa petite femme, brune et assez grossièrement agréable, était cahotée à côté de lui. La voiture n'allant pas comme le char d'un petit-maître, le voyageur eut tout le temps de contempler le marquis immobile, abîmé dans sa douleur. « Eh! mon Dieu! s'écria-t-il, je crois que c'est là Jeannot! » A ce nom, le marquis lève les yeux; la voiture s'arrête. « C'est Jeannot lui-même! c'est Jeannot! » Le petit homme rebondi ne fait qu'un saut, et court embrasser son ancien camarade. Jeannot reconnut Colin; la honte et les pleurs

couvrirent son visage. « Tu m'as abandonné, lui dit Colin, mais tu as beau être grand seigneur, je t'aimerai toujours. » Jeannot, confus et attendri, lui conta en sanglotant une partie de son histoire. « Viens dans l'hôtellerie où je loge me conter le reste, lui dit Colin; embrasse ma petite femme, et allons dîner ensemble. »

Ils vont tous trois à pied, suivis du bagage. « Qu'est-ce donc que tout cet attirail? Vous appartient-il? — Oui, tout est à moi et à ma femme; nous arrivons du pays; je suis à la tête d'une bonne manufacture de fer étamé et de cuivre. J'ai épousé la fille d'un riche négociant en ustensiles nécessaires aux grands et aux petits; nous travaillons beaucoup; Dieu nous bénit; nous n'avons point changé d'état; nous sommes heureux; nous aiderons notre ami Jeannot. Ne sois plus marquis : toutes les grandeurs de ce monde ne valent pas un bon ami. Tu reviendras avec moi au pays; je t'apprendrai le métier, il n'est pas bien difficile. Je te mettrai de part, et nous vivrons gaiement dans le coin de terre où nous sommes nés. »

Jeannot, éperdu, se sentait partagé entre la douleur et la joie, la tendresse et la honte, et il se disait tout bas : « Tous mes amis du bel air m'ont trahi; et Colin, que j'ai méprisé, vient seul à mon secours. Quelle instruction ! » La bonté d'âme de Colin développa dans le cœur de Jeannot le germe d'un bon naturel, que le monde n'avait pas encore étouffé. Il sentit qu'il ne pouvait abandonner son père et sa mère. « Nous aurons soin de ta mère, dit Colin; et, quant à ton bon homme de père, qui est en prison, j'entends un peu les affaires, et je me charge des siennes. » Il vint effectivement à bout de le tirer des mains de ses créanciers. Jeannot retourna dans sa patrie avec ses parents, qui reprirent leur première profession; il épousa une sœur de Colin, laquelle, étant de même humeur que le frère, le rendit très-heureux; et Jeannot le père, et Jeannot la mère, et Jeannot le fils, virent que le bonheur n'est point dans la vanité.

L'ABBÉ DE L'EPÉE

PORTRAITS ET HISTOIRE DES HOMMES UTILES

Charles-Michel de l'Épée naquit à Versailles le 25 novembre 1712. Son père, qui était architecte du roi, jouissait d'une honnête aisance. Homme simple dans ses mœurs et d'une probité sévère, il éleva ses enfants dans la modération des désirs et dans l'amour de la vertu. Le jeune de l'Épée puisa de bonne heure dans les exemples domestiques cette douceur de caractère, cette simplicité de goûts, cette humilité et ce besoin de se rendre utile qui le dirigèrent pendant tout le cours de sa vie. Son père le destinait à la carrière des sciences, où le jeune de l'Épée fit des progrès rapides; mais, à l'âge de dix-sept ans, il se sentit appelé au ministère des autels; et, après avoir obtenu, avec quelque peine, le consentement de ses parents, il se livra à l'étude de la théologie avec une ferveur édifiante, mais en même temps avec une grande indépendance de principes.

Pensant que ses humbles services au pied des autels ne suffisaient pas pour acquitter sa dette envers la société, il s'appliqua à l'étude des lois, subit toutes les épreuves exigées, et fut reçu avocat au parlement de Paris; mais il ne resta pas longtemps au barreau : sa vocation était trop prononcée, et son amour de l'humanité le ramenait sans cesse à l'enseignement des vérités religieuses et morales. Les vœux les plus ardents de son cœur ne tardèrent pas à être exaucés : l'évêque de Troyes, neveu du grand Bossuet, prélat aussi distingué par sa vertu que par sa

Joseph II visitant l'école des sourds-muets.

tolérance, accueillit le jeune de l'Épée; et, après lui avoir conféré les ordres sacrés, il lui confia un modeste canonicat dans son diocèse. Dans l'exercice du saint ministère, l'abbé de l'Épée sut allier aux plus austères principes les vertus les plus douces, et sa vie pastorale fut digne de celle de Fénelon. C'est vers cette époque qu'à l'âge de vingt-six ans l'abbé de l'Épée donna un si bel exemple de délicatesse et d'humilité en refusant un évêché que le cardinal de Fleury lui fit offrir en reconnaissance d'un service personnel que le père du jeune abbé avait rendu au prélat.

Tandis que l'intolérance suscitait mille contrariétés à l'abbé de l'Épée, cet homme vertueux respectait toutes les croyances. Un protestant (M. Ulrich) vint de la Suisse pour apprendre à son école l'art d'instruire les sourds-muets. Il fut accueilli avec bienveillance, et bientôt leurs cœurs, dignes l'un de l'autre, se lièrent d'une étroite amitié. De l'Épée regardait tous les hommes comme ses frères, et, sur ses vieux jours, il formait des vœux en faveur de la réintégration des israélites dans la commune société. Cette tolérance, cette universelle fraternité, cet amour du bien, répandaient sur toute sa physionomie une expression de douceur, de bonhomie, que l'on aime à retrouver dans son portrait.

Jusqu'ici nous avons vu dans l'abbé de l'Épée l'homme vertueux et modeste, le prêtre pieux et tolérant; maintenant va se révéler l'homme de génie.

Chez l'abbé de l'Épée l'amour de l'humanité était une passion; le hasard lui procura l'occasion de s'y livrer tout entier. Voici comment il raconte lui-même la cause qui le conduisit à se consacrer à l'éducation des sourds-muets :

« Le P. Vanin, prêtre de la doctrine chrétienne, avait commencé l'éducation de deux sœurs jumelles, sourdes-muettes de naissance. Ce respectable ministre étant mort, ces deux pauvres filles se trouvèrent sans aucun secours, personne n'ayant voulu, pendant un temps assez long, entreprendre de continuer ou de recommencer cet ouvrage. Croyant donc que ces deux enfants vivraient et mourraient dans l'ignorance de leur religion, si je n'essayais pas de la leur apprendre, je fus touché de compassion pour elles, et je dis qu'on pouvait me les amener, que j'y ferais tout mon possible. »

Quelle touchante simplicité unie à la charité la plus pure!

Lorsque l'abbé de l'Épée conçut sa généreuse pensée, il ignorait les faibles tentatives de ses prédécesseurs; et, eussent-elles été à sa connaissance, il n'en resterait pas moins l'inventeur de l'art d'instruire les sourds-muets : car, le premier, il a su l'asseoir sur sa véritable base; le premier, il a su *imprimer à son œuvre le caractère d'un bienfait général pour une classe nombreuse de la société.

Inventeur d'un art si utile à l'humanité, l'abbé de l'Épée en fut encore le plus zélé promoteur. Sa sollicitude ne se borna pas aux sourds-muets de sa patrie : il devint encore l'apôtre de leurs frères d'infortune dans les autres pays. C'est pour eux qu'il eut la patience d'apprendre plusieurs langues étrangères. « Puissent, dit-il, ces différentes nations ouvrir les yeux sur l'avantage qu'elles retireraient de l'établissement d'une école pour l'instruction des sourds-muets de leur pays! Je leur ai offert et je leur offre encore mes services, mais toujours à condition qu'elles n'oublieront pas que je n'en attends et que je n'en recevrais aucune récompense, de quelque nature qu'elle pût être. »

Pendant son séjour à Paris, l'empereur Joseph II assista aux leçons de l'abbé de l'Épée. Frappé d'admiration, il lui offrit une abbaye dans ses États. « Je suis déjà vieux, répondit de l'Épée; si Votre Majesté veut du bien aux sourds-muets, ce n'est pas sur ma tête, déjà courbée vers la tombe, qu'il faut le placer : c'est sur l'œuvre même. » L'empereur saisit la pensée de l'abbé de l'Épée : il lui envoya l'abbé Storck, qui, après avoir recueilli ses leçons, retourna dans sa patrie pour fonder l'institution des Sourds-Muets de Vienne.

L'ABBÉ DE L'ÉPÉE.

En 1780, l'ambassadeur de Russie étant venu féliciter l'abbé de l'Épée de la part de l'impératrice Catherine II, et lui offrir de riches présents : « Monsieur l'ambassadeur, répondit l'abbé, dites à Sa Majesté que je ne lui demande, pour toute faveur, que de m'envoyer un sourd-muet que j'instruirai. »

Trente sourds-muets étaient instruits gratuitement par l'abbé de l'Épée, à la fois l'instituteur et le père de ses élèves. C'était lui qui pourvoyait à tous leurs besoins; il vêtait les uns, et payait pour les autres des pensions, des maîtres, des apprentissages. Sa sollicitude les suivait dans tous les quartiers de la capitale; il continuait d'être leur patron, après avoir cessé d'être leur instituteur. Jouissant d'un revenu de douze mille livres, il s'imposait des privations pour en épargner à ses enfants adoptifs. Pendant le rigoureux hiver de 1788, ce vieillard vénérable restait sans feu pour ne pas augmenter sa dépense personnelle. Ses élèves le forcèrent à s'acheter du bois. Souvent il leur disait : « Mes amis, je vous ai fait tort de cent écus. »

L'abbé de l'Épée mourut à l'âge de soixante-dix-sept ans, en 1789, le 23 décembre, jour anniversaire de la naissance de Montyon ! Son oraison funèbre fut prononcée, le 23 février 1790, par l'abbé Fauchet, prédicateur ordinaire du roi, en présence d'une députation de l'Assemblée nationale. La loi des 21 et 29 juillet 1791 consacra les vœux du père des sourds-muets en fondant l'institution de Paris.

Bénie soit la science quand elle se met ainsi au service de l'humanité ! Qu'étaient ces leçons individuelles données, avant l'abbé de l'Épée, à un petit nombre de sourds-muets appartenant aux classes riches?... Pour lui, c'est la classe entière des sourds-muets qu'il embrasse dans sa sollicitude ; il réunit ses élèves dans un enseignement collectif, et ce sont les pauvres qu'il appelle à lui de préférence. Il provoque la fondation d'instituts semblables ; il forme des instituteurs, missionnaires zélés, habiles, qui vont propager l'art bienfaisant et l'appliquer en diverses contrées ; il convie, il accueille les disciples qui lui arrivent, dans le même but, de Vienne, d'Espagne, d'Italie, de Suisse, de Hollande. C'est lui qui a imprimé le mouvement, déterminé l'essor qu'a pris, depuis un demi-siècle, ce mode d'enseignement dans les deux mondes. « C'était, disait-il, l'unique récompense qu'il désirât sur la terre. »

Ame généreuse, il s'attacha avec ardeur à ces infortunés précisément à raison de leur infortune ; il leur dévoua trente années entières, sans réserve, et ne respira que pour eux jusqu'à son dernier soupir.

A un désintéressement aussi absolu sous le rapport de la fortune, ou plutôt à une libéralité si admirable, l'abbé de l'Épée joignit un autre genre de désintéressement non moins méritoire et non moins rare : inventeur d'un nouvel art, créateur d'un établissement si utile à l'humanité, le voit-on élever aucune prétention, réclamer aucune faveur?... Aussi simple que modeste, il s'efforce même d'affaiblir le mérite qu'on lui attribue. Loin de repousser les améliorations, il les accueille, de quelque part qu'elles viennent. Il déclare qu'il n'a marché lui-même que par tâtonnements, qu'il s'est trompé plus d'une fois, et qu'il s'est réformé chaque fois qu'il a été éclairé sur l'une de ses erreurs.

Mais les méthodes ne sont, entre ses mains, qu'un instrument : son but est de faire du sourd-muet un chrétien, un sujet vertueux, « de le rendre, comme il l'a dit souvent, à la religion, à la patrie. » Cette vérité importante, et trop souvent méconnue, que *l'instruction n'est rien sans l'éducation*, fut parfaitement comprise par l'abbé de l'Épée. Il ne se borna pas au rôle d'instituteur : en éveillant l'intelligence de ses élèves, il forma leur caractère; il eut sur eux un grand empire, dont il fit un digne usage. Cet empire, il le dut sans doute à l'autorité qu'il tenait de ses fonctions, de ses vertus et de son âge; mais il en fut aussi redevable à cette puissance d'affection qui sera toujours, dans l'éducation, le moyen le plus assuré de succès. Et qui porta jamais aux sourd-muets une affection plus vive, plus tendre, plus indulgente, plus constante, que l'abbé de l'Épée?... Elle fut la passion de sa vie entière.

LE FUNAMBULE BIENFAISANT, JOSEPH-NICOLAS PLÈGE

PRIX MONTYON, 1856

Il n'y a heureusement point de profession dont les devoirs ne puissent se concilier avec l'amour et la pratique de la vertu; mais il en est quelques-unes qui rendent cette alliance plus difficile et plus rare, et les obstacles que la vertu rencontre dans ses développements, selon les circonstances où elle est placée, ajoutent à son mérite.

Joseph-Nicolas Plège, né à Troyes, en 1808, et acrobate de province, avait manifesté dès l'enfance un excellent naturel, qui s'est fortifié avec l'âge. Le pauvre funambule, à peine adulte, s'avisa tout à coup que sa vigueur et sa dextérité pouvaient être bonnes à autre chose qu'à l'amusement du peuple, et que le plus beau des tours de force était celui qui sauvait la vie d'un homme. A dix-huit ans, et sachant à peine nager, il retire du Rhône, à Lyon, deux ouvrières qui allaient périr. Un an après, il se distingue, à Chinon, dans un incendie, et arrache aux flammes des valeurs considérables qu'il remet intactes à leur propriétaire. En 1835, un incendie plus désastreux se déclare à la halle au blé d'Alençon. Plège, exercé à marcher sur des surfaces étroites et mobiles, se trouve partout où il y a des secours à porter. Le nommé Gérard est tombé, suffoqué par une épaisse fumée, dans une pièce que le feu entoure de toutes parts. Plège le rapporte vivant dans ses bras, et le plancher s'écroule derrière eux. Le nommé Alleaume est renversé par une poutre brûlante qui le blesse grièvement; Plège le ramène vivant au milieu d'une pluie de feu qui n'est pas factice et inoffensive comme celle de son théâtre. Pour la troisième fois de cette nuit, le feu a gagné ses vêtements.

La troupe de Plège est dissoute à Caen. Le funambule regagne Alençon, où il a laissé d'autres souvenirs que ceux de son agilité. La multitude est accourue pour le voir encore; mais il a donné sa représentation de clôture, il doit partir le lendemain, quand, pendant la nuit du 30 au 31 mai, un nouvel incendie se manifeste dans les écuries du sieur Maréchal, commissionnaire de roulage. Vous imaginez bien que Plège y est encore : où serait Plège, si ce n'est où est le danger? Un honnête ouvrier l'a cependant devancé pour détacher un soliveau que la flamme menace. La fumée l'entoure et le suffoque; il tombe et disparaît. Plège se précipite après lui, et le sauve pour la seconde fois, car c'était ce brave Gérard qu'il avait déjà sauvé, Gérard qui lui doit deux fois la vie, après son père et après Dieu.

Ce n'est pas tout. Pour diriger plus utilement le jeu d'une pompe, il monte sur un toit près de crouler, qui surmonte encore, par une espèce de miracle, le foyer de l'incendie. Un autre digne homme, Hurel neveu, y était seul debout alors sur une solive qui se rompt. Plège le soutient d'un bras assuré au-dessus d'un abîme de feu, et redescend avec lui du milieu des flammes, au grand étonnement et à la grande joie du peuple. Il était temps, car le toit s'affaissait tout entier au moment où ils ont reparu.

L'auteur innocent de cette catastrophe, un domestique nommé François Brebion, en a été la première victime, et l'infortuné laisse une femme avec trois petits enfants. Plège, à demi privé de l'usage de ses pieds et de ses mains, Plège, couvert de brûlures et de contusions, retarde son départ d'un jour, et donne une représentation à leur bénéfice. Il est assez touchant de voir cet homme qui vient d'accomplir les devoirs d'un héros, se croyant encore en arrière avec les malheureux, et leur payant pour adieu le tribut du funambule.

Plège a des mœurs douces et pures; il est honnête homme et bon père de famille. Quel que soit son rang dans la société, il s'est donné dans l'ordre moral une place qui n'a rien à envier aux honneurs et aux dignités du monde.

UN JUGEMENT EN CHINE

EXTRAIT DE LA MORALE EN ACTION

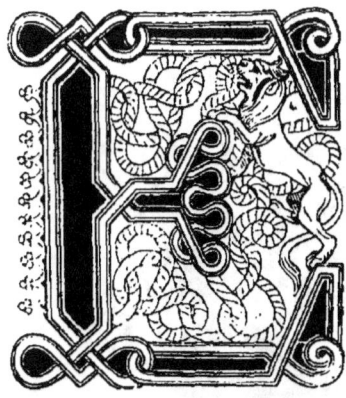

tant sur le point de faire une longue tournée, un riche inspecteur des manufactures de la Chine donna un gouverneur à ses deux fils, dont l'aîné n'avait que neuf ans, et qui tous deux annonçaient d'heureuses dispositions. Le père fut à peine parti, que le gouverneur, abusant de l'autorité qu'on lui avait confiée, devint le tyran de la maison. Il éloigna les honnêtes gens qui pouvaient déclarer ses démarches, et fit chasser ceux d'entre les domestiques qui avaient le plus à cœur les intérêts de leur maître absent. On eut beau l'instruire de ce désordre, il n'en voulut rien croire; parce qu'ayant une belle âme il ne s'imaginait pas qu'on pût en agir ainsi. Ce n'eût été encore que demi-mal si ce méchant pédagogue eût pu donner à ses élèves quelques vertus et des talents; mais, comme il en manquait lui-même, il n'en fit que des enfants grossiers, impérieux, faux, cruels, libertins et ignorants. Après cinq ans de course, l'inspecteur, de retour, vit enfin la vérité, mais trop tard; et, sans autrement punir le serpent qu'il avait réchauffé dans son sein, il se contenta de le renvoyer. Ce monstre eut l'impudence de citer son maître au tribunal d'un mandarin, pour qu'on eût à lui payer la pension qu'on lui avait promise.

« Je la payerais volontiers, et même double (répondit-il en présence du juge), si ce malheureux m'avait rendu mes enfants tels que je devais naturellement l'espérer. Les voici (poursuivit-il en s'adressant à l'homme de la loi), examinez-les, et prononcez. » En effet, après les avoir interrogés et avoir reconnu leur ineptie, le mandarin porta cette sentence mémorable : « Je

condamne ce gouverneur à la mort comme homicide de ses élèves, et leur père à l'amende de trois livres de poudre d'or, non pour l'avoir choisi mauvais, car on peut se tromper, mais pour avoir eu la faiblesse de le conserver si longtemps. Il faut qu'un homme, ajouta-t-il par réflexion, ait la force d'en reprendre un autre quand il le mérite, et surtout si le bien de plusieurs l'exige. »

LE DON DE L'OBOLE A AUSSI SON PRIX [1]

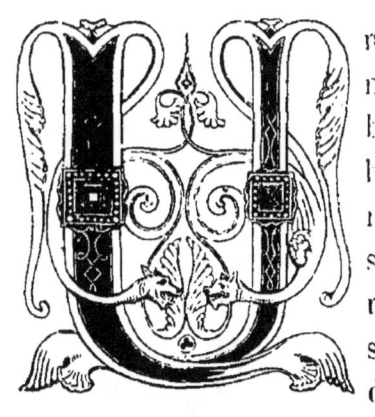

Un malheureux soldat du 5ᵉ léger, malade à Évreux, ayant perdu sa bourse, et avec elle une somme de huit francs qu'elle contenait, seule ressource qui lui restât pour gagner ses foyers, ne crut pouvoir faire mieux, pour la retrouver, que de s'adresser au sieur Delhomme, l'un des crieurs de la ville, qu'il chargea d'annoncer cette perte. Le sieur Delhomme défère aussitôt à cette demande, et se présente sur la place du Grand-Carrefour. Là, il s'empresse de faire connaître l'objet de sa mission, ainsi que l'état de maladie et de dénûment du pauvre soldat à qui appartient l'objet perdu.

La bourse ne se retrouve pas, personne ne l'a vue; mais les quelques fruitières qui stationnent sur cette place, braves femmes s'il en fut, touchées de l'infortune de ce militaire, font

---

[1] Extrait de la *Charité*, recueil religieux, scientifique et littéraire. — Première année, 1841.

spontanément entre elles une petite collecte, à laquelle plusieurs voisins prennent part, et qui s'élève à quatorze francs.

Cette somme est ensuite remise au crieur avec prière de la donner sans délai au soldat malheureux, pour qu'il puisse continuer sa route. C'est ce que s'est empressé de faire le sieur Delhomme, qui lui-même, dans cette circonstance, a abandonné la rétribution à laquelle il avait droit pour sa démarche.

Un pareil acte d'humanité n'a pas besoin d'être commenté, il fait honneur à ses auteurs et aux personnes qui s'y sont associées; il prouve en même temps que, quelle que soit la classe de la société à laquelle nos concitoyens appartiennent, le malheur et l'infortune trouvent près d'eux appui et assistance.

PIÉTÉ FILIALE. — HENRIETTE GARDEN

PRIX MONTYON, 1830

Mademoiselle Henriette Garden, née à Paris, y demeurant rue de la Verrerie, n'avait que huit ans lorsqu'elle perdit sa mère. Son père crut devoir la confier à trois demoiselles, anciennes amies de madame Garden, qui ne purent lui donner qu'une éducation commune; elle apprit à coudre et à soigner un ménage.

A quatorze ans, elle revint chez M. Garden; il la mit à la tête de sa maison. Heureuse de prévenir les moindres désirs de son père, elle se proposait de passer ses jours auprès de lui; et cet avenir suffisait si bien à son cœur, qu'elle refusa plusieurs offres d'établissement. Tout à coup son père lui déclare qu'il va se remarier : cette nouvelle la surprend, mais elle ne se permet aucune observation; elle sourit même en voyant que son père se flatte d'être heureux. Le mariage se conclut, et mademoiselle Garden a la douleur de ne pas suivre son père chez sa nouvelle épouse.

Elle avait alors vingt ans; elle se réfugia dans une petite chambre. Elle était obligée, pour subsister, de coudre et de raccommoder le linge; ses journées les plus fortes ne s'élevaient pas à plus de vingt sous. Son unique bonheur était d'aller rendre visite à son père; il lui fut aisé de s'apercevoir que sa présence n'était pas agréable à la femme de M. Garden. La simplicité de ses manières, la pauvreté de ses vêtements, contrastaient avec l'élégance qu'on voyait régner dans la maison. Elle supportait sans se plaindre les procédés de sa belle-mère; elle ne cessait de témoigner la plus vive tendresse à son père et à un jeune enfant, son frère, né du nouveau mariage de M. Garden.

Bientôt on lui enjoignit de ne plus faire ses visites qu'aux époques de l'année consacrées par la piété filiale; encore lui fut-il prescrit de ne paraître qu'aux heures où la famille était seule, et d'entrer par un escalier dérobé réservé aux domestiques. Si son père était malade, elle obtenait à grand'peine la faveur de s'établir à son chevet, mais sous la condition de ne point se nommer devant les étrangers, et de passer, même aux yeux des médecins, pour une garde salariée.

Il y avait trente ans que M. Garden s'était remarié. Depuis quelque temps il habitait la campagne, et sa fille ignorait le lieu de sa résidence, lorsqu'un jour il se présente chez elle, lui dit que ses affaires l'obligent à un séjour de peu de durée à Paris, et qu'il a résolu d'habiter pendant ce temps son modeste asile. M. Garden avait perdu sa fortune; la dissension l'éloignait de son autre famille; il n'avait plus au monde qu'une seule amie, c'était sa fille. Elle le reçoit avec transport, et s'empresse de lui céder son lit. M. Garden, depuis ce moment jus-

qu'à sa mort, qui arriva deux ans après, ne parla plus de retourner chez lui. Jamais sa fille ne lui fit la moindre question sur les motifs qui avaient pu l'engager à se séparer de sa femme et de son fils. Elle souffrait d'une maladie douloureuse; elle retrouva des forces pour servir et soigner son père.

Elle employait la matinée à raccommoder les habits de M. Garden, à blanchir son linge, à préparer ses repas. Les personnes chez lesquelles elle travaillait avaient consenti à ce qu'elle n'allât à sa journée qu'à midi; mais, pour regagner le temps perdu, elle y restait jusqu'à onze heures du soir. Son modique salaire ne pouvait suffire à la dépense de deux personnes, d'autant plus qu'une pieuse délicatesse lui faisait une loi de cacher à son père une partie de sa misère; elle se vit forcée de profiter de la bonne volonté de quelques voisins bienveillants, et de contracter envers eux des dettes qui, à la mort de son père, et grossies par les dépenses de sa dernière maladie, s'élevaient à cinq cents francs. Quelle somme pour une pauvre fille qui n'a que son travail pour vivre! Son père est mort entre ses bras.

La piété filiale est un devoir; mais n'est-il pas des circonstances qui donnent un caractère de haute vertu à une action même obligatoire? et, d'ailleurs, mademoiselle Garden a d'autres titres.

Dans le temps où elle vivait seule, et avant qu'elle eût le bonheur de revoir son père, elle recueillit chez elle mademoiselle Sophie de Vailly, son amie, ouvrière comme elle, comme elle pauvre et sans appui. Après huit ans, mademoiselle de Vailly fut attaquée d'une maladie de poitrine qui dura deux années. Mademoiselle Garden, quoique malade elle-même, passait les nuits à veiller auprès de son amie, et les jours à travailler avec ardeur, pour procurer à la pauvre poitrinaire les soulagements que réclamait son état, et même pour satisfaire ses fantaisies.

Un vieillard, parent de mademoiselle de Vailly, lui succéda dans l'affection de mademoiselle Garden; elle le recueillit à son tour, le soutint de son travail, et l'assista dans ses derniers moments.

Depuis la mort de son père, elle partage ses faibles ressources avec une pauvre veuve septuagénaire, madame Brossette. Rien n'est plus touchant que l'union qui règne entre ces deux pauvres femmes. Cependant mademoiselle Garden était déjà tourmentée par l'idée de cette dette de cinq cents francs, contractée pour subvenir aux derniers besoins de son père; mais comment fermer sa porte et son cœur à cette malheureuse madame Brossette? Aussi elle travaille de toutes ses forces, elle s'impose des privations sans les imposer à sa compagne, afin de payer sa dette, et son vœu le plus ardent est de ne point mourir sans y être parvenue.

Mademoiselle Garden est restée tout à fait étrangère au dessein formé par des personnes charitables de la faire concourir au prix de vertu. Si on l'avait consultée, jamais elle n'aurait consenti à ce qu'on publiât sa bonne conduite envers son père.

LA MÈRE ADOPTIVE. — REINE BEAUBIS, VEUVE BORDIER

PRIX MONTYON, 1829

Il y a environ vingt ans qu'une dame bien mise, accompagnée d'un particulier qui paraissait être son mari, apporta à Reine Beaubis, veuve Bordier, laitière à Belleville, près Paris, département de la Seine, qui tenait chez elle des enfants en bas âge pour les sevrer, une petite fille de dix à onze mois, qu'elle voulait, disait-elle, laisser quelque temps à la campagne pour la fortifier. Quelque temps après, l'enfant tomba malade; la mère vint la voir, et dit à la veuve Bordier qu'une petite médecine serait nécessaire. Elle l'apporta bientôt, et la fit prendre elle-même à l'enfant, qui ne tarda pas à éprouver de violentes douleurs accompagnées de vomissements. A force de soins, elle se rétablit; mais les convulsions lui restèrent et devinrent périodiques. La mère ne reparut point; celui qui avait accompagné la mère dans sa première visite, et qui s'est dit le père de l'enfant, vint voir la veuve Bordier, lui promit que ses soins pour la petite malade seraient libéralement reconnus, et la pria de les lui continuer. C'est ce que cette excellente femme n'a pas manqué de faire; et ces soins sont devenus bien pénibles, car la jeune enfant est demeurée épileptique et dans un état d'aliénation mentale; elle ne peut lier deux idées ensemble, et son vocabulaire se borne à quelques mots péniblement articulés; elle y joint des gestes et des regards qui dénotent qu'elle eût été d'un naturel heureux.

Depuis dix ans, la veuve Bordier n'a eu aucune nouvelle du père ni de la mère; on lui a conseillé plus d'une fois de mettre l'enfant dans un hospice; elle ne l'a pas voulu. « Je la garderai, dit-elle; c'est un enfant que j'ai de plus (elle en a quatre), elle portera bonheur aux autres. Elle m'a donné tant de mal! elle est d'ailleurs si bonne! si caressante! Ne me croit-elle pas sa mère? je ne veux pas m'en séparer. »

Elle a fait, pour guérir cette enfant, tout ce qu'elle a pu, comme si elle eût été sa mère, ou plutôt elle n'a pas fait comme son père et sa mère, qui l'ont abandonnée; elle a consulté les médecins, n'a point épargné les remèdes, et, dans les dépenses qu'elle a faites, n'a consulté que son bon cœur. Aujourd'hui que la jeune fille est reconnue incurable, la veuve Bordier n'est rebutée ni par la nature effrayante de sa maladie, l'épilepsie, ni par la surveillance et par tous les soins qu'exige son triste état d'aliénation mentale.

Et cette brave femme ne possède au monde qu'une vache, qu'elle nourrit des herbes qu'elle va, de grand matin, arracher dans les champs; elle tient en sevrage quelques enfants qui lui sont confiés, et dont elle a le plus grand soin. C'est là sa seule industrie avec la vente du lait de sa vache, dont une partie est consommée par les petits enfants qu'elle tient en garde. Tous ses moyens sont dans son courage, et elle trouve son bonheur dans la continuité de sa bonne action. Si ce récit tombe entre les mains des père et mère, ils sauront que leur fille est vivante, qu'elle est soignée, que, malgré son infirmité, elle est d'un caractère doux, qu'elle les aurait aimés, qu'elle les aimerait encore !...

DÉVOUEMENT PATERNEL D'UN PAUVRE

EXTRAIT DE LA MORALE EN ACTION

Un homme nommé Jacques exerçait une profession vile, s'il est quelque profession qui puisse humilier. Il avait une femme et quatre enfants; son travail lui fournissait à peine de quoi procurer la subsistance à cette malheureuse famille. Il goûtait cependant le vrai bonheur; son cœur s'ouvrait à la joie quand ses enfants paraissaient contents et chantaient avec lui. Il employait les jours et les nuits à son travail ingrat. Jacques, malgré tous ses soins, ses veilles, son obstination à combattre son triste sort, se vit accablé de la plus affreuse misère : sa femme, ses enfants, tombèrent dans le besoin; ils gémirent, ils demandèrent du pain. Jacques pleura avec eux, il sentit l'horreur de leur situation; il oubliait en quelque sorte que lui-même avait faim pour se remplir des cris et de l'état horrible de sa famille. Il implora l'assistance de ses voisins; la plupart dédaignèrent même de le regarder. Il demanda l'aumône avec des larmes: on ne l'écouta pas, et l'on ne vit point ses pleurs; ou, si quelqu'un à qui il arrivait par hasard d'avoir une légère émotion d'humanité s'arrêtait pour lui donner du secours, c'était un si faible soulagement, que sa femme et ses enfants ne faisaient que reculer leur fin de très-peu d'instants. Ce malheureux, au désespoir, court égaré dans les rues; il rencontre un de ses camarades de la même profession, et à peu près aussi indigent que lui. Celui-ci est frappé de la douleur où il voit Jacques; il lui en demande le sujet. « Je suis perdu, répond le pauvre homme; ma femme, mes enfants, n'ont pas mangé depuis hier midi, et je ne sais où je vais... Ils vont mourir. — Mon ami, lui dit l'autre, pénétré de sa situation, voilà deux sous, c'est tout ce que je possède; si tu voulais gagner quelque argent, je t'enseignerais bien un moyen. — Je ferai tout, répond Jacques avec viva-

cité, hors ce qui est contraire à l'honneur et à la religion. — Eh bien, poursuivit son camarade, va à tel endroit, chez telle personne; elle apprend à saigner, et, si tu peux te résoudre à te faire saigner, elle te donnera quelque argent. »

Jacques vole chez la personne indiquée : on le saigne d'un bras; il est payé. Il apprend la même chose dans un autre endroit; il y court et se fait encore saigner l'autre bras. Cet homme si respectable et si à plaindre, transporté de joie, achète du pain et retourne précipitamment chez lui le partager entre sa femme et ses enfants. Ils le voient changer de couleur. Il s'assied, le sang coule de ses bras. « Mon mari! mon père! qu'avez-vous? vous vous êtes fait saigner! — Ma chère femme, mes chers enfants, leur dit-il avec un profond soupir et en les tenant étroitement embrassés, c'était... c'était pour vous donner du pain. » Alors ces infortunés l'inondent de larmes, ils le pressent réciproquement contre leur cœur. O hommes! quel spectacle!

AMYOT. — SECOURS ET GRATITUDE

Jacques Amyot, fils d'un cordonnier de Melun, s'étant échappé fort jeune de la maison de son père, s'égara et tomba malade en chemin. Un gentilhomme qui le vit étendu dans le champ en eut pitié et le prit en croupe derrière lui; il l'emmena à Orléans, où il le mit à l'hôpital. Comme sa maladie ne venait que de lassitude, il fut bientôt guéri : on le congédia et on lui donna douze sous. Ce fut en reconnaissance de cette charité qu'étant devenu grand aumônier de

France et évêque d'Auxerre, il légua douze cents écus à cet hôpital d'Orléans.

LE PILOTE DELPIERRE

PRIX MONTYON ET DISCOURS PRONONCÉ SUR SA TOMBE, 1834

elpierre, Jacques, marin du port de Boulogne, fit souvent, dans sa jeunesse, la course avec succès, et, quand nos côtes étaient bloquées, il enlevait des bricks aux Anglais. En 1811, entre autres, il avait pris à l'abordage un brick de quatorze canons vivement défendu. La capture était belle et méritait encouragement. On lui offrit le choix entre la croix d'honneur et le retour immédiat de son père, prisonnier chez les Anglais. C'était mal connaître le cœur du brave corsaire. Jacques Delpierre opta pour son père, et le ministre oublia de lui donner aussi la croix d'honneur. Le roi des Français répara cet oubli; en 1832, Delpierre fut décoré de l'étoile des braves.

Ce père, qu'il entourait des soins les plus tendres, il le quittait toujours pour courir aux naufragés. Les registres de la marine attestent ses nombreux actes de dévouement. Tantôt il contribue à sauver l'équipage d'un vaisseau brisé, tantôt il ramène seul deux pêcheurs qui, submergés, allaient périr. Un jour, son canot ayant chaviré loin du port, la vague engloutit trois des hommes qui l'accompagnaient; un seul avait surnagé. Delpierre s'était saisi d'un aviron qui l'aidait à se soutenir sur l'eau; c'était son seul moyen de salut : il donne l'aviron à l'homme, et n'est sauvé lui-même que par miracle. Il est cité pour s'être vingt fois jeté à la mer au premier cri de secours, et en avoir

retiré un soldat, des passagers, plusieurs enfants. Un soir, par un violent orage, le cri : *Sauve! sauve!* le fait s'élancer tout habillé de la jetée de l'Est. Cette fois, son zèle fut bien récompensé : l'enfant qu'il sauva était son fils.

Jusqu'à son dernier jour, Delpierre fut toujours prêt à se dévouer pour le salut de ses semblables, et sa fin fut digne de sa belle vie. En 1840, il périt victime de son dévouement en voulant sauver un bâtiment naufragé.

Ce brave marin ne brillait pas seulement par son courage et son héroïsme : il possédait aussi toutes les qualités qui rendent l'homme estimable ; il aimait le travail, était d'une probité sévère, d'une conduite irréprochable, et savait se faire aimer de tous ceux qui le connaissaient.

Delpierre avait deux fils. L'un périt avec lui ; l'autre, celui-là même qui lui doit deux fois l'existence, a recueilli un héritage qui vaut mieux que l'or : celui d'un nom vénéré par toutes les âmes généreuses.

SAINT VINCENT DE PAUL AU MILIEU DES GALÉRIENS

EXTRAIT DE LA VIE DU SAINT, PUBLIÉE EN 1748

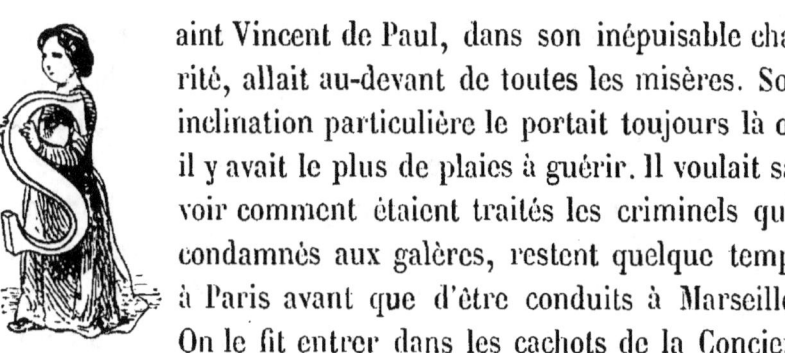

aint Vincent de Paul, dans son inépuisable charité, allait au-devant de toutes les misères. Son inclination particulière le portait toujours là où il y avait le plus de plaies à guérir. Il voulait savoir comment étaient traités les criminels qui, condamnés aux galères, restent quelque temps à Paris avant que d'être conduits à Marseille.

On le fit entrer dans les cachots de la Conciergerie et des autres prisons. Le spectacle qui s'offrit alors à ses yeux toucha vivement sa grande âme : il vit des malheureux renfermés dans d'obscures et profondes cavernes, *mangés de vermine, atténués de langueur et de pauvreté, et entièrement négligés pour le corps et pour l'âme.*

Il s'agissait, d'un côté, de soulager un grand nombre de misérables; de l'autre, il fallait adoucir leur état sans les soustraire à la justice, inspirer une crainte salutaire des jugements de Dieu à des hommes qui ne s'en étaient jamais occupés, et apprendre à des cœurs endurcis à sanctifier par l'amour et la patience ces mêmes souffrances qui les aigrissaient et qui étaient pour eux une occasion de blasphème, de fureur et de désespoir.

Encore tout ému des tristes objets qui l'avaient frappé, il en donna avis au général des galères. Il lui représenta que ces pauvres gens lui appartenaient, et qu'en attendant qu'on les conduisît au lieu de leur destination il était de sa charité de ne pas souffrir qu'ils demeurassent sans secours et sans consolation. Il proposa en même temps un moyen d'assister corporellement et spirituellement ceux en faveur desquels il parlait. M. de Gondi l'approuva, et donna au serviteur de Dieu un plein pouvoir de l'exécuter.

Le saint homme loua aussitôt une maison au faubourg Saint-Honoré; il la fit préparer avec une diligence extrême; il y fit transporter et y réunit tous les forçats qui étaient dispersés dans la ville. Après avoir pourvu pour eux aux besoins du corps, il entreprit de soulager ceux de l'âme. Il leur parla de Dieu avec une force pleine de douceur; il les instruisit des vérités de la foi et de leurs obligations. Il leur faisait sentir que leurs peines pouvaient être acceptées d'une manière qui les rendrait méritoires. Ses discours firent une grande impression sur des hommes qui n'y étaient pas accoutumés, et que les bons traitements qu'ils recevaient de lui y rendaient encore plus attentifs. On vit éclater des marques d'une douleur sincère. Saint Vincent eut la consolation de voir peu à peu des hommes qui souvent avaient oublié Dieu pendant une longue suite d'années s'approcher des saints mystères avec une frayeur mêlée d'amour et de reconnaissance, et des dispositions capables d'édifier des personnes déjà avancées dans la vertu.

M. de Gondi, également surpris et édifié du bel ordre que notre saint avait établi parmi des hommes qui n'en avaient jamais connu, proposa au roi de l'introduire dans toutes les galères du royaume; et Louis XIII, par un brevet du 8 février 1619, nomma saint Vincent aumônier *féal* ou général de toutes les galères de France.

Dès qu'il eut le loisir de respirer, saint Vincent entreprit le voyage de Marseille, afin d'examiner s'il lui serait possible de faire, à l'extrémité du royaume, ce qu'il avait déjà fait dans la capitale. Là il avait à traiter avec des galériens qui étaient depuis longtemps détenus : c'était le plus souvent une multitude de cette espèce de scélérats qui ne détestent, dans leur crime, que la peine dont il a été suivi; gens que l'excès du châtiment rend insolents et furieux, qui croient se dédommager, par leurs blasphèmes contre Dieu, des mauvais traitements qu'ils reçoivent des hommes.

Saint Vincent de Paul ne voulut pas se faire connaître en arrivant à Marseille; il gardait l'*incognito* pour éviter les honneurs attachés à la dignité d'aumônier général et pour prendre le moyen le plus sûr de se mettre parfaitement au fait de l'état des choses. En allant de côté et d'autre sur les galères, le saint prêtre aperçut un forçat qui, touché plus que les autres du malheur de sa condition, la souffrait aussi avec plus d'impatience, et qui, surtout, était inconsolable de ce que son absence réduisait sa femme et ses enfants à la dernière misère. Saint Vincent examina pendant quelques moments comment il pourrait s'y prendre pour adoucir l'amertume de son sort. Alors, saisi et comme emporté par un mouvement de la plus ardente charité, il conjura l'officier qui veillait sur ce quartier de trouver bon qu'il prît la place de ce forçat. L'échange fut accepté, et saint Vincent fut chargé de la même chaîne que portait celui à qui il procurait la liberté. Le saint, qui avait si bien pris ses mesures pour n'être pas connu, ne le fut effectivement que quelques semaines après, et peut-être n'eût-il pas été découvert sitôt, si la comtesse de Joigny, étonnée de ne point recevoir de ses nouvelles, n'eût fait faire des recherches auxquelles il était difficile qu'il échappât. Depuis le temps de saint Paulin, qui se vendit lui-même pour racheter le fils d'une veuve, il ne s'était pas vu d'exemple d'une charité plus héroïque. Saint Vincent conserva, pour le reste de ses jours, une enflure aux pieds, provenant de la chaîne dont il avait été chargé.

Saint Vincent donna au soulagement et à la consolation des forçats presque tout le temps qu'il passa à Marseille. Il allait de rang en rang, comme un bon père qui sent par contre-coup tout ce que souffrent des enfants tendrement aimés. Il écoutait leurs plaintes avec beaucoup de patience; il compatissait à leurs peines; il pleurait avec ceux qui pleuraient; il baisait leurs chaînes, qu'il arrosait de ses larmes; il joignait autant que possible l'aumône aux paroles, et par là il s'ouvrait un chemin dans leurs cœurs. Il parla aussi aux officiers et aux comités, et il les engagea à traiter avec ménagement des hommes qui souffraient déjà assez. Ses soins ne furent pas inutiles : on vit plus d'humanité d'un côté et plus de docilité de l'autre; l'esprit de paix commença à dominer; les murmures s'apaisèrent, les aumôniers ordinaires purent parler de Dieu sans être interrompus, et ils comprirent que des forçats étaient encore susceptibles de vertus.

Ce qui touchait le plus saint Vincent était le triste état de ceux des galériens qui tombaient malades. Ils étaient universellement abandonnés : toujours attachés à leurs chaînes, rongés de vermine, accablés de douleurs, presque consumés de pourriture et d'infection, ces cadavres, qui vivaient encore, éprouvaient déjà les horreurs du sépulcre. Saint Vincent ne put voir sans une émotion profonde des hommes, formés à l'image de

Dieu, mourir comme des bêtes. Mais les troubles du royaume ne lui permirent pas d'agir immédiatement. Il se rendit à Paris, et, lorsque les choses parurent plus tranquilles, il représenta à Richelieu l'horrible état où se trouvaient, à Marseille, les forçats dans le temps de leurs maladies, et la nécessité d'y fonder un hôpital pour eux. Le cardinal, qui aimait les projets où il y avait du grand, fit agréer celui-ci au roi, et l'hôpital fut construit.

Plus tard, Louis XIV, par ses lettres patentes de 1646 et de 1648, assigna à cet hôpital douze mille livres de revenu annuel sur les gabelles de Provence.

La duchesse d'Aiguillon avait donné aux prêtres de la Mission, dont saint Vincent était le supérieur général, quatorze mille livres, à condition que quatre d'entre eux se chargeraient du soin de l'instruction des forçats; qu'ils leur feraient des missions lorsque les galères seraient à Marseille ou dans les autres ports du royaume; qu'ils examineraient les aumôniers, et qu'ils les déposeraient lorsqu'ils les trouveraient ineptes à leur ministère, et qu'ils mettraient à leur place des personnes propres à remplir dignement leurs fonctions. C'est ainsi qu'un pauvre prêtre mit en mouvement tout ce que l'État avait de plus grand, pour procurer à des malheureux, qu'il regardait comme ses frères, quelque coupables qu'ils fussent, tous les secours de la plus active et de la plus parfaite charité, et celui qui est le plus précieux de tous, en les amenant au repentir.

AUGUSTE ET CINNA

Cinna, comblé des faveurs d'Auguste, ayant conspiré contre lui, Auguste découvrit le complot, fit paraître Cinna devant lui, et répondit à cette ingratitude par un généreux pardon; mais laissons-le parler par la bouche de Corneille :

« Je suis maître de moi comme de l'univers;
Je le suis, je veux l'être. O siècles! ô mémoire!

Conservez à jamais ma dernière victoire :
Je triomphe aujourd'hui du plus juste courroux

De qui le souvenir puisse aller jusqu'à vous.
Soyons amis, Cinna, c'est moi qui t'en convie.
Comme à mon ennemi je t'ai donné la vie,
Et, malgré la fureur de ton lâche dessein,
Je te la donne encor comme à mon assassin.
Commençons un combat qui montre par l'issue
Qui l'aura mieux de nous ou donnée ou reçue.
Tu trahis mes bienfaits, je les veux redoubler;
Je t'en avais comblé, je t'en veux accabler :
Avec cette beauté que je t'avais donnée,
Reçois le consulat pour la prochaine année. »

HOWARD

PAR M. LE BARON DE GÉRANDO

Si le régime des asiles ouverts au malheur et à la souffrance et celui des maisons de répression pour le crime sont devenus, depuis près d'un siècle, l'objet d'une étude approfondie; si l'amélioration de ce régime a obtenu, depuis la même époque, des progrès croissants, c'est à Howard, le premier, qu'il faut rapporter cette salutaire révolution. Il a ouvert la voie, imprimé le mouvement, donné l'exemple à ces nombreux et charitables explorateurs qui, de nos jours, visitent avec un tendre intérêt les établissements d'humanité sur la surface des deux mondes. Il en fut le chef, il en est le modèle; sa vie entière fut consacrée à ces nobles et généreuses explorations.

Quel génie l'inspira? L'amour le plus pur et le plus ardent pour le bien, la plus vive compassion pour les maux qui affligent l'humanité. La fortune l'avait favorisé de ses dons. Jeune, il avait connu les plaisirs; il avait le goût des beaux-arts, il aimait l'étude, il cultivait les sciences naturelles. Pour lui se réunissait tout ce qui peut répandre du charme sur une vie passée dans les loisirs et le repos; mais il connut les souffrances des captifs : ses sympathies leur furent acquises.

Lui-même d'abord subit les rigueurs de la captivité. Comme il se rendait à Lisbonne à la suite de la terrible catastrophe de 1755, le paquebot le *Hanovre*, qui le portait, fut capturé en route par un corsaire français qui fit subir à l'équipage des traitements inhumains. Plus tard, comme grand shérif du comté

de Bedford, ses devoirs le conduisirent dans les prisons confiées à sa surveillance. Il voit une population de détenus entassés dans un séjour étroit, obscur, infect, décimés par la maladie contagieuse qui porte le terrible nom de *fièvre des prisons*, en proie à des maux plus funestes encore, aux funestes contagions de tous les vices, abrutis par l'ivrognerie, dégradés par la corruption de l'âme, privés de toute assistance religieuse, de toute vivification morale. A ce spectacle, son âme s'émeut, sa vocation se manifeste. Le voilà qui parcourt les autres prisons de l'Angleterre, se livrant à une investigation assidue, judicieuse, du traitement qu'y subissent les détenus. Partout les mêmes maux viennent affliger ses regards. Déjà son zèle les a dénoncés à la législature de son pays; il s'est écrié : « En condamnant le criminel aux fers, vous avez voulu le punir, le réformer... Vous n'avez pas voulu le pervertir davantage encore... Et qu'est-ce donc que ce supplice que vous infligez à de simples prévenus présumés innocents, à des débiteurs en retard, à des jeunes gens, à de simples enfants, auxquels vous imposez l'éducation du

crime?... » Et déjà la législature a entendu sa voix, elle lui a voté des remercîments; elle a fait mieux : deux bills, premier essai de la grande réforme, ont été rendus, sur la proposition de Popham, pour commencer l'application des remèdes qu'il a proposés. Mais il ne s'arrêtera pas là : à une œuvre patriotique il va joindre une œuvre humanitaire. Il part, il quitte sa patrie, sa famille, ses biens; renonce à ses habitudes, et va explorer le monde entier, messager volontaire et généreux de la bienfaisance publique, apportant à la fois des consolations et des soulagements à ceux qui souffrent, de sages avis aux administrateurs, d'abondants trésors d'expérience à ceux qui bientôt le suivront dans cette carrière. Mais écoutons plutôt ses propres paroles, son langage toujours simple et vrai. Il venait de visiter de nouveau les prisons de Londres; il en exposait la situation; il proposait le bill dont les principales dispositions furent bientôt adoptées. « Aux époques de mes premières visites dans les maisons d'arrêt des comtés, dit-il, lorsque j'y trouvais la fièvre des prisons, on me disait presque toujours qu'elle y avait été apportée de celles de Londres. C'est de ce vaste gouffre que la corruption des mœurs se répand de tous côtés... Dans quelle prison de Londres existe-t-il une séparation convenable entre les criminels, entre les vieux et les jeunes, entre les condamnés et les prévenus? où voit-on des cellules solitaires dans lesquelles les coupables soient livrés à eux-mêmes et à leurs réflexions? où soigne-t-on comme on le doit les malades et les mourants? où sont les règlements des magistrats pour la conduite des geôliers et le traitement des détenus? dans quelle prison les oreilles ne sont-elles pas blessées de l'impiété, non-seulement des captifs, mais encore des guichetiers? où a-t-on le moindre égard au jour du Seigneur? et, quoiqu'on ait retiré aux geôliers la permission de donner à boire, des marchands du dehors ne sont-ils pas introduits sans cesse pour servir les prisonniers et leur société?... Combien, dans l'espace de quatorze ans, n'ai-je pas vu de prisonniers et de geôliers périr des suites de l'ivrognerie! Combien n'ai-je pas connu de personnes entrées en prison avec l'habitude de la tempérance, mais qui s'y sont donné la mort à force de boire, ou qui en sont sorties entièrement stupides! Combien n'ai-je pas vu de criminels rendre le dernier soupir dans un état d'ivresse!

« Si j'ai été capable, continue-t-il, de dénoncer quelques-uns de ces abus, d'en montrer les causes, d'en indiquer les remèdes, j'en suis redevable à cette attention scrupuleuse et continue qui a suppléé, chez moi, jusqu'à un certain point, le manque de talent. Je remets à ma patrie le résultat de mes travaux passés. Mon intention est de la quitter de nouveau pour visiter une seconde fois la Russie, la Turquie et quelques autres contrées. Mon voyage s'étendra aussi dans le Levant. Je ne me dissimule point les dangers qui en sont inséparables; mais, rempli de confiance dans cette Providence bienfaisante qui m'a conservé jusqu'à ce jour, je m'abandonne avec calme et même avec joie aux décrets de son infaillible sagesse. Si le bon plaisir de Dieu est de trancher le fil de mes jours pendant que j'accomplirai ce dessein, je prie ceux qui me survivront de ne pas imputer ma conduite à un téméraire enthousiasme; qu'ils veuillent bien l'attribuer à ses véritables motifs, à l'intime conviction d'accomplir mon devoir, au désir sincère d'être plus utile à mes semblables que je n'aurais pu m'y attendre dans la sphère plus étroite d'une vie retirée[1]. »

C'est Howard peint par lui-même, c'est le tableau résumé de sa vie[2].

Indépendamment de ces excursions répétées sur les divers points de la Grande-Bretagne, il a traversé au moins cinq fois la mer pour visiter tour à tour la France, les divers États de l'Allemagne, la Hollande, le Danemark, la Suède, la Pologne, la Russie, l'Italie, l'Espagne, le Portugal et la Turquie. Il ne s'est pas borné à une seule exploration sur le même théâtre,

---

[1] Voyez l'*Histoire des Lazarets*, par Howard, sect. VIII, *Conclusion*.
[2] Elle a été écrite par Aikin, et traduite en français par Boulard (an V).

Howard visitant les pestiférés

il y est revenu à diverses reprises pour compléter ses observations, pour vérifier si ses conseils avaient produit quelques fruits, pour en donner de nouveaux.

S'il s'était si vivement intéressé au sort des prisonniers coupables, mais soumis à un traitement barbare que les lois n'autorisent pas, que l'humanité condamne, quelle tendre sollicitude ne lui inspireront pas la misère, la maladie, la vieillesse, l'enfance, recueillies dans les asiles que la charité leur a ouverts, mais qui, trop souvent, n'y trouvent pas une assistance bien entendue, et voient leurs maux s'aggraver encore là où ils devaient être soulagés! Howard ne néglige aucun de ces asiles : il s'approche du lit du malade, il s'entretient avec les préposés, avec les hôtes infortunés de ces établissements. Les fléaux les plus redoutables sont ceux qui appellent son investigation la plus attentive. A Constantinople, dans le Levant, on le voit au milieu des pestiférés; sur les rivages de l'Europe, il étudie ces lazarets, espèce de remparts élevés par l'administration publique contre l'invasion des maladies pestilentielles; il en décrit la forme, il en trace l'histoire, il en expose les règlements.

Quel que soit l'établissement où l'introduit son zèle infatigable, rien n'échappe à son regard scrutateur : la situation et la construction des édifices, leur distribution intérieure, le mobilier, la circulation de l'air et l'accès de la lumière, les vêtements et la nourriture, la boisson, le coucher, les soins de propreté, la discipline, les travaux, la conduite des préposés, la classification des personnes, les exercices religieux. Ses connaissances médicales lui servent même à apprécier le mérite du traitement des malades, à proposer quelquefois les moyens de l'améliorer. Toutes ces circonstances sont notées, indiquées avec précision et méthode : on sent la chaleur de son âme sous ses tableaux; on sent la douleur profonde qu'il éprouve lorsqu'il voit la souffrance aggravée inutilement, et la douce joie qui le pénètre lorsqu'il est témoin d'une belle action, lorsqu'il contemple les secours d'une charité éclairée.

C'était peu des sacrifices qu'il avait faits en quittant son pays ; les dangers de tout genre qu'il avait prévus viennent en effet l'assaillir ; il brave la tempête comme la contagion. Une fois, comme le navire qui le portait en Italie tombait au pouvoir d'un forban de Tunis, c'est lui qui, par sa présence d'esprit et son courage, dirigeant le canon de ses propres mains, triomphe du corsaire. En 1789, il parcourait de nouveau la Russie. Le voici à Moscou, où plus de soixante-dix mille malades avaient succombé l'année précédente dans les hôpitaux. « J'espère porter, dit-il dans une de ses lettres, vers ces contrées lointaines, le flambeau d'une philanthropie éclairée. » Il apprend que la Crimée est désolée par de cruelles épidémies, que les secours manquent, que les victimes succombent en foule : il accourt à Witowka, à Cherson, à Saint-Nicolas. Le plus affreux spectacle s'offre à ses yeux. Il porte son assistance au foyer même de l'infection ; il donne l'exemple en soignant les malades de sa personne. Il est saisi au milieu d'eux du souffle pestilentiel ; il succombe (le 20 janvier 1790), héros admirable et modeste, par le plus beau des martyres !

Les derniers mots qu'il avait tracés sur son journal étaient ceux-ci : « Je suis ici étranger et pèlerin ; mais j'espère, avec la grâce d'en haut, me rendre dans une contrée remplie de mes pères, de mes parents et des amis de ma jeunesse. J'espère que mon âme se réunira à ces âmes pieuses, et ce sera toujours avec le Seigneur... »

Cet homme de bien, dont le dévouement pour autrui était sans bornes, était pour lui-même de la plus rigide austérité : il n'usait ni de viande ni de vin ; le pain, les pommes de terre, les fruits, le beurre et le thé étaient ses seuls aliments. Il fuyait les réunions du monde, les divertissements publics. « Je trouve, disait-il, à faire mon devoir plus de plaisir que tous les divertissements du monde ne pourraient m'en procurer. » Une sainte indignation contre les abus qui attentent à l'humanité s'alliait en lui à la vraie charité et en était encore l'expression ; il n'hésitait pas à la témoigner hautement et sans détour. L'empereur Joseph II recueillit de sa bouche, sur les hôpitaux et les prisons de Vienne, d'austères vérités que ce prince d'ailleurs était digne d'entendre. Jamais la cause du malheur ne fut plaidée avec une plus mâle éloquence.

Une souscription avait été ouverte et remplie en Angleterre pour lui ériger une statue. Il l'apprend : il écrit aux souscripteurs avec l'accent du plus vif mécontentement; il obtient que ce projet soit retiré. Le monument a été érigé, après sa mort, dans l'église de Saint-Paul. Un autre lui a été élevé en Crimée. L'illustre orateur Burke lui a consacré l'une de ses plus belles improvisations; mais le monument le plus digne de lui est la grande œuvre d'amélioration dont il a posé les bases.

LE COURAGEUX HOLLANDAIS

e 1ᵉʳ juin 1775, un bâtiment de la compagnie des Indes hollandaises fut jeté sur un banc de sable en vue de la rade du cap de Bonne-Espérance, où le poids de sa cargaison le fit fendre en deux.

La compagnie éprouva de violentes pertes par ce naufrage, et, pour comble de malheur, la plus grande partie de l'équipage périt. Le naturel mercantile des Hollandais semblait avoir éteint en eux tout sentiment d'humanité; car, pendant que les marchandises étaient jetées à la côte au gré des flots, que les malheureux périssaient faute de secours, il était défendu, sous peine de mort, à ceux qui voulaient leur tendre une main secourable d'approcher du rivage. Cependant, parmi tant d'êtres insensibles, il se trouva un homme assez courageux pour sacrifier sa vie afin de sauver quelques-uns de ses semblables. C'était un vieillard nommé Woltemad, chargé du soin des animaux vivants de la ménagerie du Cap, dont le fils était caporal des troupes qu'on avait préposées à la garde de la côte. Ce brave homme emprunta un cheval pour aller porter à son fils un peu de nourriture. Il arriva avant qu'on eût publié l'ordre fatal qui menaçait de la corde quiconque approcherait du rivage.

Comme il causait avec son fils et lui recommandait de ne pas trop s'exposer, ce bon vieillard entendit tout à coup, au milieu du tumulte des vents et des flots brisés avec violence contre les rochers, les cris de désespoir des malheureux naufragés. Le sentiment des dangers que courent ses semblables anime cet homme courageux; sans réfléchir au péril auquel il s'expose, il s'élance au milieu des flots avec son cheval, qu'il s'efforce de faire nager vers le navire échoué.

Il y arrive malgré les vagues, tend une corde à ces malheureux, et engage deux d'entre eux à s'attacher à la queue de son cheval. Cet animal, dont la force était heureusement très-grande, nage avec cette triple charge, et le brave vieillard dépose sur le rivage les deux infortunés vivants. Il retourne aussitôt, et, six fois de suite, exécute heureusement sa traversée du rivage au navire, en sauvant à chaque fois deux des naufragés. Au septième voyage, comme son cheval paraissait épuisé et qu'il le faisait reposer un peu, les malheureux restés sur le bâtiment échoué croient qu'on les abandonne et poussent des cris de désespoir. Woltemad ne peut résister à ces clameurs déchirantes, il s'élance encore au milieu des flots; mais, cette fois, sa générosité lui coûta la vie, car son cheval épuisé ne put revenir à la côte, et un des hommes qui s'attacha à ses crins, croyant se sauver plus aisément, l'entraîna au milieu des flots, qui les engloutirent.

Les directeurs de la compagnie en Hollande récompensèrent, dans les fils de Woltemad, l'héroïsme et le dévouement du père. On donna à un vaisseau nouvellement construit le nom de ce héros, et l'on peignit sur la poupe les détails de cette belle action.

JUSTICE DE LOUIS XII

Du temps de Louis XII, au-dessus de la porte de la grande chambre du Parlement, il y avait un lion taillé en pierre et doré, ayant les jambes pliées et la tête baissée, ce qui dénote, dit un vieil auteur « que celui qui entre dans cette chambre, tant grand soit-il et riche, doit s'humilier et obéir à justice. »

Louis XII était taxé d'avarice; on alla même jusqu'à le représenter en scène sous l'emblème d'un malade que l'on guérissait en lui faisant avaler de l'or potable. Ce bon prince dit en l'apprenant : « J'aime mieux voir rire les courtisans de mon avarice que de faire pleurer mon peuple de mes profusions. » Il voulait qu'on respectât les gens de campagne et surtout qu'on ne les taxât point arbitrairement. Un gentilhomme de sa maison avait maltraité un paysan; Louis ordonna qu'on retranchât le pain à cet officier, et qu'on ne lui servît plus que du vin et de la viande. Le gentilhomme s'en plaignit. « Si les mets qu'on vous sert ne vous suffisent pas, dit Louis XII, pourquoi donc êtes-vous assez peu raisonnable pour maltraiter ceux qui vous donnent du pain ? »

Par l'édit de 1499, Louis XII ordonna qu'on suivît toujours la loi, malgré les ordres contraires que l'importunité pourrait arracher au monarque.

L'auteur d'un semblable édit méritait bien d'être pleuré, et, quand il eut rendu le dernier soupir, les crieurs publics parcoururent les rues de Paris, en disant : « Le bon roi Louis, le père du peuple, est mort!... »

RECONNAISSANCE DES ANIMAUX

EXTRAIT DE LA MORALE EN ACTION

Les Espagnols étant assiégés dans Buénos-Ayres par les peuples d'alentour, le gouverneur avait défendu à tous ceux qui demeuraient dans la ville d'en sortir. Mais, craignant que la famine, qui commençait à se faire sentir, ne fît violer ses ordres, il mit des gardes de toutes parts avec ordre de tirer sur tous ceux qui chercheraient à passer l'enceinte désignée. Cette précaution retint les plus affamés, à l'exception d'une femme, nommée

Maldonata, qui trompa la vigilance de ces gardes. Cette femme, après avoir erré dans les champs déserts, découvrit une caverne qui lui parut une retraite sûre contre tous les dangers; mais elle y trouva une lionne dont la vue la saisit de frayeur. Cependant les caresses de cet animal la rassurèrent un peu; elle reconnut même que ses caresses étaient intéressées : la lionne était pleine et ne pouvait mettre bas; elle semblait demander un service que Maldonata ne craignit pas de lui rendre. Lorsqu'elle fut heureusement délivrée, sa reconnaissance ne se borna pas à des témoignages présents; elle sortit pour chercher sa nourriture, et, depuis ce jour, elle ne manqua pas d'apporter aux pieds de sa libératrice une provision qu'elle partageait avec elle. Ces soins durèrent aussi longtemps que ses petits lionceaux la retinrent dans la caverne. Lorsqu'elle les en eut retirés, Maldonata cessa de la voir, et fut réduite à chercher sa subsistance elle-même; mais elle ne put sortir souvent sans rencontrer les Indiens, qui la firent esclave. Le ciel permit qu'elle fût reprise par les Espagnols, qui la ramenèrent à Buénos-Ayres. Le gouverneur en était sorti; un autre Espagnol qui commandait en son absence, homme dur jusqu'à la cruauté, savait que cette femme avait violé une loi capitale; il ne la crut pas assez punie par ses infortunes. Il donna ordre qu'elle fût liée en pleine campagne pour y mourir de faim, qui était le mal dont elle avait voulu se garantir par la fuite, ou pour y être dévorée par quelque bête féroce. Deux jours après, il voulut savoir ce qu'elle était devenue; quelques soldats, qu'il chargea de cet ordre, furent surpris de la trouver pleine de vie, quoique environnée de tigres et de lions qui n'osaient s'approcher d'elle, parce qu'une lionne, qui était à ses pieds avec plusieurs lionceaux, semblait la défendre. A la vue des soldats, la lionne se retira un peu, comme pour leur laisser la liberté de délier sa bienfaitrice. Maldonata leur raconta l'aventure de cet animal, qui l'avait reconnue au premier moment; et, lorsqu'après lui avoir ôté ses liens, ils se disposaient à la reconduire à Buénos-

Ayres, la lionne la caressa beaucoup en paraissant regretter de la voir partir. Le rapport qu'ils en firent au commandant lui

fit comprendre qu'il ne pouvait, sans paraître plus féroce que les lions mêmes, se dispenser de faire grâce à une femme dont le ciel avait pris si vivement la défense.

L'ANGE DES PRISONS, SUZANNE GUIRAUD

PRIX MONTYON, 1833

Personne ne peut nier qu'il n'y ait, dans la société, des conditions où la pratique des devoirs de l'humanité soit plus difficile, et par cela même plus méritoire que dans les autres. Telle est, sans doute, la condition de ces hommes à qui la justice confie la garde des prisons. Forcés par leur position de vivre au milieu de toutes les misères humaines, exposés à la contagion de tous les vices, au spectacle de toutes les douleurs; condamnés par état à subir la même peine que leurs malheureux hôtes, les gardiens ne semblent avoir sur les détenus d'autre avantage que l'autorité dont ils sont investis. Doit-on s'étonner qu'ils abusent quelquefois d'un privilège où ils trouvent le seul dédommagement du pénible métier qu'ils exercent?... Eh bien! c'est dans cette classe que l'Académie française a trouvé un exemple de vertu qu'elle vient offrir à l'admiration publique, dans la personne de Suzanne Géral, femme du sieur Guiraud, concierge de la maison d'arrêt de la ville de Florac, dans le département de la Lozère. Depuis vingt-six ans, ces deux époux se sont partagé les soins et les devoirs de leur profession. Le mari s'est acquitté des siens par l'ordre qu'il a su maintenir dans cette maison de force et par une surveillance qui n'a jamais été mise en défaut.

Sa femme, chargée d'une nombreuse famille, sans autre ressource que les faibles appointements de la place de son mari, s'est imposé volontairement la tâche de faire d'une prison le sanctuaire de la bienfaisance. S'il était honorable de l'avoir entreprise, il est admirable de l'avoir exécutée. Prodigue envers les prisonniers de secours et de consolations, cette femme éminemment vertueuse a constamment rempli à leur égard les plus saints devoirs de l'humanité, sans qu'aucun obstacle ait pu la détourner du but qu'elle se proposait d'atteindre.

Là ne se borne pas l'éloge de la dame Guiraud. La ville de Florac manque d'hôpital, et, depuis seize ans, la prison sert d'asile aux malades indigents. Cette circonstance n'a fait que multiplier pour elle les occasions d'épancher les trésors de son inépuisable bonté. Ce fut surtout en 1818 que cet ange des prisons (comme on l'a surnommée dans la ville) s'abandonna sans réserve à cet instinct charitable qui la dirige dans toutes les actions de sa vie.

Un détenu, sorti des prisons de Milhau, est amené dans la maison d'arrêt de Florac. Il était atteint d'un typhus chronique. La contagion se communique rapidement : quatorze prisonniers sont frappés à la fois. Tout le monde fuit, personne n'ose approcher de cette maison empestée. Suzanne, restée seule, partage, pendant deux mois, son temps et ses secours entre les quatorze malades et son mari, que le typhus avait atteint. De ses six enfants, quatre sont en bas âge et réclament les soins journaliers de sa tendresse maternelle. Elle suffit à tout, elle est partout, et trouve le moyen de remplir à la fois ses devoirs d'épouse, de mère, et de satisfaire à tous les vœux de l'humanité. Il est prouvé que, pendant plus de deux mois qu'a duré la contagion, Suzanne Géral n'a pas une seule fois reposé sur un lit.

A une époque plus récente, lorsqu'à la suite de la campagne d'Espagne on fit évacuer les hôpitaux des départements voisins pour y recevoir les militaires, la maison d'arrêt de Florac se trouva tout à coup encombrée de malheureux, parmi lesquels une fièvre épidémique sévit avec fureur. Seule encore, avec le secours de ses jeunes enfants, elle fit tête à la contagion, et parvint à en arrêter les progrès.

Entreprendre de raconter tous les actes de charité de cette vertueuse femme serait faire l'histoire entière de sa vie; il faudrait dire combien de fois elle se dépouilla de ses vêtements pour en couvrir des prisonniers, réduits au dénûment le plus absolu, et des pauvres infirmes dont les haillons tombaient en lambeaux; combien de fois elle leur distribua les aliments préparés pour sa propre nourriture et celle de sa nombreuse famille; il faudrait la suivre, lorsqu'elle n'avait plus rien à donner, dans les maisons particulières où elle allait mendier, pour ses malheureux pensionnaires, le denier de l'aumône et le pain de la pitié.

COURAGE ET DÉVOUEMENT D'UN INFIRMIER

PRIX MONTYON, 1855

Le sergent Triplon, âgé de quarante-deux ans, infirmier-major à l'hôpital militaire de Marseille, avait déjà été mis deux fois à l'ordre du jour de l'armée, une première fois, en 1837, dans la division d'Oran, pour son intrépide dévouement dans un incendie; une seconde fois, en 1844, pour avoir donné l'exemple du plus grand courage dans l'expédition de Tébessa; décoré enfin de l'ordre de la Légion d'honneur en 1849, pour son zèle et son abnégation au milieu du choléra qui désola Marseille, ce brave sous-officier devait se distinguer encore davantage en 1854, lorsque l'inflexible fléau vint de nouveau frapper de terreur la population marseillaise. Trente infirmiers avaient succombé dans leur service de l'hôpital, et, parmi ceux qui restaient, plusieurs, effrayés de la contagion et du hideux spectacle qui s'amoncelait sous leurs yeux, n'osaient plus toucher aux malades; quelques-uns même avaient fui. L'intrépide Triplon resta inébranlable à son poste : il faut moins de courage pour le garder devant l'ennemi. Triplon fit tous les offices à la fois; il plaçait lui-même les malades dans leur lit, les soignait de ses propres mains, allait de l'un à l'autre, les consolait et les encourageait par d'affectueuses et fermes paroles, se multipliait dans les salles, faisant plus que son devoir, se permettant à peine quelques heures de sommeil, représentant enfin une vraie sœur de charité sous l'habit du soldat.

Non-seulement ses paroles aussi bien que ses soins relevèrent l'énergie des malades, dont un grand nombre lui durent leur salut; mais son exemple réveilla celle de ses camarades, et leur fit retrouver le courage. Il songeait à tout, jusqu'à prendre auprès des malades, la plupart soldats de passage, tous les renseignements qui pourraient constater leur identité s'il leur arrivait malheur, sachant bien tous les inconvénients qui résultent, pour les familles, du défaut de ces renseignements. Enfin, il était regardé comme la Providence de l'hôpital, et les soldats qui guérissaient allaient tous lui demander la permission de l'embrasser. Près de succomber lui-même, et, lorsque ses chefs, avertis par les médecins, voulurent lui faire prendre du repos et l'éloigner momentanément du danger, il s'y refusa, ne se trouvant pas assez malade, et répondant avec une simplicité héroïque qu'en certains moments il fallait évidemment sacrifier sa vie pour sauver ses semblables.

Cette belle conduite, soutenue pendant trois mois au milieu d'un découragement presque universel, a frappé d'admiration tous les chefs de Triplon. Tous, jusqu'au général commandant la division et au ministre de la guerre, l'ont recommandé avec instances. Ce prix, juste récompense de son zèle, est un encouragement aux jeunes infirmiers, et, pour l'Académie elle-même, la satisfaction de proclamer, une fois de plus, que tous les genres de dévouement se rencontrent dans notre brave armée.

TRAIT D'AMOUR FRATERNEL

EXTRAIT DE LA MORALE EN ACTION

En 1585, des troupes portugaises qui passaient dans les Indes firent naufrage. Une partie aborda dans le pays des Caffres, et l'autre se mit à la mer sur une barque construite des débris du vaisseau. Le pilote, s'apercevant que le bâtiment était trop chargé, avertit le chef, Édouard de Mello, que l'on va couler à fond si l'on ne jette dans l'eau une douzaine de victimes. Le sort tomba entre autres sur un soldat dont l'histoire n'a pas conservé le nom. Son jeune frère tombe aux genoux de Mello, et demande avec instance de prendre la place de son aîné.

« Mon frère, dit-il, est plus capable que moi; il nourrit mon père, ma mère et mes sœurs : s'ils le perdent, ils mourront tous de misère; conservez leur vie en conservant la sienne, et faites-moi périr, moi qui ne puis leur être d'aucun secours. »

Mello y consent et le fait jeter à la mer. Le jeune homme suit la barque pendant six heures. Enfin il la rejoint; on le menace de mort s'il tente de s'y introduire. L'amour de la conservation triomphe de la menace; il s'approche; on veut le frapper avec

une épée qu'il saisit et qu'il retient jusqu'à ce qu'il soit entré. Sa constance touche tout le monde; on lui permet enfin de rester avec les autres, et il parvient ainsi à sauver sa vie et celle de son frère.

L'ÉLÈVE DE L'ÉCOLE MILITAIRE

XVIIIᵉ SIÈCLE

Un jeune enfant, placé nouvellement à l'école militaire, se contentait, depuis plusieurs jours, de la soupe et du pain sec avec de l'eau. Le gouverneur, averti de cette singularité, l'en reprit, l'attribuant à quelque excès de dévotion mal entendue. L'enfant persista dans sa conduite, sans en dire le motif, et le gouverneur, après lui avoir représenté combien il était nécessaire de se conformer aux usages de l'école, fut contraint de le menacer de le rendre à sa famille. « Hélas! monsieur, dit alors l'enfant, vous voulez savoir la raison qui me fait agir ainsi! Dans la maison de mon père, je mangeais du pain noir en petite quantité, nous n'avions souvent que de l'eau à y ajouter; ici, je mange de bonne soupe; le pain y est bon, blanc et à discrétion; je trouve que je fais grande chère, et je ne puis me résoudre à manger davantage, en me souvenant de la position de mes parents. »

Le gouverneur ne put retenir ses larmes, en voyant la sensibilité de ce bon fils « Si votre père a servi, reprit-il, n'a-t-il pas de pension? — Non, répondit l'enfant; pendant un an, il en a sollicité une; le défaut d'argent l'a contraint d'y renoncer. Il a mieux aimé languir que faire des dettes à Versailles. — Eh bien, dit le gouverneur, si le fait est vrai, comme il le paraît, je vous promets de lui faire obtenir cinq cents livres de pension. Puisque vos parents sont si peu à leur aise, vraisemblablement ils ne vous ont pas bien garni le gousset. Recevez, pour vos menus plaisirs, ces trois louis que je vous présente de la part du roi; et, quant à M. votre père, je lui enverrai d'avance les six mois de la pension que je m'engage à obtenir. — Monsieur, dit l'enfant, puisque vous pouvez lui envoyer cet argent, joignez-y les trois louis que vous venez de me donner; cette somme ici me serait inutile, elle fera grand bien à mon père pour ses autres enfants. »

LOUISE NALLARD

PRIX MONTYON, 1830

Bienfaisance et dévouement, voilà en deux mots la vie de Louise Nallard, qui a constamment suivi l'exemple de sa mère, aux bonnes œuvres de laquelle elle s'associa dès sa plus tendre enfance; l'amour du prochain, le goût et la pratique de la charité furent le seul héritage que cette femme respectable put laisser à ses enfants.

Antoinette Nallard, sœur de Louise, a déjà, en 1827, obtenu un des prix de vertu fondés par M. de Montyon. L'active charité semble naturelle dans cette honnête famille.

Louise est connue à Pont-de-Veyle pour la protectrice et la bienfaitrice des infortunés; elle va au-devant du malheur; elle trouve le secret de pénétrer dans l'asile de ceux qu'un revers imprévu, une maladie ou le défaut d'ouvrage a fait tomber dans le besoin; elle leur procure des secours qu'elle ne pourrait tirer de ses propres ressources.

On compte si bien sur ses charitables dispositions, que souvent les malheureux s'adressent à elle, certains qu'ils sont d'être bien accueillis; elle les veille, les soigne dans leurs infirmités, et fait pour eux des quêtes utiles. On lui donne avec confiance, parce qu'on sait le bon emploi qu'elle fera des aumônes qu'on lui confie. Ses malades succombent-ils à leur souffrance, c'est elle-même, bien souvent, qui les ensevelit et qui se charge de les faire enterrer.

En 1795 (elle n'avait alors que dix-huit ans tout au plus), appelée pour procurer quelques secours à une fille mendiante qui venait d'accoucher dans une écurie, elle voulut être la marraine du nouveau-né, dans l'intention de sauver cet enfant de la honte et des peines de la mendicité à laquelle il semblait destiné; elle le fit élever, le plaça ensuite chez d'honnêtes gens, et elle est parvenue à en faire un artisan estimable, bon époux et bon père de famille.

En 1805, une pauvre fille, que personne n'osait approcher à cause de l'odeur fétide qu'exhalaient les ulcères dont elle était couverte, fut pendant plus de six mois, c'est-à-dire tant qu'elle vécut, l'objet des soins assidus de Louise Nallard; elle seule la pansait, faisait son lit, et lui procurait des secours et des aliments.

En 1812, elle s'est dévouée pour soigner une femme paralytique; elle la levait, la couchait, et cela pendant cinq années consécutives.

En 1825, à l'époque où un incendie a ravagé une grande partie du faubourg de Pont-de-Veyle, sa sollicitude s'est étendue sur toutes les familles que cet événement avait réduites à la misère; elle leur a procuré toutes sortes de secours, des vêtements, des couvertures qu'elle réparait elle-même, des métiers pour travailler, etc. Enfin son activité a secondé l'administration publique, et l'a mise à portée de soulager ceux des malheureux incendiés qui éprouvaient les besoins les plus pressants.

En 1828, elle a pris à sa charge la fille d'un artisan qui, ayant fait de fausses spéculations, s'était ruiné et avait été contraint de quitter le pays; elle la nourrit et l'entretient avec le produit de son travail.

Ces traits, pris entre mille autres, suffisent pour donner une idée de ce qu'est la vie entière de cette personne respectable; il ne reste qu'à ajouter qu'ayant elle-même des infirmités, étant d'une santé faible, elle a plus d'une fois, par suite des peines qu'elle se donne sans cesse pour les autres, essuyé des maladies graves, mais que rien n'a jamais pu refroidir son zèle à soulager l'humanité souffrante.

MARGUERITE FAVRET, VEUVE MEYER

PRIX MONTYON, 1850

Marguerite Favret, veuve Meyer, consacra toute sa vie à des actions vertueuses. Sans fortune et sans autres ressources que son ardent amour pour l'humanité, elle est devenue la providence des malheureux de Béfort. Une épidémie infectait les hôpitaux, où affluaient un grand nombre de militaires malades et blessés amenés d'Allemagne. La veuve Meyer se dévoue pour les secourir; tous les lits de douleur sont visités par elle; tous ses secours leur sont prodigués; rien ne la rebute, ni le dégoût des plaies, ni le danger du séjour. Elle apparaît comme un ange à tous les êtres souffrants, les console, les encourage, les assiste, et contribue à les guérir. Elle ne borne pas là ses efforts secourables : pendant les siéges que subit la ville de Béfort, elle suit courageusement les sorties de la garnison; on la voit sur les champs de bataille, pourvue de linge et de charpie, de remèdes et des rafraichissements; elle accourt partout où des blessures réclament sa présence. Elle ne distingue pas les amis des ennemis; tout ce qui est homme, tout ce qui souffre, a part à ses bienfaits. On la voit sans cesse

étancher le sang, panser les blessures, et s'empresser de transporter hors du péril tous ceux que la mort peut atteindre. L'état le plus désespéré ne rebute point son infatigable pitié; et, quand elle réussit, sa joie éclate au milieu des bénédictions de toutes les victimes qui sont sauvées par elle.

C'est peu des scènes de carnage pour éprouver cette belle âme. La disette de 1816 et de 1817 lui fournit une nouvelle occasion de déployer sa bienfaisance. Voyant se multiplier le nombre des pauvres qui affluent des campagnes ruinées par la guerre, elle se multiplie comme eux, elle visite les asiles de la misère, frappe à toutes les portes, sollicite l'aisance et forme une assemblée de dames charitables qui donne aux malheureux des secours permanents. Elle voit tout, préside à tout, distribue tout. Aucun indigent n'est oublié, tous sont nourris et soulagés par elle.

Le fléau cesse, mais non l'activité de son zèle, qui a besoin d'un éternel aliment. Béfort, ville de garnison, regorge d'enfants nés dans la misère, livrés à tous les vices et n'ayant d'autre profession que la mendicité. En vain cette ville leur ouvre ses écoles, ils repoussent toute instruction. Eh bien, c'est à les sauver de l'indigence et du vice que l'ange de consolation va consacrer tous ses soins. Que de moyens ne lui suggère pas son ardente charité! elle les contraint, par la force de ses bienfaits, à se rassembler autour d'elle, et prend elle-même le soin d'écarter toutes les souillures de la malpropreté qui les flétrit. Une vie nouvelle commence pour eux, et ce n'est plus ce ramas impur d'enfants abandonnés; c'est une jeunesse décemment vêtue, à qui la bienfaisante Meyer apprend la religion, la morale, la lecture, l'écriture. Elle-même leur enseigne les préceptes de l'Évangile; elle-même les conduit à la sainte table. Et ne pensez pas qu'elle borne là tous les secours dont elle est prodigue envers eux : elle surveille au dehors ses enfants adoptifs, leur fournit des aliments, des vêtements, fait les frais de leur apprentissage, les place chez les cultivateurs et leur procure du travail. Un grand nombre d'entre eux deviennent tous les jours des ouvriers utiles, des domestiques fidèles et d'honnêtes gens.

Suivons-la maintenant dans l'asile de l'indigence, sous ces toits poudreux et ruinés où elle se plaît à secourir le malheur. Là, le besoin continuel qu'elle éprouve de faire le bien ne connaît plus de bornes; elle court implorer les âmes charitables, et sollicite leur bienveillance, qu'elle obtient presque toujours. Et comment lui opposer un refus? A qui peut-on mieux confier les secours que réclame l'infortune? Est-il un être assez indifférent pour ne point vouloir participer au mérite de ses bonnes œuvres et à la satisfaction intérieure qui en est la plus douce récompense?

Tels sont, depuis vingt années, les principaux traits de vertu qui font de Marguerite Favret l'une des femmes les plus charitables de son siècle.

PIERRE, L'ENFANT TROUVE

n jeune garçon élevé à Paris, dans l'hospice des Enfants trouvés, où il avait été baptisé sous le nom de Pierre, fut envoyé avec d'autres, au sortir de l'enfance, à Saint-Quentin, pour y être nourri moyennant une légère rétribution.

Après quelques années, on retira les enfants des mains de ceux qui s'en étaient chargés. Pierre, redoutant le séjour d'un hôpital, trouva le moyen de s'échapper et de revenir à Saint-Quentin. Un traiteur de cette ville, touché de sa jeunesse et de sa misère, le recueillit dans sa maison et lui apprit son métier, sans autre vue que de faire une bonne action.

Il en reçut la récompense; un créancier vint exiger, dans le mois de septembre 1780, le payement d'une somme modique que lui devait le bienfaiteur de Pierre. Ce malheureux, dénué de fonds, résolut, pour faire honneur à sa dette et se mettre à l'abri des poursuites dont il était menacé, de vendre une partie de son argenterie. Il appelle l'enfant trouvé, lui confie sa situation et son désespoir, et le charge de vendre ses effets. Cette nouvelle décide Pierre ; il dit au traiteur de ne point se presser de vendre son argenterie, et qu'il va travailler à le tirer d'embarras par d'autres moyens.

Sans s'expliquer davantage, le jeune homme va trouver M. de Fronsac, colonel au corps royal d'artillerie, s'engage dans le régiment d'Auxonne, reçoit le prix de sa liberté et l'apporte à son bienfaiteur. « Tenez, lui dit-il, il y a longtemps que j'ai envie de servir la France, et, pour vous prouver que je ne suis pas un ingrat, je viens de me satisfaire : acquittez votre dette. »

Le traiteur et sa femme, fondant en larmes, embrassent le jeune homme et veulent le forcer à reprendre son argent ; mais rien ne peut ébranler sa résolution ; il part.

Cet acte de bienfaisance en fit naître un autre, qui mérite d'être cité. M. de Fronsac lut dans la chambre du jeune soldat l'article du *Mercure* qui le concernait ; il convint que tout y était rapporté avec la plus exacte vérité ; mais le modeste silence qu'il avait gardé jusqu'alors sur une conduite qui lui faisait tant d'honneur était un nouveau trait qui ne méritait pas moins la publicité que sa reconnaissance envers ses bienfaiteurs.

Plein d'admiration pour les belles qualités de ce jeune homme, son régiment se chargea de lui procurer des maîtres et des instructions qui pussent le mettre à même de remplir un état conforme à sa façon de penser.

LE FRANÇAIS ET LE PRUSSIEN

n soldat prussien, nommé Wilhelm Apel, fait prisonnier à la bataille d'Iéna, en 1806, fut envoyé en cantonnement dans les environs de Mèves (Nièvre). Les paysans chez lesquels il demeurait, loin de le traiter en ennemi, lui prodiguèrent des soins capables de lui faire oublier sa captivité; mais rien ne pouvait le distraire du souvenir de son pays et de ses parents. Touché de sa douleur, Antoine Fouquier, fils de son hôte, lui procura un passe-port, lui donna cinquante francs d'économies qu'il possédait, et lui fournit les moyens de franchir la frontière.

Sept ans après, Antoine Fouquier, servant dans le 4e léger, fut blessé au bras à Leipsick, le 10 octobre 1813, et forcé de se rendre. On le dépouilla de la plupart de ses vêtements; on lui ôta jusqu'à ses souliers, et il fut, avec quelques-uns de ses compagnons d'infortune, dirigé vers l'intérieur de la Prusse. Il marchait entre deux haies de soldats ennemis, lorsque l'un d'eux se jette à son cou et l'embrasse avec effusion. C'était Wilhelm, qui avait reconnu son libérateur, et qui courut aussitôt solliciter sa délivrance. Le récit de la généreuse conduite de Fouquier émut le général prussien, et le Français, mis en liberté, accueilli dans la famille de Wilhelm, ne tarda pas à revoir sa patrie.

JEAN ET MARIE, HISTOIRE FRANÇAISE

EXTRAIT DE LA MORALE EN ACTION

Un marchand s'était embarqué pour les Indes avec sa femme ; il y gagna beaucoup d'argent, et, au bout de quelques années, il fit ses arrangements pour revenir en France, où il était né et où il avait toute sa famille. Il emmenait avec lui sa femme et deux enfants, un garçon et une fille ; le garçon, âgé de quatre ans, se nommait Jean, et la fille, qui n'en avait que trois, s'appelait Marie.

Quand ils furent à moitié chemin, il s'éleva une tempête violente, et le pilote dit qu'ils étaient en grand danger, parce que le vent les poussait vers les îles, où sans doute leur vaisseau se briserait. Le pauvre marchand, ayant appris cela, prit une grande planche et lia fortement dessus sa femme et ses deux enfants ; il voulut s'y attacher aussi, mais il n'en eut pas le temps ; car le vaisseau, ayant touché contre un rocher, s'ouvrit en deux, et tous ceux qui étaient dedans tombèrent dans la mer. La planche sur laquelle étaient la femme et les deux enfants se soutint sur la mer comme un petit bateau, et le vent les poussa vers une île. Alors la femme détacha les cordes et s'avança dans cette île avec ses deux enfants.

La première chose qu'elle fit, quand elle fut en lieu de sûreté, fut de se mettre à genoux pour remercier Dieu de l'avoir sauvée ; elle était pourtant bien affligée d'avoir perdu son mari, qui était un si bon homme; elle pensait aussi qu'elle et ses enfants mourraient de faim dans cette île, ou qu'ils seraient mangés par les bêtes sauvages. Elle marcha quelque temps dans ces tristes pensées, et aperçut plusieurs arbres chargés de fruits; elle prit un bâton, en fit tomber, les donna à ses petits enfants et en mangea elle-même. S'avançant ensuite plus loin, pour voir si elle ne découvrirait point quelque cabane, elle reconnut qu'elle était dans une île déserte. Un grand arbre qui était creux se trouva dans son chemin; elle résolut de s'y retirer pendant la nuit, et y coucha en effet avec ses enfants. Le lendemain, s'avançant encore autant qu'ils purent, ils découvrirent, en marchant, des nids d'oiseaux dont ils prirent les œufs; puis, voyant qu'il ne se trouvait dans cette île ni hommes ni bêtes malfaisantes, la pauvre mère résolut de se soumettre à la volonté du ciel, et de faire son possible pour bien élever ses enfants. Elle avait sauvé du naufrage un Évangile et un livre de prières; elle s'en servit pour leur apprendre à lire et à connaître Dieu. Quelquefois son fils lui disait : « Ma mère, où est mon papa? Pourquoi nous a-t-il fait quitter notre maison pour venir dans cette île? Est-ce qu'il ne viendra pas nous chercher? — Mes enfants, leur répondait cette pauvre femme en fondant en larmes, votre père est allé dans le ciel; mais vous avez un autre père, qui est Dieu; il est ici, quoique vous ne le voyiez pas : c'est lui qui nous envoie des fruits et des œufs, et il aura soin de nous tant que nous l'aimerons de tout notre cœur et que nous le servirons fidèlement. » Quand ses enfants surent lire, ils s'occupèrent avec bien du plaisir de tout ce que contenaient leurs livres, et ils en parlaient toute la journée; ils étaient d'ailleurs d'un excellent caractère et d'une soumission sans bornes aux volontés de leur mère.

Au bout de deux ans, elle tomba malade, et pressentant une fin prochaine, elle conçut la plus grande inquiétude sur ses pauvres enfants; mais, à la fin, elle pensa que Dieu, qui est bon, en prendrait soin, et cette pensée consolante la rassura.

Couchée dans le creux de son arbre, elle appela ses enfants et leur dit : « Je vais bientôt mourir, mes chers enfants; vous n'aurez plus de mère. Souvenez-vous pourtant que vous ne resterez pas tout seuls, et que Dieu verra tout ce que vous ferez; ne manquez jamais à le prier matin et soir. Mon cher Jean, ayez bien soin de votre sœur Marie, ne la grondez pas, ne la battez jamais; vous êtes plus grand et plus fort qu'elle, vous irez lui chercher des œufs et des fruits. » Elle voulait dire aussi quelque chose à Marie, mais elle n'en eut pas le temps : elle rendit à l'instant les derniers soupirs entre les bras de ses deux enfants.

Ces malheureux orphelins ne comprenaient pas ce que leur mère avait voulu leur dire : ils ignoraient ce que c'est que de mourir; ils crurent qu'elle dormait, et ils n'osaient faire du bruit, de crainte de la réveiller. A la fin du jour, après avoir

mangé des fruits, ils se couchèrent à côté de l'arbre et s'endormirent tous les deux. Le lendemain matin, étonnés de ce que leur mère dormait encore, ils la tirèrent par le bras; mais, comme ils virent qu'elle ne leur répondait point, ils crurent qu'elle était fâchée contre eux et se mirent à pleurer; ensuite ils lui demandèrent pardon, et lui promirent d'être plus sages. Ils eurent beau faire, la pauvre femme ne leur répondit point. Ils restèrent là pendant plusieurs jours, jusqu'à ce que le corps commençât à se corrompre. Un matin, Marie, jetant de grands cris, dit à Jean : « Ah! mon frère! voilà des vers qui mangent notre pauvre maman! il faut les arracher, venez m'aider. » Jean approcha, mais le corps sentait si mauvais, qu'ils ne purent rester auprès, et furent contraints d'aller chercher un autre arbre pour y coucher.

Ces deux enfants obéirent exactement à leur mère, et jamais ils ne manquèrent à prier Dieu; ils lisaient si souvent leurs livres, qu'ils les savaient par cœur; quand ils avaient lu, ils se promenaient, ou bien ils s'asseyaient sur l'herbe, et Jean disait à sa sœur : « Je me souviens, quand j'étais bien petit, d'avoir été dans un pays où il y avait de grandes maisons et beaucoup d'hommes; j'avais une nourrice, et vous aussi, et mon père avait un grand nombre de valets; nous avions aussi de belles robes. Tout d'un coup, papa nous a mis dans une maison qui allait sur l'eau; puis il nous a attachés à une planche, et il est allé au fond de la mer, d'où il n'est jamais revenu. — Cela est bien singulier, répondait Marie; mais enfin, puisque cela est arrivé, c'est que Dieu l'a voulu; car vous savez bien, mon frère, qu'il est tout-puissant.

Jean et Marie restèrent onze ans dans cette île. Un jour qu'ils étaient assis au bord de la mer, ils aperçurent dans une barque plusieurs hommes noirs. D'abord Marie eut peur, et voulut se sauver, mais Jean la retint, et lui dit : « Restons, ma sœur; ne savez-vous pas bien que Dieu est ici présent, et qu'il empêchera ces hommes de nous faire du mal? » Ces hommes noirs, étant descendus à terre, furent surpris de voir ces enfants qui étaient d'une autre couleur qu'eux; ils les environnèrent et leur parlèrent, mais ce fut inutilement : le frère et la sœur n'entendaient pas leur langage. Jean mena ces sauvages à l'endroit où étaient les os de sa mère, et leur conta comme elle était morte tout d'un coup. Ils ne l'entendirent pas non plus. Enfin les noirs leur montrèrent leur petit bateau, et leur firent signe d'y entrer. « Je n'oserais, dit Marie ; ces gens-là me font peur. » Jean lui répondit : « Rassurez-vous, ma sœur ; mon père avait des domestiques de la même couleur que ces hommes ; peut-être qu'il est revenu de son voyage, et qu'il les envoie pour nous chercher. »

Ils entrèrent donc dans la barque, qui les conduisit dans une île peu éloignée de celle qu'ils venaient de quitter et qui avait des sauvages pour habitants. Ils y furent fort bien reçus ; le roi ne pouvait se lasser de regarder Marie, et il mettait souvent la main sur son cœur pour lui prouver qu'il l'aimait. Marie et Jean eurent bientôt appris la langue de ces sauvages, et ils connurent qu'ils faisaient la guerre à des peuples qui demeuraient dans les îles voisines, qu'ils mangeaient leurs prisonniers, et qu'ils adoraient un grand vilain singe qui avait plusieurs sauvages pour le servir, en sorte qu'ils se repentaient beaucoup d'être venus demeurer chez cette affreuse nation. Cependant le roi voulait absolument épouser Marie, qui disait à son frère : « J'aimerais mieux mourir que d'être la femme de cet homme-là. — C'est parce qu'il est bien laid que vous ne voudriez pas l'épouser ? — Non, mon frère, c'est parce qu'il est méchant ; ne voyez-vous pas qu'il ne connaît pas Dieu, et qu'au lieu de le prier il se met à genoux devant ce vilain singe ? D'ailleurs, notre livre dit qu'il faut pardonner à ses ennemis et leur faire du bien, et vous voyez qu'au lieu de cela ce méchant homme fait mourir ses prisonniers et les mange.

— Il me vient une idée, dit Jean, si nous pouvions tuer ce vilain animal, on verrait bien que ce n'est pas un Dieu. — Faisons mieux, reprit Marie ; notre livre nous enseigne que Dieu accorde toujours les choses qu'on lui demande de bon cœur ;

mettons-nous à genoux, prions-le de tuer lui-même le singe, alors on ne s'en prendra pas à nous, et on ne nous fera point mourir. »

Jean trouva ce que sa sœur lui disait fort raisonnable ; ils se mirent donc tous deux à genoux, et dirent tout haut : « Seigneur, qui pouvez tout ce que vous voulez, ayez, ayez, s'il vous

plaît, la bonté de tuer ce singe, afin que ces pauvres gens connaissent que c'est vous qu'il faut adorer, et non pas lui. » Ils étaient encore à genoux, lorsqu'ils entendirent jeter de grands cris ; ils s'informèrent de ce qui y donnait lieu, et ils apprirent que le grand singe, en sautant d'un arbre à l'autre, s'était cassé la jambe, et qu'on croyait qu'il en mourrait. Les sauvages qui en avaient soin, et qui étaient comme ses prêtres, dirent au roi, lorsque le singe fut mort, que Marie et son frère étaient cause de ce malheur, et qu'ils ne pourraient être heureux qu'après que ces deux blancs auraient adoré leur Dieu. Aussitôt on décida qu'on ferait un sacrifice au nouveau singe qu'on venait de choisir, que les deux blancs y assisteraient, et qu'après la cérémonie Marie épouserait le roi ; et que, s'ils refusaient de le faire, on les brûlerait tout vifs avec leurs livres, dont ils se servaient pour faire des enchantements. Marie apprit cette résolution; et, comme les prêtres lui disaient que c'était elle qui avait fait mourir leur singe, elle répondit : « Si je l'avais fait mourir, n'est-il pas vrai que je serais plus puissante que lui? Je serais donc bien stupide d'adorer quelqu'un qui ne serait pas au-dessus de moi! le plus faible doit se soumettre au plus puissant, et par conséquent je mériterais plutôt les adorations du singe, que lui les miennes. Cependant je ne veux pas vous tromper; ce n'est pas moi qui lui ai ôté la vie, mais notre Dieu, qui est le maître de toutes les créatures, et sans la permission duquel vous ne pourriez ôter un seul de mes cheveux. » Ce discours irrita les sauvages; ils attachèrent Marie et son frère à des poteaux, et se préparaient à les brûler, lorsqu'on leur apprit qu'un grand nombre de leurs ennemis venaient d'aborder dans l'île. Ils coururent pour combattre et furent vaincus. Les sauvages qui étaient vainqueurs coupèrent les chaînes des deux enfants blancs, et les amenèrent dans leur île, où ils devinrent esclaves du roi. Ils travaillaient depuis le matin jusqu'au soir, et disaient : « Il faut servir fidèlement notre maître pour l'amour de Dieu, et croire que c'est le Seigneur que nous servons; car notre livre dit expressément qu'il faut en agir ainsi. »

Cependant ces nouveaux sauvages faisaient souvent la guerre, et, comme leur voisins, ils mangeaient leurs prisonniers. Un jour, ils en prirent un grand nombre, car ils étaient fort vaillants. Il se trouva parmi ces prisonniers un homme blanc, et, comme il était maigre, les sauvages résolurent de l'engraisser avant de le manger. Ils l'enchaînèrent dans une cabane, et chargèrent Marie de pourvoir à ses besoins. Comme elle savait qu'il devait être bientôt mangé, elle déplorait son sort; en le regardant tristement, elle dit : « Mon Dieu, mon Dieu, ayez pitié de lui! » Cet homme blanc, qui avait été fort étonné en voyant une fille de la même couleur que lui, le fut bien davantage quand il l'entendit parler sa langue et invoquer un seul Dieu. « Qui vous a appris à parler le français, lui dit-il, et à

Marie demande la grâce de son père au roi des nègres

connaître le vrai Dieu? — Je ne savais pas le nom de la langue que je parle, lui répondit Marie; c'était la langue de ma mère, et elle me l'a apprise; quant à Dieu, nous avons deux livres qui en parlent, et nous le prions tous les jours. — Ah ciel! reprit cet homme en levant les mains et les yeux au ciel..... serait-il possible? Mais, ma fille, pourriez-vous me montrer les livres dont vous me parlez? — Je ne les ai pas, mais je vais chercher mon frère qui les garde, et il vous les montrera. » En même temps, elle sortit, et revint bientôt après avec Jean, qui les apporta. L'homme blanc les ouvrit avec émotion, et, ayant lu sur le premier feuillet : *Ce livre appartient à Jean Maurice*, il s'écria : « Ah! mes chers enfants, est-ce vous que je revois? Venez embrasser votre père, et puissiez-vous me donner des nouvelles de votre mère? » Jean et Marie, à ces paroles, se jetèrent dans ses bras en versant des larmes de joie. A la fin, Jean, reprenant la parole, dit : « Je sens aux transports de mon cœur que vous êtes mon père; cependant je ne conçois pas comment cela peut être, car ma mère m'a dit que vous étiez tombé dans le fond de la mer, et je sais à présent qu'il n'est pas possible d'y vivre. — Je tombai effectivement dans la mer quand notre vaisseau s'entr'ouvrit, reprit Jean Maurice; mais, m'étant saisi d'une planche, j'abordai heureusement dans une île, et je vous crus perdus. » Alors Jean lui raconta tout ce dont il put se souvenir, et son père pleura beaucoup quand il apprit la mort de sa femme. Marie pleurait aussi, mais c'était pour un autre sujet. « Hélas! s'écria-t-elle, à quoi sert d'avoir retrouvé notre père, puisqu'il doit être tué et mangé dans peu de jours! — Il faudra couper ses chaînes, reprit Jean, et nous nous sauverons tous les trois dans la forêt. — Et qu'y ferons-nous, mes pauvres enfants? répliqua Maurice; les sauvages nous attraperont, ou bien il faudra mourir de faim. — Laissez-moi faire, dit Marie, je sais un moyen infaillible de vous sauver. »

Elle sortit en finissant ces paroles, et alla trouver le roi. Lorsqu'elle fut entrée dans sa cabane, elle se jeta à ses pieds, et lui dit : « Seigneur, j'ai une grande grâce à vous demander; voulez-vous me promettre de me l'accorder? — Je vous le jure, reprit le roi, car je suis fort content de votre service. — Eh bien, vous saurez que cet homme blanc dont vous m'avez ordonné de prendre soin est mon père et celui de Jean ; vous avez résolu de le manger, et je viens vous représenter qu'il est vieux et maigre, et qu'en conséquence il ne sera pas fort bon ; je suis jeune et grasse, et j'espère que vous voudrez me manger à sa place ; je ne vous demande que huit jours pour avoir le plaisir de le voir avant de mourir. — En vérité, reprit le roi, vous êtes une si bonne fille, que je ne voudrais pas pour toutes choses vous faire mourir ; vous vivrez, et votre père aussi. Je vous avertis même qu'il vient ici tous les ans un vaisseau plein d'hommes blancs auxquels nous vendons nos prisonniers ; il arrivera bientôt, et je vous donnerai la permission de vous en aller. »

Marie remercia beaucoup le roi, et, dans son cœur, elle rendait grâces à Dieu qui lui avait inspiré d'avoir compassion d'elle. Elle courut porter ces bonnes nouvelles à son père ; et, quelques jours après, le vaisseau dont le roi avait parlé étant arrivé, elle s'embarqua avec son père et son frère. Ils abordèrent dans une grande île habitée par les Espagnols. Le gouverneur, ayant appris l'histoire de Marie, dit en lui-même : « Cette fille n'a pas un sou, et elle est bien brûlée du soleil ; mais elle est si bonne et si vertueuse, qu'elle pourra rendre son mari plus heureux que si elle était riche et belle. » Il pria Maurice de lui donner sa fille en mariage ; il s'unit avec elle, et fit épouser une de ses parentes à Jean ; en sorte qu'ils vécurent tous fort heureux dans cette île, admirant la sagesse de la Providence, qui n'avait permis que Marie fût esclave que pour lui donner occasion de sauver la vie à son père.

LA PEYROUSE

EXTRAIT DES ANNALES MARITIMES ET COLONIALES, 1822, 1823

Jean-François Galaup de la Peyrouse, chef d'escadre, naquit à Albi, en 1741. Entré dès ses jeunes ans à l'École de la marine, ses premiers regards se tournèrent vers les navigateurs célèbres qui avaient illustré leur patrie, et il prit dès lors la résolution de marcher sur leurs traces; mais, ne pouvant avancer qu'à pas lents dans cette route difficile, il se prépara, en se nourrissant d'avance de leurs travaux, à les égaler un jour. Il joignit de bonne heure l'expérience à la théorie. Il avait déjà fait dix-huit campagnes, quand le commandement de sa dernière expédition lui fut confié. Garde de la marine en 1756, il fit d'abord cinq campagnes de guerre, la cinquième sur le *Formidable*, commandé par Saint-André du Verger. Ce vaisseau faisait partie de l'escadre aux ordres du maréchal de Conflans, lorsqu'elle fut jointe, à la hauteur de Belle-Isle, par l'escadre anglaise. Les vaisseaux de l'arrière-garde, le *Magnifique*, le *Héros* et le *Formidable*, furent attaqués et environnés par huit ou dix vaisseaux ennemis. Le combat fut si terrible, que huit vaisseaux anglais ou français coulèrent bas pendant l'action, ou allèrent se perdre et se brûler sur les côtes de France. Le seul vaisseau le *Formidable*, plus maltraité que les autres, fut pris après la plus vigoureuse défense. La Peyrouse se conduisit avec une grande bravoure dans ce combat, où il fut grièvement blessé.

Rendu à sa patrie, il fit, avec le même grade, sur le vaisseau le *Robuste*, trois nouvelles campagnes. Il s'y distingua dans plusieurs circonstances, et son mérite naissant commença à fixer les regards de ses chefs.

En 1764, il fut promu au grade d'enseigne de vaisseau. Un homme moins actif eût profité des douceurs de la paix; mais sa passion pour son état ne lui permettait pas de prendre du repos.

En 1765, il était sur la flûte l'*Adour*; en 1766, il était sur la flûte le *Gave*; en 1767, il commandait la flûte l'*Adour*; en 1768, il commandait la *Dorothée*; en 1769, il commandait le *Bugalet*; en 1771 et 1772, il était sur la *Belle-Poule*.

De 1773 à 1777, il commandait la flûte la *Seine* et les *Deux-Amis* sur la côte de Malabar. Il était lieutenant de vaisseau depuis le 4 avril 1777.

En 1778, les hostilités entre la France et l'Angleterre recommencèrent par le combat de la *Belle-Poule*.

En 1779, la Peyrouse commandait l'*Amazone*, qui faisait partie de l'escadre aux ordres du vice-amiral d'Estaing. Il prit sur la côte de la Nouvelle-Angleterre la frégate l'*Ariel*, et contribua à la prise de l'*Experiment*.

Nommé capitaine en 1780, il commandait la frégate l'*Astrée*, lorsque, se trouvant en croisière avec l'*Hermione*, commandée par le capitaine Latouche, il livra, le 21 juillet, un combat opiniâtre à six bâtiments de guerre anglais, à six lieues du cap nord de l'Ile-Royale. Cinq de ces bâtiments formèrent une ligne pour l'attendre; le sixième resta hors de la portée du canon. Les deux frégates coururent ensemble sur l'ennemi, et manœuvrèrent avec tant d'habileté, que le désordre se mit bientôt dans l'escadrille anglaise. Au bout d'une demi-heure, l'un des bâtiments et la frégate commandante furent obligés de se rendre. Les trois autres auraient éprouvé le même sort, si la nuit ne les eût dérobés à la poursuite des deux frégates.

L'année suivante, le gouvernement forma le projet de prendre et de détruire les établissements des Anglais dans la baie d'Hudson. La Peyrouse parut propre à remplir cette mission pénible dans des mers difficiles. Il eut ordre de partir du cap Français le 31 mai 1782. Il commandait le *Sceptre*, et il était suivi des frégates l'*Astrée* et l'*Engageante*, commandées par les capitaines de Langle et la Jaille.

Le 17 juillet, il eut connaissance de l'île de la Résolution ; mais à peine eut-il fait vingt-cinq lieues dans le détroit d'Hudson, que ses vaisseaux se trouvèrent engagés dans les glaces, où ils furent considérablement endommagés.

Pour arriver promptement au fort du Prince-de-Galles, qu'il se proposait d'attaquer d'abord, il n'avait pas un instant à perdre, la rigueur de la saison obligeant tous les vaisseaux d'abandonner cette mer dès les premiers jours de septembre. Mais, dès qu'il fut entré dans la baie d'Hudson, les brumes l'enveloppèrent, et, le 3 août, à la première éclaircie, il se vit environné de glaces à perte de vue. Cependant il triompha de tous les obstacles, et, le 8 au soir, malgré la marée et l'obscurité, les chaloupes abordèrent à trois quarts de lieue du fort. La Peyrouse fit sommer l'ennemi. Les portes furent ouvertes; le gouverneur et la garnison se rendirent à discrétion.

Le 11 août, il mit à la voile pour se rendre au fort d'York. Il éprouva, pour y arriver, des difficultés plus grandes encore que celles qu'il avait rencontrées précédemment.

Le 21 au soir, on arriva à l'embouchure de la rivière Nelson, qui est près du fort; mais la rive était inabordable : les plus petits canots ne pouvaient approcher qu'à environ cent toises, et le fond qui restait à parcourir était de vase molle. Les chaloupes restèrent à sec à trois heures du matin, la marée perdant beaucoup plus qu'on ne l'avait présumé.

Irritées par cet obstacle, bien loin d'en être découragées, toutes les troupes débarquèrent; et, après avoir fait un quart

de lieue dans la boue jusqu'à mi-jambe, elles arrivèrent enfin sur un pré, où elles se rangèrent en bataille. De là, elles marchèrent vers un bois où l'on comptait trouver un sentier sec qui conduirait au fort. On n'en découvrit aucun, et toute la journée fut employée à la recherche de chemins qui n'existaient pas.

La Peyrouse ordonna au capitaine du génie Monneron d'en tracer un à la boussole au milieu du bois. Ce travail, extrêmement pénible, exécuté, servit à faire connaître qu'il y avait deux lieues de marais à traverser, pendant lesquelles on enfoncerait dans la vase jusqu'aux genoux.

Cependant les troupes arrivèrent devant le fort le 24 au matin, après une marche des plus pénibles, et il fut rendu à la première sommation. La Peyrouse fit détruire le fort, et donna l'ordre aux troupes de se rembarquer.

La Peyrouse, ayant à bord les gouverneurs des forts du Prince-de-Galles et d'York, s'éloigna de ces parages livrés aux tempêtes.

L'époque du rétablissement de la paix avec l'Angleterre, en 1783, termina cette campagne. L'infatigable la Peyrouse ne jouit pas longtemps d'un long repos : une plus importante campagne l'attendait. Hélas! ce devait être la dernière... Il fut appelé par le roi à commander l'expédition autour du monde, qui partit de Brest en 1785. Il se dévoua, cette fois, aux intérêts de la science.

Dans les instructions que Louis XVI donna à la Peyrouse, on lit ces paroles : « Que des peuples dont l'existence nous est encore inconnue apprennent de vous à respecter la France; qu'ils apprennent surtout à la chérir. Que les bienfaits annoncent votre arrivée; que les regrets suivent votre départ. Vous aurez conquis assez de gloire si l'humanité, si la bienfaisance, président partout à vos travaux.

. . . .

« Je regarderai comme un des succès les plus heureux de l'expédition, qu'elle puisse être terminée sans qu'il en ait coûté la vie à un seul homme. »

Paroles sacrées qui honorent à la fois et le monarque qui les prononce et le navigateur illustre auquel elles s'adressaient.

On sait ses premiers travaux; sa fin tragique est restée couverte d'un voile... Aucun de ceux qui faisaient partie de l'expédition n'a revu la France.

Des vaisseaux furent envoyés pour interroger les mers sur le sort de la Peyrouse. La nation tout entière, s'intéressant au destin d'un seul homme, les accompagna de ses souhaits. Mais leurs recherches furent vaines; d'Entrecasteaux, qui les dirigeait, succomba lui-même avant d'en atteindre le terme : le résultat d'une expédition si honorable pour celui qui en était l'objet fut de donner à la France la certitude qu'il était perdu pour elle.

Voici l'extrait d'une lettre contenue dans un journal anglais et adressée, le 1er mai 1824, par l'intendant de la colonie de Van-Diemen :

« L'expédition chargée d'explorer la grande rivière découverte dernièrement dans la Nouvelle-Hollande a trouvé, sur les bords de la petite île voisine de la baie de Moreton, les débris d'un grand navire. D'après toutes les apparences, ce naufrage remonte à une époque déjà fort éloignée. On ne doute point que ce ne soit l'*Astrolabe*, vaisseau de M. de la Peyrouse, qui se dirigea de Botany-Bay vers le nord, dans les premiers temps de l'établissement de cette colonie, et dont on n'a plus entendu parler. »

Militaire et navigateur, la Peyrouse mérite également d'être connu par ses qualités personnelles : car il n'était pas moins propre à se concilier les hommes de tous les pays, ou à s'en faire respecter, qu'à prévoir et à vaincre les obstacles qu'il est donné à la sagesse humaine de surmonter.

Unissant à la vivacité des habitants des pays méridionaux un esprit agréable et un caractère égal, sa douceur et son aimable gaieté le firent toujours rechercher avec empressement. D'un autre côté, mûri par une longue expérience, il joignait à une prudence rare cette fermeté de caractère qui est le partage d'une âme forte, et qui, augmentée par le genre de vie pénible des marins, le rendait capable de tenter et de conduire avec succès les plus grandes entreprises.

D'après la réunion de ces diverses qualités, de sa patience rigoureuse dans les travaux commandés par les circonstances, des conseils sévères que sa prévoyance lui dictait, des mesures de précaution qu'il prenait avec les peuples, on sera peu étonné de la conduite bienfaisante et modérée autant que circonspecte de la Peyrouse à leur égard, de la confiance, quelquefois même de la déférence qu'il témoignait à ses officiers, et de ses soins paternels envers ses équipages. Rien de ce qui pouvait les intéresser, soit en prévenant leurs peines, soit en procurant leur bien-être, n'échappait à sa surveillance, à sa sollicitude. Ne voulant pas faire d'une entreprise scientifique une spéculation mercantile, et laissant tout entier le bénéfice des objets de trait au profit des seuls matelots de l'équipage, il se réservait la satisfaction d'avoir été utile à la patrie et aux sciences. Aucun navigateur, avant lui, bien que secondé parfaitement dans les soins nécessaires au maintien de la santé, n'avait fait une campagne aussi longue, ni parcouru un développement de route aussi étendu, en changeant sans cesse de climat, avec des équipages aussi sains, jusqu'à leur arrivée à la Nouvelle-Hollande; après trente mois de campagne et plus de seize mille lieues de route, ils étaient aussi bien portants qu'à leur départ de Brest.

Maître de lui-même, ne se laissant jamais aller aux premières impressions, il fut à portée de pratiquer les préceptes d'une saine philosophie, amie de l'humanité. Une foule de passages de son journal peignent fidèlement l'homme, et nous le montrent s'attachant surtout à suivre cet article de ses instructions qui lui ordonnait d'éviter de répandre une seule goutte de sang.

Équitable et modeste autant qu'éclairé, avec quel respect il parlait de l'immortel Cook, et comme il cherchait à rendre justice aux grands hommes qui avaient parcouru la même carrière!

Également juste envers tous, la Peyrouse, dans son journal

et sa correspondance, dispense avec équité les éloges auxquels ont droit ses coopérateurs. Il cite aussi les étrangers qui, dans les différentes parties du monde, l'ont bien accueilli et lui ont procuré des secours.

Justement apprécié par les marins anglais qui avaient eu occasion de le connaître, ils lui ont donné un témoignage d'estime non équivoque dans leurs écrits.

Mais parler de ses vertus, de ses talents, c'est rappeler ses malheurs, c'est réveiller nos regrets; l'idée des uns est désormais liée inséparablement au souvenir des autres, et ils doivent fonder à jamais un monument de douleur et de reconnaissance dans le cœur de tous les amis des sciences et de l'humanité.

L'ENSEIGNE BISSON

Bisson (Henri), enseigne de vaisseau, s'est illustré par un trait d'héroïsme qui lui coûta la vie. Élève de la première classe de l'école spéciale de marine de Brest, et nommé enseigne le 1er mars 1820, il servit dans la campagne de Grèce, à bord de la frégate la *Magicienne*.

Croisant dans l'archipel grec, ce navire avait capturé un brick forban, le *Panaïoty*. Quinze matelots français furent détachés pour le monter; Bisson eut ordre d'en prendre le commandement et de suivre la frégate. Un coup de vent ayant séparé les deux bâtiments, le *Panaïoty* fut contraint de chercher un abri dans le mouillage de l'île de Staupalie. Là, quelques-uns des corsaires prisonniers qu'on avait laissés à bord du brick, trompant la vigilance des sentinelles, se jettent à la mer, gagnent à la nage le rivage de l'île, et se hâtent d'informer de la faiblesse de l'équipage français les autres pirates qui s'y trouvent.

Leur attaque ne fut pas imprévue; le mauvais temps continuait à rendre le départ impossible; Bisson rassemble ses matelots, les encourage et les prévient qu'il a résolu de faire sauter le vaisseau plutôt que de céder au nombre. Son pilote, Trémentin, jure d'exécuter la volonté de son chef si celui-ci vient à périr dans le combat. Deux grosses chaloupes, chargées de soixante hommes chacune, fondent avec furie sur les quinze Français, et abordent le brick par l'avant. Neuf des Français sont tués! Bisson est atteint d'une blessure grave : il se traîne dans la chambre des poudres, avertit les quatre Français qui restent et le pilote qui combat encore de se jeter à la mer, et s'écrie : « Adieu, pilote; voilà le moment de nous venger! » La poudre est allumée; le bâtiment saute, et avec lui les misérables assaillants. Plus heureux que l'intrépide enseigne, les quatre Français gagnèrent la terre, et Trémentin fut jeté vivant encore sur le rivage.

FAIT D'ARMES DE MAZAGRAN

EXTRAIT DU MONITEUR

La province d'Oran a été, du 2 au 6 février 1840, le théâtre de l'un des plus beaux faits d'armes que les annales militaires aient jamais eus à enregistrer.

Mostaganem et Mazagran ont été, dans ces mémorables journées, l'objet de plusieurs attaques. Douze cents hommes, dont quatre cents fantassins, sous les ordres de Moustapha-ben-Tamy, ont fait des efforts inouïs pour s'emparer du réduit de Mazagran. L'insuffisance de nos moyens de défense n'ayant pas permis d'occuper le bas de la ville, deux ou trois cents fantassins purent s'y loger facilement, en créneler les maisons, et diriger une fusillade extrêmement vive contre le réduit, tandis que les cavaliers l'attaquaient du côté de la plaine, et que deux pièces de canon, placées sur un plateau de cinq à six cents mètres, en battaient les murailles. Dans cette position critique, et n'ayant qu'une pièce en batterie sur deux, les défenseurs de Mazagran, au nombre de cent vingt-trois, eurent à soutenir, pendant quatre jours, les plus violentes attaques. L'ennemi fut sur le point de pénétrer dans l'enceinte *dans un assaut qui n'a duré qu'une heure*, dit le capitaine Lelièvre, commandant les cent vingt-trois braves chasseurs d'Afrique qui composaient seuls la garnison; mais, grâce à leur opiniâtre intrépidité, l'ennemi fut repoussé, tantôt à coups de baïonnette, tantôt avec des grenades et même des pierres.

L'attaque a duré cinq jours. La force totale de l'ennemi est estimée à douze mille hommes, d'après les calculs les plus modérés. Il avait avec lui deux pièces d'artillerie.

Le 3 février, entre dix et onze heures du matin, une forte colonne de huit cents hommes est venue attaquer le réduit de Mazagran. La ville, n'étant point occupée, fut envahie en un instant par l'ennemi. Une vive fusillade s'engagea de part et d'autre. L'artillerie ennemie ouvrit son feu. La nuit mit fin au combat.

Le 4, l'ennemi, plus nombreux que la veille, renouvela l'attaque, qui commença à six heures du matin et dura jusqu'à six heures du soir. Il fut encore repoussé avec perte. Le 5, nouvelle attaque, qui eut le même sort que les précédentes.

L'artillerie des Arabes ayant fait brèche dans les murs de Mazagran, la garnison profita de la nuit pour réparer les murailles, panser les blessés, et se préparer à de nouveaux combats. Enfin, le 6, l'ennemi fit une tentative désespérée pour se rendre maître de ce poste. Une colonne de deux mille fantassins donna l'assaut. L'ennemi parvint jusque sur la muraille; mais ce fut son dernier effort. Entièrement découragé, il se retira, abandonnant l'attaque et toutes ses positions.

Le brave capitaine Lelièvre commandait cette petite troupe de héros. Son lieutenant, M. Magnan, sorti de la place pour aller à Mostaganem, revint sur ses pas quand il aperçut les Arabes. Il arriva que la porte était occupée; néanmoins il se présenta. On lui jeta une corde, et ce brave courut à son poste, qu'il ne quitta plus que la nuit pour secourir les blessés et leur prodiguer tous les soins qu'ils réclamaient.

Les ennemis étaient conduits par les beys de Tlémecen et de Mascara. Notre poignée de braves, maniant tantôt la truelle et tantôt le fusil, est sortie victorieuse d'une lutte où elle devait succomber.

Quatre-vingt-deux tribus, exaltées par les prédications de Mustapha-ben-Tamy, avaient envoyé leurs contingents pour cette expédition. Les plus braves, ceux qui étaient déterminés à monter à l'assaut, s'étaient fait inscrire sur un registre ouvert à cet effet. En cas de succès, ils devaient recevoir une forte récompense pour leur saint dévouement.

Séparé de Mazagran par une masse de sept à huit cents cavaliers qui en barraient tous les abords, et justement inquiet du sort de ce poste, le lieutenant-colonel Dubarail ne négligea rien de ce qui pouvait diviser les forces de l'ennemi et lui prouver que Mazagran ne serait point abandonné. Dans ce but, plusieurs sorties, conduites avec habileté et résolution par cet officier supérieur, eurent lieu et produisirent l'effet qu'on en espérait.

« Nous entendions parfaitement, dit-il, cette vive canonnade, et nous étions dans la plus vive inquiétude sur le sort des cent vingt-trois braves qui se défendaient sans doute avec courage et sang-froid.

« Trois fois nous avons essayé de communiquer avec Mazagran, et trois fois nous avons été repoussés dans nos murs par une nombreuse et formidable cavalerie. Enfin, le 6, après midi, le commandant supérieur, décidé à avoir des nouvelles de nos braves camarades, ou à faire une diversion qui, en attirant toutes les troupes sur nous, pût leur être favorable ou du moins leur donner un moment de repos, fit sortir une partie de notre garnison. Le capitaine Palais, commandant l'artillerie, marchait en tête avec deux pièces de canon, dont un obusier de vingt-quatre ; nous n'étions que trois cents, et nous allions lutter contre huit mille cavaliers ; mais nous étions tous animés par un sentiment d'honneur et d'amour-propre qui nous faisait désirer de partager le sort de nos braves camarades de Mazagran.

« Le combat s'engagea immédiatement, car les Arabes nous attendaient, et nous avaient même fait dire que, si nous sortions de nos murs, ils y rentreraient avant nous. Nous fûmes assaillis par leur cavalerie. La bonne contenance de nos troupes, le feu meurtrier et bien soutenu de nos pièces, l'arrêtèrent et l'empêchèrent de nous déborder et de nous couper la retraite ; le combat dura jusqu'à la nuit, et, protégés par le feu de notre artillerie, qui fit éprouver de grandes pertes à l'ennemi, nous pûmes rentrer dans nos murs sans avoir perdu un seul homme.

« Le lendemain de cette affaire, un silence plus effrayant que celui des tombeaux régnait sur Mazagran. Nous n'apercevions plus de vedettes arabes, et nous étions dans la plus vive inquiétude ; nous fîmes alors une reconnaissance, qui, poussée avec prudence, atteignit Mazagran.

« Deux heures après, nous vîmes arriver le drapeau tricolore de cette brave garnison, qui, semblable à un vieux drapeau de la République ou de l'Empire, était déchiré par les boulets et percé de mille trous de balle ; nous le saluâmes de douze coups de canon, et nous embrassâmes avec une joie indéfinissable nos braves camarades, qui venaient de lutter si glorieusement contre cette foule de barbares. »

Ils ont soutenu quatre assauts consécutifs ; enfin le dernier, qui n'eut lieu qu'après que les murailles eurent été en partie démolies par le canon ennemi, fut tenté le dernier jour du départ des Arabes.

Ainsi, pendant quatre jours, cent vingt-trois hommes ont résisté aux efforts de douze mille Arabes ; ils ont repoussé plusieurs assauts, dont le dernier a été terrible. L'ennemi avait deux pièces de canon, qui ont fait un feu continuel à environ six cents mètres du réduit. Durant ces quatre jours, les zéphyrs enfermés dans le réduit ont brûlé de vingt-cinq à trente mille cartouches. Il ne leur en restait plus que dix mille au moment de la retraite des Arabes. Un jour encore, et ils n'avaient plus à opposer à l'ennemi que leurs baïonnettes et les débris de leurs murailles, et tous ces braves gens seraient morts sans qu'on sût ce qu'ils avaient déployé de courage et de persévérance dans cette lutte acharnée.

Les Arabes ont montré dans l'attaque de Mazagran une grande intrépidité. Leur ignorance complète de l'emploi des moyens mécaniques est une des principales causes de l'échec qu'ils ont éprouvé. Ils essayaient, avec de longues perches, de faire tomber les sacs à terre qui protégeaient l'unique pièce d'artillerie de nos braves camarades ; ils ne purent en venir à bout.

FAIT D'ARMES DE MAZAGRAN.

Ils ont perdu beaucoup de monde; toutes les masures de Mazagran, ensanglantées, en sont un témoignage éclatant. Les zéphyrs, dans cette circonstance, ont complété leur belle réputation militaire. Ce sont toujours les mêmes hommes qui ont fait toutes les expéditions de la province d'Oran, et qui, sous la conduite du colonel Duvivier, ont été frapper avec leurs crosses de fusil à la porte de Constantine.

Honneur au 1er bataillon d'Afrique!

Voici la belle et digne récompense décernée par le général commandant d'Oran à cette poignée de braves qui a défendu avec tant d'intrépidité le poste de Mazagran :

« Le lieutenant général Gueheneuc autorise la 10e compagnie du 1er bataillon d'Afrique à conserver comme un glorieux trophée le drapeau qui flottait sur la place de Mazagran pendant les journées des 3, 4, 5 et 6 février, et qui, tout criblé par les projectiles de l'ennemi, atteste à la fois l'acharnement de l'attaque et l'opiniâtreté de la défense.

« En outre, il ordonne que, le 6 février de chaque année,

lecture du présent ordre du jour soit faite devant le bataillon d'Afrique, si cela est possible, et que, dans le cas où cette réunion ne pourrait s'effectuer, chaque commandant de détachement en fera faire lecture devant tous les hommes assemblés sous les armes.

« Honneur à l'héroïque garnison de Mazagran!

« *Le lieutenant général,* Gueheneuc. »

Une souscription a été ouverte à Alger pour élever une colonne sur laquelle seront inscrits les noms des braves défenseurs de Mazagran.

LE JEUNE PROFESSEUR

PRIX MONTYON, 1853

Moïse Lion est né à Beaune, de parents pauvres; il est l'aîné de trois enfants, et il arrive le premier à cet âge où les fils reconnaissants comprennent qu'ils doivent rendre à ceux qui les ont nourris les secours qu'ils en ont reçus. La faiblesse de sa constitution lui interdisant les travaux pénibles, il se voue à l'instruction publique, et c'est à dix-neuf ans qu'il commence la sienne. Le zèle et l'aptitude suppléent au temps, et, deux ans après, il peut donner des leçons d'allemand et de mathématiques. Ses parents ont vieilli, les infirmités ont suivi la vieillesse : il en est la providence; il amasse même pour l'avenir, et il peut donner à sa sœur une dot de six cents francs. Il est heureux, et se sent capable d'aller plus loin. Il concourt pour l'agrégation, et il est reçu après un brillant examen. Il croit être sur la voie d'une découverte scientifique; il adresse un mémoire à l'Académie des sciences, et la commission qui l'examine l'encourage par ses éloges, l'engage même à continuer ses savantes expériences.

Eh bien, cet avenir qui s'offre à lui, cette gloire qu'il peut rêver, la bonté de son cœur va le forcer d'y renoncer. Son frère est déjà père de six enfants en bas âge, son travail ne peut suffire à les nourrir, et la misère l'entraîne dans une faute dont la cruelle expiation le sépare de sa famille. Moïse Lion n'hésite point; la femme et les enfants de son frère sont adoptés, nourris et élevés par cet excellent jeune homme; les économies qui devaient l'aider à poursuivre ses expériences sont absorbées par ce sacrifice. Il redouble de zèle pour subvenir à l'existence de dix personnes; il s'impose des privations nouvelles et un travail de seize heures par jour. Ce n'est pas tout encore : la sœur qu'il a mariée n'a que les bras de son mari pour vivre; ce mari devient infirme, et c'est sur Moïse que ce nouveau malheur retombe, sans lasser son infatigable charité. C'est une sœur, ce sont deux neveux qui viennent accroître sa famille adoptive et les charges qu'il s'est imposées. L'Université l'appelle alors à une chaire de mathématiques. C'est une fortune personnelle, un avenir assuré; mais le collége qu'on lui assigne est à cent vingt lieues de son pays. Il ne peut, il n'ose traîner dans une ville étrangère ce cortége de vieillards, d'orphelins et de veuves. Il sacrifie son avancement; il reste auprès de ceux dont il est l'unique soutien; et voilà quinze ans que dure cette vie d'abnégation et de charité, sans qu'une plainte, un murmure échappe à celui qui la subit! Voyez maintenant dans quel siècle cela se passe, quelle foule de jeunes gens avides d'illustration et de fortune est poussée incessamment vers la capitale par des illusions que ne peuvent détruire ni les conseils, ni les larmes, ni les besoins de leurs familles. Moïse Lion ne s'est point laissé entraîner par l'exemple, il a résisté même à une ambition légitime, et l'Académie l'en récompense par un prix de deux mille francs. Puissent-ils le mettre à même de reprendre le cours de ses expériences! puisse un glorieux succès couronner ses efforts! Il l'aura bien mérité.

MADEMOISELLE BERTEAU

PRIX MONTYON, 1835

Agée maintenant de cinquante-six ans, mademoiselle Berteau remplit gratuitement, depuis vingt-neuf ans accomplis, les fonctions de directrice de l'hospice d'Elbeuf.

Non contente de donner les soins les plus assidus à tout ce qui concerne la direction de cet établissement public, c'est elle-même qui soigne les malades, qui panse leurs plaies, qui pourvoit à leurs besoins. Aucune exigence ne la rebute, aucun service ne lui répugne : c'est une mère dans toute la tendresse du mot, qui veille sur ses enfants.

En 1823, lorsque l'autorité locale jugea utile d'ouvrir un asile à la vieillesse indigente, les commissaires du conseil municipal d'Elbeuf, chargés de présenter un rapport sur une fondation d'un si grand intérêt dans une ville manufacturière, firent valoir, entre autres motifs favorables, l'économie résultant d'une direction gratuite dont mademoiselle Berteau consentirait encore à se charger. Cette espérance n'a point été déçue. Depuis le commencement de 1824, cette providence du pauvre prodigue aux vieillards indigents des deux sexes, admis au nombre de vingt-deux dans l'asile qui leur est ouvert, les soins les plus pénibles et les plus touchants.

Croira-t-on que mademoiselle Berteau n'ait vu dans cette double charge, déjà si pesante, remplie avec tant de zèle et d'exactitude, que l'accomplissement d'un simple devoir, et qu'elle soit parvenue, sans fortune, sans appui, sans autre secours que son industrieuse charité et le merveilleux ascendant de sa vertu, à fonder un établissement d'orphelines qu'elle a si heureusement baptisé du nom de *Providence?* La reconnaissance publique, en y associant le nom de Berteau, n'a pas affaibli cette sainte invocation.

L'établissement de la Providence-Berteau compte aujourd'hui cent cinquante enfants, parmi lesquels cinquante n'ont pas atteint l'âge de huit ans. Rien ne peut donner une idée de l'ordre admirable qu'une seule personne a introduit et maintient dans une maison où la plus sévère économie devient une source d'aisance et de bien-être.

Toutes ces orphelines, formées au travail selon leur âge et leur aptitude, concourent à la prospérité de l'établissement. Les unes veillent sur les plus jeunes enfants et leur apprennent à lire et à écrire; d'autres sont chargées des détails intérieurs; les plus âgées se consacrent aux malades du dehors, et vont dans la ville soigner le pauvre et le riche avec le même désintéressement, avec le même amour de l'humanité, dont leur vénérable institutrice leur donne à chaque instant de sa vie le précepte et l'exemple.

Il est des êtres bienfaisants par nature, qui, après avoir fait plus qu'ils ne peuvent, ne croient pas encore avoir fait tout ce qu'ils doivent : mademoiselle Berteau est de ce nombre. Quelque disposé que l'on soit à l'admiration pour tant de vertu, on a besoin d'avoir sous les yeux des témoignages irrécusables pour oser ajouter que le zèle et les forces de cette héroïne de charité ne se sont pas épuisés dans les trois établissements qu'elle dirige, et dont elle ne sort que pour chercher ailleurs des malheureux à consoler, des êtres souffrants à secourir.

Dans l'impossibilité de rappeler ici tant d'actes isolés de son inépuisable bienfaisance, nous nous bornerons à en citer quelques-uns.

En 1821, une femme étrangère à la ville meurt à l'hospice d'Elbeuf. Elle laisse un fils, Jacques Vicomte, âgé de sept ans. L'enfant s'attache au cercueil de sa mère, il l'appelle à grands

cris, il ne veut point s'en séparer. L'orphelin est sans appui, sans ressource, sans asile. Mademoiselle Berteau lui tiendra lieu de tout. Elle l'adopte, l'élève, et lui sert de mère jusqu'à l'âge de dix-neuf ans.

Pierre Violette, âgé de neuf ans, épileptique, est en outre atteint de deux maladies dégoûtantes. Personne n'ose approcher de l'enfant, couvert de plaies hideuses : la crainte de la contagion éloigne les secours. Mademoiselle Berteau se charge de cet infortuné, le panse, le soigne, le rend à la vie, et met le comble à ses bienfaits en le gardant à sa charge pendant six années consécutives.

François Bachelet de Saint-Aubin, orphelin, âgé de neuf ans; Laguette, âgé de huit ans; les trois enfants Le Cat, sont encore aujourd'hui l'objet de ses soins généreux.

L'éloge de mademoiselle Berteau n'est pas complet. C'est surtout pendant l'invasion du choléra que la charité elle-même a paru se manifester à tous les yeux sous les traits de cette vertueuse femme.

A l'apparition du fléau, elle improvise en quelque sorte, dans l'hospice, une infirmerie spéciale où cent cinquante cholériques sont successivement admis. Cent neuf en sortent guéris; trois infirmières succombent, personne ne se présente pour les remplacer. Mademoiselle Berteau, restée presque seule, ne perd point courage : elle se multiplie, elle ne quitte le lit d'un malade que pour courir à un autre; elle double les jours : car pour elle il n'y a plus de nuits, plus de sommeil; elle oublie quelquefois de prendre la nourriture nécessaire au soutien d'une vie si précieuse; mais la charité la fait vivre, et son courage désarme le trépas.

C'est ici qu'un fait remarquable doit être signalé.... Le fléau étend ses ravages, la mort frappe de toutes parts : aucun quartier de la ville n'est épargné; l'épidémie meurtrière arrive aux portes de la Providence-Berteau. Les maisons contiguës comptent des victimes de tous les âges, et, par une sorte de miracle dont il est impossible de ne pas attribuer la cause première aux précautions, aux soins et à l'ordre qui règnent dans cet établissement, les deux cents enfants de mademoiselle Berteau sont respectées, pas une seule n'éprouve le plus léger symptôme de l'inexorable fléau !

LE VÉTÉRAN DES GUERRES DE LA RÉPUBLIQUE

PRIX MONTYON, 1855

Il existe, dans la commune de Reichshoffen, département du Bas-Rhin, un vétéran des guerres de la République, nommé Joly, qui, au sein de sa pauvreté, s'est acquis, ainsi que sa femme, des droits à la vénération générale. Dans une chaumière voisine de la leur, vivait une femme sujette à d'horribles convulsions provenant d'un goître qui lui couvrait la moitié de la poitrine. Cette pauvre malade, délaissée par un mari livré au vice de l'ivrognerie, restait sans soins et sans ressources. Instruits de ce déplorable abandon, Joly et sa femme, exposés eux-mêmes à toutes les privations de la misère, n'hésitèrent pas à partager avec l'infortunée le prix de leur travail journalier. A mesure que ses souffrances devinrent plus intolérables, son infirmité plus hideuse, elle se vit l'objet des soins les plus assidus de ses généreux voisins, qui passaient auprès d'elle tous les instants dérobés au travail, et se privaient tous les jours d'une portion de leur nourriture pour aller la déposer sur son lit de douleur.

Cette femme avait deux enfants, dont l'un (c'était un fils) était aussi atteint d'un goître, mais qui s'annonçait d'une nature encore plus dangereuse que celui de sa mère. Une constitution débile, une surdité et un mutisme à peu près absolus, enfin un état presque complet d'idiotisme, faisaient de cet être informe un objet de dégoût et d'horreur. Sa mère l'aimait pourtant.

Quand elle sentit sa fin approcher, elle confia à Joly ses angoisses sur le sort de cette pauvre créature, que ses autres pa-

rents repoussaient et dont la commune ne voulait pas se charger. Joly et sa femme consolèrent cette mère désespérée en lui promettant d'adopter son fils. La mourante n'avait pas osé parler d'une fille atteinte du mal héréditaire, et réduite à un état de faiblesse qui la rendait incapable de prêter le plus faible secours aux bienfaiteurs portés à la recueillir. Joly et sa femme, prévenant les vœux de la mère, promirent encore de se charger de sa fille. Rassurée désormais sur le sort des siens, la malade mourut tranquille et résignée.

A l'époque de cette double adoption, Joly et sa femme avaient passé l'un et l'autre l'âge de cinquante ans. Les infirmités augmentaient. Dénués de fortune, ils avaient pour toute propriété une chaumière composée de deux petites chambres, située dans un endroit bas et humide, sans cour, sans étable, sans bétail, pas même une chèvre. C'est dans cette habitation, à peine suffisante pour eux-mêmes, qu'ils se décidèrent à recevoir leurs deux nouveaux hôtes. C'est là que l'existence de ces deux infortunés a été conservée par la vertu de deux anges de patience, de courage et de bonté.

Le frère parvint bientôt, comme on l'avait prévu, à l'état de crétinisme le plus repoussant; la sœur fut réduite, par l'accroissement de son goitre, à un état d'immobilité presque complète, seul moyen d'éviter la suffocation; mais, du moins, elle n'a pas perdu l'usage de ses facultés intellectuelles et morales : elle sait aimer les bienfaiteurs qui lui ont conservé l'existence, et leur donner par ses prières la seule récompense qui soit en son pouvoir : aussi inspire-t-elle la plus tendre pitié.

Il n'en est pas de même du frère : hideux à l'aspect, exigeant avec violence ce que la pauvreté de Joly ne peut donner, sujet à des excès soudains d'une colère extrême, il menace sa sœur et leurs hôtes. Quand il souffre et que ses étouffements augmentent, il brise les meubles de la pauvre chaumière; il devient si furieux quelquefois, que les voisins, accourus au bruit de ses emportements, invitent Joly à réprimer tant de méchanceté; mais le vieux soldat répond toujours : « Dieu l'a châtié plus que je ne saurais le faire; » et alors il se contente d'empêcher le furieux de frapper sa propre sœur et sa mère adoptive.

Pour céder son lit au malheureux idiot, Joly couche à terre; sa femme ne dort qu'à moitié pour être toujours prête à secourir le malheureux infirme. Les nuits sont affreuses : vaincu par l'excès des plus cruelles douleurs, l'idiot entre en des convulsions de désespoir et pousse des cris horribles. Quelquefois il se cramponne après la pauvre vieille femme, sa seconde mère, et l'étouffe dans ses étreintes.

Au milieu de cet enfer de douleurs, de cris et de violences continuelles, comment peut-on admirer assez la vigilance, la pitié tendre et profonde, le dévouement héroïque des deux vieillards? Endurer la faim, le froid, se priver de tout, supporter le spectacle des maux les plus dégoûtants, travailler le jour, passer les nuits presque sans sommeil : voilà leur sort affreux et volontaire depuis dix-huit années. Cependant ils le supportent avec patience et sans jamais se plaindre. Ils acceptent même, comme une épreuve de la vertu, l'espèce de mépris et d'humiliation que l'aversion générale du pays pour le crétinisme répand sur les personnes que leur pitié détermine à vivre dans le commerce de cette odieuse infirmité.

Joly et sa femme auront bientôt atteint l'un et l'autre l'âge de soixante-dix ans. Des travaux multipliés, le long et pénible exercice des plus difficiles vertus, ont usé leurs forces. Bientôt, peut-être, ce qui leur en reste s'épuisera dans les fatigues et les privations auxquelles les condamnent les besoins toujours croissants de leurs enfants adoptifs. Ils voient leur fin approcher sans la craindre; mais ils savent qu'aussitôt leurs yeux fermés, ces malheureux resteront dans un effrayant abandon. Cette seule pensée remplit leurs jours d'amertume et empoisonne ce bonheur tranquille et pur que la conscience des bonnes œuvres donne à ceux qui les font.

Ah! si saint Vincent de Paul vivait parmi nous, n'irait-il pas faire un pèlerinage au pays qui possède Joly et sa femme, visiter leur chaumière, et les bénir au nom de la religion et de l'humanité?

LE PLUS GRAND BIENFAIT

EST CELUI QUI SOUSTRAIT LE MALHEUR AU DANGER D'ÊTRE ENTRAÎNÉ AU CRIME

EXTRAIT DE LA MORALE EN ACTION

ernièrement, un jeune homme est arrêté dans une petite rue, auprès d'une place marchande; on lui demande la bourse ou la vie. Un cœur courageux et sensible distingue bientôt la voix du malheureux que la misère entraîne au crime, de celle du scélérat que la méchanceté y porte. Le jeune homme sent qu'il a un infortuné à sauver.

« Que demandes-tu, misérable, que demandes-tu? dit-il d'un ton imposant à son agresseur. — Rien, monsieur, lui répond une voix sanglotante; je ne vous demande rien. — Qui es-tu? que fais-tu? — Je suis un pauvre ouvrier cordonnier, hors d'état de nourrir ma femme et quatre enfants. — Je ne sais, mais dis-tu vrai? (Il sentait bien que ce malheureux ne disait que trop la vérité.) Où demeures-tu? — Dans telle rue, chez un boulanger. — Voyons; allons! » Le cordonnier, subjugué par un ascendant impérieux, mène le jeune homme à sa demeure, comme il l'aurait conduit jusqu'au fond d'un cachot. On arrive chez le boulanger; il n'y avait qu'une femme dans la boutique. « Madame, connaissez-vous cet homme?

— Oui, monsieur, c'est un ouvrier cordonnier qui demeure au cinquième étage, et qui a bien de la peine à nourrir sa nom-

breuse famille. — Comment le laissez-vous manquer de pain? — Monsieur, nous sommes des jeunes gens nouvellement établis; nous ne pouvons pas faire de grosses avances, et mon mari ne veut pas que je fasse à cet homme plus de vingt-quatre sous de crédit. — Donnez-lui deux pains... Prends ces deux pains, et monte chez toi. » Le cordonnier obéit, aussi agité que quand il allait commettre un crime, mais d'un trouble bien différent. Ils entrent; la femme et les enfants se jettent sur la subsistance qui leur est offerte. Le jeune homme en a trop vu; il sort, après avoir laissé deux louis à la boulangère, avec ordre de fournir du pain à cette famille suivant ses besoins. Quelques jours après, il revient voir les enfants auxquels il a donné une seconde vie; il dit à leur père de le suivre. Il conduisit son pauvre client dans une boutique toute montée et bien assortie de meubles, des outils et matières nécessaires pour exercer sa profession. « Serais-tu content et honnête homme, si cette boutique était à toi? — Ah! monsieur! mais, hélas!..... — Quoi? — Je n'ai pas la maîtrise, et elle coûte..... — Mène-moi chez les jurés syndics. » La maîtrise est achetée, et le cordonnier installé dans sa boutique.

L'auteur d'un si beau trait d'humanité est un jeune homme d'environ vingt-sept ans. On compte que l'établissement de cet artisan lui coûta trois à quatre mille livres. Il ne s'est point fait connaître, et l'on a fait d'inutiles recherches pour le découvrir.

LA SŒUR DE CHARITÉ, MADELEINE FORT

PRIX MONTYON, 1840

La commune de Prades, dans le département de l'Ariége, a été visitée, dans le printemps de 1839, ainsi que quelques communes environnantes, par une épidémie extraordinaire, une sorte de fièvre jaune, qui, pendant dix mois, a sévi sans relâche, et dévoré un sixième de la population. Presque tous les habitants étaient frappés. La terreur était universelle. Plus de soins pour les vivants, plus pour les morts. Qui les ensevelira? Qui les conduira au dernier séjour? Le vieux pasteur, M. l'abbé Izaure, resté fidèle à son troupeau dans cette affliction, promène le saint viatique de demeure en demeure. Lui-même tombe : qui l'assistera? qui lui rendra, dans sa maladie, les soins qu'il a donnés? Il meurt, comme un soldat fidèle frappé sur le champ de bataille en combattant : qui lui rendra les suprêmes devoirs? Après quatre mois, une ambulance est enfin établie; il y a des médecins : qui leur servira d'aide à toutes les heures du jour et de la nuit?

Une pieuse fille, nommée Madeleine Fort, intrépide et infatigable, remplit toutes ces tâches méritoires. Elle a vécu, depuis sa plus tendre jeunesse, pour les bonnes œuvres et pour la charité. C'était elle qui apprenait à lire aux enfants, qui visitait les malades. Tous ceux qui souffraient avaient coutume de l'appeler. Aussi avait-elle refusé tout établissement. « Que deviendraient mes pauvres? » disait-elle. Quand l'épidémie éclate, c'est bien alors qu'elle s'applaudit d'être seule et libre. Elle visite, elle assiste, elle panse, dans l'espace de dix mois, plus de cinq cents infortunés que la mort environne. Elle les sauve, ou bien elle les console, et c'est elle, elle seule, qui les accompagnera à la dernière demeure pour répondre aux prières du prêtre. Elle est partout, elle veille huit nuits sur dix. Ce sont les plus pauvres près de qui elle fait la garde la plus fidèle. Arrivent enfin, pour la relever, deux sœurs de charité, saintes filles, dont l'une ne tardera pas à être enlevée par le fléau qu'elle vient combattre; l'autre, à tomber malade à son tour. Alors le vieux père de Madeleine et ses frères ont voulu l'arracher au péril, à celui du moins de la fatigue et de l'épuisement. Elle s'éloigne, en effet. Les villages d'alentour étaient dévastés, et un curé, M. l'abbé Martimort, qui, remplaçant, sur le champ de bataille, son devancier mort dans la mêlée, s'était signalé, après lui, par l'héroïsme de son courage chrétien, venait aussi d'être frappé. Il a appelé Madeleine. Elle est allée assister celui qui assistait tout son troupeau. Qui donc la soutint dans ces journées effroyables? la religion! A quelle autre source puiserait-on cette force angélique?

Quand toute cette plaie se fut retirée, le curé fut payé selon ses mérites. Il a été traité comme un officier du col du Teniah ou de Mazagran : le roi lui envoya la décoration de la Légion d'honneur. Madeleine Fort, de son côté, reçoit une récompense glorieuse : on l'appelle la Sœur de charité ! Elle rougit à ce nom : c'est trop pour sa modestie. En effet, il n'en est pas de plus grand ; celui-là résume tous les sacrifices et tous les martyrs.

LE PORTEFEUILLE

Sur la route qui conduit de la ville de la Charité à Nevers, un vieillard aveugle se tenait assis, et sa voix, qui psalmodiait un lamentable cantique, attirait sur lui les regards des passants, et, de temps en temps, une légère pièce de monnaie tombait dans son chapeau.

Une petite fille était auprès de lui ; et ses rires joyeux et insouciants parvenaient quelquefois à égayer le visage du pauvre homme ; la gentillesse de la pauvre petite attirait aussi l'attention des passants et rendait plus fréquentes les aumônes qui tombaient dans le chapeau du vieux mendiant.

Elle était à jouer au milieu de la route, lorsqu'un nuage de poussière s'éleva et une chaise de poste vint à passer rapidement, traînée par quatre vigoureux chevaux. Lorsqu'elle fut éloignée, la petite retourna à ses jeux et fut surprise de trouver quelque chose qu'elle ne connaissait pas et qu'elle porta à son grand-père; c'était un portefeuille.

Le vieillard le prit, et, sentant qu'il était plein et fermé par une petite serrure, n'essaya point de l'ouvrir et se disposa à aller à la ville de la Charité le remettre aux autorités. Dans ce moment, passait un paysan qui connaissait le vieux mendiant et qui s'approcha pour lui parler : « Qu'est-ce que vous tenez donc là à la main? lui dit-il.

— C'est un portefeuille que la petite vient de trouver sur la route, répondit le vieillard; il est sans doute tombé de la chaise de poste qui vient de passer. — Diable! mais il paraît bien rempli! Et qu'allez-vous en faire? — Je vais le porter à la Charité, afin que ceux qui l'ont perdu puissent le retrouver s'ils viennent à le réclamer. — Que vous êtes bon! votre fortune est faite si vous gardez cela; n'en parlez à personne et on ne se doutera pas que vous le possédez. — Garder le bien d'autrui! Non, non! j'aime mieux être misérable et honnête qu'être riche et avoir quelque chose à me reprocher. — Bah! ce portefeuille appartient sans doute à des gens pour lesquels cette perte serait peu de chose, vous seriez bien bon de le restituer; si je l'avais trouvé, moi, ils ne le reverraient jamais, je vous en réponds. — Il n'en sera pas de même de moi, reprit le vieillard, et je vais le remettre tout de suite entre les mains de l'autorité. »

En effet, il partit aussitôt, et le portefeuille perdu fut réclamé dès le lendemain. On offrit au vieux mendiant une récompense, car il contenait une forte somme; il ne voulut rien accepter.

Quelques jours après, le même paysan rencontra encore ce brave homme et lui dit : « Eh bien, trouvez-vous encore que vous avez bien fait de rendre ce portefeuille? Vous savez maintenant ce qu'il contenait; vous seriez riche, si vous aviez voulu. Que vous en reste-t-il d'avoir été si honnête?

— Il me reste le témoignage de ma conscience, qui me dit que j'ai bien agi. »

LA DETTE DE L'HUMANITÉ

EXTRAIT DE LA MORALE EN ACTION

 rrivé à Modène et manquant de tout, un jeune peintre pria un gagne-petit de lui trouver un gîte à peu de frais ou pour l'amour de Dieu; l'artisan lui offrit la moitié du sien. On cherche en vain de l'ouvrage pour cet étranger; son hôte ne se décourage point, il le défraye et le console. Le peintre tombe malade; l'autre se lève plus matin et se couche plus tard, pour gagner davantage, et fournir en conséquence aux besoins du malade, qui avait écrit à sa famille... L'artisan le veilla pendant tout le temps de sa maladie, qui fut assez longue, et pourvut à toutes les dépenses nécessaires. Quelques jours après la guérison, l'étranger reçut de ses parents une somme assez considérable, et courut chez l'artisan pour le payer.

« Non, monsieur, lui répondit son généreux bienfaiteur; c'est une dette que vous avez contractée envers le premier honnête homme que vous trouverez dans l'infortune; je devais ce bienfait à un autre, je viens de m'acquitter; n'oubliez pas d'en faire autant dès que l'occasion s'en présentera. »

DÉVOUEMENT DU CLERGÉ FRANÇAIS

PENDANT LES INONDATIONS DE 1840

EXTRAIT DU MONITEUR, 11 FÉVRIER 1841

Partout où des infortunes se révèlent, où des périls sont imminents, où des secours et des consolations sont nécessaires, se produisent toujours, généreux, énergiques, puissants, les sentiments de la charité que la religion inspire, et dont la sublime manifestation fait l'éclat, et n'ambitionne d'autre récompense que la satisfaction intime d'un devoir accompli. Aussi a-t-on vu le clergé de France, durant le cours ou à l'occasion des incalculables désastres causés aux départements du sud-est par la trop mémorable inondation qui marqua la fin de 1840, rivaliser de zèle et d'ardeur avec les fonctionnaires civils et militaires, soit sur le théâtre même de ces grands malheurs, en bravant le danger pour sauver des victimes, soit au loin, en appelant sur elles les dons de la bienfaisance chrétienne. Et cependant aucun de ses membres n'a cherché à faire valoir les services qu'il a rendus!

Ainsi des archevêques, des évêques, des vicaires généraux, des curés, des desservants, de simples prêtres enfin, ont souvent affronté la mort ou se sont dépouillés des choses les plus nécessaires à la vie pour venir en aide à leurs frères, les arracher au péril ou les sauver du désespoir. Les palais épiscopaux, les séminaires diocésains, les presbytères les plus humbles, sont devenus autant de lieux d'asile ouverts à tous les malheureux qui n'en avaient plus, et où leur étaient prodigués les trésors et les soins de la plus évangélique charité.

Les pieux archevêques de Lyon et d'Avignon, dont les villes métropolitaines ont été envahies, se sont empressés de donner à leur clergé, dans cette fatale circonstance, tout à la fois l'impulsion et l'exemple. M. de Bonald n'a pris aucun repos pendant ces jours de deuil et ces nuits de perpétuelles angoisses pour l'immense population vers laquelle il avait été récemment envoyé. On l'a vu, animé de ce tranquille courage qui n'appartient qu'aux âmes fortes, parcourir successivement en bateau les places et les rues inondées, se faire rendre compte des besoins, y satisfaire avec empressement, guider les prêtres sous ses ordres dans la direction à donner aux secours, recueillir dans son palais les familles dont les habitations avaient été détruites, épuiser toutes ses ressources en abondantes aumônes, relevant les espérances des uns, séchant les larmes des autres, et prodiguant à tous les hauts enseignements de la religion, dont la voix est si puissante, surtout quand de grandes infortunes affligent l'humanité.

M. Dupont, son digne émule, dont les travaux apostoliques ont, depuis si longtemps, altéré la santé, puisant dans son zèle une force surnaturelle, n'a pas craint de se risquer, avec ses trois vicaires généraux, dans une frêle embarcation, au moment où les eaux étaient le plus élevées et le courant le plus redoutable, pour aller, dans les bas quartiers d'Avignon, distribuer, sur tous les points des vêtements et des vivres. Son ardeur n'a reculé devant aucun péril et n'a été vaincue par aucune fatigue. Sa demeure a été constamment ouverte aussi à quiconque manquait de refuge, et sa bourse à tous ceux qui avaient des besoins. Et, lorsqu'à ce sujet, le ministre lui adressait quelques félicitations, le vertueux prélat lui mandait : « Je n'ai fait que ce que je devais, monsieur le ministre. J'aurais voulu pouvoir soulager toutes les infortunes. En pareil cas, aucun sacrifice ne doit coûter à un évêque. Ce qui lui coûte infiniment, c'est l'impuissance où il se voit de secourir efficacement tous les malheureux qui l'environnent. » Noble langage après de nobles actions!

M. Carta, dans son diocèse, montré le même dévouement et la même vertu. Sa ville épiscopale a été préservée; mais il en a quitté le séjour, et s'est rendu dans les lieux où le fléau sévissait le plus cruellement, afin de relever, par sa présence et par ses exhortations, les courages abattus, consacrant ses journées à procurer des secours aux victimes les plus nécessiteuses, allant souvent les leur porter lui-même au milieu des flots, et laissant partout sur son passage des traces de sa bienfaisance.

Dans le diocèse d'Aix, la ville de Tarascon est celle dont la population a le plus souffert. Lorsque son territoire fut envahi, le sieur Mége, desservant de la paroisse de Saint-Étienne, vivement ému du sort des habitants, dont on entendait de loin les cris de désolation et de détresse, n'hésita pas à monter dans une nacelle et à braver le Rhône débordé, furieux, pour aller, à travers l'abîme, sauver ses paroissiens ou périr avec eux. Durant le cours de cette périlleuse navigation, il conserva sa présence d'esprit. Lorsque ceux qui l'accompagnaient sentaient leur courage faillir, il les ranimait du geste et de la voix, partageait leurs travaux, ramait avec eux, et divers succès obtenus couronnèrent ses nobles efforts. Les habitants de Tarascon sont pénétrés d'admiration pour lui.

Dans le diocèse d'Autun, M. l'évêque s'est associé, avec le plus louable empressement, à toutes les mesures prises par le préfet de Saône-et-Loire, qui lui-même s'est si honorablement distingué. Le concours du prélat a contribué puissamment au succès de ses dispositions. Partout où les presbytères se sont trouvés préservés, soit à raison de leur situation sur des éminences, soit parce que la solidité de leur construction avait résisté, la population y a été recueillie : la plus généreuse hospitalité lui a été donnée. Nul n'a forfait à son devoir. Le desservant de Vejus, l'abbé Gaillard, s'est fait remarquer entre tous par une intrépidité digne des plus grands éloges; et M. Tabourot, ancien curé de Fuissé, aujourd'hui retiré à Mâcon, n'a pas montré moins de sang-froid et de zèle.

A Avignon, les directeurs et les professeurs du grand et du petit séminaire ont rendu les plus importants services. Le premier de ces établissements, quoique envahi lui-même, a fourni une retraite sûre à plus de cent familles du voisinage, qui avaient déserté leurs maisons; elles y ont été logées et nourries jusqu'à ce que les eaux se fussent retirées, et le petit séminaire, situé dans le seul quartier de la ville qui n'ait pas eu à souffrir, s'est empressé de se dépouiller, au profit de tous, de ses approvisionnements de l'année.

Le diocèse de Belley a vu tous ses pasteurs manifester une

ardeur égale; mais le premier des noms dont on garde le souvenir dans ces contrées est celui de M. Ducret, curé de Thoissey, qui, presque sans interruption, pendant trois jours et trois nuits, est resté dans les flots, tantôt à pied, tantôt à cheval, négligeant complétement le soin de sa personne, et pénétrant à chaque instant dans les maisons chancelantes, au risque d'y périr lui-même, afin d'en retirer ceux qui s'y trouvaient retenus. Non content de secours prodigués avec tant d'entraînement et de constance, il a voulu couronner ses œuvres en recueillant dans son presbytère ceux qu'il avait sauvés, et en leur abandonnant tout ce qu'il possédait de vêtements et de vivres.

Dans le diocèse de Grenoble, l'arrondissement de Vienne surtout et la vallée du Rhône ont été ravagés. A Sablons, la moitié des maisons au moins a été renversée par le débordement du fleuve. Le presbytère, ayant résisté plus longtemps, a reçu les habitants désolés; et M. Lachamp, desservant de cette paroisse, ne s'est pas contenté de leur donner un asile chez lui, il les a secourus d'une manière plus active : à plusieurs reprises, il s'est plongé dans le torrent, qui le couvrait jusqu'aux épaules, et, grâce à lui, plusieurs pères de famille ont eu le bonheur de conserver leurs enfants, exposés à périr sous leurs yeux. Plus tard, M. Lachamp concourut avec une rare intelligence à organiser les moyens de secours les plus efficaces, et devint ainsi, pour ses paroissiens, une seconde Providence.

A Lyon, après M. de Bonald, l'ecclésiastique dont le dévouement a excité l'admiration la plus vive est M. l'abbé Menaide, chanoine honoraire et curé de Saint-Nizier. Ce prêtre vénérable, dont la paroisse était tout entière submergée, n'a pas cessé de se montrer sur tous les points, au péril de sa vie, menacée par les courants qui, de la Saône au Rhône, s'étaient établis à travers la ville. Il n'est pas de réduit où M. Menaide n'ait porté des vivres, des vêtements et des paroles encourageantes et salutaires.

M. Pater, curé de Vaise, et ses vicaires; M. de Pierre, curé de Belleville, et ses vicaires; les curés de la Guillotière et des

Brotteaux, se sont épuisés en efforts pour conjurer le péril qui menaçait leurs paroissiens. Le sauvetage des personnes et des meubles, le logement des familles sans asile, la répartition des objets de première nécessité, la distribution entre tous des plus ferventes exhortations à la résignation et à la patience : telle a été l'occupation incessante de ces vertueux ecclésiastiques. A côté d'eux, se signalait par son intrépidité un simple religieux, homme de cœur et de foi, membre de cette institution justement célèbre dont les services égalent l'humilité, et qui, par la pratique constante de toutes les vertus, triomphent, sur tous les points de la France, des préventions excitées par l'esprit de parti.

Le frère qui dirige l'école de la Doctrine chrétienne établie à Belleville a parcouru nuit et jour les lieux inondés, visitant toutes les maisons, et en arrachant les hommes, les femmes, les enfants, au moment où elles croulaient avec fracas! Il en a vu vingt au moins s'abîmer lorsqu'à peine il en quittait le seuil... Mais il en avait sauvé les habitants. Plus de soixante personnes lui doivent l'existence.

Voici quelques détails sur les bonnes œuvres de MM. Imbert, curé d'Aramon; Léger, desservant de Vallabrègues, et Blanc, desservant de Montfaucon. Le premier ne s'est point reposé pendant les vingt-cinq jours qu'a duré l'inondation. Souvent on a dû l'arracher de vive force aux dangers qu'il bravait; plusieurs fois il a traversé le torrent furieux pour aller célébrer l'office divin et implorer les miséricordes du ciel pour la cessation de tant de calamités. Un jour, il sortait de l'église; ses oreilles furent frappées de cris partis d'une maison dont la chute était imminente. Aussitôt il veut s'y précipiter; il demande qu'on mette à sa disposition un bateau. Il pénétrera dans cette habitation, dit-il, par les fenêtres du premier étage, au moyen d'une échelle, et il délivrera plusieurs individus réduits au désespoir. Des marins sont là qui lui refusent le moyen de tenter une si périlleuse entreprise, et qui n'osent se risquer eux-mêmes.

L'homme de Dieu s'obstine : il ne renoncera point à son projet sans que des secours soient portés à ceux qui vont périr; il encourage, il excite, il supplie. Les marins, animés par son zèle,

s'ébranlent enfin : ils ne permettent pas à leur curé de s'exposer ainsi qu'il le désire; mais eux-mêmes ils bravent les hasards, et toute une famille est sauvée.

Le second, M. Léger, dessert une paroisse isolée dans une île du Rhône : c'est celle qui a le plus souffert. L'église, le presbytère, le cimetière et la maison commune sont les seuls lieux qui n'aient point été submergés. Aussi la population tout entière a-t-elle été en proie aux plus vives alarmes, aux plus cruelles tortures, et des efforts inouïs ont pu seuls préserver la commune de Vallabrègues d'une ruine totale. A la tête des hommes généreux qui se sont dévoués dans cette circonstance, on trouve toujours M. Léger. Tant qu'a duré cette crise terrible, il n'a pas un instant faibli, se tenant ainsi constamment à toute la hauteur de son saint ministère, donnant à tous l'exemple du devoir, et visitant en bateau chaque habitation compromise, afin de procurer des aliments aux familles cernées par les eaux, et que la faim eût infailliblement fait périr.

A Montfaucon, M. Blanc a montré tout ce que peut inspirer de noble et de généreux l'esprit du christianisme. Il apprit, à Alais, où il prodiguait ses soins à son vieux père malade, la catastrophe qui réduisait ses paroissiens au désespoir. Aussitôt il abandonna, non sans efforts, le lit de douleur près duquel il veillait sur une vie qui lui était bien chère, et courut partager les dangers de ceux dont il était, lui, le père spirituel. Ne pouvant se procurer une barque qui le portât chez eux, il se jeta dans le courant, et fit, dans l'eau jusqu'à mi-corps, un trajet de trois kilomètres. Il atteignit enfin une grange encore préservée, où il put changer de vêtements, et rejoignit aussitôt la population alarmée, négligeant de prendre le moindre repos, quoiqu'il en eût un si pressant besoin. Il redoubla d'efforts pour se livrer à tous les soins qu'exigeait l'affreuse situation de son troupeau; il vint en aide à tous, et ne mit un terme à ses fatigues et à ses veilles que lorsque tout péril eut cessé; dévouement d'autant plus digne d'éloges, que M. Blanc était atteint d'une maladie grave.

LE MODÈLE DES BONS SERVITEURS. — JEAN GUÉNISSET

PRIX MONTYON, 1820

Jean Guénisset est un serviteur sensible, qui a concentré dans la personne de son maître toutes ses affections, et qui, pour l'objet de sa vénération et de son culte, porte le dévouement jusqu'à l'héroïsme.

Voici un extrait des divers rapports qui ont été adressés à l'Académie française :

« M. Antoine Magi, négociant à Marseille, et dont les ancêtres ont fait de tout temps le commerce avec honneur et distinction, éprouva des pertes à l'époque de nos premiers troubles révolutionnaires. Plein de confiance dans les opérations du gouvernement, il risqua, après le traité de paix d'Amiens, ce qui lui restait encore de sa fortune (environ cent trente mille francs en marchandises) sur divers bâtiments. Tout fut pris par les croisières anglaises. Ruiné par ce nouveau désastre, il vint à Paris avec ses deux anciens domestiques (Guénisset et sa femme), pour solliciter, auprès du gouvernement, des indemnités. Ses sollicitations furent sans effet...

« Depuis cette époque, il n'a existé que par les sacrifices de ses fidèles serviteurs. Émus par ses infortunes, ils se sont attachés plus que jamais à son sort, dans l'espoir, sinon de le changer, du moins d'en adoucir l'amertume. Le mari se plaça sacristain chez les dames carmélites, rue d'Enfer, où, chaque mois, il touchait quinze francs, qu'il mettait dans la maison.

Sa femme se procura des ouvrages de couture, et, d'accord l'un et l'autre, ils consacraient les fruits de leurs travaux à soutenir les jours languissants de leur bon maître. L'épouse étant morte, il y a deux ans, l'honnête Guénisset a gardé pour lui seul la charge touchante qu'il partageait auparavant, et, dans les moments libres que lui laissaient les soins de la sacristie, il faisait des commissions. Une maladie grave, que cet estimable indigent vient d'essuyer, lui a fait perdre sa place; il n'a plus, pour son maître et lui, d'autres ressources que ses commissions. Le maire du 12e arrondissement a voulu le placer dans un hospice, en lui promettant de suppléer aux soins qu'il rendait à M. Magi; ce modèle des bons serviteurs a mieux aimé partager la misère de son maître et a sacrifié les avantages de cette offre. Dans son langage naïf et ingénu, il a dit : « Ce n'est pas à quatre-« vingt-dix ans, qu'a atteints mon bon maître, qu'on se fait à « de nouveaux visages, à de nouvelles manières. Il est fait aux « miennes.... Il ne peut vivre heureux qu'auprès de moi; je ne « puis l'être qu'auprès de lui. »

Prévoyant, en 1817, que son âge avancé ferait baisser chaque jour les produits déjà si faibles de son état de commissionnaire, il se fit inscrire au bureau de charité, et, par un sentiment de respect et de pudeur que vous apprécierez, il refusa de faire porter sur ce même rôle d'indigence le nom respecté de son maître; mais c'est à ce maître toujours qu'il a consacré les trois francs qu'il reçoit par mois comme secours, ainsi que tout ce qu'il peut recevoir encore au même titre.

LA BONNE FILEUSE, FRANÇOISE OLIVIER

PRIX MONTYON, 1859

A Dourgne, département du Tarn, habite Françoise Olivier, dite *Bourdiole*. Sa vie n'est qu'une longue suite de dévouements et d'abnégations. Pauvre et obscure fileuse de laine, après avoir soutenu, des produits de son travail, une mère infirme qui s'éteint dans ses bras, son ardente charité s'élance au-devant de tous les malheureux; il semble qu'ils lui soient adressés par le ciel. Ce sont quatre, six, sept vieillards, qu'elle a tous accueillis

et soignés; elle ne les abandonne qu'après leur guérison ou à leur mort. Un vieil aveugle reste trois ans à sa charge; elle le guide, le console, le nourrit, et reçoit son dernier soupir. Un autre vieillard indigent, qui porte, qui usurpe peut-être le nom de François Olivier, se présente à elle, se dit son parent, veut le prouver; elle lui en épargne la peine : « Vous êtes malheureux, vous êtes de ma famille, » répond cette fille angélique. Il reçoit des vêtements propres, une nourriture saine, et, jusqu'au jour où il expire, la pauvre fileuse vit de privations pour le soutenir, et parvient à trouver du superflu dans de faibles ressources qui ne lui assurent pas même le nécessaire.

Un ouvrier, père de trois enfants, est atteint d'une infirmité qui le met hors d'état de les soutenir; la mère, faible et souffrante, ne peut travailler pour eux : Françoise Olivier adopte le père, la mère et les trois enfants; elle répare les haillons qui les couvrent, leur procure du linge et des vêtements.

C'est peu des secours qu'elle prodigue aux indigents, elle inspire aux plus jeunes l'amour du travail et de la vertu. Ses faibles moyens pécuniaires ne suffisent point à tant de sacrifices, mais elle jouit d'une telle renommée, que les personnes bienfaisantes l'aident dans toutes ses bonnes œuvres. Enfin, pour peindre en un mot cette modeste fille, qui a non-seulement l'amour, mais l'intelligence du bien, sous l'humble toit qui la couvre, elle a fondé pour les indigents un hôtel-Dieu, un cours de religion, une caisse d'épargne et un tribunal sans appel.

DÉVOUEMENT FRATERNEL. — AUBRY L'INVALIDE

EXTRAIT DES FASTES DE LA NATION FRANÇAISE

En l'an 1800, le 31 octobre, on ordonna l'ouverture du pertuis de Vermanton, département de l'Yonne, où passent les trains de bois flotté; on venait de le refaire à neuf.

Étienne Aubry, de la commune d'Arcolay, apprend que le train dont son fils, âgé de douze à treize ans, conduit le bout de derrière, doit passer le premier. Alarmé du danger qu'il court dans un pertuis neuf, il se rend sur le lieu, et monte sur le train avec lui pour le surveiller. En effet, à peine le train est-il écoulé à moitié, que l'autre moitié est submergée de près de deux mètres de profondeur.

Aubry avait pris son fils d'un bras, et, de l'autre, s'affermissait sur le train; mais la violence des flots les sépare, et les précipite dans le tourbillon.

Le fils aîné d'Aubry, militaire, privé entièrement du bras gauche, qu'il a perdu au champ d'honneur, était témoin de cet affreux spectacle et gémissait de ne pouvoir secourir ni son père ni son frère qu'il voyait périr.

Cependant le père est ramené à bord à l'aide d'une longue perche qu'on lui avait tendue à propos. Mais le fils, à qui on la présenta à plusieurs reprises, ne put la saisir; il allait être englouti, lorsque son frère aîné, ne consultant que son cœur, s'é=

lance à la nage, l'atteint, le place sur son dos, et le ramène sain et sauf au rivage. Le nom d'Aubry fut proclamé par M. Rougier de la Bergerie, préfet du département, dans la fête donnée le 22 septembre 1801, et il reçut une médaille d'or décernée par le jury central d'instruction publique, qui avait proposé cette belle action comme sujet du prix de poésie.

AMOUR FILIAL CHEZ LES JAPONAIS

EXTRAIT DE LA MORALE EN ACTION

C'est dans les annales japonaises qu'on lit cet exemple extraordinaire d'amour filial. Une femme était restée veuve avec trois garçons, et ne subsistait que de leur travail. Quoique le prix de cette subsistance fût peu considérable, les travaux néanmoins de ces jeunes gens n'étaient pas toujours suffisants pour y subvenir. Le spectacle d'une mère qu'ils chérissaient, en proie au besoin, leur fit un jour concevoir la plus étrange résolution. On avait publié, depuis peu, que quiconque livrerait à la justice le voleur de certains effets toucherait une somme assez considérable. Les trois frères s'accordent entre eux qu'un des trois passera pour ce voleur, et que les deux autres le mèneront au juge. Ils tirent au sort pour savoir qui sera la victime de l'amour filial, et le sort tombe sur le plus jeune, qui se laisse lier et conduire comme un criminel. Le magistrat l'interroge; il répond qu'il a volé; on l'envoie en prison, et ceux qui l'ont conduit touchent la somme promise. Leur cœur s'attendrit alors

sur le danger de leur frère; ils trouvent le moyen d'entrer dans la prison, et, croyant n'être vus de personne, ils l'embrassent tendrement et l'arrosent de leurs larmes. Le magistrat, qui les aperçoit par hasard, surpris d'un spectacle si nouveau, donne commission à un de ses gens de suivre ces deux délateurs; il lui enjoint expressément de ne point les perdre de vue qu'il n'ait découvert de quoi éclaircir un fait si singulier. Le domestique s'acquitte parfaitement de la commission, et rapporte qu'ayant vu entrer ces deux jeunes gens dans une maison il s'en était approché, et les avait entendus raconter à leur mère ce qu'on vient de lire; que la pauvre femme, à ce récit, avait jeté des cris lamentables, et qu'elle avait ordonné à ses enfants de reporter l'argent qu'on leur avait donné, disant qu'elle aimait mieux mourir de faim que de conserver la vie au prix de son cher fils. Le magistrat, pouvant à peine concevoir ce prodige de piété filiale, fait venir aussitôt son prisonnier, l'interroge de nouveau sur ses prétendus vols, le menace même du plus cruel supplice; mais le jeune homme, tout occupé de sa tendresse pour sa mère, reste immobile. « Ah! c'en est trop, lui dit le magistrat en se jetant à son cou; enfant vertueux, votre conduite m'étonne. » Il va aussitôt faire son rapport à l'empereur, qui, charmé d'une affection si héroïque, voulut voir les trois frères; il les combla de caresses, et assigna au plus jeune une pension considérable, et une moindre à chacun des deux autres.

LE GARÇON LIMONADIER. — JACQUES SORBIER

PRIX MONTYON, 1841

Sorbier (Jacques), simple garçon de café, poussé par un instinct irrésistible à secourir ses concitoyens, a sauvé, en 1827, d'une mort presque certaine, un soldat de la légion dite *Hohenlohe*, qui se baignait dans la Charente; en 1829, un sieur Spirkel, père de famille, qu'il va chercher au fond de la rivière, et qu'il ramène asphyxié sur le rivage; en 1831, même service rendu à Charles Robillard, qui se baignait à dix heures du soir, et que le courant entraînait. En 1832, le 21 juillet, Louis Bellanger, père de famille, conduisait un cheval à l'abreuvoir pendant la nuit; le cheval perd pied, renverse son cavalier, qui pousse des cris horribles; ces cris de désespoir sont parvenus à Sorbier, dont la maison est près du rivage; il franchit un parapet de cinq mètres de haut, se jette tout habillé dans la rivière, et, après des efforts inouïs, parvient à sauver Bellanger et son cheval.

En 1834, Sorbier renouvelle avec plus de mérite encore ce même acte d'un héroïque dévouement. Le nommé Guichou, domestique du sieur Prouhet, tomba, du haut du trottoir avec un cheval qu'il conduisait à l'abreuvoir, dans la rivière, dont les eaux étaient alors très-hautes. Guichou courait le plus grand danger. Le nommé Gouin, très-bon nageur, se trouvait là : il se jette à l'eau pour secourir Guichou; le courant l'entraîne, il périt. L'intrépide Sorbier arrive aux cris de détresse, saute par-dessus le parapet, plonge d'une hauteur de plus de cinq mètres, saisit le pauvre Guichou, plus mort que vif, le dépose sur la grève, se rejette à l'eau et ramène le cheval à son propriétaire.

Ce qui ajoute quelque chose de sublime à ce dernier acte de dévouement, c'est qu'il se passait le 19 janvier, par un froid excessif, en présence de plus de cinq cents personnes instruites que Sorbier était alors atteint d'un catarrhe et d'une fièvre continue qui faisait craindre pour ses jours. Pour dernier trait à son éloge, disons que Sorbier est dans l'indigence, qu'il n'a, pour vivre, que de misérables gages auxquels le réduit le plus inaltérable désintéressement.

LE PRÉSIDENT MATTHIEU MOLÉ

PAR M. LE COMTE MOLÉ

Matthieu Molé, né en 1584, était fils d'Édouard Molé, procureur général au parlement pendant la Ligue, et dont Henri IV récompensa l'intrépidité et les services par une place de président à mortier au même parlement. Les fureurs de la Ligue environnèrent son enfance. Il voyait son père exposer chaque jour sa vie, et il apprenait de lui à pratiquer ce courage austère, qui se contente de mépriser la mort et de remplir ses devoirs. Tandis que, par son exemple, son père lui enseignait à ne pas s'abandonner au malheur et à se préserver de cette sorte de résignation dans laquelle il entre toujours plus de mollesse que de courage, il s'appliquait à cultiver, à orner son esprit et à former son cœur. Au sortir de ses études, Matthieu Molé était jurisconsulte éclairé, et le parlement le reçut dans son sein aussitôt que son âge le lui permit. Il n'avait pas trente ans, lorsque Louis XIII lui confia les fonctions de procureur général.

Le public rendit hommage à un tel choix. On s'étonnait de voir, dans un aussi jeune homme, une gravité si naturelle, une raison si exercée, une fermeté si sage. On eût loué son intégrité et la pureté de ses mœurs, si ces vertus n'étaient inséparables de la dignité du magistrat.

Richelieu, comme tous les hommes de génie, savait distinguer le vrai mérite et le faire servir aux intérêts de la patrie ; ce grand ministre avait dicté le choix du roi. Mais la vertu austère de Matthieu Molé trouva peu de sympathie dans le caractère de Richelieu, et, après la *Journée des Dupes*, le premier ministre le fit comprendre dans la liste des complices. Un arrêt du conseil l'interdit de ses fonctions, et lui ordonna de comparaître en personne. Il partit pour Fontainebleau, où était la cour. Aussitôt qu'il parut dans le conseil, les préventions s'évanouirent, et il ne recueillit de tous côtés que des marques de déférence et d'estime. « Sa gravité naturelle (dit Talon, qui ne l'aimait pas), dont il ne rabattait rien dans cette circonstance, lui fit obtenir sur-le-champ arrêt de décharge, » et il vint reprendre ses fonctions.

Après la mort de Louis XIII, qui suivit de près celle de son ministre, les intrigues envahirent la cour, le désordre se mit dans le peuple. Les hommes paraissaient livrés, avec l'État, au gouvernement des femmes. Un seul homme retraçait le souvenir et les caractères de la grande époque que la mort de Richelieu venait de clore. Matthieu Molé conserva, au milieu de cette génération brillante, frivole et licencieuse, ces mœurs graves, ce tour d'esprit et de langage que donne le spectacle des grands événements, joints à l'expérience du malheur. D'ailleurs, les convenances rigoureuses qui accompagnaient alors la profession de la magistrature en faisaient comme un sanctuaire, où le souffle du siècle ne pénétrait pas. Il resta donc étranger au mouvement général, jusqu'à ce que, ce mouvement gagnant sa compagnie, il se trouva malgré lui placé sur la scène, et fut forcé d'y jouer l'un des rôles les plus importants.

Le parlement devint bientôt le foyer de toutes les intrigues ; ceux qui y soutenaient la cour reçurent le nom de *Mazarins*, du nom du premier ministre ; leurs adversaires prirent celui de *Frondeurs*, et Matthieu Molé était appelé la *Grande-Barbe*, à cause de la longue barbe qu'il portait.

Les lits de justice se répétaient sans cesse, et perdaient par là tout leur effet. Le peuple, en voyant les cours souveraines se réunir pour défendre ses intérêts, avait conçu les plus folles espérances. Il se flattait de voir disparaître tout d'un coup les impôts dont il se plaignait.

Il ne fallait plus qu'une étincelle pour allumer l'incendie. Un chef parut, et la révolte éclata. La minorité de Louis XIV était l'occasion de ces troubles. Mazarin en fournissait le prétexte. Le cardinal de Retz, alors coadjuteur de Paris, les excitait, et Matthieu Molé était appelé à les contenir. Molé, avec sa haute stature, son visage noble et calme, sa façon grave, son langage concis et plein de dignité, imposait autant que son adversaire pouvait séduire. Il pénétrait le mystère de toutes les intrigues avec autant de finesse que le coadjuteur mettait d'art à les former. L'élévation et la force dominaient dans son caractère. On le voyait chaque jour dompter la fureur du peuple par sa seule présence, ou arrêter les entreprises de sa compagnie. Le coadjuteur redoutait surtout les effets de son éloquence, de laquelle il s'était senti lui-même quelquefois touché. Matthieu Molé parlait en peu de paroles, mais en paroles fortes et vives, qui ébranlaient l'imagination et saisissaient le cœur.

La cour venait de faire arrêter les présidents Blancménil, Charton, et le conseiller Broussel. Aussitôt on court aux armes, on crie, on se précipite, tout est confondu. Le coadjuteur est partout, conservant encore le pouvoir d'exciter après qu'il a perdu celui de contenir. Le parlement se réunit dans le lieu de ses séances; une populace furieuse l'environne et lui enjoint d'aller demander à la reine la liberté des magistrats. Matthieu Molé était sur son siège et présidait l'assemblée. Sa figure n'annonçait aucune émotion. Il croit devoir se prêter au mouvement, dans l'espoir de le diriger, et part pour le Louvre à la tête de sa compagnie. Les barricades qui avaient été élevées dans les rues tombent devant le parlement. Arrivé au Louvre, le premier président peignit à la reine, en termes énergiques, la situation de Paris. La reine ne voulut d'abord rien accorder;

mais le cardinal Mazarin vint annoncer au président qu'on rendrait les prisonniers si le parlement voulait promettre de ne plus s'assembler. Matthieu Molé répliqua que le peuple croirait qu'ils avaient été forcés, s'ils prenaient, dans le palais de la reine, aucun engagement, et qu'ils allaient se retirer dans le lieu ordinaire de leurs séances pour en délibérer.

Au retour du parlement, les barricades s'ouvrirent encore; mais le peuple, morne et furieux, le menaçait par son silence, où semblaient déjà retentir des cris de mort. A peine le cortége touche-t-il à la troisième barricade, que des hurlements se font entendre. Cent soixante magistrats sont sur le point d'être massacrés. Cinq présidents à mortier, plus de vingt conseillers, jettent dans la foule les marques de leur dignité, et cherchent leur salut dans la fuite. Alors un marchand de fer, nommé Caguenet, s'avance, et, appuyant son pistolet sur le front du premier président : « Tourne, traître! lui dit-il, et, si tu ne veux pas être massacré toi-même, ramène-nous Broussel, ou le Mazarin et le chancelier en otage. »

Le premier président demeura ferme et inébranlable. Il se donna le temps de rallier ce qu'il put de sa compagnie; il conserva toujours la dignité de la magistrature et dans ses paroles et dans ses démarches; il revint au Palais-Royal au petit pas, dans le feu des exécrations et des blasphèmes. Il était naturellement si hardi, qu'il ne parlait jamais si bien que dans le péril. Il se surpassa lui-même dans cette circonstance, et il toucha tout le monde.

Tous les jours, le coadjuteur essayait d'effrayer le premier président par les menaces de la populace, qui remplissait les avenues du palais, et, tous les jours, le sang-froid et l'intrépidité de ce dernier le déconcertaient davantage. « Si ce n'était pas un blasphème (écrit le coadjuteur dans ses Mémoires) de dire qu'il y a quelqu'un, dans notre siècle, de plus brave que le grand Gustave et M. le prince, je dirais : c'est M. Molé. »

C'était seulement parmi ses enfants que Matthieu Molé épanchait son âme tout entière, et qu'il recevait quelques consolations.

Le premier président était enfin parvenu à négocier un traité de paix, et les principaux chefs de la Fronde étaient entrés en accommodement; mais, lorsqu'il se rendit au palais, il trouva une telle affluence de bourgeois, de populace, de soldats, qu'il eut de la peine à arriver jusqu'au lieu de l'assemblée des chambres. A son aspect, il se fit un profond silence. En entrant, il prit la parole. A mesure qu'il avançait dans le compte qu'il avait à rendre, on voyait la consternation ou la rage se peindre sur tous les visages. Mais, quand on entendit que Mazarin avait signé le traité, un cri général fit retentir la salle et fut répété par le peuple dans toutes les enceintes du palais. Les frondeurs accablaient Matthieu Molé de reproches et d'injures, lorsqu'un horrible bruit se faisant entendre aux portes de la grand'chambre, on vint dire que le peuple menaçait de les enfoncer si on ne lui livrait sur l'heure le premier président. Son visage fut le seul sur lequel il ne parut aucune altération à cette nouvelle. Au contraire, on y voyait quelque chose de surnaturel et de plus grand que la fermeté. Il prit les voix avec la même liberté d'esprit qu'il l'aurait fait dans les audiences ordinaires. Matthieu Molé sortit de la grand'chambre en s'appuyant sur le bras du coadjuteur. Quand il parut, les cris et les menaces redoublèrent. Pour lui, il avait l'air si calme, sa démarche était si paisible et si lente, qu'on eût dit qu'il se promenait seul avec le coadjuteur. Un bourgeois lui appuya le bout de son mousqueton sur le front, en disant qu'il allait le tuer. Molé, sans écarter cette arme et sans détourner la tête, lui dit froidement : « Quand vous m'aurez tué, il ne me faudra que six pieds de terre. » Arrivé chez lui, il se hâta d'écrire à la reine le résultat de l'assemblée, puis il s'occupa, pendant plusieurs jours, de voir en particulier les membres les plus ardents de sa compagnie, afin de les adoucir. Ses efforts furent couronnés d'un plein succès; dès le lendemain, le parlement déclara qu'il acceptait le traité.

Matthieu Molé résistant aux factieux

Plus tard, la reine obtint qu'on remit les sceaux à Matthieu Molé, le seul homme sur la vertu duquel elle pût compter; mais, peu après, on la contraignit de le sacrifier. Elle prit la résolution généreuse de le consulter lui-même sur le parti qu'elle devait prendre. Molé, voyant son trouble et connaissant mieux qu'elle la nécessité où elle se trouvait, ne la laissa pas achever, et, saisissant la clef des sceaux, qu'il portait à son cou, il la lui présenta. Touchée de son mouvement, la reine lui offre le chapeau de cardinal, mais il refuse. Elle veut lui donner la place de secrétaire d'État pour son fils, elle reçoit encore un refus. « J'accorde, s'écria-t-elle, sur l'heure, à votre fils, la

survivance de la charge de premier président. » Ici, Matthieu répond gravement « que M. de Champlâtreux n'a point encore assez servi l'État pour mériter cet honneur. » Enfin elle le prie d'accepter cent mille écus; tout en lui exprimant sa profonde reconnaissance, il déclare respectueusement qu'il ne les recevra pas.

Lorsque Louis XIV eut déclaré sa majorité au parlement, Matthieu Molé fut rappelé au ministère; et, lorsque la reine se retira à Bourges avec le roi, Molé resta à Paris, réunissant et exerçant à la fois les fonctions de garde des sceaux et de premier président. Sa porte était sans cesse assiégée d'une multitude irritée qui demandait le retour de la cour et la diminution des impôts. Un jour qu'il travaillait avec le maréchal de Schomberg, on vint lui dire que le peuple allait enfoncer sa porte, et demandait sa tête. Le maréchal lui proposa de faire dissiper l'attroupement par les Suisses qui l'accompagnaient. « Non, monsieur le maréchal, lui répondit-il en souriant, laissez-moi terminer seul cette affaire; car j'ai toujours pensé que la maison d'un premier président doit être ouverte à tout le monde. » En effet, dès qu'il parut, l'émotion s'apaisa et le peuple ne tarda pas à se retirer.

Matthieu Molé mourut garde des sceaux. La mort vint le surprendre au milieu de ses travaux; il avait soixante-douze ans, et il s'endormit comme un ouvrier robuste à la fin de sa tâche.

COURAGEUX DÉVOUEMENT D'UN CURÉ DE CAMPAGNE

EXTRAIT DES ARCHIVES DU MINISTÈRE DE L'INTÉRIEUR

En 1833, un jeune prêtre, desservant la succursale de Courbiac, département de Lot-et-Garonne, s'est signalé à l'estime de ses concitoyens et à la vénération de ses paroissiens par deux actes de dévouement qui nous prouvent combien les hommes animés de la vraie charité chrétienne puisent de force, de courage et de présence d'esprit dans ce divin précepte.

Lors de la crue extraordinaire du Lot, en l'hiver de 1833, un pêcheur, demeurant près du presbytère de Courbiac, fut expulsé de sa maison par le débordement de la rivière, qui vint subitement l'entourer. Les eaux la couvraient presque en entier, et ce malheureux n'avait pu en retirer presque aucune partie de son modique mobilier. Plongé dans la désolation, il se rend avec sa famille auprès de son pasteur et lui raconte le malheur qui l'accable. Celui-ci l'engage à retourner en bateau à sa maison pour sauver ses effets. Mais les eaux venaient d'enlever la toiture de sa maison et menaçaient d'entraîner les murailles, d'autant moins solides qu'elles étaient en terre. Ce malheureux pêcheur n'osait y aborder; mais le jeune prêtre l'encourage et lui donne l'exemple. Le premier il monte sur le bateau, se fait conduire à la maison, y entre aussitôt, grâce à la disposition du toit, et fait passer au pauvre pêcheur Mercié, qui les emporte au rivage, les lits, les chaises, les tables et les autres objets mobiliers qui surnageaient dans la maison.

Le second acte de dévouement de ce digne pasteur a eu lieu un dimanche, à l'issue des vêpres. Le prêtre était encore dans son église, entouré de ses paroissiens et occupé aux prières d'usage, tout à coup un cri se fait entendre au dehors : on annonce qu'un bateau vient de s'enfoncer dans la rivière, en face de l'église, et qu'un homme se noie. Le prêtre y accourt. Personne n'osait s'exposer pour sauver un homme qui se noyait et qui luttait alors vainement contre la violence des eaux. Mais le digne pasteur quitte précipitamment le surplis dont il était encore revêtu, se jette à la nage, et, après autant d'efforts que de dangers, il a le bonheur de ramener à terre le malheureux jeune homme auquel il a sauvé la vie au péril de la sienne.

A côté de ces deux actions d'éclat, qui sont de notoriété publique dans toute la commune de Courbiac, qu'il nous soit permis de rappeler encore que ce prêtre honorable a servi pendant cinq ans comme militaire; qu'il se trouvait en qualité de sous-officier dans un régiment à Paris lors de l'incendie de l'Odéon, et que, bien qu'il ne fût pas de service en ce moment, il donna, selon son habitude, des preuves de courage et de dévouement.

Enfin, ce qui jette un nouvel éclat sur ces beaux actes de dévouement, c'est le sentiment d'une rare modestie qui anime ce digne pasteur. Son bonheur est de se dévouer pour ses semblables; mais, fidèle à la loi chrétienne dont il est le digne ministre, il fait le bien uniquement par amour pour son prochain et pour son divin Maître; il s'oublie lui-même et se dérobe à la reconnaissance humaine. C'est dans le but de rendre hommage à cette noble pudeur que nous-même nous taisons le nom de ce respectable et dévoué pasteur.

LE BON FILS

EXTRAIT DE LA MORALE EN ACTION

Dans le siècle dernier, et à une époque où le recrutement se faisait à prix d'argent au compte des officiers, un jeune homme, se présentant pour recrue à un officier, ne lui exposait ses conditions qu'en tremblant : « Je suis jeune, disait-il, vous voyez ma taille; j'ai de la force, je me sens toutes les dispositions nécessaires pour servir; mais la circonstance malheureuse dans laquelle je me trouve me force de me mettre à un prix que vous trouverez sans doute exorbitant; je ne puis rien en diminuer; croyez que, sans des raisons trop pressantes, je ne vendrais point mon service; mais la nécessité m'impose une loi rigoureuse : je ne puis vous suivre à moins de cinq cents livres, et vous me percez le cœur si vous me refusez. — Cinq cents livres! reprit l'officier; la somme est considérable, je l'avoue; mais vous me convenez, je vous crois de la bonne volonté. Je ne marchanderai pas avec vous : je vais vous compter votre argent; signez, et tenez-vous prêt à partir demain avec moi. ».

Le jeune homme parut pénétré de la facilité de M. D.... Il signa gaiement son engagement, reçut les cinq cents livres avec autant de reconnaissance que s'il les avait eues pour don, pria son capitaine de lui permettre d'aller remplir un devoir sacré, et lui promit de revenir à l'instant. M. D.... crut remarquer quelque chose d'extraordinaire dans ce jeune homme; curieux de s'éclaircir, il le suivit sans affectation : il le vit voler à la prison de la ville, frapper avec une vivacité singulière à la porte, et se précipiter devant aussitôt qu'elle fut ouverte; il l'entendit dire au geôlier : « Voilà la somme pour laquelle mon père a été arrêté; je la dépose entre vos mains. Conduisez-moi vers lui, et que j'aie le plaisir de briser ses fers. » L'officier s'arrête un moment pour lui donner le temps d'arriver seul auprès de son père, et s'y rend ensuite après lui. Il voit ce jeune homme dans

les bras d'un vieillard, qu'il couvre de ses caresses et de ses larmes, à qui il apprend qu'il vient d'engager sa liberté pour lui procurer la sienne. Le prisonnier l'embrasse de nouveau.

L'officier, attendri, s'avance : « Consolez-vous, dit-il au vieillard, je ne vous enlèverai point votre fils. Je veux partager le mérite de son action ; il est libre ainsi que vous, et je ne regrette pas une somme dont il a fait un si noble usage. Voilà son engagement, je le lui remets. » Le père et le fils tombèrent à ses pieds. Le dernier refuse la liberté qu'on lui rend ; il conjure le capitaine de lui permettre de le suivre ; son père n'a plus besoin de lui, il ne pourrait que lui être à charge. L'officier ne peut le refuser. Le jeune homme a servi le temps ordinaire ; il a toujours épargné sur sa paye quelques petits secours qu'il a fait passer à son père ; et, lorsqu'il a eu le droit de demander son congé, il en a profité pour aller servir ce vieillard. Il l'a nourri du travail de ses mains.

COURAGE ET DÉVOUEMENT DE HUBERT GOFFIN

EXTRAIT DES FASTES DE LA NATION FRANÇAISE

e 28 février 1812, l'exploitation de la mine de houille de Beaujonc, commune d'Exo, près de Liége, appartenant à MM. Colson et compagnie, fut inondée. Hubert Goffin, maître ouvrier de la houillère, avait un pied dans le panier ; son fils, âgé de douze ans, était à côté de lui ; il pouvait échapper à la mort qui le menaçait ; mais il s'écrie : « Si je monte, mes ouvriers péri-

ront; je veux sortir le dernier, les sauver tous ou mourir. »
Il rassemble aussitôt ses camarades près de la bure d'airage;
ils étaient tous découragés et sans aucun espoir de salut. La
voix de Goffin les rassure; il mène les plus robustes et les plus
courageux à la bure de Marmanster : bientôt le travail les épuise
et le désespoir s'empare du plus grand nombre, lorsqu'un être
faible, le jeune Goffin, qui semble inspiré, leur dit : « Vous
faites comme des enfants; suivez les ordres de mon père; ne
vous a-t-il pas dit que Lambert Colson ne vous abandonnerait
pas? » Soudain les ouvriers reprennent courage : un bruit
frappe leurs oreilles; ils reconnaissent que les mineurs travaillent
à leur délivrance. Mais les travaux avançaient lentement,
les ouvriers gémissaient, se désespéraient; Goffin excite
en vain leur zèle, il n'en peut rien obtenir. Enfin, dans un
moment d'indignation, il s'écrie qu'il va hâter sa mort et leur
enlever tout espoir en se noyant avec son fils, qu'il avait saisi.
Alors tous se jettent devant lui et jurent de lui obéir; mais bientôt,
l'air ne contenant plus assez d'oxygène, les lumières s'éteignent,
l'obscurité détruit leurs espérances et les replonge dans
la désolation.

Cinq jours s'étaient écoulés dans cette horrible situation;
Goffin avait constamment soutenu ses compagnons d'infortune;
son zèle, sa sollicitude, les avaient ramenés aux travaux.
Enfin un passage est frayé : de quatre-vingt-dix ouvriers,
soixante-dix seulement furent sauvés; le brave Goffin et
son fils ne sortirent que les derniers. M. le baron de Micoud,
alors préfet du département, MM. Matthieu, ingénieur en chef,
Migneron, le docteur Ansieux, le colonel de gendarmerie Georgeon,
Lambert Colson, la veuve Hardy et son fils se dévouèrent
jour et nuit, avec un zèle infatigable, au salut de ces infortunés.

L'Empereur, digne appréciateur du courage, donna à Goffin
la croix de la Légion d'honneur et une pension de six cents francs.

ACTION HÉROÏQUE DE KERSERHO

MATELOT DE KROSTEIN EN QUIBERON

EXTRAIT DES ANNALES MARITIMES ET COLONIALES, 1811

Une tempête affreuse s'était élevée dans la nuit du 21 au 22 octobre 1820. Les vents de la partie du S.-O., soufflant avec fureur, battaient en côte et portaient sur la falaise d'énormes masses d'eau qui se succédaient avec rapidité, et venaient se briser à terre avec un bruit terrible qu'augmentaient encore des torrents de pluie mêlés de tourbillons de sable; toute la falaise de Quiberon, si justement nommée *côte sauvage*, présentait l'image de la destruction.

Vers midi, le navire le *Saint-François* se trouva dans les récifs de Rœland et Tiviec, et était porté, par la marée et l'ouragan, vers une chaîne de rochers débordant Tiviec, où il devait inévitablement s'abîmer, lorsqu'une lame énorme le fit franchir et le jeta sur la côte, à un quart de lieue du rivage. Le patron, voyant le danger qui le menace, se décide à mettre son canot à la mer pour tâcher d'atteindre le rivage avec le secours de la marée. Il avait à son bord, comme passagers, une dame, sa fille, âgée de six ans, et un jeune homme âgé de treize ans, nommé *Jeanbart*, se rendant tous les trois à Nantes. Cette dame, enfermée dans la chambre, attendait, son enfant serré sur son sein, que la mort vint abréger ses angoisses, lorsqu'elle s'aperçut que les marins faisaient des dispositions pour quitter le navire. Elle parvint, avec beaucoup de difficulté, à sortir la tête hors du panneau, et eut la certitude que le patron avait déjà embarqué tous ses effets, son équipage et le jeune passager. Elle s'élance sur le pont, implore sa générosité et le conjure de sauver au moins sa fille. « Remettez, lui répondit-il froidement, votre âme à Dieu, vous et votre enfant vous êtes perdues. » Sourd aux larmes de cette infortunée et aux cris de sa malheureuse enfant, cet indigne marin s'éloigne du navire et abandonne cette mère désolée, qui se voyait enlever le seul espoir qu'elle avait conservé qu'un des marins sauverait sa fille.

Dès le commencement du naufrage, M. le comte Despiętières, commandant de Quiberon, MM. les officiers du fort, la garnison, le syndic et les marins riverains s'étaient portés sur la falaise, et avaient déjà prodigué les soins les plus empressés à l'équipage du brick la *Marie-Thérèse*, qui avait fait côte dès le matin, lorsqu'ils virent le canot du *Saint-François* s'éloigner et le patron abandonner ces deux infortunées. Un cri d'indignation s'éleva du rivage; on apercevait cette malheureuse mère cramponnée aux haubans, sa fille dans ses bras, implorant par ses cris la miséricorde de Dieu et l'assistance de la multitude accourue sur la falaise.

C'est alors que le nommé Kerserho, matelot de Krostein, révolté d'une action aussi lâche, et n'écoutant que son courage, s'élance à la mer, et, après avoir essuyé mille dangers, arrive jusqu'au navire. « Donnez-moi promptement votre enfant; si j'ai le bonheur de la sauver, vous me reverrez dans peu. » Ses efforts sont couronnés du plus heureux succès; il parvient à regagner la terre, dépose l'enfant, se précipite de nouveau dans les flots, rejoint le bâtiment, qui, submergé à chaque oscillation par des montagnes d'eau, menaçait de l'engloutir; enfin, malgré tous les obstacles que lui opposent la position inclinée du navire et la tempête alors dans toute sa force, ce généreux et intrépide marin a le bonheur de saisir la malheureuse mère et de la transporter au rivage, où il la réunit à sa fille au milieu des accla-

ACTION HÉROÏQUE D'UN MATELOT.

mations générales. La belle action du brave Kerserho, qui n'avait pas craint de s'exposer deux fois de suite à une mort

presque inévitable pour sauver madame Martin et sa fille, électrisa tous les spectateurs. L'ouragan et la marée ayant rapproché le *Saint-François* du rivage, le syndic donna l'ordre à un marin d'aller passer un grelin dans les écubiers et de l'amarrer au guindeau, ce qui fut heureusement exécuté : alors officiers, marins et soldats se mirent à l'eau ; et, profitant de la marée, qui se trouvait à son plus haut période, on parvint à mettre le *Saint-François* hors de tout danger et à sauver tous les effets de madame Martin.

LA BIENFAISANCE DU PAUVRE [1]

PRIX MONTYON, 1820

Jacquemin, porteur d'eau, demeurant rue des Quatre-Fils, n° 17, au Marais, père de trois enfants, dont un de cinq ans, muet et impotent, ne gagne que trente-cinq à quarante sous par jour; sa femme vint, il y a peu de temps, solliciter des secours pour une femme indigente, infirme, privée de deux doigts, et hors d'état de gagner sa vie.

« Où demeure cette femme? lui dis-je. — Chez nous. — Depuis quand? — Dix mois, le onzième commence. — Que vous paie-t-elle par mois ou par jour? — Rien. — Comment, rien? — Pas de quoi mettre dans l'œil. — Elle est au comité? — Oui, et moi j'y suis aussi, j'ai le pain de mes enfants. Depuis qu'elle est avec nous, j'allonge la soupe, elle la mange avec nous. — Vous n'avez pas le moyen de faire ce sacrifice; au moins elle vous a promis qu'un jour ou l'autre elle vous dédommagerait? — Elle ne m'a promis et ne me promet que ses prières. — Votre mari ne murmure-t-il pas? — Mon mari parle peu, il ne dit rien, il est si bon! — Ne va-t-il pas au cabaret? — Jamais. Il travaille et se tue pour ses enfants. — Il est porteur d'eau au tonneau? — Non, monsieur, à la brasse. — Depuis dix mois, c'est bien long. — Elle était dans la rue, m'avait demandé asile pour deux ou trois jours, et Jacquemin et moi, nous n'aurions

---

[1] Récit de M. le curé de Saint-Jean-Saint-François.

pas le cœur de la mettre à la porte. Il dit d'ailleurs qu'il faut faire aux autres comme à nous. — Mais, ma bonne femme, de quoi est composé votre logement? — De deux chambres. — Combien le payez-vous? — Je le payais cent vingt francs; on

m'a augmenté de vingt francs, ce qui fait huit sous par jour. — Mais il me semble que c'est pour vous que vous devriez demander des secours? — Je vous ai déjà dit, monsieur le curé, que j'ai le pain de mes enfants; je ne demande rien; grâce à Dieu, aussi longtemps que mon mari et moi pourrons travailler, je rougirais d'importuner personne pour nous. — Eh bien! ma bonne femme, voici dix francs pour... — Que la pauvre madame Pétrel va être heureuse!... »

Des larmes de joie coulent des yeux de cette femme charitable; c'est à elle que je voulais donner ces dix francs : je la laissai dans l'erreur; elle était si honorable pour elle!

« Allez dire à la veuve Pétrel, qui vous est si redevable, de me présenter deux pétitions, l'une pour M. le grand-aumônier, et l'autre pour demander une place dans un hospice, à M. le préfet; je les apostillerai. »

On apprendra, sans doute avec intérêt, que la veuve Pétrel a été placée dans un hospice.

Plus de dix mois de soins, d'asile et de nourriture, donnés sans espoir de récompense par l'indigence laborieuse à l'indigence abandonnée, sont dignes de récompense, et d'être proposés en exemple.

JEAN BART

EXTRAIT DES FASTES DE LA NATION FRANÇAISE

Il y a, parmi les nombreuses actions héroïques qui ont rendu *Jean Bart* si célèbre, un exemple bien rare de courage et d'intrépidité. Ce brave marin venait d'être fait chevalier de Saint-Louis, lorsqu'il reçut l'ordre d'aller à Vlekeren, pour escorter des bâtiments chargés de blé destinés pour la France, alors dans la plus grande disette.

Le 28 juin 1694, il sortit du port de Dunkerque avec son escadre de six vaisseaux de guerre ; mais l'impatience avait fait partir ces bâtiments, au nombre de plus de cent voiles, sous l'escorte de trois vaisseaux suédois et danois, et ils avaient été rencontrés, entre le Texel et le Vlie, par le contre-amiral de Frise, commandant une escadre de huit gros vaisseaux de guerre, qui s'en était emparé.

Le lendemain, 29, Jean Bart découvrit la flotte, et, la voyant au pouvoir de l'ennemi, il prit sur-le-champ la résolution d'attaquer les Hollandais, quoique très-supérieurs en force. Au même instant, il fond, avec la rapidité de l'éclair, sur le contre-amiral, fort de cinquante canons, et, malgré le feu terrible de ses batteries, l'atteint, fait une décharge d'artillerie et de mousqueterie, et s'écrie : Camarades!... plus de canons, des coups de sabre! Il saute à l'abordage, et, soutenu de ses braves, fait un carnage si horrible, que, pour sauver le reste de son équipage, le capitaine se rend son prisonnier. A l'exemple de Jean Bart, toute son escadre se conduisit avec la même bravoure, et deux vaisseaux de cinquante et de trente-six canons furent également enlevés. Les autres furent obligés de prendre chasse, pour éviter le même sort. Jean Bart reprit immédiatement toute la flotte, et donna ordre à tous les bâtiments de le suivre. Il arriva couvert de gloire à Dunkerque, le 3 juillet, avec son escadre, trente bâtiments chargés de grains, et les trois vaisseaux ennemis. Le reste de la flotte continua sa route vers le Havre et d'autres ports de la France.

LE GRENADIER BININGER

PRIX MONTYON, 1841

Un violent incendie éclate à Tillé, département de l'Oise, dans le mois de juillet 1825, vers huit heures du soir. La garnison de Beauvais et une foule d'habitants accourent aux lieux du désastre. Plusieurs bâtiments étaient devenus la proie des flammes. Chacun rivalise de zèle. Bininger, alors grenadier à cheval du 2ᵉ régiment, aperçut, à la fenêtre de l'une des maisons embrasées, un enfant de dix ans, presque nu, qui faisait des signes de détresse. Il s'empare d'une échelle, monte ou plutôt se précipite : un instant après, il avait retiré l'enfant du milieu des flammes.

En 1826, un ouragan affreux fond sur la ville (le 22 mars); en un instant les arbres sont déracinés, des cheminées et des toitures sont enlevées; tout à coup, un épouvantable fracas se fait entendre : la maison de M. Millocheau, sur les ponts, venait de s'écrouler. On accourt de toutes parts, mais comment parvenir à sauver les malheureux habitants de cette maison? Un énorme pan de muraille est resté debout; mais, ébranlé par la violence du vent, il penche déjà vers les décombres et menace d'engloutir ceux qui oseraient entreprendre d'arracher à la mort ses premières victimes. A ce spectacle, les plus intrépides s'arrêtent; mais Bininger a déjà remarqué au milieu des ruines une légère ouverture, à travers laquelle s'échappaient des cris plaintifs : « Sauvez ma fille! » criait une pauvre mère. Ému de pitié jusqu'au fond du cœur, le brave soldat s'élance, rien ne peut le retenir ; il commence par déblayer les matériaux qui lui font obstacle ; enfin, il pénètre dans ce gouffre de feu, où deux femmes, mutilées et tombées sans connaissance, conservent à peine un souffle de vie : c'étaient madame et mademoiselle Savouray, précipitées du deuxième étage de leur maison. Par bonheur, une poutre, soutenue encore d'un côté par la muraille, les protégeait contre une mort imminente. Bininger saisit la pauvre mère, l'emporte au milieu des acclamations des spectateurs enthousiasmés. A peine l'a-t-il déposée dans une maison voisine, qu'il revient, pénètre de nouveau sous les décombres, et rapporte bientôt mademoiselle Savouray, qui, ainsi que sa mère, ne tarda pas à être rappelée à la vie. Une ville entière a été témoin de cet événement.

Au mois d'octobre 1838, Bininger se promenait à cheval sur la route de Neuilly; des cris de détresse se font entendre; il accourt au galop, apprend qu'un malheureux vient de tomber dans la Seine. Aussitôt, il met pied à terre, plonge tout habillé dans la rivière, et ramène le malheureux qui était sur le point de se noyer.

Depuis ce dernier événement, l'intrépide soldat a été promu au grade d'officier dans le 9° régiment de dragons, en garnison à Givet. Ce modèle de toutes les vertus a trouvé le moyen de faire sur sa solde des économies qu'il fait parvenir régulièrement à sa pauvre mère, chargée d'une nombreuse famille.

COURAGE ENVERS LES NAUFRAGÉS

EXTRAIT DU MONITEUR ET DES ANNALES MARITIMES ET COLONIALES

Le navire le *Saint-François* fit naufrage, le 2 décembre 1822, sur les rochers qui bordent la jetée du port de Cette. Après avoir franchi à la nage, par une mer épouvantable, l'espace qui sépare la jetée du rivage, six hommes intrépides ont réussi à saisir et à fixer un câble lancé du navire; sept des huit naufragés qui se trouvaient à bord ont été recueillis successivement par eux au milieu de vagues énormes, et ils ne sont parvenus à sauver le dernier, tombé à la mer en dehors de la jetée, qu'en se précipitant eux-mêmes dans les flots, où ils ont couru mille dangers.

Ce sont : François Roncati et Paul Brau, tonneliers; Barth. Tullian, soutireur; Claude Roche, tailleur de pierre; Lucien-Antoine Folliot et Pascal Magne, matelots.

Des médailles leur ont été décernées par le gouvernement.

25 octobre 1841.

Le navire la *Picardie* était parti de Marseille, en destination d'Abbeville, lorsque, le 26 juillet, ce bâtiment fut assailli par une tempête furieuse, qui, en peu d'heures, le réduisit au danger le plus imminent. Le 27, au matin, on reconnut qu'une voie d'eau considérable s'était déclarée; la cale fut bientôt en-

COURAGE ENVERS LES NAUFRAGÉS.

vahie, et il ne restait plus qu'une chance de salut au malheureux équipage de la *Picardie*, celle de faire la rencontre d'un navire qui pût le secourir. Mais, par deux, fois cet espoir fut déçu, car des bâtiments qui s'étaient montrés à l'horizon, passèrent sans remarquer ou sans comprendre les signaux de détresse qui leur étaient adressés.

Enfin la *Marianne* fut aperçue sous le vent, et sa vue ranima le courage des infortunés naufragés.

Aussitôt que le capitaine Hervis eut reconnu le péril que courait le navire la *Picardie*, ce brave navigateur prit pour le secourir toutes les mesures que lui inspiraient son courage et son humanité, et, sans entrer ici dans le détail des obstacles qu'il a eu à surmonter et de tous les dangers auxquels il s'est exposé, il suffira de savoir que sept hommes sur neuf, dont se composait l'équipage du navire la *Picardie*, ont dû la vie à cet intré-

pide marin, dont le dévouement est d'autant plus remarquable, que, procédant à sa belle action par un temps épouvantable, une mer furieuse, et au moyen d'une frêle embarcation, il n'a pu la mettre à fin qu'en trois trajets (dont deux opérés par lui-même) de son navire au bâtiment naufragé, et qu'au prix de la perte de deux marins de son propre équipage, qui se sont noyés, et dont l'un était son beau-frère.

Sur le compte que le ministre de la marine a rendu au roi de la conduite méritoire du sieur Hervis dans cette circonstance, Sa Majesté a bien voulu, par une ordonnance datée de Fontainebleau, le 15 octobre 1841, conférer la décoration de la Légion d'honneur à ce courageux navigateur, qui, antérieurement, s'était signalé par son concours à un acte de sauvetage accompli en 1837, sur la côte de Vannes.

ALIBÉE, OU LA FIDÉLITÉ

HISTOIRE PERSANE

EXTRAIT DE LA MORALE EN ACTION

Un roi de Perse eut le génie de se douter que ses flatteurs pouvaient mentir; il résolut de s'éloigner quelque temps de sa cour, et voulut parcourir les campagnes et les provinces sans être connu, curieux d'observer son peuple dans sa simplicité naturelle, et de le voir agir et parler en pleine liberté; dans ce dessein, il ne prit pour l'accompagner que celui de ses courtisans qu'il connaissait le plus sincère; ils parcoururent ensemble plusieurs villages. Le prince vit les simples habitants dansant et folâtrant, et se livrant avec une naïve joie à mille amusements innocents; il fut charmé de trouver si loin de sa cour des plaisirs si faciles et si tranquilles. Un jour, qu'il avait gagné un grand appétit à une longue promenade, il entra pour dîner dans une de ces humbles chaumières, et il trouva que la nourriture grossière qu'on lui offrait flattait plus agréablement son goût que tous les mets délicats dont on chargeait sa table.

Traversant, un autre jour, une prairie émaillée de fleurs, et qu'arrosait un petit ruisseau, il aperçut, sous un ormeau, un jeune berger jouant de la flûte près de son troupeau qui paissait; il lui demanda son nom, et apprit qu'il s'appelait Alibée, que ses parents demeuraient dans le hameau voisin. Ce jeune homme avait une figure belle, sans être efféminée; il était plein de vivacité, sans étourderie ni pétulance; il ne se croyait supérieur en beauté ni en esprit aux autres bergers du pays; sans éducation, ses idées s'étaient étendues et cultivées d'elles-mêmes. Le roi eut un entretien avec lui, et fut charmé de sa conversation; il apprit de sa franchise bien des choses qui intéressaient l'état de son peuple et que ne lui avaient jamais dites ses courtisans; il souriait quelquefois en voyant la simplicité ingénue de ce jeune homme, qui disait librement sa pensée sans ménager personne. « Je vois bien, dit le monarque en se tournant du côté de son confident, que la nature n'est pas moins belle et ne plaît pas moins dans les dernières conditions de la vie que dans les rangs les plus élevés. Jamais prince ne me parut plus aimable que ce jeune berger, qui vit avec son troupeau. Quel père ne se trouverait pas heureux d'avoir un fils d'une aussi belle figure et d'une âme aussi sensible? Je suis sûr qu'une éducation savante perfectionnera singulièrement son esprit et développera mille talents qui me seront utiles. » En conséquence, le monarque emmène avec lui Alibée, résolu de le faire instruire dans toutes les sciences et dans tous les arts agréables qui peuvent orner l'esprit.

A sa première entrée à la cour, Alibée fut ébloui de son éclat et de tous les objets brillants, si nouveaux pour lui; ce changement de fortune, si subit et si imprévu, fit quelque effet sur son âme et sur son caractère. Au lieu de sa houlette, de sa flûte et de ses habits de berger, il se vit revêtu d'une robe de pourpre, brodée en or, et portant un ruban enrichi de diamants. Bientôt ses idées s'étendirent et son esprit se remplit de connaissances; il devint en peu de temps capable des affaires les plus sérieuses; il mérita toute la confiance de son maître, qui l'affectionnait comme son élève, et qui, lui trouvant surtout un goût exquis pour tout ce qui était curieux et magnifique, lui donna une des charges les plus considérables de la Perse, celle de gardien des bijoux et des effets précieux de son palais.

Tant que le prince vécut, Alibée jouit d'une faveur qui ne faisait qu'augmenter de jour en jour; cependant, à mesure qu'il avançait en âge, l'idée de sa retraite et de la tranquillité de son premier état commençait à lui revenir plus souvent, et il le regrettait quelquefois : « Oh! jours heureux! jours innocents! s'écriait-il; jours où j'ai goûté une joie pure, sans aucun mélange de peines et d'alarmes! jours les plus heureux de ma vie! celui qui m'a privé de vous pour me donner toutes les richesses que je possède m'a dépouillé de tout mon bien. Je ne vous retrouve point dans mon palais. Heureux, mille fois heureux ceux qui n'ont jamais connu les misères de la cour des rois! Ici, pourtant, tous mes vœux sont prévenus et satisfaits; je n'ai pas le temps de désirer, tous mes sens sont agréablement flattés, et mon amour-propre jouit des respects de tout un peuple et des égards d'un grand roi; et cependant toutes ces jouissances multipliées n'ont pas la douceur d'un seul des sentiments que j'éprouvais, lorsque, le matin d'un beau jour, au lever de l'aurore, j'entrais dans la prairie, suivi de mon chien fidèle et de mon troupeau : que serait-ce donc si je ressemblais à quelques-uns de ces courtisans que je vois pâles et rongés d'une ambition que rien ne peut satisfaire? »

Alibée, si peu sensible aux plaisirs de la cour des rois, ne fut pas longtemps à en essuyer les disgrâces. Le vieux monarque, qui l'aimait, descendit dans la tombe et fit place à son fils. Aussitôt des jaloux entreprirent de le perdre dans l'esprit du nouveau roi; ils lui insinuèrent qu'Alibée avait abusé de la confiance que son père lui accordait, qu'il avait amassé des richesses immenses et détourné quantité d'effets précieux confiés à sa garde. Le roi était trop jeune pour n'être pas crédule : il avait d'ailleurs la vanité de croire qu'il pouvait réformer bien des choses dans ce qu'avait fait son père.

Pour avoir un prétexte de lui ôter sa place, il ordonne à Alibée, par le conseil des courtisans, de lui apporter le cimeterre garni de diamants que le roi son père avait coutume de porter dans les batailles. Alibée l'apporte et le présente au roi; mais il était dégarni de ses pierreries. Le monarque le crut aussitôt coupable de ce vol; mais Alibée prouva qu'elles avaient été ôtées par l'ordre de son père, et avant qu'il fût encore en possession de sa charge. Les courtisans, honteux de ce mauvais succès, n'en furent que plus ardents à poursuivre l'homme de bien qu'ils voulaient perdre; ils conseillèrent au roi de se faire représenter, dans le délai de quinze jours, un répertoire de tous les effets dont il avait été établi gardien.

Le délai expiré, le roi voulut être présent lui-même à l'ouverture du dépôt. Alibée l'ouvre devant lui, et lui présente tous les bijoux qui lui avaient été confiés; chaque chose était rangée par ordre et conservée avec soin. Le roi, surpris de tant d'exactitude et de fidélité, lançait déjà des regards d'indignation sur les accusateurs, lorsqu'ils lui montrèrent, au bout de la galerie, une porte de fer fermée avec trois grosses serrures. « C'est sous cette porte, lui dirent-ils, qu'Alibée a enfermé les trésors qu'il a volés à votre père. » Le roi redevint furieux, et ordonna que la porte fût ouverte sur-le-champ. Alibée se jette à ses pieds, et le conjure de ne pas lui ôter le seul bien dont il fit cas sur la terre : « Il n'est pas juste, lui dit-il, de me dépouiller, dans un moment, de tout ce que je possède, après avoir tant d'années servi fidèlement votre père : prenez tout ce qu'il m'a donné, mais laissez-moi tout ce que je possède ici. » Les courtisans triomphaient dans le secret de leur âme, et cette résistance ne fit qu'augmenter les soupçons du roi, qui le menaça, plein de colère, et le força d'obéir. Alibée prend donc les clefs et ouvre cette porte mystérieuse.

Quelle fut la surprise de ses ennemis et du roi lorsqu'ils n'aperçurent qu'une houlette, une flûte et des habits de berger ! C'étaient ceux qu'avait autrefois portés Alibée, et qu'il visitait quelquefois pour entretenir le souvenir et l'amour de sa pre-

mière condition. « Grand roi, dit-il, voyez les restes de mon premier bonheur : ce trésor va m'enrichir quand vous m'aurez dépouillé de tout ce que vous pouvez m'ôter; voilà les richesses solides qui ne peuvent jamais manquer; elles suffiront toujours au bonheur de l'homme qui sait aimer l'innocence et se contenter du nécessaire, sans se tourmenter follement pour les biens frivoles, qui n'ajoutent pas un sentiment de plus à la félicité réelle. O vous, instruments simples et chers d'une vie heureuse! je ne veux que vous, c'est avec vous que je suis résolu de vivre et mourir. Grand roi! je vous remets sans regret tout ce que m'a donné votre père, je ne garde que ce qui m'appartenait avant qu'il me fît venir à sa cour. »

Le roi eut peine à revenir de sa surprise; il demeura bien convaincu de l'innocence d'Alibée, et son indignation retomba sur les courtisans qui l'avaient trompé. « Sortez imposteurs, leur dit-il, et fuyez de ma présence. » Aussitôt il fit Alibée son premier ministre, et le chargea de toutes les affaires les plus secrètes et les plus importantes.

Alibée mourut premier ministre et pauvre; il ne souffrit jamais qu'on punît aucun de ses ennemis; il ne laissa à ses parents que le bien nécessaire pour les nourrir dans la condition de berger, qu'il regarda toujours comme la plus heureuse et la plus sûre.

DÉVOUEMENT FILIAL. — JEANNE PARELLE

PRIX MONTYON, 1856

Jeanne Parelle est née à Coulange, près de Montrésor, dans le département d'Indre-et-Loire, en 1786.

Son père, Jacques Parelle, était terrassier, et connu pour un très-brave homme, laborieux et élevant bien sa famille. Il avait à Coulange une petite maisonnette, avec un très-petit champ. Sa femme, Marguerite Baudouin, lui donna huit enfants, qu'elle a élevés dans l'amour du travail et dans de grands sentiments de piété.

Sous l'Empire, deux de ses fils sont partis pour l'armée, où ils sont morts. De ses quatre filles, deux se sont mariées, l'une à un marinier, l'autre à un terrassier; les deux autres sont entrées en condition. Jeanne avait pris ce dernier parti; elle servait, comme domestique, chez un menuisier des environs. Des personnes qui l'ont connue alors et qui vivent encore rendent témoignage de sa bonne conduite.

En 1811 ou 1812, la mère Parelle, qui avait alors plus de cinquante-cinq ans, devint infirme; elle eut plusieurs attaques de paralysie, et elle ne put bientôt plus marcher qu'à l'aide d'un bâton. Jeanne vint voir sa mère, et lui dit : « Je veux rester avec vous. Servir pour servir, vaut-il pas mieux que je serve ma mère que de rester avec des étrangers? »

Cette résolution de Jeanne ouvrit pour elle une carrière de

vingt-cinq années d'épreuves, de sacrifices et de vertus de tout genre.

A peine était-elle revenue chez ses parents, qu'elle perdit son troisième frère, mort, à la suite de fatigues excessives, à l'âge de vingt-cinq ans. Jeanne le pleura beaucoup, et elle en parle encore en ces termes : « C'était celui que j'aimais le mieux; il avait le même cœur que moi pour nos parents. »

L'année suivante, son père revenait un jour du travail; tout à coup il s'évanouit, perdit connaissance et parut sans mouvement. Les voisins accoururent. Rien ne pouvait rappeler le malade à lui; on s'effraya. « Ma pauvre Jeanne, votre père est mort. — Non ! non ! cria-t-elle, mon père n'est pas mort ! » Elle courut à lui, et, lui soutenant la tête, elle lui desserra avec force les dents. Aussitôt il rendit une abondante quantité de sang, revint à lui, et demanda pourquoi on l'entourait. Il n'avait aucun sentiment de ce qui s'était passé. Jeanne riait, pleurait, était hors d'elle-même : « Je le savais bien, répétait-elle, que mon père n'était pas mort !... »

Dans la famille, on le crut sauvé; mais, le lendemain, le même accident se reproduisit; Jeanne eut recours au même moyen, et son père fut encore soulagé. De même que la veille, il n'en conserva aucun souvenir.

Ce mal devint habituel, et se renouvela tous les soirs pendant dix ans. On ne consulta qu'une seule fois un médecin, qui ne sut rien prescrire.

Jeanne poursuivait seule sa courageuse assistance.

Que ce mot n'étonne pas : car il faut tout dire pour bien faire connaître tout l'héroïsme de cette fille.

A chaque accès, Jeanne ouvrait violemment la bouche de son père, pour donner un passage au sang; et, comme les dents étaient contractées avec force, et que le pauvre homme n'avait pas de connaissance, Jeanne avait les doigts *constamment mordus*. Il y avait des moments où les os *étaient presque à découvert;* et cela ne l'empêchait pas de recommencer *tous les jours,* sans que jamais son zèle ne se ralentît!... Elle se servait tantôt d'une main, tantôt de l'autre; elle avançait plus ou moins les doigts pour garantir les endroits le plus malades, mais jamais elle ne se décourageait... et elle a continué pendant *dix années consécutives*, tout en faisant l'ouvrage de la maison, qui est rude à la campagne. Avec ses doigts déchirés, il lui fallait tous les jours, par le froid ou par la chaleur, traire une vache, aller à l'herbe, etc.

Quand son père voyait ses doigts dépouillés, les larmes lui venaient aux yeux : « Ne recommence plus, Jeanne, lui disait-il. — Mais, mon père, puisqu'il n'y a que cela qui vous fait revenir! — Eh bien, laisse-moi mourir; pour ce que je fais à présent, cela vaudrait mieux. »

Rien ne faisait plus de peine à cette fille dévouée que d'entendre son père parler de la sorte : « Laisser mourir mon pauvre père! s'écriait-elle; j'aurais donc été bien dénaturée et abandonnée de Dieu!... Si j'avais servi un maître qui aurait eu besoin du même service, je le lui aurais rendu. Pour mon père, il aurait fallu m'attacher pour m'empêcher de continuer. »

Quelquefois ses voisines voulaient la détourner : « Je le laisserais, à votre place, ce bonhomme, lui disait-on; il reviendrait peut-être de lui-même. » Elle répondait : « En attendant, je ne voudrais pas le risquer; j'aurais, après cela, la mort de mon père à me reprocher. »

Bientôt la tâche de Jeanne devint plus difficile encore. La vue de son père s'était affaiblie (il avait plus de soixante ans). Il finit par devenir presque aveugle. Plus de travail possible. On vendit la maisonnette pour avoir de l'argent.

La mère devenait aussi de plus en plus infirme; ses yeux se perdaient comme ceux de son mari; elle ne faisait plus rien du tout que de dire son chapelet toute la journée.

Enfin, après dix ans, le pauvre Jacques Parelle mourut, et Jeanne le pleura. « Vous devez vous trouver contente, lui disait-on ; il ne pouvait aller loin, et vous aurez bien de la peine et du mal de moins.

— Ceux qui me disaient ça, répondait-elle, croyaient me consoler, et ils ne faisaient que me faire de la peine; ils ne savaient pas comme j'aimais mon pauvre père!... Enfin, Dieu lui a donné sa récompense, et moi j'aurai la mienne. »

Jeanne resta seule avec sa mère quinze autres années. Elle filait, allait à l'herbe, et bientôt n'eut plus d'autre ressource que la charité publique.

Sa mère, qui, jusque-là, pouvait se traîner à l'aide d'un bâton, devint complétement aveugle; et la paralysie ne lui permit plus aucun mouvement : il fallait la lever, la coucher, l'asseoir.

Jeanne n'avait plus le temps de filer, et sa misère allait toujours croissant. Il y avait *vingt ans* que Jeanne suffisait à tout, *vingt ans* qu'elle n'avait passé *une nuit* sans se relever!...

Sa sœur ainée, qui était mariée à Blois, l'engagea alors à venir dans cette ville, en l'assurant qu'elle y trouverait plus de ressources qu'à la campagne.

Jeanne, dans cet espoir, entreprit le voyage, et emmena avec elle sa mère, âgée de quatre-vingts ans. Une quête l'aida à faire ce voyage et à transporter un chétif mobilier.

Arrivée à Blois, Jeanne descendit chez sa sœur; mais cette sœur, qui avait trois enfants, et qui était obligée d'aller en journée pour vivre, ne put se charger longtemps d'une telle hospitalité.

Jeanne se trouva encore une fois seule avec sa mère. Elle loua une chambre, et obtint du bureau de charité trois pains et trois livres de viande par mois. C'était en 1830.

Depuis cette époque, on la voit toujours patiente, toujours douce, toujours religieuse et reconnaissante envers ceux qui l'assistent.

Le détail des soins qu'elle donne à sa mère est à peine croyable. Cette femme a été très-religieuse. Depuis quelque temps, elle est tombée tout à fait en enfance; mais jusque-là, et tant qu'elle a eu un reste de connaissance, elle priait toute la journée dans son fauteuil. Une veille d'Assomption, elle dit à sa fille: « C'est demain la bonne Dame d'Août; je voudrais bien aller à l'église. »

Dans une meilleure position, et avec des moyens de transport, des enfants, même dévoués, croiraient pouvoir objecter la difficulté de conduire une personne si infirme... mais Jeanne, qui prend sur elle toute la peine, ne sut rien dire, sinon : « Vous voulez aller à l'église? eh bien, ma petite mère, j'irons; oui, ma mignonne, mon amie, je vous y mènerai, soyez tranquille. » Et elle lui prend la main et la baise; car c'est avec ces soins, et ces douces attentions, et ce ton caressant, qu'elle parle sans cesse à *sa pauvre affligée*, comme elle l'appelle.

Et le lendemain, Jeanne passe son bras gauche dans le bras d'un grand fauteuil; elle met sa mère debout, la prend avec son

bras droit; la vieille mère, soutenue ainsi, se laisse traîner pendant deux pas..., puis on s'arrête; Jeanne l'assied un moment sur le fauteuil; puis elle la relève, et on recommence. Cette route pénible dure plus de *trois quarts d'heure*, pour un trajet de *cinq minutes* à peine.

Au retour, qui se fait de la même manière, Jeanne est toute gaie : « Eh bien, ma chère amie, dit-elle à sa mère, avez-vous bien prié le bon Dieu? Êtes-vous contente? Vous n'êtes pas fatiguée, n'est-ce pas? »

Cette promenade laborieuse a depuis été renouvelée autant de fois que la bonne femme l'a souhaité.

Souvent on a conseillé à Jeanne de laisser mettre sa mère à l'hôpital.

« Ça me fend le cœur, quand on me dit ça, répond-elle.

— Mais, Jeanne, votre mère serait bien soignée.

— Je le sais bien; ce n'est pas par mépris de l'hôpital. Elle aurait les soins; mais la douceur, qui est-ce qui la lui donnerait? »

Une autre fois, elle ajoutait :

« Dieu nous laisse nos parents pour que nous en ayons soin; si j'abandonnais ma pauvre affligée, m'est avis que je mériterais que Dieu m'abandonne. »

Jeanne et sa mère habitent un rez-de-chaussée. Cette circonstance a permis à quelques personnes de s'assurer que l'excessive douceur de cette fille à l'égard de sa mère ne se démentait jamais. Jeanne garde pour elle le pain mêlé que lui donne le bureau de charité, et achète pour sa mère du pain blanc. Elle lui procure aussi, le plus souvent qu'elle peut, du *beurre*, du *fromage* et du *lait*. Pour elle, on ne la voit jamais manger autre chose que des pommes de terre ou des navets.

Un jour, M. le curé lui fit porter une tourte dont on n'avait presque rien mangé. Longtemps après, on s'étonna d'en voir encore chez elle.

« Vous n'avez pas fini votre tourte?

— Ah! je la ménage pour ma mère; je lui en coupe de bons petits morceaux à ses repas; ça la régale.

— Vous n'en mangez donc pas?

— Ce serait grand dommage que j'en mange, pour lui rogner sa portion, à la pauvre femme : c'est sa petite jouissance; elle n'en a pas tant, la pauvre affligée... Ni voir, ni entendre, toujours souffrir!... c'est bien le moins que je lui fasse ce que je peux. »

Il y a quatre ans, par un grand froid, on la trouva cherchant à couvrir sa mère avec une vieille pelisse usée et sans chaleur. « Je la cache comme je peux, dit-elle; mais c'est trop mince. » Et elle paraissait triste. Le lendemain, on lui porta une bonne couverture de laine.

Et, quand on revint, on trouva deux rubans cousus aux côtés de la couverture mise en double et entourant les épaules de la vieille mère, de manière que le froid ne pouvait l'atteindre. Jeanne était rayonnante : « Voyez, disait-elle, je lui ai cousu ça; elle n'est pas gênée, et elle a bien chaud. La nuit, je lui déplie sa petite couverte, et je la mets sur son lit. Bénis ceux qui couvrent ma mère! Dieu les mettra à couvert dans son paradis. »

Une autre fois, on lui donna pour elle-même une paire de vieilles manches en flanelle : à peine, par le froid, avait-elle les bras couverts.

« Vos manches sont-elles bien? lui dit-on.

— Je les ai défaites; ma mère se plaignait de douleurs aux genoux, et j'ai cousu les morceaux de flanelle à son cotillon; ça sera chaud, voyez-vous; ça lui fait bien, la pauvre femme. » Et c'était vrai; les morceaux étaient *redoublés* et arrangés avec une intelligence parfaite.

Cette tendresse se montre en tout, et paraîtrait singulière si on voyait Jeanne de moins près.

Au milieu de ses infirmités, la mère Parelle est si bien assise dans un fauteuil, si blanchement arrangée, qu'il est aisé de voir comme elle est soignée. Dernièrement, une visiteuse dit à Jeanne : « Elle est fraîche, en vérité, votre mère. »

La bonne fille sourit, et son visage s'anima comme celui d'une mère qu'on flatte, par un compliment inattendu sur son enfant. « Vous trouvez, dit-elle; ah! la pauvre femme! elle est plus fraîche que moi! elle ne pâtit pas tant. » Puis elle soupira et dit : « Si j'étais seulement assez heureuse pour qu'elle pût m'entendre! »

C'est que, depuis plusieurs mois, cette pauvre femme est arrivée à un état complet d'enfance et de surdité. Aujourd'hui, elle ne sait plus où elle est; elle ne reconnaît plus sa fille, et Jeanne ne peut surmonter la tristesse que lui donne ce nouveau genre de peine.

« Où est Jeanne? dit la mère. — Elle est là, ma mignonne; là, près de vous; voilà sa main. Elle est là, chère amie, n'ayez pas peur. »

Mais la bonne femme n'entend pas, et Jeanne soupire.

« Si vous l'aviez connue, dit-elle, quand elle avait toute sa raison! Ah! c'était une si digne femme! Elle a tant travaillé pour élever huit enfants, dans des temps si durs! Elle était si douce et si bonne! Depuis si longtemps qu'elle est malade, si elle est tourmentante, ce n'est pas sa faute; c'est la souffrance qui veut ça. Ah! elle aura une belle récompense devant Dieu! »

En effet, tant qu'elle a conservé sa tête, la mère Parelle était aussi admirable par sa résignation que sa fille l'était par sa piété filiale. Mais maintenant les soins qu'il faut lui donner deviennent de plus en plus pénibles. Jeanne suffit à tout; et, quoiqu'elle soit elle-même souvent malade, jamais elle ne se plaint ni ne se décourage. L'hiver dernier encore, elle a passé deux mois entiers sans se coucher. Tant de zèle, de constance et de persévérance filiale ne mérite-t-il pas toute notre admiration?

L'HÉRITAGE DE LA MÈRE DES PRISONNIERS[1]

A Coutances, une pieuse fille a donné le spectacle de la pauvreté secourant le malheur : Catherine Lamare, autrefois au service d'une personne charitable, à qui ses bienfaits avaient mérité le nom de *Mère des prisonniers;* elle aidait sa maîtresse dans les soins que celle-ci leur donnait avec un dévouement exemplaire. Cette personne, en mourant, lui a laissé une petite pension, et le peu dont elle pouvait disposer. Catherine a considéré ce legs comme un héritage destiné aux prisonniers, et n'a voulu hériter elle-même que du zèle de sa maîtresse. Les prisonniers sont donc soignés comme auparavant; Catherine leur donne tout ce qu'elle peut épargner, et va elle-même faire bouillir leur marmite.

[1] Extrait du rapport de M. le comte Daru à la Société pour l'amélioration des prisons, 1819.

La reine Bathilde rendant la liberté aux serfs.

L'ABOLITION DE L'ESCLAVAGE EN FRANCE

D'APRÈS BAILLET, PAR M. LE BARON DE GÉRANDO

Sainte Bathilde, ou Baldchild, reine de France, était issue de l'ancienne maison de Saxe. Dès sa plus tendre jeunesse, elle fut exposée en vente, comme une esclave, sur les côtes de France, soit par des corsaires qui l'avaient enlevée, soit par ses propres parents, selon la barbare coutume qu'avaient alors les Anglo-Saxons de vendre leurs enfants. Elle fut achetée à vil prix par Erchinoald, ou Erchenwald, que nous appelons *Archambaud*, et qui devint bientôt après maire du palais, sous Clovis II. Parfaitement belle, adroite, sage, modeste, douce, obligeante, ses manières et une certaine majesté qui paraissait dans toutes ses actions se ressentaient de la grandeur de sa naissance. Mais, au lieu de se glorifier de ces avantages, elle se regardait comme la dernière servante dans la famille à laquelle l'assujettissait sa nouvelle condition. Sa haute réputation l'en fit bientôt retirer pour la mettre sur le trône. Il était question de marier Clovis II; on résolut de lui donner pour compagne la personne la plus accomplie de son royaume, et chacun se déclara tout d'une voix pour Bathilde. Bathilde remédia bientôt aux désordres qu'avait causés la faiblesse de ce prince. Son élévation, loin de lui rien ôter de son humilité ou de sa piété, ne servit qu'à mettre ses vertus dans un plus grand jour. Elle ne prit l'administration des affaires du royaume que pour entretenir la paix et l'union, et pour y rendre la religion triomphante. Elle fit diminuer les impôts, rédiger divers règlements pour soulager les pauvres, assister les veuves et les orphelins.

Après avoir pacifié les troubles du royaume et rétabli partout la bonne intelligence, elle appliqua ses soins à abolir l'esclavage, qui subsistait encore en France, comme parmi les nations étrangères. Elle le regardait comme un abus réprouvé par l'Évangile de Jésus-Christ, qui est une loi de liberté. Elle défendit qu'on fît dorénavant aucun chrétien esclave, et qu'à prix d'argent on se rendît maître absolu de sa liberté et de sa vie. Elle ne supprima point la différence des conditions que l'ordre de la Providence établit dans les États, et qui est nécessaire pour l'entretien de la société civile, mais elle l'adoucit et lui imprima un caractère chrétien. Son édit fit que les maîtres commencèrent à regarder leurs serviteurs comme leurs frères de religion. Le service domestique, en changeant de nature, devint plus utile aux serviteurs, en ce qu'il devint volontaire. Les esclaves, ne regardant leurs maîtres que comme des tyrans et des ennemis, n'obéissaient auparavant que par la crainte des châtiments; l'ordonnance de Bathilde, conforme aux maximes de l'Évangile, rendit les serviteurs obéissants par affection, par soumission à la loi de Dieu même.

Sur la fin de ses jours, elle déposa le diadème et alla se renfermer à Chelles, y prit le voile, et s'y montra la religieuse la plus obéissante et la plus modeste. Elle y ferma les yeux vers la fin de janvier 680.

GÉNÉROSITÉ D'UNE JEUNE SOURDE-MUETTE

EXTRAIT DES PROCÈS-VERBAUX DE L'INSTITUTION DES SOURDS-MUETS DE PARIS

Une jeune élève de l'institution royale des Sourds-Muets de Paris, mademoiselle ***, a obtenu, en 1839-1840, d'après le suffrage unanime de ses compagnes et des maîtresses, le prix de *bonne conduite* à la fin de l'année. Ce prix consiste en une bourse renfermant cent francs en or, don du vénérable duc de Doudeauville, qui, pendant vingt ans, a siégé dans le conseil d'administration de cet établissement. Lorsque, dans la solennité de la distribution des prix, elle a été appelée et a reçu cette récompense si bien méritée, elle a spontanément demandé la permission de remettre la somme à l'une de ses compagnes, appartenant à une famille pauvre, et, dès qu'elle y a été autorisée, elle a couru avec joie auprès de son amie lui remettre le don en l'embrassant.

LES CAMARADES DE COLLÉGE

Les deux classes de l'école de Westminster, en Angleterre, n'étaient séparées que par un rideau, qu'un écolier déchira un jour par hasard. Cet enfant était d'un naturel timide et craintif, et il tremblait en songeant au châtiment qu'un maître sévère allait lui infliger. Un de ses camarades le tranquillisa en lui promettant de se charger de la faute et de subir la punition, ce qu'il fit en effet.

Plus tard, des guerres civiles désolèrent l'Angleterre. Celui qui avait déchiré le rideau fit son chemin dans la magistrature; l'autre suivit la carrière militaire et embrassa le parti du roi Charles Ier contre le parlement, qui voulait lui ravir la couronne.

A la suite d'une victoire remportée dans le nord de l'Angleterre sur les troupes de Charles Ier, plusieurs officiers furent faits prisonniers, et Cromwell, général de l'armée du parlement, nomma des juges pour leur faire leur procès. L'écolier timide fut du nombre des magistrats désignés. Au tribunal, il entend prononcer, parmi les noms des accusés, celui de son généreux condisciple, qu'il avait perdu de vue depuis le collège. Il l'envisage, croit le reconnaître, prend des informations, et, s'étant assuré qu'il ne se trompait pas, sans se découvrir lui-même, il part sur-le-champ pour Londres, emploie auprès de Cromwell tout son crédit, et parvient à faire rayer son ami d'enfance de la liste de ceux qui étaient voués au supplice.

M. DE CHOISEUL ET LE TURC

Un capitaine turc fut pris par un des vaisseaux de la flotte de l'amiral Duquesne, lorsqu'il allait bombarder Alger, et rendu six semaines après, pendant une négociation qui s'ouvrit, mais qui ne procura point la paix. Quelque temps après, M. de Choiseul fut pris par des chaloupes algériennes et condamné à périr à la bouche d'un canon. Duquesne fait d'inutiles efforts pour obtenir sa liberté. Le capitaine turc, pris avant le bombardement par le vaisseau sur lequel servait M. de Choiseul, et rendu par l'amiral, se jette aux pieds du dey d'Alger, offre sa fortune pour sauver M. de Choiseul, mais inutilement. On attache le Français au canon. Il s'élance alors : « Feu! s'écrie-t-il ; puisque je ne puis sauver mon bienfaiteur, je mourrai avec lui! » Ce spectacle apaisa le peuple et sauva la victime.

LES DEUX FRÈRES

EXTRAIT DE LA MORALE EN ACTION

Un marchand de Londres avait deux fils : l'aîné, d'un mauvais cœur et d'un caractère dur, haïssait son jeune frère, qui était plus aimable que lui et d'un naturel doux et paisible. Le père, qui avait une fortune considérable dans le commerce, fit, par son testament, un partage des plus étranges. Lui, qui connaissait ses deux enfants, qui aimait le cadet et blâmait la dureté de l'aîné, il laissa à l'aîné tout son bien, avec tout ce qu'il avait de fonds et de vaisseaux, le priant seulement de continuer le négoce et d'aider son jeune frère. Il mourut quelque temps après.

Dès que l'aîné se vit seul maître, il ne contraignit plus sa haine et chassa de la maison son malheureux cadet, l'exposant à la merci du sort, sans lui donner aucun secours. « Si mon frère me traite ainsi, disait le jeune homme, que dois-je donc attendre des étrangers? » Il fallait vivre, et la nécessité lui rendit le courage. Il quitte Londres et s'adresse à un négociant d'une ville voisine, lui offre ses services, et celui-ci les accepte et le reçoit dans sa maison. Après quelques années d'épreuves, il lui reconnut tant de prudence, tant de vertus, et tant d'exactitude dans ses comptes, qu'il lui donna sa fille en mariage, et, en mourant, il lui laissa tous ses biens. A la mort du beau-père, le gendre se trouva assez riche; il n'était point de ces ambitieux insatiables que la fureur d'amasser n'abandonne qu'au bord du tombeau. Jaloux de vivre en paix, il acheta, dans une province éloignée de la capitale, une belle terre et un château, s'y retira avec son épouse, et y vécut heureux, dans le calme de la vie domestique.

Pendant ce temps, l'aîné, ruiné par divers désastres, fut réduit à la misère. Il mendiait le pain de la charité publique dans les larmes et les remords.

« Où en serais-je à présent, se disait-il en soupirant, si tous les hommes étaient aussi durs que moi? Ah! s'ils savaient comment j'ai traité mon frère, ils me repousseraient avec horreur. Mon frère! mon frère! s'écriait-il quelquefois dans le chemin, où es-tu? Tu me maudis, sans doute, et tu éprouves peut-être en ce moment les horreurs de la faim! Que ne peux-tu me rencontrer et me voir, tu serais vengé! Que ne puis-je, en t'embrassant, rompre avec toi ce morceau de pain, qu'une mère pauvre et généreuse vient de me donner par la main de son jeune enfant? je serais consolé... Hélas! si le hasard m'offrait à ses yeux, il ne reconnaîtrait jamais son aîné sous les lambeaux de la misère. Il devrait pourtant espérer de m'y trouver, s'il croit qu'il soit un Dieu vengeur. »

Un jour qu'il avait fait plusieurs lieues, ayant à peine trouvé ce qu'il lui fallait pour se soutenir, il aperçut de loin un homme bien mis, se promenant dans une prairie voisine d'un joli château dont il paraissait le seigneur; il s'avance, l'aborde, lui expose ses malheurs, ses besoins, et le conjure de lui accorder quelques secours. « D'où êtes-vous? lui demanda l'étranger, et comment s'est fait cet enchaînement de revers qui vous a réduit à l'état où vous êtes? » Il fut tenté de lui révéler tout et d'avouer qu'il avait mérité ses malheurs : la crainte et le besoin le retinrent; il craignait d'éteindre, par cet aveu, la pitié qu'il voulait inspirer à ce seigneur; il en dit pourtant assez pour appeler l'attention de quiconque connaissait sa famille. L'étranger, sans lui faire part de sa découverte, l'emmène au château, et ordonne à ses gens de le bien traiter et de lui préparer un logement pour la nuit. Le soir, il raconte à sa femme ce qui vient de lui arriver et lui communique son dessein. Le pauvre dormit d'un sommeil profond et paisible toute la nuit, et, le matin, à son réveil, sa première pensée fut : « Que cet homme est bienfaisant ! s'il n'est pas né riche, il mériterait de le devenir... » Quelques heures après, le maître l'envoie chercher. Quand il fut en sa présence, il le fixa quelque temps avec attendrissement et lui demanda s'il ne le connaissait pas. « Non, répondit le pauvre. — Eh quoi ! s'écria-t-il en pleurs, je suis ton frère ! » En même temps il s'élance à son cou et l'étreint tendrement dans ses bras. L'aîné, frappé d'étonnement, de confusion, de

repentir, de reconnaissance et de joie, tombe à ses genoux en s'écriant : « Mon frère ! » Il les embrasse et les arrose de ses larmes en lui demandant pardon. « Il y a longtemps, lui répondit son frère, que je t'ai pardonné; oublie le passé : tu es riche, car je le suis; vivons ensemble et aimons-nous. — Oui, mon frère, je t'aimerai, lui répondit l'aîné d'une voix étouffée par les sanglots; mais je ne me pardonnerai jamais : je me souviendrai toujours de la manière dont je t'ai traité, et c'est toi qui me soulages. »

LE COMMISSIONNAIRE DU PORT DE ROUEN

PRIX MONTYON, 1838

rune (Louis), de Rouen, commissionnaire sur le port, ne se montre pas seulement doué d'un intrépide courage; il n'a pas seulement dans le cœur le sentiment de l'humanité prêt à éclater quand il y a un péril à combattre ou un malheur à prévenir. Cet homme porte en lui une inépuisable vocation de dévouement. Il fait profession de sauver ses semblables; c'est son état. Il n'attend pas les occasions; il les cherche, il les épie avec passion. Quand la marée monte, quand le vent fraîchit, quand la brume s'élève, quand les bateaux à vapeur se croisent en grand nombre dans ce port étroit et opulent, Brune est là, comme les pères du mont Saint-Bernard à l'approche de l'avalânche, le cœur inquiet, l'oreille attentive, prêt à s'élancer.

Ainsi, par exemple, le 28 janvier dernier, la Seine, prise depuis plusieurs jours, était couverte de patineurs. Les hautes marées devaient rompre les glaces, et engloutir cette foule imprudente, qui restait sourde à tous les avertissements de l'autorité. Brune avait sa vieille mère et sa femme malades. On le rappelle en vain à sa maison. A l'heure même de ses repas, rien ne peut l'entraîner. Il reste à son poste; il ne désertera pas. Ces jeunes gens, ces femmes imprudentes, oublient leurs dangers pour leurs plaisirs; le plaisir et l'affaire de Brune est de penser à leurs dangers.

En effet, on entend le fleuve mugir; la foule épouvantée se précipite. Un abîme s'est ouvert; un couple jeune et riche a été englouti. Brune est là; il court sur la glace rompue, il arrive, plonge, ressaisit le mari et le sauve. La femme avait disparu sous les glaces. Il va l'y chercher, il la retrouve; mais ses efforts ont été inexprimables : ses membres sont engourdis. Quand il veut s'enlever sur ces vastes glaçons, qui le déchirent, qui l'ensanglantent, qui rompent sous sa main, ses forces épuisées échouent, et personne ne viendra à son aide : il n'y a pas un autre Brune sur le rivage. Cependant on s'agite; on se lamente; c'est Brune qui va périr. Que fera-t-on? Enfin, on imagine de lui jeter une corde qui arrive à lui, qu'il saisit; et, à son tour, il est sauvé.

Les personnes qui lui devaient tout lui proposent des récompenses : il refuse. Il a fait ainsi toujours. Les médailles sont tout ce qu'on a pu lui faire accepter; et, comme il a depuis longtemps épuisé les médailles, le roi a fini par envoyer l'étoile de l'honneur à sa noble poitrine. Cependant la ville de Rouen n'était pas quitte envers lui. Elle a adopté sa femme et sa fille, et, voulant lui faire un don qu'il ne refuserait pas, elle lui a bâti une maison sur le rivage, afin qu'il ait moins de chemin à faire pour donner sa vie. Il est là comme une sentinelle avancée en face de l'ennemi.

ANDROCLÈS ET LE LION

EXTRAIT DE LA MORALE EN ACTION

Pendant mon séjour à Rome, dit Appion, on donnait au peuple, dans le grand cirque, le spectacle d'un combat de bêtes dans le plus grand appareil. Les barrières levées, l'arène se couvre d'une foule d'animaux frémissants, monstres affreux, tous d'une hauteur et d'une férocité extraordinaires. On vit surtout bondir des lions d'une grandeur prodigieuse. Un seul fixa tous les regards : une taille énorme, des élancements vigoureux, des muscles enflés et roidis, une crinière flottante et hérissée, un rugissement sourd et terrible, faisaient frémir tous les rangs des spectateurs. Parmi les malheureux condamnés à disputer leur vie contre la rage de ces animaux affamés, parut un certain Androclès, autrefois esclave d'un proconsul. Dès que le lion l'aperçoit, dit l'écrivain, il s'arrête tout à coup, frappé d'étonnement ; il s'avance d'un air adouci, comme s'il eût connu ce misérable ; il l'approche en agitant la queue d'une manière soumise, comme le chien qui cherche à flatter ; il presse le corps de l'esclave à demi-mort de frayeur, et lèche doucement ses pieds et ses mains. Les caresses de l'horrible animal rappellent Androclès à la vie ; ses yeux éteints s'entr'ouvrent peu à peu, ils rencontrent ceux du lion. Alors, comme dans un renouvellement de connaissance, vous eussiez vu l'homme et le lion se donner des marques de la joie la plus vive et du plus tendre attachement. Rome entière, à ce spectacle, poussa des cris d'admiration, et César, ayant demandé l'esclave : « Pourquoi, lui dit-il, es-tu le seul que la fureur de ce monstre ait épargné? — Daignez m'écouter, seigneur, dit Androclès; voici mon aventure : pendant que mon maître gouvernait l'Afrique en qualité de proconsul, les traitements cruels et injustes que j'en essuyais tous les jours me forcèrent enfin de prendre la fuite; et, pour échapper aux poursuites d'un maître qui commandait en ce pays, j'allai chercher une solitude inaccessible parmi les sables et les déserts, résolu de me donner la mort de quelque manière que ce fût, si je venais à manquer de nourriture. Les ardeurs intolérables du soleil, au milieu de sa carrière brûlante, me firent chercher un asile. Je trouvai un antre profond et ténébreux, je m'y cachai; à peine y étais-je entré, que je vis arriver ce lion : il s'appuyait douloureusement sur une patte ensanglantée. La violence de ses tourments lui arrachait des rugis-

sements et des cris affreux. La vue du monstre rentrant dans son repaire me glaça d'abord d'horreur; mais, dès qu'il m'eut aperçu, je le vis s'avancer avec douceur : il m'approche, me présente sa patte, me montre sa blessure, et semble me demander du secours. J'arrachai une grosse épine enfoncée entre ses griffes ; j'osai même en presser la plaie et en exprimer tout le sang corrompu ; enfin, pleinement remis de ma frayeur, je parvins à la purifier et à la dessécher. Alors l'animal, soulagé par mes soins et ne souffrant plus, se couche, met sa patte entre mes mains, et s'endort paisiblement. Depuis ce jour, nous avons continué à vivre ensemble, pendant trois ans, dans cette caverne. Le lion s'était chargé de la nourriture ; il m'apportait exactement les meilleurs morceaux des proies qu'il avait déchirées ; n'ayant point de feu, je les faisais rôtir aux plus grandes ardeurs du soleil. Cependant, la société de cet animal et ce genre de vie commençant à m'ennuyer, je choisis l'instant où il était allé chasser, je m'éloignai de la caverne, et, après trois jours de marche, je tombai entre les mains des soldats. Ramené d'Afrique à Rome, je parus devant mon maître, qui, sur-le-champ, me condamna à être dévoré, et je pense que ce lion, qui, sans doute, fut pris aussi, me témoigne actuellement sa reconnaissance. » Tel est le discours qu'Appion met dans la bouche d'Androclès. Aussitôt on l'écrit, on en fait part au peuple ; ses cris redoublés obtinrent la vie de l'esclave et lui firent donner le lion. On voyait Androclès, continue l'auteur, tenant son libérateur attaché à une simple courroie, marcher au milieu de Rome. Le peuple enchanté le couvrit de fleurs et le combla de largesses, en s'écriant : « Voilà le lion qui a donné l'hospitalité à un homme, et voilà l'homme qui a guéri un lion. »

LE LION ET L'ÉPAGNEUL

EXTRAIT DE LA MORALE EN ACTION

Il fallait, pour voir, à la Tour de Londres, les bêtes féroces, donner de l'argent à leur maître, ou apporter un chien ou un chat qui pût leur servir de nourriture. Quelqu'un prit dans une rue un épagneul noir qui était très-joli ; étant venu voir un énorme lion, il jeta dans sa cage le petit chien : aussitôt la frayeur s'empare de ce

petit animal, il tremble de tous ses membres, se couche humblement, rampe, prend l'attitude la plus capable de fléchir le courroux naturel au lion, et d'émouvoir ses dures entrailles. Cette bête féroce le tourne, le retourne, le flaire sans lui faire le moindre mal. Le maître jette au lion un morceau de viande, il refuse de le manger, en regardant fixement le chien, comme s'il voulait l'inviter à le goûter avant lui.

L'épagneul revient de sa frayeur, il s'approche de cette viande, en mange, et dans l'instant, le lion s'avance pour la partager avec lui. Ce fut alors qu'on vit naître entre eux une étroite amitié. Le lion, comme transformé en un animal doux et caressant, donnait à l'épagneul des marques de la plus vive tendresse, et l'épagneul, à son tour, témoignait au lion la plus extrême confiance. La personne qui avait perdu ce petit chien vint, quelque temps après, pour le réclamer. Le maître du lion la presse vivement de ne pas rompre la chaîne de l'amitié qui unit si étroitement ces deux animaux; elle résiste à ses sollicitations. « Puisque cela est ainsi, répliqua le maître du lion, prenez vous-même votre chien; car, si je m'en chargeais, cette commission deviendrait, pour moi, trop dangereuse. » Le propriétaire de l'épagneul comprit bien qu'il fallait en faire le sacrifice. Au bout d'une année, le chien tomba malade et mourut; le lion s'imagina, pendant quelque temps, qu'il dormait; il voulut l'éveiller, et, l'ayant inutilement remué avec ses pattes, il s'aperçut alors que l'épagneul était mort; sa crinière se hérisse, ses yeux étincellent, sa tête se redresse, sa douleur éclate avec fureur; transporté de rage, tantôt il s'élance d'un bout de sa cage à l'autre, tantôt il en mord les barreaux pour les briser; quelquefois il considère, d'un œil consterné, le corps mort de son tendre ami, et pousse des rugissements épouvantables. Il était si terrible, qu'il faisait sauter, par ses coups, de larges morceaux du plancher. On voulut écarter de lui l'objet de sa profonde douleur, mais ce fut inutilement, et il garda le petit chien avec grand soin; il ne mangeait pas même ce qu'on lui donnait. Enfin il se coucha et mit sur son sein le corps de son ami, seul et unique compagnon qu'il eût sur la terre; il resta dans cette situation pendant cinq jours, sans vouloir prendre de nourriture; rien ne put modérer l'excès de sa tristesse; il languit, et tomba dans une si grande faiblesse, qu'il en mourut. On le trouva la tête affectueusement penchée sur le corps de l'épagneul. Le maître pleura la mort de ces deux inséparables amis et les fit mettre dans une même fosse.

LA SERVANTE DES MALHEUREUX

PRIX MONTYON, 1856

Louise-Renée Ménard, demeurant à Rennes, département d'Ille-et-Vilaine, est née, en cette ville, le 29 vendémiaire an VI. On a dit, avec quelque raison, que la vie des gens de bien était courte à raconter; mais cela ne serait point vrai de mademoiselle Ménard, dont la biographie demanderait un volume, si on voulait rapporter les innombrables actions de bienfaisance dont se compose cette vie consacrée à la charité. Qu'on s'imagine une âme intelligente et active, dont toute l'activité, dont toute l'intelligence est dirigée vers le bien, et qui ne connaît d'autre occupation que le soin de chercher le malheur pour le soulager. Le meilleur des princes regrettait un jour perdu; mademoiselle Ménard n'a jamais eu à regretter un de ses moments, et les faits sont si pressés dans ce dévouement de toutes les minutes, qu'il semble qu'elle n'ait pu en accomplir un sans se préparer à un autre. Nous citons au hasard, et nous abrégerons beaucoup.

Mademoiselle Ménard, tourmentée depuis l'enfance de cette vocation de sacrifices qu'elle a si dignement remplie, aspirait, dès l'âge de treize ans, à entrer parmi les saintes filles de la Charité. Elle avait obtenu, dès lors, l'autorisation de s'associer aux pénibles fonctions des dames de Saint-Vincent, de panser les plaies des malades, de laver le linge des pauvres, et de consacrer à leurs besoins les petites économies qu'elle pouvait faire, c'est-à-dire l'argent réservé à sa toilette et à ses menus plaisirs. Sa mère, qui avait rêvé pour elle un autre avenir, obtint facilement de son confesseur qu'il l'arracherait à cette vertueuse abnégation d'elle-même pour la rendre à la société, et son évêque daigna la détourner de ce dessein par de tendres et respectueuses paroles. Elle obéit, car elle n'ignorait point que le premier de ses devoirs était d'obéir à sa mère; mais elle ne put se soustraire à son insurmontable vocation, et resta, au milieu du monde, qui ne l'avait reconquise qu'en apparence, la servante des malheureux. Sa réputation était si bien établie à cet égard, que les administrateurs de la ville de Rennes lui confièrent, en 1816, la direction d'un bureau de bienfaisance et le droit de choisir les personnes qui devaient la seconder. Mademoiselle Ménard était à l'époque de la vie où le bonheur d'être jeune se fait sentir avec des séductions invincibles : elle avait dix-huit ans.

Mademoiselle Ménard n'a, dès lors, plus de vœux à former. Elle entre en possession du seul bonheur qu'elle comprenne. Elle est, à dix-huit ans, la mère de neuf cents familles indigentes. Elle se multiplie, pour les aider et pour les servir. Elle a deux cent cinquante distributions de soupes et de viande à faire aux infirmes toutes les semaines; elle les élève à cinq cents. Et qu'on ne s'imagine pas qu'elle croie son ministère borné à quelques soins matériels qui ne pourvoient qu'aux nécessités du corps : elle a les secrets du cœur, le langage qui se fait entendre de l'infortune, les paroles de l'espérance et de la consolation.

Jamais elle n'a quitté la chaumière du pauvre ou le grabat du malade sans le laisser meilleur et plus heureux. On cite même des exemples d'infortunés qu'elle a réconciliés avec la vertu. Eh! qui fut jamais plus digne de la faire aimer? Cependant elle ne se contente point des bienfaits quotidiens que ses attributions l'autorisent à dispenser. La charité est insatiable comme l'ambition. Tout ce qui souffre sur la terre, tout ce qui pleure, tout ce qui gémit, relève de la charité. C'est son empire à elle, et il embrasse le monde. Un incendie réduit neuf familles à la misère : mademoiselle Ménard adopte neuf familles de plus, obtient l'autorisation de quêter, mendie pour elles, et répare bientôt leurs pertes. Une salle d'asile, où sont réunis de malheureux enfants qui gagnent quelques sous à la fabrication de la dentelle, est délaissée par la personne qui la dirige : mademoiselle Ménard la remplace. Les rigueurs de l'hiver de 1830 font redouter l'irritation, hélas! trop naturelle, de la classe pauvre : dans ces extrémités douloureuses et presque désespérées, le conseil municipal appelle mademoiselle Ménard. Des travaux sont distribués à ceux qui ont la force de travailler, huit mille quatre cents soupes à ceux qui ne l'ont plus ou qui ne l'ont pas encore. Et remarquez bien ce grave sénat de la cité qui ouvre ses séances à une femme simple et obscure; la vertu convoquée à l'administration des peuples, et reprenant sans orgueil des droits qu'elle n'aurait jamais dû perdre, entre la politique et l'éloquence impuissantes! Quelque temps après, arrive le terrible fléau du choléra. L'héroïsme de mademoiselle Ménard a de nouvelles occasions de se déployer. Elle est partout où la mort menace une victime, et la mort est partout. Un malade s'échappe de l'hôpital, court en furieux dans les rues, où les plus hardis cherchent à éviter son approche, et tombe dans les bras de mademoiselle Ménard qui le suit... Il était mort.

Tant de vertus sont encore relevées de cette modestie touchante qui accompagne toujours la vertu. Vous en jugerez par les admirables expressions de M. l'Évêque de Rennes : « Si elle devait lire, dit-il, ce que j'écris avec connaissance de cause et la plus intime conviction, je me condamnerais au silence, tant est grand le respect que j'ai pour son humilité. »

HENRI IV ET SULLY

EXTRAIT DE LA MORALE EN ACTION

Le duc de Sully retournait à son château, après une violente maladie causée par des blessures. Henri IV alla droit à lui, et en l'abordant : « Mon ami, lui dit-il, je suis bien aise de vous voir avec un meilleur visage que je ne m'y attendais, et j'aurai une plus grande joie, si vous m'assurez que vous ne courez point risque de la vie ni d'être estropié. » Le duc remercia le roi de ses bontés, et lui répondit qu'il s'estimait heureux d'avoir souffert pour un si bon maître. « Vaillant chevalier, répliqua le roi, j'avais eu toujours très-bonne opinion de votre courage, et conçu de bonnes espérances de votre vertu; mais vos actions signalées et votre réponse modeste ont surpassé mon attente, et partant, en présence de ces princes, capitaines et grands chevaliers, qui sont ici près de moi,

je vous embrasse des deux bras : adieu, mon ami, portez-vous bien, et vous assurez que vous avez un bon maître. »

LE BON JARDINIER. — SAUQUET-JAVELOT

PRIX MONTYON, 1855

Montrons encore une vie remplie d'actes de la plus admirable charité. Sauquet-Javelot (Philippe-Jean-Baptiste), jardinier cultivateur, né à Niort, département des Deux-Sèvres, a élevé sept enfants, auxquels il a partagé sa modeste fortune; il s'était réservé une petite pension qu'il ne fait jamais payer. Sauquet-Javelot demeure avec deux de ses fils, sourds et muets, et avec leur sœur, âgée de quarante-sept ans. Une société tacite existe entre ces trois enfants : on met tout en commun; le père vit sur la société; à la fin de l'année, les économies sont placées en fonds de terre au profit des enfants.

La plus tendre des vertus chrétiennes, la charité, semble être entrée avec le lait maternel dans le cœur de Sauquet-Javelot. Dès l'âge de sept ans, il réclamait avec chaleur le plaisir de couper et de distribuer lui-même aux pauvres le pain que son père leur faisait donner. L'enfant joignait à l'aumône cette larme sympathique qui en double le prix.

Héritier du plus charitable des hommes, Sauquet-Javelot n'a point cessé un moment de continuer les œuvres de son père. Depuis quarante années, Sauquet-Javelot reçoit chaque jour le voyageur fatigué, le vieillard indigent, l'ouvrier sans travail, le pauvre qui a faim, la jeune fille dont l'innocence a besoin de protection; depuis quarante ans, il offre tour à tour aux uns et aux autres un asile, du pain, quelques vêtements, et de sages conseils auxquels sa bienveillance ajoute un pouvoir qui pénètre les cœurs. Il est secondé dans ces soins religieux par une fille non moins admirable que lui. Seconde providence des hôtes de la charité de son père, elle fournit à leurs besoins, raccommode leurs haillons, panse leurs plaies, porte les petits enfants pour soulager leurs mères, et veille sur les jeunes filles avec la plus tendre sollicitude.

La maison de Sauquet-Javelot est une espèce de salle d'asile ouverte à toutes les misères humaines, une véritable succursale de l'hospice civil, qui a souvent recours à un simple jardinier quand on manque de place pour les malades. Au dehors, les lieux consacrés aux bonnes œuvres de cet excellent homme n'offrent que des masures irrégulièrement groupées, dont l'aspect n'annonce que le dénûment et l'abandon; vous entrez, et vous trouvez, répartis dans diverses salles sans aucun ornement, mais propres et saines, trente ou quarante pauvres qui bénissent leur bienfaiteur. Sauquet-Javelot ne s'est réservé qu'une ou deux chambres pour laisser plus de place à ses hôtes. On trouve des lits partout, dans les granges, dans les étables; au besoin, Sauquet-Javelot donnerait le sien plutôt que de renvoyer un malheureux. Au reste, il ne se borne pas à faire de sa maison la maison des pauvres, il court encore chercher dans la ville et dans la banlieue des larmes à essuyer, des malheurs à secourir : c'est pendant l'hiver surtout qu'il redouble ses soins et ses largesses.

Pour suffire à tant de bienfaisance, Sauquet-Javelot possède trois trésors où il puise sans cesse : le travail, la modération des désirs et l'économie. L'économie, telle que la pratiquent le religieux Sauquet-Javelot et ses pareils, c'est-à-dire l'art de connaître et de régler ses besoins, de faire un bon emploi de ses ressources, d'accroître sagement son avoir, mais surtout de faire largement la part des pauvres, dont les droits sont sacrés, est appelée à jouer un rôle important désormais. Transformée en science par le génie de l'humanité, appliquée en grand par les gouvernements qui veulent vivre et survivre, mais surtout méditée et pratiquée par ceux qui possèdent et qui veulent avec raison posséder en sécurité, elle doit exercer la plus heureuse influence sur la tranquillité des États et le bonheur des peuples. C'est là qu'il faut une conjuration de toutes les puissances de la société en industrie, en richesses, en savoir, en lumières. Le but de cette conjuration est bien grand : formée par les sages, inspirée par une véritable philanthropie, elle a pour but d'améliorer le sort des masses par de sages institutions, par d'habiles combinaisons, par des sacrifices qui sont à la fois des inspirations du cœur, des conseils de la raison, et même d'excellents calculs de l'intérêt personnel prévoyant et éclairé. Il s'agit de tarir à jamais la source empoisonnée de la guerre intestine des riches et des pauvres, qui a bouleversé bien des empires. Il s'agit de mûrir et d'achever, avec le concert de toutes les volontés, une révolution dont les immenses bienfaits ne coûteront ni une larme ni une goutte de sang. Cette révolution est commencée parmi nous; elle marche lentement, mais sûrement; comme toutes les irrésistibles nécessités, elle triomphera de tous les obstacles; la conduire à son but par le chemin le plus sûr et le plus court est l'œuvre du génie et de la vertu, excités par une passion sublime, l'amour de l'humanité.

La prudente économie et l'ardente charité du modeste Sauquet-Javelot amènent à cet ordre d'idées. Jetons un dernier regard sur cet homme de bien, que la nature avait fait pour être remarquable en tout.

Agé de soixante-douze ans, et pourtant allègre et plein de vigueur; sans lettres, mais non pas sans lumières dans l'esprit; essentiellement pieux, biblique et comme inspiré dans ses paroles; chéri d'une famille vertueuse qui le regarde comme un oracle, Sauquet-Javelot, le père des pauvres depuis quarante ans, exerce encore sur eux une espèce de sacerdoce moral et religieux : voilà l'homme et la vie que l'Académie française a couronnés.

SOBRIÉTÉ D'ALPHONSE V

On demandait à Alphonse, roi de Sicile et d'Aragon, pourquoi il ne buvait pas de vin, et pourquoi, lorsque par hasard il en prenait, il y mettait tant d'eau.

« Ce n'est point là, ajoutait-on, l'usage des rois ni de ceux qui les environnent.

— Je le sais bien, répondait le prince; mais ils ignorent sans doute que le vin fait éclipser la sagesse, et que cette liqueur traîtresse, prise sans modération, éteint le feu de l'esprit, cette énergie de l'âme qui soutient la dignité d'un roi et le rend digne d'en porter le nom. »

« L'ivresse, disait-il à un autre courtisan qui lui faisait la même question, l'ivresse est la mère de la colère, et ce vice doit être banni du cœur de tous les hommes, et surtout de celui des princes. Ils oublient, lorsqu'ils s'y livrent, les devoirs qu'ils ont à remplir envers l'humanité; car alors le commun des mortels leur semble au-dessous d'eux, et ils oublient l'égalité que Jésus-Christ a établie entre tous. »

LE JEUNE PERE

EXTRAIT DE LA MORALE EN ACTION

Un pauvre cultivateur des environs d'Amboise avait laissé, en mourant, une femme et quatre enfants en bas âge dans la misère. La femme ne tarda point à le suivre au tombeau.

La famille s'assembla, et se partagea les trois enfants les plus âgés; mais personne ne voulut prendre le quatrième, âgé de six mois. Un des parents se détacha pour aller prendre l'avis d'un ecclésiastique, qui, dans le château voisin, élevait deux jeunes seigneurs.

L'ecclésiastique ne voit d'autre ressource que d'envoyer le malheureux orphelin à l'Hôtel-Dieu de Blois ou aux Enfants-Trouvés de Tours. Mais l'un de ses élèves, âgé d'environ douze ans, s'écrie aussitôt : « Je me charge de l'enfant; allons le voir. »

Son gouverneur lui objecte, pour l'éprouver, qu'il ne pourra suffire à la dépense, et que d'ailleurs son père prend déjà soin d'une multitude de pauvres.

« Quoi! mon bon maître, répondit-il avec vivacité, ce laboureur, qui vient vous consulter avec la plus grande confiance et qui peut à peine faire vivre une mère infirme, trouve, dans sa misère, des ressources pour se charger d'un de ces malheureux orphelins; et moi, fils d'un père riche, je n'en trouverais pas pour secourir ce petit enfant! Je sacrifierai avec la plus grande satisfaction tous mes menus plaisirs, et je demanderai à mon bon papa une culture, afin de fournir aux besoins du petit innocent. Partons pour rassurer au plus vite sa famille. »

On court aussitôt à la cabane. L'enfant tend ses petits bras vers son jeune bienfaiteur, qui l'embrasse avec transport et dit aux plus proches parents :

« N'ayez plus d'inquiétude sur cet enfant ; je m'en charge, il est à moi. Cherchez une bonne nourrice le plus près que vous pourrez du château ; je veux être à portée de veiller à ses besoins. »

Depuis ce temps, le généreux jeune homme ne fut plus occupé, dans ses moments de loisir, que de son charmant enfant, qu'il appelait son fils. Il pourvoyait à tous ses petits besoins avec l'attention et la tendresse d'un véritable père.

JOSEPH CHRÉTIEN

Le 27 décembre 1785, trois jeunes enfants, confiés à la garde d'une servante, s'amusaient sur les bords de la pièce d'eau des Suisses, à Versailles. Il faisait très-froid depuis plusieurs jours, et la pièce d'eau, complétement gelée, paraissait assez solide pour supporter ceux qui auraient voulu s'y hasarder. Cependant jusque-là personne ne l'avait osé faire, et les gardes du château veillaient à ce qu'on n'en approchât de trop près, dans la crainte que l'imprudence de quelqu'un ne causât des accidents graves.

Les trois jeunes enfants dont nous avons parlé profitèrent d'un moment où personne ne les voyait, et, pendant que la servante était à quelques pas, causant avec une personne de sa connaissance, ils s'approchèrent au bord de la pièce. L'aîné des trois, qui n'avait pas plus de huit ans, mit la main sur la glace, et elle lui sembla très-solide; il se risqua alors à y poser un pied, et, encourageant ses frères à en faire autant, il donne une main à chacun d'eux, et les voilà tous trois sur la glace. Ils se félicitent de leur intrépidité, et font quelques pas en tremblant; peu à peu ils se rassurent et vont plus avant. Mais tout à coup un horrible craquement se fait entendre; la servante se retourne à un cri de désespoir qu'elle entend, et elle voit ces trois petits infortunés engloutis sous la glace, qui vient d'éclater de toute part autour d'eux.

La malheureuse s'arrache les cheveux et appelle au secours; on accourt en foule, mais personne n'ose se jeter à l'eau pour sauver de la mort les trois enfants imprudents, qu'on voit se débattre au milieu des glaçons.

Un jeune homme perce la foule; il quitte sa veste, s'élance à demi vêtu dans l'eau glacée, et sort bientôt tenant le plus jeune des enfants entre ses bras; il plonge de nouveau et reparaît avec les deux autres. Transi par le froid, le malheur des pauvres petits semble lui faire oublier ses propres douleurs, et, occupé à faire revenir les trois enfants qu'il a tirés de l'eau sans connaissance, il paraît ne pas s'apercevoir que ses vêtements sont tout mouillés, et que le sang coule de son visage déchiré en plusieurs endroits par les glaçons.

Dès qu'il paraît certain que les enfants ne courent aucun danger, il s'échappe aux applaudissements de la foule, et court chez sa mère, qui a de la peine à lui arracher les détails de cette action héroïque.

Ce jeune homme n'était âgé que de dix-sept ans; il se nommait Joseph Chrétien.

L'ÉCOLIER GÉNÉREUX

Un écolier, âgé de dix-huit ans, étudiant en rhétorique au collége d'Harcourt, rencontra, dans une de ses promenades, un homme couvert des haillons de la misère. L'indigence et les malheurs avaient altéré, dans cet infortuné, les traits d'un ancien domestique qui l'avait autrefois servi chez ses parents. Il le reconnut avec peine, et s'en approcha avec la pitié la plus vive et le plus puissant intérêt.

Après l'avoir interrogé sur les causes de son infortune, à laquelle il remarqua que les vices ni la paresse n'avaient aucune part, il lui assigna un rendez-vous pour le matin au collége d'Harcourt. Il lui donne, pour premier secours, tout l'argent qu'il possédait alors, et la portion de pain destinée à son déjeuner, avec ordre de revenir l'après-dîner pour son goûter. Il le charge de se loger dans une maison honnête et de lui faire connaître l'hôtesse chez laquelle il aura choisi son gîte. Il s'excuse sur la modicité des secours qu'il lui procure alors, et l'exhorte à espérer, du temps et de sa bonne conduite, des jours plus calmes et plus heureux.

L'hôtesse choisie se présenta au jeune homme, reçut, pendant huit mois, le prix de ses loyers. Elle éclaira les démarches de l'indigent, et rendit témoignage de sa conduite. L'infortuné vécut, pendant ce long espace de temps, de la portion de pain destinée au déjeuner et au goûter du généreux écolier ; mais, comme elle n'aurait pas suffi, il ajouta par chaque semaine la modique somme d'argent que ses parents, en récompense de son travail, lui abandonnaient pour les plaisirs et les besoins de son âge.

Cependant il retranchait méthodiquement quelque chose pour mettre en masse, afin d'habiller cet honnête malheureux. Quand il fut assez riche, il employa l'industrie d'un tiers pour acheter à la friperie un habit, et mit son protégé en état de se présenter sans humiliation, pour solliciter quelque emploi. Cependant l'impatient jeune homme s'agitait, s'intriguait pour lui trouver une place où il pût, en travaillant, se procurer une vie plus aisée.

Enfin il eut le bonheur de prévenir le vœu de cet indigent, qui, pour dernière ressource, voulait s'engager. Il le fit entrer comme domestique dans une maison où sa mère avait quelques liaisons. Cette dame, dînant un jour chez son amie, reconnut ce laquais, autrefois à ses gages. La curiosité la porta à lui demander l'histoire de sa vie depuis qu'il avait quitté son service; elle finissait par le récit détaillé de la généreuse sensibilité de son fils. Jusque-là un profond secret avait été gardé de la part de son jeune bienfaiteur, qui avait même trompé, sur cet article, la vigilance de son précepteur.

L'INCENDIE

Un paysan de Fionie a donné un exemple de courage et de grandeur d'âme qui mérite d'être connu. Le feu avait pris au village qu'il habitait; il courut porter du secours aux lieux où il était nécessaire; tous ses soins furent vains, l'incendie fit des progrès rapides. On vint l'avertir qu'il avait gagné sa maison. Il demanda si celle de son voisin était endommagée; on lui dit qu'elle brûlait, mais qu'il n'avait pas un moment à perdre s'il voulait conserver ses meubles.

« J'ai des choses plus précieuses à sauver, répliqua-t-il sur-le-champ; mon malheureux voisin est malade, hors d'état de s'aider lui-même; sa perte est inévitable s'il n'est pas secouru, et je suis sûr qu'il compte sur moi. »

Aussitôt il vole à la maison de cet infortuné, et, sans songer à la sienne, qui faisait toute sa fortune, il se précipite à travers les flammes, qui gagnaient déjà le lit du malade.

Il voit une poutre embrasée près de s'écrouler sur lui; il tente d'aller jusque-là; il espère que sa promptitude lui fera éviter ce danger, qui, sans doute, eût arrêté tout autre; il s'élance auprès de son voisin, le charge sur ses épaules et le conduit heureusement en lieu de sûreté.

La chambre économique de Copenhague, touchée de cet acte d'humanité peu commun, envoya à ce paysan un gobelet d'argent rempli d'écus danois. La pomme du couvercle était surmontée d'une couronne civique, aux côtés de laquelle pendaient deux médailles, sur lesquelles cette action était gravée en peu de mots. Plusieurs particuliers lui firent aussi des présents, pour l'indemniser de la perte de sa maison et de ses effets ; leur bienfaisance mérite des éloges. Récompenser la vertu, c'est encourager les hommes à la pratiquer.

ENSEIGNEMENT SUR LA PASSION DU JEU

EXTRAIT DE LA MORALE EN ACTION

Appelé, il y a quelques jours, dans la maison d'un de mes amis, on me montra quelqu'un, dont la physionomie, quoique altérée, annonçait un grand caractère. Celui qui me le fit remarquer m'en parla en ces termes :

« Regardez bien, me dit-il, vous avez sous les yeux un phénomène de force et de faiblesse ; cet homme, qui se survit à lui-même, a cultivé jusqu'à trente ans, avec le plus grand succès, les sciences et les lettres ; un pas de plus, il en doublait les bornes. Étant tombé dans un cercle de joueurs, il y prit le goût du jeu, qui bientôt se convertit en rage : malgré mes prières et mes larmes, il perdit en peu de temps tout ce qu'il possédait.

« Comme il avait de la force, il fut sans désespoir. « C'en est « fait, dit-il ; j'ai joué mon reste hier au soir, je suis ruiné. »

Je fis pour lui ce qu'il aurait fait pour moi. Je voulais le consoler. « Vous souffrez, lui dis-je. — Je souffre, mais je ne suis « pas triste, parce que je sais me résigner. Adieu, je ne vous « verrai plus; respectez mes malheurs, et surtout ma volonté, « le seul bien qui me reste. »

« L'année révolue, je reçois un billet et de l'argent; je cours chez mon ami, je le trouve assis au milieu de ses livres, et dans l'attitude d'un homme absorbé par de profondes méditations. Je l'embrasse, je le félicite sur son nouvel état; il venait d'hériter. « Je me flatte, lui dis-je, que désormais vous saurez jouir, « et que... — Je ne jouerai pas davantage, me répliqua-t-il froi- « dement. — Quel triomphe pour la philosophie et pour les « lettres ! — Elles n'y gagneront rien : je ne lis plus, je ne pense « plus, je n'ai plus de désirs. »

« Il tomba dans un morne silence; un instant après, ses yeux se ranimèrent; je les vis briller de leur ancien feu, j'écoutai. « Le ressort de mon âme s'est brisé, mon ami; tandis que je « luttais contre un penchant plus fort que moi, j'ai tenté de sub- « stituer d'autres passions à ma passion fatale; celle-ci renaissait

« toujours, ou plutôt elle ne m'a pas laissé un instant de relâ-
« che! Finissons, je n'ai plus la force de parler ni d'entendre. »

« En me quittant, il me serra la main et me regarda d'un œil sec, car il n'avait plus de larmes. Maintenant il me connaît à peine; depuis vingt ans, il languit dans la même inertie. »

UN NÈGRE DE LA GUYANE FRANÇAISE

PRIX MONTYON, 1852

Il y a quelques années, l'abolition de l'esclavage, bienfait depuis longtemps attendu, mais auquel il importait de préparer avec sagesse ceux-là mêmes qui devaient en jouir, faillit, par sa brusque apparition, entraîner la ruine des colonies françaises. En peu de jours, presque toutes les habitations furent désertes. Les noirs, dans les premiers transports de leur joie, se dispersaient, les uns pour fuir tout travail, les autres pour fonder çà et là de petits établissements où ils devaient enfouir d'improductifs efforts. Le *Parterre*, une des habitations les plus florissantes de la Guyane, n'échappa point au sort commun. Des soixante-dix noirs qui l'avaient cultivé jusque-là, un seul, Paul Dunez, ne voulut point partir; il promit à sa maîtresse, car l'établissement appartenait à une veuve, qu'il resterait fidèlement sur cette terre, où, par sa bonne conduite et son travail assidu, il était devenu contre-maître. D'abord, il essaya de recruter quelques travailleurs libres; mais, ne pouvant fixer leur humeur vagabonde, il entreprit presque seul, aidé de sa femme, courageuse négresse, de cultiver quelques parties de l'habitation, et surtout d'en prévenir la ruine.

Cette propriété, située dans les basses terres, exposée deux fois par mois à l'invasion des hautes marées, n'était protégée que par des digues qui demandaient un continuel entretien : c'est là que Paul dirigea ses efforts. Non-seulement il travaillait le jour à fortifier les digues, mais, à chaque quinzaine, il passait deux ou trois nuits le long du rivage, surveillant les désordres causés par la mer, et les réparant à propos. Pendant trente-deux mois, cette vigilance arrêta le danger; mais, en mars 1851, à la grande marée d'équinoxe, faute de bras pour fermer les brèches qui s'ouvraient de toutes parts, les digues furent emportées, et cette habitation, naguère si belle, devint un grand lac d'eau salée.

Paul travaillait encore à réparer le désastre, lorsqu'il apprit avec surprise que sa noble conduite excitait à Cayenne l'admiration générale, que le gouverneur venait de lui décerner un prix, comme au plus méritant travailleur de la colonie, et qu'à ce prix était attaché, en vertu du décret d'émancipation, le droit de faire élever un de ses fils, comme boursier, dans un collége. Aussitôt la pensée lui vint de faire porter cette faveur, non sur son propre enfant, mais sur le fils de celle qu'il appelait encore sa *maîtresse*, et que, depuis trois ans, il servait sans salaire. Ce n'est pas tout : connaissant la détresse de cette famille, il demanda que le trousseau du jeune élève fût payé avec les six cents francs auxquels lui donnait droit le prix qu'il avait obtenu.

Faire un si noble usage de cette récompense, c'était s'en montrer deux fois digne. Aussi l'Académie, sur les instances du gouverneur et de toutes les autorités de la Guyane, décerna-t-elle un prix nouveau au lauréat de la colonie. Ce n'est pas seulement pour nos possessions d'outre-mer qu'il est utile et opportun d'honorer de tels actes; l'exemple en est bon partout.

Cet affranchi de la veille a trouvé dans son cœur une science que n'apprennent pas toujours ceux-là mêmes qui ont reçu de leurs pères le noble don de la liberté. Il a compris qu'en l'émancipant on ne l'exemptait point d'être fidèle, laborieux et reconnaissant. Il n'est sorti de la servitude que pour s'élever au devoir; il y en a tant qui laissent là le devoir pour descendre aussi bas que la servitude!

LA GÉNÉROSITÉ RÉUNIE A L'HÉROÏSME

DANS LE CARACTÈRE DU MARIN DU PETIT-THOUARS

EXTRAIT DES ANNALES MARITIMES, 1817

Aristide du Petit-Thouars, capitaine de vaisseau de la marine française, naquit en 1760, au château de Boumois, près de Saumur. Envoyé à l'école militaire de la Flèche, la lecture de *Robinson Crusoé* éveilla en lui le goût des courses maritimes. Il composa, dans le même genre, un roman dont il était le héros, et voulut réaliser son roman, en s'échappant, avec un de ses camarades, pour aller s'embarquer à Nantes comme mousse. On courut après eux; et, lorsqu'on les eut retrouvés, on allait les punir sévèrement, quand Dolomieu, qui se trouvait en garnison à la Flèche, et auquel le caractère de du Petit-Thouars avait plu singulièrement, obtint sa grâce. A la suite d'un examen qu'il subit avec distinction, il fut reçu garde-marine. Depuis, il s'est trouvé au combat d'Ouessant, à la prise du fort Saint-Louis du Sénégal, au combat de la Grenade, et à beaucoup d'autres affaires, sur le vaisseau le *Fendant*, commandé par M. de Vaudreuil. Vers la fin de la guerre, il passa sur la *Couronne*.

On disait alors que la Pérouse avait échoué sur une île déserte. Tout à coup du Petit-Thouars se représenta le sort affreux de cet officier et de ses compagnons d'infortune; et, comme ses pensées étaient sans cesse tournées vers les courses lointaines et hasardeuses, aussitôt son imagination s'enflamma. Il forma le projet d'aller à sa recherche, et publia un prospectus pour cette expédition, qui devait se terminer par la traite des pelleteries de la côte nord-ouest de l'Amérique septentrionale. Un de ses frères, officier au régiment de la *Couronne*, aujourd'hui botaniste distingué et l'un des collaborateurs de la Biographie-Michaud, se réunit à lui. Les souscriptions n'ayant pas fourni des fonds suffisants pour subvenir aux frais de l'armement, les deux frères vendirent leur légitime afin d'y faire face. Louis XVI, ami de tous les projets qui avaient pour but le soulagement de l'humanité, avait souscrit à l'entreprise; mais la gravité des circonstances empêcha cet infortuné monarque de suivre le vœu de son cœur. Du Petit-Thouars, après bien des traverses, partit le 2 août 1792. Ce qui le contraria le plus, ce fut la nécessité où il se trouva d'abandonner son frère, mis révolutionnairement en prison; celui-ci, délivré plus heureusement qu'on ne pouvait l'espérer, put partir un mois après pour l'Ile-de-France, où les deux frères s'étaient donné rendez-vous : mais c'en était fait, ils ne devaient plus se revoir. Du Petit-Thouars, arrivé à l'île de Sel, l'une des îles du cap Vert, y sauva des horreurs de la famine quarante Portugais qu'il transporta à l'île Saint-Nicolas. La disette se faisait aussi sentir à Saint-Nicolas :

du Petit-Thouars, dont le caractère distinctif était la bonté, et qui, de sa vie, n'avait jamais rien su refuser aux malheureux, à tel point qu'il lui est arrivé quelquefois de s'imposer les plus dures privations pour les secourir, ne put résister au spectacle de désolation qui lui était offert; il donna presque tous ses vivres aux habitants, qui, à son départ, ayant à leur tête l'évêque du lieu, l'accompagnèrent sur le rivage, en exprimant par les bénédictions les plus sincères leur vive reconnaissance. Mais à peine est-il sur mer, qu'une maladie affreuse lui enlève en peu de jours le tiers de son équipage : alors il prend le parti de gagner l'île de France de Noronha, qui était la terre la plus proche. Les Portugais, devenus extrêmement défiants par les événements qui se passaient en France, l'arrêtent malgré ses justes réclamations, et saisissent son bâtiment, qui échoue en entrant à Fernambouc. Ainsi son expédition est empêchée sans retour. On le conduit, contre le droit des gens, prisonnier à Lisbonne. Il y essuie une assez longue captivité. A peine est-il relâché, qu'il part pour l'Amérique septentrionale, après avoir distribué à son équipage six mille francs que le gouvernement portugais lui avait remis pour le produit de la vente des débris de son navire.

Vint l'époque de l'expédition d'Égypte : du Petit-Thouars n'y fut pas oublié, et on lui donna le commandement du *Tonnant*, vieux vaisseau de quatre-vingts canons, sur lequel il eut le plaisir de posséder Dolomieu, son ami et le protecteur de son enfance. Parvenu au terme de sa destination, la flotte, qui devait en repartir, fut retenue dans la rade d'Aboukir par les ordres imprudents du général en chef. Bientôt (à la fin de juillet 1798) on signale la flotte anglaise, commandée par Nelson. Un conseil est convoqué à bord de l'amiral : du Petit-Thouars dit « qu'on est perdu si on attend Nelson dans la position fausse où l'on est, et qu'il faut appareiller sans délai. » Quelqu'un ayant improuvé avec aigreur cet avis salutaire : « Je ne sais ce que l'on fera, reprit du Petit-Thouars avec une indignation concentrée, mais on peut être sûr que, dès que je serai à mon bord, mon pavillon sera cloué au mât. » Il se battit avec intrépidité contre les vaisseaux ennemis déjà victorieux, et termina glorieusement sa trop courte carrière dans cette journée, qui fut fatale à tant de braves.

LE GRENADIER DE LA VIEILLE GARDE, NARCISSE DAROUX

PRIX MONTYON, 1834

Daroux (Narcisse), demeurant au hameau de Verte-Fontaine, commune de Fontaine-Lavagane, canton de Marseille, arrondissement de Beauvais, département de l'Oise, est un ancien grenadier de la vieille garde. Atteint de cécité depuis dix-huit ans, il n'a, pour tout revenu, que les quatre sous par jour qu'il gagne à battre en grange, et sur lesquels il faut, indépendamment de lui-même, nourrir sa fille et sa femme, qui, frappée d'aliénation mentale, est hors d'état de travailler. Il avait admis chez lui, comme pensionnaire, M. de Foucauld, ancien officier, qui lui payait soixante-cinq francs par trimestre. Mais les six cents francs que ce militaire recevait annuellement de la liste civile, et qui formait tout son revenu, ayant cessé d'être payés, et celui-ci se trouvant dans l'impossibilité de remplir à l'avenir ses engagements avec Daroux, et aussi le rembourser de ce qu'il lui devait pour le passé, il voulut se retirer : « Où irez-vous? lui dit Daroux; que deviendrez-vous? » Et pendant deux ans et demi qu'a été suspendu le payement de cette pension, qui semblait ne pas devoir être rétablie, Daroux a continué à pourvoir à tous les besoins de son hôte, et même à lui fournir du tabac, lui qui à peine avait du pain. Il est à remarquer que Daroux n'écoutait en cela que la bonté de son cœur; M. de Foucauld n'a point été son officier, il n'y a point d'autres liens entre eux que ceux qui ont été formés par le malheur et la pitié.

Ces faits, attestés par le préfet du département de l'Oise, le sont aussi par le maire et les notables de la commune.

LE GRAND-DUC LÉOPOLD ET MAUPERTUIS

EXTRAIT DE LA MORALE EN ACTION

Le célèbre Maupertuis, qui accompagnait le roi de Prusse à la guerre, fut fait prisonnier à la bataille de Malwitz, et conduit à Vienne. Le grand-duc de Toscane, depuis empereur, voulu voir un homme qui avait tant de réputation; il le traita avec estime, et lui demanda s'il ne regrettait pas quelques-uns des effets que les hussards lui avaient enlevés.

Maupertuis, après s'être longtemps fait presser, avoua qu'il avait voulu sauver une excellente montre de Gréham, dont il se servait pour ses observations astronomiques. Le grand-duc, qui en avait une du même horloger, mais enrichie de diamants,

dit au mathématicien français : « C'est une plaisanterie que les hussards ont voulu vous faire; ils m'ont rapporté votre montre : la voilà, je vous la rends. »

ABOLITION DES SACRIFICES HUMAINS
PAR L'INFLUENCE DU CHRISTIANISME

EXTRAIT DE LA VIE DES SAINTS, PAR BAILLET

 u septième siècle, sous Clovis II, naquit saint Vulfran ou Wulfran, dans une petite ville, à trois lieues ouest de Fontainebleau; appelé à l'archevêché de Sens, il honora la dignité de son siége et en remplit le ministère par ses rares vertus, toujours assidu à instruire son troupeau, mais plus exact encore à pratiquer lui-même le bien qu'il enseignait aux autres. Deux ans et demi après, il se dévoua pour porter en Frise les lumières de l'Évangile. Il partit pour cette région, accompagné de quelques religieux; il y convertit en peu de temps au christianisme un assez grand nombre d'idolâtres. Il régnait parmi les Frisons une coutume cruelle et impie, suivant laquelle ils immolaient des hommes à leurs faux dieux les jours de fête. Le sort décidait de ceux qu'on devait choisir pour victimes, et ceux sur lesquels il tombait étaient ensuite ou noyés, ou pendus, ou massacrés par l'élite des soldats, qui les mettaient en pièces. Saint Wulfran sauva d'abord un jeune homme conduit à la potence malgré la disposition favorable du prince, qui s'était laissé fléchir par le saint missionnaire, mais qui était forcé de céder aux protestations de la multitude. Bientôt ensuite il délivra deux jeunes hommes que les Frisons voulaient sacrifier aux idoles, et dont le prince Radbod lui accorda la grâce. Il les baptisa. Ces trois jeunes gens entrèrent dans un monastère de France... Des enfants, exposés à la mer pour être noyés en l'honneur des dieux du pays, lui durent aussi leur salut. Il continua cinq ans, en Frise, cette mission évangélique avec un succès croissant.

L'ENFANT DU FONDEUR

EXTRAIT DU GUIDE DU BONHEUR, PAR M. LE BARON DELESSERT

C'est une jolie petite fille de sept ans, Eugénie Perrault, qui rentrait de son école chez ses parents, avec son panier au bras. Il était cinq heures et demie du soir; la journée était affreuse. Des décombres d'un bâtiment sort une autre petite fille de huit ans, de figure agréable, transie de froid et mouillée jusqu'aux os. « Mademoiselle, auriez-vous un peu de pain? j'ai bien faim. — Oh! mon Dieu! oui, j'en ai, répond Eugénie. Tenez, ma petite, en voilà. Mais comme vous êtes mouillée! — Je suis là depuis longtemps. Mon papa m'a amenée de la campagne à Paris; il m'a dit de l'attendre à la porte d'un marchand de vin; mais il est sorti par une autre porte, sans venir me reprendre. — Vous n'avez donc pas de maman? — Elle est morte. — Avez-

vous des petits frères, des petites sœurs? — Nous sommes sept.
— Eh bien, venez avec moi; j'ai une bonne maman; elle vous
donnera à manger, elle vous couchera; vous serez ma petite

sœur. » Et Eugénie de prendre aussitôt la petite fille par la main
et de l'emmener avec elle. « Tiens, maman, voilà une pauvre
petite fille que son père a abandonnée. Tu la garderas, n'est-ce
pas, maman? Tu sais bien que dans la fable de l'*Enfant aban-*

donné, le bon Dieu dit qu'il bénira ceux qui en prendront soin : le bon Dieu te bénira. »

Sur la recommandation d'Eugénie, l'orpheline a été sur-le-champ habillée et traitée comme l'enfant de la maison.

Quel est donc le père de cette Eugénie, qui, dans un âge aussi tendre, est si bienfaisante et si sensible? C'est un honnête et simple ouvrier, fondeur en caractères.

Une jeune princesse, informée de ce trait charmant, a sur-le-champ fait porter à l'intéressante petite fille des marques de sa bienfaisance.

ORAISON FUNÈBRE D'UN PAYSAN

PAR UN CURÉ DE VILLAGE

EXTRAIT DE LA MORALE EN ACTION

Ces chers auditeurs, l'homme que vous voyez n'était rien moins que riche, et cependant il a été, pendant près de quatre-vingt-dix années, le bienfaiteur de ses semblables. Il était fils d'un laboureur. Dans sa plus tendre jeunesse, ses faibles mains s'essayèrent à conduire la charrue; ses jambes n'eurent pas plutôt acquis la force nécessaire, qu'on le vit suivre son père dans les sillons qu'il traçait. Aussitôt que son corps eut pris son développement et qu'il put se flatter d'être assez instruit, il se chargea du travail de son père, afin que celui-ci se reposât. Depuis ce jour, le soleil l'a toujours trouvé dans les champs ou dans les jardins, occupé à labourer, ou à semer, ou à planter, ou à voir recueillir aux autres la récompense de son industrie. Il a défriché pour les autres plus de deux mille arpents d'un terrain ingrat qui paraissait voué à la stérilité, qui rapporte maintenant, et qui, sans lui, continuera de rapporter, parce qu'il l'a mis en valeur. C'est lui qui a planté la vigne qu'on voit avec tant de surprise dans ce canton; c'est lui qui a planté ces arbres fruitiers qui ornent et enrichissent ce village. Ce ne fut pas par avarice qu'il fut infatigable, je vous l'ai dit; ce n'était pas pour lui qu'il semait et qu'il labourait : c'était par amour pour le travail, et pour obliger les hommes, même ceux qui le désobligeaient, qu'il ne cessait de travailler. Il avait deux principes dont il ne se départit jamais : le premier, que l'homme est fait pour travailler; le second, que Dieu bénit le travail de l'homme, ne fût-ce que par l'intérieure satisfaction de l'homme voué au travail. Il se maria vers la fin du printemps de son âge; il eut une femme qu'il aima plus que lui-même; des enfants qu'il chérit autant que son épouse. Son sort ni sa situation gênée ne l'inquiétaient point, c'était le sort de sa femme et de vingt enfants : il les éleva au travail et à la vertu, et eut soin, à mesure qu'ils sortaient de l'adolescence, de les marier à des femmes honnêtes et laborieuses; c'était lui qui, la joie peinte sur le front, les conduisait au pied des autels. Tous ces petits-fils ont été élevés sur les genoux de leur grand-père. Vous savez, chers auditeurs, qu'il n'est aucun d'eux qui ne donne les plus belles espérances. Les jours de réjouissance, il était le premier à faire annoncer le moment des divertissements; et sa voix, ses gestes, ses regards, respiraient, inspiraient la gaieté. Vous vous souvenez tous de sa candeur, du bon sens et du jugement qui caractérisaient ses propos; il aimait l'ordre par un sentiment intérieur; il ne refusait ses services à personne; il s'affectait des calamités publiques, des malheurs particuliers; il aimait sa patrie, et son cœur ne cessait de faire des souhaits pour sa prospérité; il haïssait les méchants, et vivait avec eux comme s'ils eussent été gens de bien; ils le trompaient et il ne l'ignorait pas, et leur laissait l'avilissante satisfaction de croire qu'il ne s'apercevait pas qu'on abusait indignement de sa bonne foi; ils le trompaient encore, il gardait le silence, et restait, en apparence, aussi paisible qu'il le pouvait. Ce fut ainsi qu'il parvint à la vieillesse; ses jambes tremblaient sous le poids de son corps; il gravissait les montagnes pour conduire ses petits-fils et leur donner des instructions d'après sa longue expérience. Sa mémoire le servait fidèlement, et il se rappelait à propos les observations utiles qu'il avait eu occasion de faire pendant le cours de sa longue vie. Il était l'arbitre des gens de bien; sa probité ne fut jamais suspectée, même par ceux qu'il condamnait. La veille de sa mort, il ras-

sembla sa famille, et dit : « Mes enfants, je vais me réunir à celui qui est la source de tous les biens; je les posséderai perpétuellement : je meurs sans chagrin et sans regret. Que mon enterrement ne vous occupe pas; ne vous détournez pas des travaux plus pressants; continuez les opérations de la journée, et portez-moi en terre après le coucher du soleil. »

LES MARCHANDS BIENFAISANTS

PRIX MONTYON, 1847

Ces époux Renier ont eu autrefois quelque fortune. Ils exerçaient, dans un quartier populeux de Paris, un commerce de charbon de bois. Le mari était rangé, la femme économe, la boutique achalandée; ils auraient dû s'enrichir. Il n'en était rien pourtant : les époux Renier avaient une passion qui les entraînait à des dépenses plus grandes que leurs ressources; car toutes les passions vives sont naturellement un peu aveugles et imprudentes.

Ces braves gens avaient la passion de la bienfaisance. Au lieu de vendre leurs marchandises, il leur arrivait bien souvent de les donner pour rien. On comprend qu'à ce compte ils devaient avoir beaucoup de pratiques et peu de profits. Parmi les pauvres familles de leur voisinage, celle-ci manquait de charbon pour préparer ses aliments, cette autre de bois pour se chauffer au milieu d'un hiver rigoureux. Madame Renier ne pouvait résister à la vue d'un pareil spectacle : « Peut-on laisser, disait-elle, des malheureux mourir de froid quand on a un chantier à sa disposition ? » La charité faisait alors taire l'esprit du négoce, et la marchande se transformait en sœur hospitalière.

Dans leur maison habitait un homme livré à toutes les misères physiques et morales dont la maladie, la pauvreté, l'isolement, peuvent accabler la vieillesse. Un tel malheur, placé si près d'eux, avait des attraits irrésistibles pour les époux Renier; le vieillard devint un membre de leur famille. Il mourut près d'elle, sans s'être jamais aperçu des durs sacrifices qu'il leur imposait.

Près des époux Renier, vivait un jeune ménage qui cachait avec soin, sous des dehors décents, une grande pauvreté. Le mari écrivait, et, quoique dans un siècle où les lettres donnent souvent plus de profit que de vaine gloire, il avait grand'peine à faire vivre sa jeune famille du produit de sa plume et à en vivre lui-même. Une longue maladie survient, et avec elle les créanciers, puis les huissiers, puis la saisie. On ne lui laissa bientôt rien que la vie; encore le désespoir et la misère allaient en abréger le cours, lorsque ce spectacle attira les regards des époux Renier.

Ceux-ci se contentèrent d'abord de payer quelques dettes qui restaient au jeune ménage. Puis, la tentation devenant plus forte à mesure qu'ils y cédaient davantage, ils conçurent le désir d'attirer ces malheureux chez eux et de les y loger. Voici comment ils y pourvurent. Quand j'ai dit que Renier n'avait qu'une passion, la bienfaisance, j'exagérais un peu. Il en avait encore une autre, messieurs, qui, bien que fort petite en apparence, devient très-tyrannique quelquefois. Il avait la passion, ou, si l'on veut, la manie de la botanique. Il faisait depuis longtemps une grande collection de plantes, et il aspirait secrètement à la gloire de composer enfin un bel herbier. Un appartement était consacré à cet usage; il en emportait toujours la clef avec lui, de peur qu'on ne lui dérobât son trésor. L'herbier fut sacrifié pour sauver le pauvre ménage. Le sacrifice est petit, dira-t-on; mais le sentiment qui l'a fait faire ne l'est point, et peut-être que Dieu, qui sait le fond des cœurs, et qui voit si bien que la grandeur des affections humaines est rarement en proportion de la grandeur de l'objet qui les fait naître, tiendra plus de compte à ces pauvres gens de s'être privés par charité de leur herbier que d'avoir abandonné tout le reste.

Quand la vertu a une fois pris l'allure vive de la passion, elle ne recule pas devant les entreprises ardues; le difficile la tente, le rare l'aiguillonne, et, dans ses caprices sublimes, on la voit souvent préférer le bien qui est loin d'elle à celui qu'elle peut accomplir aisément. Les époux Renier découvrirent, sous un hangar, au milieu d'ordures et d'immondices, un pauvre idiot, qui semblait parvenu à ce comble de misère où l'homme ne comprend plus même qu'il est malheureux. Quels étaient son nom, ses parents, son histoire, nul ne le savait, il l'ignorait lui-même. Ce spectacle ne les rebuta point; ils entreprirent de réunir et de diriger les rayons épars et divergents de cette faible intelligence, et ils y parvinrent. L'idiot aperçut bientôt avec plus de clarté le spectacle du monde, dont il n'avait eu jusque-là qu'une vue confuse et troublée. Il comprit pour la première fois une partie de ce qu'il n'avait fait que voir. Il apprit du moins ce qu'il faut savoir pour gagner sa vie en travaillant. Les époux Renier lui ont donné l'intelligence; avant de les connaître, il n'avait que la vie.

Nous pourrions citer, messieurs, quelques autres faits également touchants; le temps nous force de les écarter. Qu'il nous suffise de dire que la vie entière de M. et madame Renier en est remplie.

Pour pouvoir venir en aide aux malheureux, ils achevèrent de déranger leur petite fortune. On les vit prendre d'abord sur le superflu, puis sur l'utile, puis sur le nécessaire. Ils sont aujourd'hui presque aussi pauvres que ceux qu'ils ont secourus jadis. L'Académie a voulu montrer à ces époux vertueux que la Providence ne les oubliait pas tandis qu'ils s'oubliaient eux-mêmes, et qu'elle leur ménageait, sans qu'ils le sussent, pour leurs vieux jours, une petite épargne.

INTRÉPIDITÉ DE CATHERINE ROBAINE

EXTRAIT DES FASTES DE LA NATION FRANÇAISE

u village de Voinemont, près de Nancy, le feu prit, pendant la nuit, dans les granges et les écuries de Nicolas Harmant. L'embrasement fut si prompt, que l'on crut impossible de sauver les bestiaux. Catherine Robaine, âgée de vingt ans, et domestique de la maison, ne consulte que son courage; elle s'élance sous les toits enflammés, coupe les liens des chevaux et des autres bestiaux, parvient à les faire sortir, et sauve ainsi une partie des richesses de ses maîtres. Elle se souvient alors que le plus jeune des enfants du malheureux Harmant est couché dans l'écurie. « Ah! mon Dieu! s'écrie-t-elle, notre pauvre petit qui va périr! » A ces mots, elle s'élance de nouveau au milieu des flammes. On admire son courage; on tremble pour sa vie; tout à coup, on la voit reparaître, tenant l'enfant contre son sein. A peine l'a-t-elle déposé dans les bras de ses parents, que l'édifice s'écroule.

Harmant et sa femme, pleins de reconnaissance envers leur courageuse servante, la comblèrent de bénédictions et de présents.

UN DUEL PRÉVENU

EXTRAIT DE LA MORALE EN ACTION

Ouze personnes avaient dîné ensemble : après le repas, on proposa de jouer, et l'on fit des parties différentes, dans l'une desquelles il s'éleva, entre deux officiers, une dispute suivie de quelques propos assez durs. Les autres personnes qui étaient présentes s'empressèrent de les apaiser, en leur disant qu'ils avaient tort tous deux. Ceux-ci cependant commençaient à s'échauffer, lorsqu'un autre officier de la compagnie, homme de tête, très-sage et très-sensé, alla à la porte de la salle, ferma la serrure à double tour, et mit la clef dans sa poche. Ensuite, se tournant vers la compagnie, il dit : « Personne ne sortira d'ici. Il faut que celui qui est l'auteur de la querelle commence (car c'est lui qui a le premier tort) à faire excuse à l'autre de ce qu'il lui a dit ; que celui qui se croit attaqué reçoive l'excuse, et témoigne qu'il est fâché d'avoir relevé avec trop de hauteur l'insulte qu'il croit qu'on lui a faite ; et qu'ensuite ces deux messieurs s'embrassent et promettent de ne rien demander

davantage. S'ils refusent de le faire, j'en porterai mes plaintes aux maréchaux de France*, et je les prierai de donner des ordres pour empêcher un duel entre ces messieurs. » La conduite de cet officier fut fort approuvée ; la compagnie engagea les deux militaires à se faire des excuses respectives, et ils s'embrassèrent.

¹ Ce genre d'affaires était alors porté au tribunal des maréchaux de France.

ZÈLE COURAGEUX D'UN CHIRURGIEN MILITAIRE

EXTRAIT DES ANNALES DE LA MARINE, 1837

En l'an 1833, le 15 février, un matelot, en manœuvrant à bord du brick sarde le *Leo*, dans la rade de Bougie, tomba des haubans sur le pont.

Le capitaine du navire vint à terre chercher un chirurgien; mais, le trajet du débarcadère au navire étant très-dangereux, il ne reçut qu'un refus de celui auquel il s'adressa.

M. Rouquier (Joseph-Charles), chirurgien aide-major au 67e de ligne, qui se trouvait alors à Bougie, informé de l'événement, se présenta aussitôt de son propre mouvement. Ce ne fut qu'après de grands dangers, et après être tombé à la mer, qu'il parvint auprès du blessé; il l'arracha à une mort certaine, en lui donnant, en temps utile, les secours de son art.

Le gouvernement a décerné une médaille d'or à ce chirurgien.

LES ENFANTS CHARITABLES

TRAIT FOURNI PAR M. LE BARON DELESSERT

Morvan, veuf depuis plusieurs années, est venu l'hiver dernier, avec son enfant, d'un département éloigné, dans l'espoir de travailler aux fortifications; il avait obtenu l'admission de son jeune garçon, nommé Gilles-Marie, âgé de neuf ans, à l'école communale de Passy, fondée et entretenue par M. Benjamin Delessert.

Le père et l'enfant étaient dans le dénûment le plus complet : c'est à peine si celui-ci avait son pain de chaque jour; souvent même on se couchait sans souper. « Nous allons, disait un jour l'enfant à l'un de ses camarades, dans son naïf langage, *nous coucher à jeun* ce soir, car nous n'avons plus de pain. » C'est alors qu'un enfant de l'école, le jeune Antoine Toussaint, presque aussi pauvre, a commencé, le premier, à partager son déjeuner avec lui; et, depuis, les autres, touchés de la misère de ce pauvre enfant, se sont empressés d'apporter, chaque jour, de quoi subvenir non-seulement à ses besoins, mais encore à ceux de son père, que le mauvais temps empêchait souvent de travailler.

Ainsi les uns donnaient du pain, les autres un, deux et quelquefois jusqu'à trois sous. On donnait aussi des vêtements, même des souliers. Enfin, chaque soir, le pauvre enfant emportait au moins un kilogramme de bon pain, qui servait au souper et au déjeuner du matin. Et ce qu'il y a de plus touchant, c'est que ce bon cœur des enfants s'est soutenu tout le temps de la saison rigoureuse, sans faiblir un seul instant, toujours avec le même empressement et la même effusion.

Quand les jours furent devenus plus doux, ces pauvres gens reprirent à pied la route du pays, emportant dans leur cœur le souvenir de l'école de Passy.

L'AUMONIER DES PRISONS

EXTRAIT DE LA VIE DE L'ABBÉ PERRIN, PAR M. JURY

L'abbé Perrin, né dans la petite ville de Feurs, en 1753, fut, dans sa jeunesse, éprouvé par tous les genres d'adversité, et les supporta avec une pieuse résignation. Attaché plus tard à l'église de Saint-Jean, à Lyon, en qualité de chapelain, M. Claudin, son ami, curé de cette métropole, devina en lui l'apôtre futur, et le désigna pour les fonctions d'aumônier de la prison de Roanne. Heureuse pensée, qui a arraché tant de malheureux au désespoir, ramené à la religion tant de cœurs corrompus, à la vertu tant d'âmes dépravées !

Depuis sa nomination aux fonctions évangéliques d'aumônier de la prison de Roanne, c'est-à-dire depuis 1798, l'abbé Perrin n'a pas cessé un seul jour de visiter ses prisonniers, qu'il appelle ses enfants; il est, en effet, le conseil, l'appui et le père de cette famille corrompue, qui se purifie aux rayons bienfaisants de ce soleil de charité chrétienne.

Homme d'une angélique vertu, toute sa vie est consacrée au soulagement des malheureux, des criminels; il se fait prisonnier avec eux pour en être mieux écouté. L'abbé Perrin leur fait croire à un autre monde, alors qu'abandonnés de tous, ils n'appartiennent déjà plus à celui-ci.

L'abbé Perrin n'estime l'argent que par le bien qu'il peut faire : il partage son modique avoir avec ceux qui ne possèdent rien, et l'aspect de sa mise nous dit que sa part est toujours la plus petite. Ses vêtements portent l'empreinte d'un long usage; mais cette enveloppe si simple et plus que modeste couvre la plus belle âme, et une âme candide comme celle d'un enfant.. Que de douceur, de bonhomie, de dévouement! que de force dans toute cette vie! que de courage dans les derniers soins qu'il donne aux suppliciés! C'est l'homme qui se fait dieu.

Tous les dimanches, l'abbé Perrin célèbre l'office divin pour ses prisonniers; tous y assistent avec recueillement, et l'ascendant de cet homme de bien s'exerce sur les natures les plus perverties. Après la messe, le digne aumônier leur fait une espèce de prône, peu long, peu brillant, car l'abbé Perrin n'est pas un orateur; mais les paroles, chez lui, partent du cœur pour arriver au cœur.

Les cérémonies religieuses terminées, il distribue à ses prisonniers les effets d'habillement qu'il a pu se procurer; car, s'il ne demande rien pour lui, il ne craint pas de demander pour ses enfants, et il arrive à Roanne, chargé de souliers, de pantalons, de vestes, et d'autres vêtements également nécessaires, dont il fait le partage.

Il a un petit portefeuille sur lequel sont inscrits les noms des plus nécessiteux et la nature des objets dont ils ont le plus urgent besoin, et il donne à chacun ce qui lui convient. Ce n'est pas tout : sachant combien le désœuvrement du cachot est pénible aux détenus, et combien les habitudes contractées dans le monde y acquièrent de puissance, il distribue à tous une légère somme d'argent par semaine pour se procurer du tabac.

On raconte, à ce sujet, une anecdote qui peint l'homme mieux que ne pourrait le faire l'écrivain le plus habile. Entraîné par la force de l'habitude, un des prisonniers lui ayant dérobé sa tabatière, l'abbé Perrin s'avance au milieu d'eux, et leur dit : « Que celui d'entre vous qui m'a pris ma tabatière la remette dans cette main; voici trente sous en échange. Je ne veux pas connaître le coupable. » L'excellent aumônier ferma les yeux et plaça la main derrière le dos avec la somme promise. La tabatière fut rendue à l'instant.

L'abbé Perrin, en s'occupant ainsi scrupuleusement des besoins physiques de ses pensionnaires, met au premier rang leurs besoins moraux. Il a fait établir à ses frais, dans chaque classe de détenus, c'est-à-dire dans le bâtiment des hommes et dans celui des femmes, deux bibliothèques composées chacune d'une centaine de volumes instructifs, amusants et surtout religieux. Ces livres sont sous la surveillance immédiate d'un détenu choisi par lui, qui les prête alternativement à ceux ou celles qui les demandent, et qui en font à haute voix la lecture, aux heures qui ne sont pas consacrées au travail.

Il est un jour de l'année qui est une véritable fête pour les prisonniers de Roanne. Dès la veille, ils réunissent le peu d'argent qu'ils ont pu économiser, et font acheter des fleurs. Des fleurs à la prison de Roanne? Oui, des fleurs; car ce jour-là est la Saint-André, la fête de l'abbé Perrin. Aussitôt qu'il entre, on se range autour de lui, on le fait asseoir, et le plus éloquent parmi les prisonniers lui fait un compliment au nom de tous. Alors le bon abbé, attendri, bénit avec plus de ferveur encore que de coutume ces malheureux qu'il appelle ses enfants, et leur fait prendre part à un repas modeste, qui devient un festin pour des prisonniers habitués à tant de privations.

Depuis quarante-deux ans, l'abbé Perrin console et assiste les prisonniers, les instruit, et les convertit à la vertu et à la religion; sa mission devient encore plus pénible et plus belle lorsqu'il est appelé à prêter son saint ministère à un condamné à mort; alors il ne le quitte presque plus jusqu'au dernier moment; chaque jour, il va s'enfermer pendant plusieurs heures avec lui, dans ce cachot dont il ne doit sortir que pour monter à l'échafaud; son consolateur, son appui, le suit, lui parle de Dieu, et le fait espérer en sa miséricorde, jusqu'au moment où il va comparaître devant le tribunal suprême.

CHARLEMAGNE ET UN JEUNE CLERC

EXTRAIT DE LA MORALE EN ACTION

Un jour, on vint annoncer à Charlemagne la mort d'un évêque. Il demanda combien il avait légué aux pauvres en mourant; on répondit qu'il n'avait donné que deux livres d'argent : « C'est un bien petit viatique pour un si grand voyage, » dit un jeune clerc qui était présent. Le prince, satisfait de cette réflexion, donna l'évêché à celui

qui l'avait faite, et lui dit : « N'oubliez jamais ce que vous venez de dire, et donnez aux pauvres plus que celui dont vous venez de blâmer la conduite. »

LE BATELIER ANTOINE DEJEAN ET SES COMPAGNONS

EXTRAIT DES ARCHIVES DU MINISTÈRE DE L'INTÉRIEUR

ans le cours de l'année 1833, une inondation eut lieu dans la commune du Riol, département du Tarn, et donna lieu à des traits de courage et d'humanité qui méritent d'être signalés à l'admiration de nos concitoyens.

La rivière de l'Aveyron longe la petite et jolie plaine du Riol dans tout son entier. Le village dit *Riol-Bas*, composé de dix-huit familles, situé dans cette plaine, à deux cents mètres de la rivière, commença, un matin du mois de février, à être envahi par l'inondation. Les habitants, accoutumés à de pareilles visites, conduisirent leurs bestiaux aux villages voisins, étayèrent leurs caves et se renfermèrent dans leurs maisons. Pendant toute la journée, l'eau ne discontinua pas de grossir; mais, dans la nuit, l'inondation fut effroyable. Une immense quantité de grosses pièces de bois étaient charriées dans les rues du village, et, comme autant de béliers, donnaient des secousses terribles aux maisons. Deux croulèrent avant la fin de la nuit. Le bruit de leur chute, mêlé à celui des eaux qui flottaient au dehors et au dedans des habitations, porta la consternation dans le cœur des habitants. A tout instant, chaque famille craint d'être ensevelie sous les décombres de son toit. Les cris d'épouvante se mêlent à tout ce qu'a d'horrible cette nuit de déluge. Enfin le jour paraît, mais ce n'est que pour montrer à ces malheureux toute l'horreur de leur position... L'inondation allait toujours croissant, et la pluie tombait sans cesse par torrents. Les habitants du village voisin arrivent, mais ils sont arrêtés à une distance énorme; à peine peuvent-ils faire parvenir quelques paroles de consolation et d'encouragement aux infortunés qu'ils plaignent et ne peuvent secourir; car la seule barque qui se trouve habituellement dans le voisinage est ensevelie sous les eaux. Cependant, au bruit des flots se mêlent des gémissements, des cris de détresse. On voit, aux croisées et sur les toits, les familles groupées se presser, levant leurs mains au ciel... Les mères embrassent leurs enfants, les mouillent de larmes de douleur et d'angoisse. « Implorons tous ensemble la miséricorde de Dieu, s'écrient-elles en sanglotant, car nous allons tous périr s'il n'a compassion de nous! » Les spectateurs, attendris par un tableau si déchirant, pleurent aussi, et recommandent au ciel leurs voisins désolés. Au milieu de tant d'alarmes, on a l'heureuse idée d'aller aux Ardourels, village éloigné de trois quarts de lieue, en longeant la rivière, s'informer si on a pu sauver quelques bateaux. Arrivé en ce village, on voit une gabare qui flotte bien avant sur l'eau, au bord d'un tertre fort élevé qui domine le lit de l'effroyable rivière. Qui ira au milieu des torrents prendre ce bateau? L'un ne sait pas nager, l'autre craint d'être englouti sous les flots. « Quatre-vingts personnes auront peut-être péri ce soir, si nous n'allons à leur secours!... Il faut y voler! » s'écrie le jeune Antoine Dejean, propriétaire de la gabare ; et, se confiant en la Providence, il se jette à l'eau, arrive au bateau, le détache et l'emmène au bord. Il était impossible de le conduire par eau au lieu de désolation ; on le place sur une charrette attelée, et on arrive bientôt au Riol-Haut, distant de six cents mètres environ du village inondé. Aussitôt la gabare est lancée à l'eau ; Dejean la conduit, accompagné de deux braves, tous trois munis de perches et de petites rames. Ces trois personnes, aussi habiles que courageuses, affrontent les plus grands dangers. A la rapidité avec laquelle ils courent sur les haies et les murailles dont est parsemée la plaine submergée, on connaît, on sent la généreuse humanité qui les anime. Tous les spectateurs font des vœux pour la réussite de leur dangereux trajet. Déjà on aperçoit à peine, au milieu de l'eau, la fugitive nacelle... On ne la voit plus ; elle est entrée en libératrice, elle vogue sur la place du village consterné. A sa vue, les pleurs et les cris redoublent, mais ce sont des cris d'espérance, des larmes de joie. Les pilotes sauveurs se dirigent vers les maisons qui courent le plus grand danger. Ils effectuent un premier débarquement composé de deux jeunes filles et d'un vieillard. Peu à peu le village submergé se vide de ses habitants. Des maisons tombent d'intervalle en intervalle, et pressent le courage de ceux qui se dévouent. A l'arrivée de la nuit, le malheureux village fut entièrement évacué. Les voisins donnèrent l'hospitalité aux émigrants, et, malgré les nombreux et imminents dangers auxquels tout le village avait été exposé, on n'eut à déplorer la perte d'aucun individu.

L'AMI FIDÈLE

EXTRAIT DE LA MORALE EN ACTION

Après avoir joué un grand rôle à Paris, un homme respectable y vivait dans un réduit obscur, victime de l'infortune, et si indigent, qu'il ne subsistait que des aumônes de la paroisse. On lui remettait, chaque semaine, la quantité de pain suffisante pour sa nourriture ; il en fit demander davantage. Le curé lui écrit pour l'engager à passer chez lui. Il vient. Le curé s'informe s'il vit seul. « Et avec qui, monsieur, répondit-il, vou-

driez-vous que je vécusse? Je suis malheureux, vous le voyez, puisque j'ai recours à la charité, et tout le monde m'a abandonné, tout le monde!... — Mais, monsieur, continua le curé, si vous êtes seul, pourquoi demandez-vous plus de pain que ce qui vous est nécessaire? » L'autre paraît déconcerté; il avoue avec peine qu'il a un chien. Le curé ne laisse pas de poursuivre; il lui fait observer qu'il n'est que le distributeur du pain des pauvres, et que l'honnêteté exige absolument qu'il se défasse de son chien. « Eh! monsieur, s'écria en pleurant l'infortuné, si je m'en défais, qui est-ce qui m'aimera? » Le pasteur, attendri jusqu'aux larmes, tire sa bourse et la lui donne, en disant : « Prenez, monsieur, ceci m'appartient. »

PATRONAGE INDUSTRIEL

PAR M. LE BARON DE GÉRANDO.

ans les établissements d'industrie, le chef, en même temps qu'il procure à ses ouvriers du travail et la subsistance, par l'emploi de ses capitaux, par son crédit, son expérience, son habileté, et par la direction qu'il donne aux opérations de la fabrique, est appelé à remplir, au milieu de ces travailleurs, une fonction aussi utile qu'honorable. Il doit être aussi le chef d'une famille laborieuse, nombreuse, composée d'individus de divers âges et de sexes différents; il leur doit l'exemple d'une vie irréprochable, les conseils d'une raison sage et éclairée, l'appui d'une affection cordiale dans leurs besoins et dans leurs malheurs. Quels services ne peut-il pas leur rendre, en remplissant dignement le ministère que la Providence lui a confié, en profitant de sa situation pour concourir à leur amélioration morale en même temps qu'à leur bien-être matériel! Nous pourrions citer un grand nombre de manufacturiers français qui ont parfaitement compris et rempli cette belle mission; nous nous bornerons à citer ici un seul exemple dont nous pouvons garantir l'exactitude dans tous les détails, et qui représentera les autres en servant de modèle.

Dans une petite ville du Haut-Rhin existe une vaste manufacture qui occupe environ deux mille ouvriers. Les propriétaires de cet établissement, MM. Schl.... et Compagnie, y ont fondé, en 1823, une école où l'instituteur tient cinq classes par jour : quatre de deux heures chacune, le matin; une le soir, d'une heure. Les enfants des ouvriers forment huit divisions, dont quatre suivent chaque jour, tour à tour, les leçons du matin; celles du soir sont destinées aux adultes et aux élèves volontaires. Le dimanche, une réunion de deux heures et demie est employée au dessin linéaire et à la cosmographie. Trois cents élèves environ fréquentent ces écoles, et, depuis qu'elles sont instituées, ces ouvriers se montrent plus rangés, plus intelligents, plus dociles et meilleurs travailleurs.

Sous les auspices des mêmes chefs, fut instituée, en 1826, entre les ouvriers, une société de secours mutuels pour les cas d'assistance et de maladie. Au moyen d'une rétribution mensuelle de un franc vingt-cinq centimes à deux francs, l'ouvrier malade reçoit, outre les soins du médecin et les médicaments, la moitié du prix de journée correspondant à son emploi.

Une autre société volontaire, formée par les soins des mêmes chefs, en 1830, a pour objet une boulangerie destinée aux ouvriers, qui leur fournit, au prix coûtant, du pain de la meilleure qualité. Les propriétaires de la manufacture fournissent gratuitement le local, payent le préposé, et ont avancé sans intérêts un capital de dix mille francs pour la marche de ce service. Ils établissent en ce moment une cuisine énorme ayant la même destination. On a calculé que la boulangerie a épargné aux sociétaires, depuis sa formation, une dépense de soixante-dix mille francs.

Entre autres institutions imaginées par l'un des fabricants éminemment généreux qui président à cette manufacture, nous pourrions citer l'enseignement de la musique, et des réunions musicales pour les ouvriers, qui leur procurent d'innocents plaisirs et des jouissances propres à purifier les mœurs.

Le même associé de cette maison, M. J. J. B..., a fait don récemment, à la ville où elle est située, d'un vaste édifice, destiné à servir d'hôpital, d'hospice, et à d'autres établissements utiles; ce don est d'une valeur d'au moins deux cent mille francs. Au rez-de-chaussée est placée une marmite pour la distribution de soupes pour les malheureux. Madame B... y a fondé un asile, où douze orphelins sont gratuitement élevés et entretenus.

Deux salles d'asiles, pour les petits enfants, ont été érigées par les soins de la même dame et à ses frais; l'une d'elles est située près de la manufacture. Elle a organisé aussi une distribution journalière d'aliments pour les indigents, et de médicaments pour les malades à domicile, qui se fait dans sa maison, et qui se faisait sous ses yeux avant qu'on eût le malheur de la perdre. Mais les soins qu'elle donnait personnellement aux familles des ouvriers et à celles des pauvres ajoutaient à tant de libéralités des bienfaits d'un prix inestimable. Elle-même les assistait de ses avis, les consolait dans leurs peines, les encourageait au bien; ils avaient constamment accès auprès d'elle; elle allait les voir et s'entretenir avec eux dans leurs modestes demeures. Le bien qu'elle n'a cessé de leur faire était un secret que cachait sa modestie, mais qui a éclaté à sa mort. Lorsqu'on apprit que sa vie était menacée, la foule des habitants se réunit spontanément dans les églises, en demandant au ciel la conservation de ses jours ; et, lorsqu'elle a été enlevée à cette population où elle avait répandu tant de soulagements et de semences utiles, la ville entière, la vallée qui y aboutit, la contrée d'alentour, ont formé, autour de son cercueil, un cortège immense où se mêlaient aux sanglots des infortunés dont elle était la mère les hommages unanimes de l'admiration et des regrets. Ses dernières paroles ont été celles-ci : « Adieu, vous tous, mes bons et chers pauvres ; Dieu ne vous abandonnera pas ; je veillerai encore sur vous ; j'irai auprès du père de toutes les consolations le prier pour vous. » Elle leur a légué une personne pieuse et charitable qui l'assistait dans cet office, et qu'elle a chargée de veiller sur eux.

La reconnaissance des ouvriers ne manque point aux chefs des établissements qui leur portent des soins paternels. Au moment où un revers vient de frapper une vaste manufacture du Haut-Rhin, une députation de tous les ouvriers s'est présentée chez son chef, et lui a offert, en leur nom, de travailler un mois gratuitement... Quel éloge pour les uns et les autres !

Novembre 1841.

L'ABBÉ DESJARDINS

EXTRAIT DE SON ORAISON FUNÈBRE, PRONONCÉE PAR M. OLIVIER, CURÉ DE SAINT-ROCH

’abbé Desjardins naquit en 1755, dans le diocèse d'Orléans. Élevé dans les habitudes douces et simples du hameau, sous les yeux d'un oncle, pasteur vénéré d'un petit troupeau, il conserva toute sa vie cette grâce naïve qui s'accordait en lui avec une noblesse de sentiments, une élégance de manières, une politesse exquise. Quel esprit étincelait dans ses yeux! quelle douceur et quelle majesté il avait dans sa démarche! combien il répandait sur tout son extérieur de grâces vives et naturelles! Il avait une gaieté grave, une aménité de mœurs, un charme de caractère, un attrait qui lui gagnaient tous les cœurs.

En 1793, il se fait missionnaire au Canada et devient l'apôtre de cette contrée. Dans ce ministère apostolique, on le vit catéchisant les enfants, instruisant les plus ignorants et les plus grossiers, purifiant les mœurs dissolues, resserrant les liens des alliances légitimes, apprenant au pauvre à bénir sa misère, au mourant à saluer d'abord sans effroi et puis ensuite à attendre avec joie la mort qui s'avance. Tout cela au prix des plus grands sacrifices, avec un zèle, une mansuétude admirables.

En 1813, il se trouvait à Verceil, en Piémont, lorsque les militaires qui avaient échappé à la désastreuse campagne de Russie étaient dirigés en grande partie vers l'Italie; Verceil fut choisi comme hôpital général. Il comprit la mission que Dieu lui assignait; il ne quitte plus ses chers malades, ni le jour ni la nuit; il est à la fois leur secrétaire auprès de leurs familles désolées, leur infirmier, leur catéchiste, leur confesseur, leur père. A l'imitation de saint Vincent de Paul, pour donner à ses soins toute l'efficacité nécessaire, il établit une société de dames charitables, qui s'occupent avec la plus grande ardeur à pourvoir aux besoins les plus urgents.

Nobles débris de la victoire, nos pauvres soldats manquaient de tout. A leurs blessures, à leurs prodigieuses fatigues s'est alliée la plus affreuse misère. Bientôt le typhus se déclare, maladie contagieuse plus horrible peut-être, plus inévitable que le fléau qui naguère pesait sur la France. On ne compte plus les victimes de la mort, mais seulement ceux qu'elle a épargnés. Cependant la foi revit dans ces cœurs flétris ou brûlés par toutes les souffrances; le saint prêtre exhorte, soutient, console, ouvre la porte des cieux. Il se jette, dans le même lit, entre le cadavre qui expire et celui qui a fini ses douleurs; il aspire leurs émanations infectées; il sauve les âmes. Le sacrifice de sa vie, il l'a fait : il ne cessera ses glorieux travaux que lorsque, frappé lui-même du fléau, il attendra qu'on lui demande compte de ses jours; mais Dieu n'avait voulu qu'embellir sa couronne et non la déposer encore sur sa tête vénérable.

Paris l'a connu longtemps dans l'exercice des fonctions pastorales, qu'il remplissait comme curé de la paroisse des Missions étrangères : et personne ne comprit jamais mieux que lui les devoirs, la dignité, la sainteté du ministère pastoral. L'élégance de ses manières, son exquise urbanité, le faisaient l'égal de l'homme le plus élevé par la naissance et les dignités. L'artiste et le savant rencontrèrent en lui l'érudit sans faste, l'homme de goût sans affèterie, le critique sans amertume, l'homme de lettres sans prétention. Pour le pauvre et pour l'ignorant, il ne paraissait que l'homme de la bienfaisance, de la miséricorde et de la charité.

Vicaire général de Paris, ses conseils, sa fermeté, sa doucœur, exerçaient une influence immense sur le clergé du diocèse. Chargé spécialement de l'administration spirituelle des prisons, il guida les aumôniers, anima leur courage, et souvent soutint leurs âmes abattues.

A la tête de ses bonnes œuvres, on doit placer la belle création des sœurs gardes-malades. C'était peut-être la seule œuvre de charité qui eût échappé à saint Vincent de Paul; ses développements, ses succès, l'estime, la reconnaissance et la vénération qu'ont obtenus les sœurs de Bon-Secours, les services incontestables qu'elles rendent tous les jours, indiquent assez l'importance et la nécessité d'une telle institution.

On doit également à son zèle la fondation du bel établissement de la *Providence*, où sont élevées un grand nombre de jeunes orphelines, et qui est aujourd'hui situé dans la rue Plumet, à Paris.

L'abbé Desjardins était le seul qui ne se doutât pas de tout le bien qu'il faisait. Lorsque la nature de ses bonnes œuvres devait trahir son humilité, on eût dit qu'elles lui étaient étrangères ou qu'il n'avait été que le conseiller de ces œuvres, qu'il avait établies seul et par le sacrifice entier de sa fortune. Sa charité était telle, qu'il ne fut pas possible de lui faire conserver même le nécessaire. Constamment il se dépouillait dans ses visites aux pauvres. Quand l'argent lui manquait, il leur portait ses propres effets, ne possédant plus autre chose, et n'avait pas chez lui une chemise pour remplacer celle qu'il venait de donner.

Lorsque M. l'abbé Desjardins mourut, le 24 octobre 1833, on ne trouva dans sa chambre que trois francs soixante centimes, le salaire d'une journée d'ouvrier. Ce trait suffirait à lui seul pour louer sa belle vie.

UN TRAIT DE TURENNE

EXTRAIT DE LA MORALE EN ACTION

A la prise du château de Solre, qui était le plus fort de tout le Hainaut, les soldats ayant trouvé une dame de la plus grande beauté, la mènent à Turenne. Le maréchal les loue des égards qu'ils lui ont montrés, fait chercher son mari en diligence, et la remet entre ses mains, en lui témoignant

combien les militaires français s'honorent par le respect qu'ils portent aux dames au milieu des horreurs de la guerre.

LES ÉPOUX BACHELARD

PRIX MONTYON, 1829

Pierre Bachelard, boulanger à Coligny, arrondissement de Bourg, département de l'Ain, et Françoise Poncet, sa femme.

Pierre Bachelard a successivement exercé la profession de domestique, d'hôtelier et de boulanger.

Il a passé sa jeunesse au service d'une maison recommandable, et il s'y est acquis une telle confiance, qu'à la mort de son maître, il est devenu le dépositaire et le régisseur de la fortune des enfants, sans qu'on ait vu chanceler un moment son respect et sa fidélité.

En quittant cet emploi, son premier soin fut de s'associer une femme vertueuse, et ils entreprirent d'élever une hôtellerie. Comme ils furent bientôt connus pour d'honnêtes gens, leur maison fut fréquentée par les voyageurs ; elle était fermée à l'ivrognerie et à la débauche. Les règlements faits pour maintenir l'ordre y étaient observés, et les droits d'octroi et les contributions acquittés avec tant de probité, que notre hôtelier a été honorablement cité, dans un mémoire authentique, pour être le seul, dans un grand nombre, qui n'eût jamais songé à pratiquer la moindre fraude.

En 1815, les troupes des puissances alliées occupèrent le département de l'Ain ; Bachelard et sa femme se virent dépouillés de leurs fourrages, de leurs provisions, et ne purent continuer leur état d'hôteliers.

Bachelard se mit alors à fabriquer du pain.

Lorsqu'on fit un rôle de répartition de secours en faveur de ceux qui avaient souffert de l'invasion étrangère, Bachelard fut le premier à renoncer, en faveur des indigents, aux avantages de ce rôle.

Dans la disette de 1816 et 1817, ce brave homme fut chargé de la fabrication du pain qui était distribué chaque jour par l'autorité locale, et il ne voulut, pour ce travail, entendre parler d'aucune rétribution : il le faisait volontiers, disait-il, pour contribuer au soulagement des pauvres.

L'excès de la fatigue et de la chaleur qu'il eut à supporter lui a fait perdre la vue, il y a dix ans; il continue, tout aveugle qu'il est, son état de boulanger, et sa femme et lui s'entendent pour faire tout le bien qui est en leur pouvoir; telle est leur conduite depuis quarante ans qu'ils sont en ménage.

En 1828, où le pain éprouva une grande augmentation, les époux Bachelard l'ont donné aux ouvriers de leur commune à cinq et à dix centimes au-dessous du prix qu'on le vendait ailleurs.

Une personne charitable les avait chargés de livrer, chaque semaine, une certaine quantité de pain à une femme pauvre, âgée et infirme. Après un certain temps, des circonstances particulières empêchèrent la bienfaitrice de pouvoir continuer son aumône; elle en prévint Bachelard et sa femme, qui, sans rien dire, ne cessèrent point de fournir la même quantité de pain à cette pauvre infirme; et ils lui ont toujours laissé ignorer l'obligation qu'elle leur avait.

La veuve, presque centenaire, d'un ancien militaire sans fortune, sans parents, dénuée de tout, a reçu, pendant trois ans, les soins les plus assidus de la femme Bachelard, qui pourvoyait à sa nourriture, à son chauffage, la veillait, et lui a rendu les services du genre le plus pénible et le plus rebutant jusqu'à sa mort, arrivée depuis peu.

Enfin, la vie des époux Bachelard est constamment remplie par des actes de charité et de dévouement pour toutes les infortunes.

LES BIENFAITS DU PATRONAGE

PATRONAGE VILLAGEOIS. — MADAME LA COMTESSE D'HERVILLY

EXTRAIT DES LETTRES SUR LA PICARDIE

Il est difficile de se faire une idée exacte de l'influence salutaire qu'exercent les grands propriétaires sur le bien-être et la moralité des habitants des campagnes, lorsqu'à l'exemple des vertus ils joignent une bienfaisance éclairée et active. Il est utile, sous plusieurs rapports, de faire connaître les services essentiels et variés qu'ils peuvent rendre, en acceptant ainsi la mission qu'ils ont reçue de la Providence, et enseignant le bon emploi qui doit être fait de la fortune. Parmi le grand nombre de personnes que nous pourrions citer et qui peuvent servir de modèle en ce genre, nous nous bornons à en rappeler une dont la mémoire, justement vénérée, est chère à quelques-uns de nos lecteurs.

Madame d'Hervilly avait trente ans lorsque la Révolution éclata. Mise en prison avec ses trois enfants en bas âge, elle perdit à la fois son père et son oncle sur l'échafaud, son mari à Quiberon. Menacée elle-même, à chaque instant, d'être traduite devant le tribunal révolutionnaire, elle priait Dieu de la laisser vivre pour ses trois filles. Dépouillée de ses domaines, frappée par tous les genres de persécutions et de malheurs, aux prises avec une ruine complète, elle conserva toujours le calme, la confiance et la résolution qui sont le privilége des grandes âmes. Elle entretenait sa famille du travail de ses mains, et se condamnait aux privations pour en éviter aux siens. A force de patience, d'activité, d'esprit d'ordre et d'intelligence, elle parvint à réunir les débris de sa fortune, dont elle considérait, dans ses convictions sociales et religieuses, l'occupation comme un devoir attaché au poste qu'elle venait de reconquérir avec tant de peine. A mesure qu'elle retrouvait une portion de revenu, elle instituait une pension en faveur d'amis qui, frappés comme elle par l'adversité, n'avaient pu réparer leurs pertes. Dès lors, elle put être l'administrateur du bien des pauvres. C'était sous ce point de vue que la comtesse d'Hervilly envisageait l'existence des grandes fortunes. Orpheline et veuve, dépouillée de toutes ses richesses, elle s'est promptement retrouvée, à force de courage et de bonté, en mesure de répandre et de poursuivre le cours de ses bienfaits en un lieu plein de cruels souvenirs, où toute autre âme fût tombée dans le désespoir et l'inertie, où la sienne ne fit que devenir plus jeune, plus ardente et plus secourable.

Le château de Leschelle (département de l'Aisne) offrit de tout temps un saint asile aux hommes qui souffraient, un refuge tutélaire à tous les malheureux.

Au commencement du siècle passé, ceux qui portaient alors le titre de seigneurs de Leschelle fondèrent en ce lieu deux écoles, l'une pour les garçons, l'autre pour les filles, avec les bâtiments et les secours annuels nécessaires à leur établissement et à leur entretien. L'école des garçons appartient, depuis la Révolution, à la commune; celle des filles est toujours soutenue par la famille qui l'a créée. Deux institutrices, portant le nom de sœurs, mais ne relevant d'aucune congrégation religieuse, y instruisent gratuitement toutes les petites filles du pays et des environs. Elles ont leur maison, leur pré, leur jardin qu'elles cultivent elles-mêmes, et jouissent des biens de la terre, ne payant même aucun impôt; la main qui leur concède maison, prairie, le paye pour elles. On dirait difficilement tous les services que rendent ces dignes filles, toujours prêtes, malgré la continuité de leurs leçons, à obliger et à secourir ceux qui souffrent. Aussi se transmettent-elles, comme par voie de succession, l'affection et la reconnaissance qui s'attachent à elles et à leurs œuvres.

Les écoles de Leschelle ne se bornent pas à l'instruction des élèves; elles exercent une influence active sur les mœurs. On aime beaucoup la danse en Picardie; mais ce plaisir, permis lorsqu'il est goûté avec innocence et dans un lieu convenable, offrait le plus grand danger aux jeunes filles; car on dansait au cabaret dans une salle basse, humide, exhalant force odeur de cidre, de vin, d'eau-de-vie et de tabac, souvent rougie du sang des danseurs, la plupart ivres, passant aisément des propos injurieux aux menaces et aux coups.

Il était réservé à la famille qui est la Providence visible du pays d'offrir à sa jeunesse de plus nobles délassements. La distribution annuelle des prix se fait au château. Tout ce qui pourrait exciter la vanité et trahir l'apparat est absolument écarté de cette solennité simple et touchante. Les élèves qui sont récompensées n'ont d'autres témoins de leurs succès que leurs condisciples, les bonnes sœurs qui les instruisent, et la famille à laquelle l'école doit son existence et son entretien. Après cela, l'on joue, l'on danse, on court, on glisse avec des souliers ferrés sur les beaux parquets des salons de Leschelle. On fait dans ce séjour, ordinairement si bien ordonné, un bruit qui perce l'épaisseur de ces voûtes souterraines, et une poussière à ne s'y point reconnaître. On est heureux; et cette joie, ce bonheur, sont si francs et de si bon aloi, qu'ils sont cordialement partagés par tous les spectateurs. Ce n'est pas tout : trois jours après, les élèves qui ont eu des prix sont invitées à s'asseoir toutes à la même table, dans la grande salle à manger du château ; elles y sont servies par la famille au moins autant que par les domestiques. Rien n'égale le plaisir qu'elles éprouvent à se voir ainsi fêtées.

Les élèves sont exhortées et encouragées, à mesure qu'elles grandissent, à ne point fréquenter les bals. Celles qui suivent ce conseil, et qui persistent dans cette sage résolution, continuent d'assister, après leur sortie de l'école, à la distribution annuelle, et y reçoivent des prix de persévérance; le dimanche, le château leur est ouvert, et elles sont invitées à cueillir des fruits dans le jardin, à y jouer, danser, et à se livrer, en présence des sœurs, à tous les amusements de leur âge. De cette manière, et par cette influence si douce et si simple, beaucoup de jeunes filles sont détournées du danger qui les menaçait.

En 1737, les possesseurs du château avaient assuré des secours réguliers aux pauvres et aux infirmes de Leschelle. Convaincue que toute la puissance d'un acte gît dans sa moralité plutôt que dans son accomplissement matériel, madame d'Hervilly appliqua tous ses soins à rechercher les moyens les plus sûrs d'obliger les malheureux sans les abaisser. Ayant reconnu depuis longtemps que la simple aumône dégrade souvent l'homme et l'encourage à l'oisiveté, elle donnait ordinairement à son bienfait la forme ou au moins l'apparence d'un salaire, et avait toujours du travail pour les bras valides, et un simulacre d'occupation pour les vieillards et les gens dépourvus de vigueur. Les enfants des pauvres et les pauvres eux-mêmes étaient souvent habillés à ses frais. Elle leur faisait faire, dans la saison rigoureuse, de fréquentes et abondantes distributions de bois. Sa sollicitude entrait dans les plus petits détails : les vieillards et les malades ne recevaient que du bois sec. Elle visitait fréquemment les uns et les autres pour soutenir leur courage et leur ouvrir sa bourse. Elle avait donné ses ordres pour qu'on vint l'avertir, à toute heure du jour et de la nuit, lorsqu'un indigent avait besoin d'elle. Maintes fois on a vu sortir d'une porte du château, par le froid et l'obscurité, une femme enve-

loppée d'un manteau, portant une lanterne allumée à la main : c'était la comtesse d'Hervilly qui allait porter des secours et des consolations à une femme en couches ou à un malade nécessiteux.

Dans les temps de cherté de grains et de misère, ses secours en argent et en denrées se multipliaient. Il lui arrivait d'ordonner des distributions de bois à bâtir pour des malheureux dont les chaumières avaient été dégradées par la tempête, et d'y ajouter quelque argent pour l'achat des pailles de la toiture. Les incendiés ne réclamaient jamais en vain sa bienfaisance, et beaucoup d'entre eux lui ont dû le rétablissement de leurs foyers.

Toujours mue par ce principe, qu'il faut élever l'homme et lui donner le sentiment de sa force en l'aidant, elle favorisait des acquisitions de terrain; livrait, à prix coûtant, des matériaux de construction, pour assurer un logement aux nécessiteux, et leur accordait toute facilité de remboursement, à long terme et sans intérêt.

Son esprit de justice et ses sentiments de charité intervenaient entre le villageois embarrassé et la cupidité de l'homme d'affaires, à la veille de dépouiller sa victime par l'exécution d'un réméré. Elle prévenait ainsi, par un remboursement effectué en temps utile, l'effet désastreux de ces sortes de contrats, si fréquents dans les campagnes, et conservait au pauvre le toit de ses pères, avec la portion de terrain qui le faisait vivre.

Madame d'Hervilly a toujours eu un grand nombre de pensionnaires recevant des secours réguliers en argent ou en pain. Elle entretenait continuellement en apprentissage des enfants d'indigents et des orphelins, pour les pourvoir de bons métiers et les mettre à même de secourir leurs parents ou leurs familles adoptives.

Accessible à tous, elle ne se faisait jamais attendre quand on la demandait, dans la conviction où elle était que le temps de ceux qui nourrissaient leur famille de leurs sueurs demandait plus de ménagement que le sien.

Elle sut toujours faire de sa fortune un double instrument de secours, l'un pour l'âme, l'autre pour les besoins du corps; employant son argent à donner du pain à ceux qui en manquaient, et son bienfait lui-même à leur inspirer l'amour du travail, l'esprit d'ordre, l'affection de leurs proches, la soumission au devoir, et surtout ces sentiments d'une vraie et constante piété qui sont le plus solide appui dans une vie laborieuse, la plus sûre garantie de la moralité, et la condition la plus efficace du bonheur.

Ses malheurs n'avaient rien enlevé à la douce gaieté de son caractère. Persuadée qu'il faut à l'homme du repos et même de la joie, que sa vie peut être irréprochable et pure sans être terne et décolorée, elle songeait souvent et donnait une bonne part de son temps aux plaisirs des habitants de Leschelle. Rarement elle était plus heureuse que lorsqu'elle les réunissait et les voyait rire aux représentations du théâtre du château, occupé, plusieurs fois l'an, par ses enfants et par les membres de sa famille.

Aussi quels sentiments de respect et d'amour elle s'est conciliés dans ce pays !

Aujourd'hui madame la comtesse d'Hervilly n'est plus ; mais son âme s'est perpétuée, pour ainsi dire, dans sa famille. Ses bonnes œuvres, ses bienfaits si étendus, n'ont point cessé avec sa vie terrestre. Comme elle, sa famille continue de veiller aux besoins physiques et moraux des habitants de Leschelle et des pays environnants ; comme elle, sa famille est ici-bas la Providence visible de tous ceux qui souffrent ou qui ont besoin d'aide, de protection et de bons conseils.

LA PIÉTÉ FILIALE

EXTRAIT DE LA MORALE EN ACTION

Le feu du mont Etna, après avoir renversé tous les obstacles et brisé toutes les digues qui s'opposaient à son passage, sortit un jour avec impétuosité, et se répandit de tous côtés. Ce torrent portait partout le ravage et la désolation. Les moissons et tous les lieux cultivés d'alentour, les maisons, les forêts et les collines couvertes de verdure, tout était la proie de ce terrible élément. A peine les flammes avaient commencé à se répandre, que Catane se sentit agitée d'un violent tremblement de terre; on vit même qu'elles avaient déjà pénétré dans la ville. Chacun tâche alors, selon ses forces et son courage, d'arracher ses richesses à la fureur du feu. L'un gémit sous le pesant fardeau de son argent; l'autre est si troublé, qu'il prend les armes, comme s'il voulait combattre contre cet élément. Celui-ci, accablé sous le poids de ses richesses, peut-être acquises par ses crimes, ne saurait avancer, pendant que le pauvre, chargé d'un fardeau plus léger, court avec une extrême vitesse; enfin, chacun fait, chacun emporte ce qu'il a de plus précieux; mais tous ne peuvent pas également se sauver; le feu dévore ceux qui sont les plus lents à fuir, et ceux qu'une sordide avarice a retenus trop longtemps. Ceux qui croient avoir échappé à la fureur de l'incendie en sont atteints, et perdent en un moment les richesses qu'ils avaient enlevées et le fruit de leurs peines; ces précieuses dépouilles deviennent la pâture de la flamme, qui, dans sa fureur, n'épargne que ceux qu'anime la piété.

Parmi les personnes qui montrèrent alors un zèle vraiment louable, on distingua Amphinone et son frère. Comme le feu gagnait déjà les maisons voisines, ils aperçurent leur père et leur mère, accablés de vieillesse et d'infirmités, se tenant à peine à la porte de leur maison, où ils s'étaient traînés; ces deux enfants courent à eux, les prennent, et partagent ce far-

deau, sous lequel ils sentent augmenter leurs forces. O troupe avare! épargne-toi la peine d'emporter tes trésors; jette les yeux sur ces deux frères qui ne connaissent d'autres richesses que leur père et leur mère. Ils enlèvent ce pieux butin, et marchent à travers les flammes, comme si le feu leur avait promis de les épargner. O piété! la plus grande de toutes les vertus, celle qui doit être la plus recommandable aux hommes! les flammes la respectent dans ces jeunes gens, et, de quelque côté qu'ils tournent leurs pas, elles se retirent! Jour heureux, malgré ces ravages! Quoique l'incendie exerçât sa fureur de tous côtés, les deux frères traversèrent toutes les flammes comme en triomphe; ils échappent l'un et l'autre, sous ce pieux fardeau, à la violence du feu, qui modère sa fureur autour d'eux; enfin, ils arrivent en lieu de sûreté sans avoir reçu aucun mal. Les poëtes ont célébré leurs louanges.

On a beaucoup vanté cette histoire, ce qui prouve que les actions de cette espèce n'étaient pas communes alors. Quelque méchant qu'on suppose le genre humain de nos jours, pensez-vous que le plus grand nombre des enfants n'en eût pas fait autant? Je suis sûr que, si le fait arrivait encore, on ne donnerait pas de si grands éloges à une action très-louable, mais très-naturelle. Je crois que nous sommes portés à exalter l'humanité et la vertu des hommes de ces premiers temps, parce que les vertus n'étaient pas aussi communes qu'elles le sont aujourd'hui.

Ces deux frères se sont rendus si fameux par cet exploit, que Syracuse et Catane se disputent encore à présent l'honneur de leur avoir donné naissance. L'une et l'autre de ces villes ont dédié des temples à la piété filiale, en mémoire de cet événement.

COURAGE ET DÉVOUEMENT D'UN ENFANT DE DOUZE ANS

PRIX MONTYON, 1840

Un enfant, le jeune Joseph Serres, habite Gimont, dans le Gers. Il a douze ans à peine. Un jour, le 2 mai 1839, il entend un grand bruit. Deux enfants âgés de quatre ans jouaient ensemble sur la place publique, exposés à tous les périls, comme il arrive partout où la maternelle institution des salles d'asile ne veille pas sur l'enfance. Ils montent sur le puits de la ville, y jouent, et s'y précipitent. Tout le monde accourt; mais que fera-t-on?

On délibère, on se lamente. « Nous avions perdu tout sang-froid, » disent naïvement les habitants, dans leur requête. Le jeune Serres a conservé le sien. Il demande une échelle : elle est trop courte; on la tiendra. Il descend; elle était trop courte en effet. Mais l'un des deux enfants est debout, tend les mains, aide à sa propre délivrance; en se penchant, Serres peut le saisir. Il remonte péniblement; mais ne faiblit pas, ne se décourage pas, et le rend à sa mère. Et le second? il n'a point paru, il est sous l'eau, il est perdu. Serres redescend, sans que, de tous ces hommes, aucun se soit avisé, du moins, d'avoir une échelle moins périlleuse pour l'intrépide enfant. Cependant il va, il se baisse, il n'arrive point jusqu'à l'eau. Que fera-t-il? Il se suspend, il se tient du pied au dernier échelon; puis il plonge, il cherche avec effort. On tremble pour tous les deux. Un moment, on ne sent plus rien : on le croit perdu. Cependant il a senti le petit malheureux, il l'a saisi sans connaissance, mort peut-être. N'importe, il le rendra à la lumière. Comment s'y prend-il? il ne le sait plus lui-même. Dans les actions généreuses, on a, quand il le faut, une force surhumaine. Enfin, il reparait avec son fardeau. Tous deux sont sauvés, car l'autre enfant peut à la longue être rappelé à la vie. L'Académie française a décerné au jeune Joseph Serres un prix de quinze cents francs. Puissent ceux qui l'élèvent comprendre et lui enseigner ce qu'un prix de vertu, ainsi envoyé à son enfance, dans cette solennité, impose de devoirs à sa vie!

LE MOUSSE PERRET

PRIX MONTYON, 1857

u port d'Agde, en décembre dernier, les pilotes aperçurent en mer, vers le déclin du jour, un navire d'environ cent tonneaux, la goëlette la *Reprise*, qui faisait voile vers le port. La mâture semblait en désordre, et les flancs du navire portaient la trace d'un choc violent, d'un récent abordage. Quand les pilotes approchèrent, ils virent avec étonnement que le bâtiment marchait tout seul, pour ainsi dire; du moins le pont semblait désert : ni capitaine, ni timonier, ni matelots. On n'apercevait qu'un mousse, allant, venant de tribord à bâbord, passant de la barre aux amures, et faisant, à lui tout seul, tout le service d'un équipage. Dans un coin du navire, on voyait bien aussi un pauvre homme couché, pâle et tremblant, hors d'état de se tenir debout.

Bientôt la *Reprise* entrait à Agde, et la ville apprenait que, trente-six heures auparavant, la nuit, par une de ces épaisses brumes qui font s'entre-heurter les navires en pleine mer comme les passants dans nos étroites rues, ce petit bâtiment, étant au large, avait subi le choc d'un grand brick de fort tonnage; que le capitaine, épouvanté, croyant sentir couler bas sa goëlette, s'était élancé sur le brick en s'accrochant aux cordages et appelant à lui tout son monde. Deux matelots et deux novices l'avaient aussitôt suivi. Pourquoi ce jeune mousse, de tous le plus agile, n'avait-il pas imité leur exemple? c'est qu'il y avait à bord un malheureux incapable de se sauver. Perret, c'était le nom du mousse, s'était senti saisi de compassion; la vue de ce malade l'avait comme enchaîné et rendu immobile. L'enlever dans ses bras, il n'en a pas la force; l'abandonner, le laisser mourir seul, c'est pour lui plus impossible encore: il reste donc. Dans le premier moment, il en a fait l'aveu, lorsque les deux navires se séparèrent après un craquement effroyable, quelques larmes lui échappèrent; il se crut à son dernier jour, et recommanda son âme à Dieu. Mais, au bout de quelques secondes, lorsqu'il vit que le bâtiment, malgré ses avaries, flottait toujours et pouvait naviguer, un courage surnaturel s'empara de ce jeune cœur. La mer était houleuse, et le vent fraîchissait; comment ses petits bras suffiront-ils à la manœuvre? Cette réflexion ne lui vient pas : il dispose les voiles, s'élance au gouvernail. Son pauvre compagnon ne peut lui prêter secours; mais il est vieux marin : Perret l'écoute, le consulte, et se laisse guider par lui. Soumis et confiant, ses yeux brillent d'espoir; il reverra sa mère, sauvera son camarade, sauvera son navire. Cette pensée double ses forces, et, d'un enfant de treize ans, fait un matelot consommé.

Je ne m'étendrai pas sur les péripéties de cette navigation.

Le jour fut bien long à venir. Le vent poussait à la côte d'Espagne; il fallait résister pour s'écarter le moins possible du lieu témoin de l'abordage, seule chance de recevoir du secours. Ce brick, auteur du mal, voudrait peut-être le réparer; il reviendrait au jour naissant, on se mettrait à sa remorque : voilà ce que l'on espérait à bord de la *Reprise*. Mais l'attente fut vaine; la journée se passa, et le brick ne vint pas. Il continuait paisiblement sa route, et entrait vers le soir à Marseille. Cependant la nuit tomba, et les fatigues redoublèrent. Le lendemain, trois bâtiments parurent à l'horizon : aucun d'eux ne voulut comprendre les signaux du petit navire. Par bonheur, le ciel fut plus clément; le vent tourna, souffla du sud. En manœuvrant avec prestesse, on pouvait être avant la nuit en vue d'un port de France. Dans de pareils moments, l'équipage le plus complet n'est que tout juste assez nombreux. Perret est seul, mais il se multiplie : il court de vergue en vergue; toutes ses voiles, même les plus hautes, se développent coup sur coup, se gonflent sous la brise et poussent le navire comme par enchantement. Il était temps : l'effort était suprême; notre navigateur était à bout de forces. A le voir, on ne le croirait pas : il est radieux, il aperçoit les côtes de Provence, qui, peu à peu, sortent des eaux et grandissent devant lui.

Un fait de mer aussi extraordinaire ne pouvait demeurer inconnu; mais savez-vous aussi en quels termes modestes, énergiques et simples, ce brave enfant, une fois à terre, raconta ce qu'il avait accompli? Capitaine par intérim, il devait faire, devant le tribunal de commerce, son rapport de relâche. Dans ce rapport, pas un mot de reproche à ceux qui l'ont abandonné; tout l'honneur de sa belle conduite attribué aux conseils de son vieux compagnon. A chaque mot, on sent une âme aussi honnête que forte, un cœur aussi chaud que sincère. Après cette lecture, on ne s'étonne pas d'apprendre que, depuis deux ans qu'il navigue pour le commerce, Perret n'a rien gardé pour lui du produit de ses salaires; qu'il a tout envoyé à Quiberon, dans la pauvre cabane où sa mère, à grand'peine, élève trois autres enfants. Cherchez un bon sentiment qui lui manque : compatissant au malheur, généreux, dévoué, docile à l'expérience, dur à la peine, intelligent et intrépide...

En même temps que l'Académie décerne le prix Montyon au jeune Perret, le gouvernement l'a fait placer à l'École des mousses de Brest, d'où il pourra sortir avec des chances d'avenir

SECOURS AUX PRISONNIERS. — MADEMOISELLE FARGE [1]

En 1801, les prisons ordinaires de Chartres étant encombrées, il fallut entasser une bande de brigands dans une église souterraine. Une maladie contagieuse et mortelle ne tarda pas à s'y manifester; plusieurs prisonniers y succombèrent. Nul n'osait pénétrer dans ce gouffre. Mademoiselle Farge eut le courage d'y descendre seule, car personne n'avait consenti à la suivre. Elle détermina quelques-uns de ces brigands à la seconder dans les soins qu'elle rendait à leurs compagnons malades. Malgré son assiduité dans ce souterrain empesté, depuis cette époque, elle s'est consacrée au service des prisons. Elle dirige les travaux de la cuisine, de la lingerie, de la buanderie; elle surveille l'infirmerie, les ateliers. Son activité, sa charité, suffisent à tout, et cela dans une maison dont la population ordinaire est de deux cents à deux cent cinquante individus.

[1] Extrait du rapport de M. le comte Daru à la Société pour l'amélioration des prisons.

ROCH MARTIN

PRIX MONTYON, 1825

un des caractères de la vertu est de s'exagérer ses devoirs et de les remplir, quelque pénibles qu'ils puissent être. Pierre-Antoine-Roch Martin, né à Narbonne en 1781, nous en a donné l'exemple. Après avoir porté les armes comme remplaçant d'un conscrit, il fut libéré du service militaire, et se maria en 1815, dans le village de Montigny, près de Metz. La famille de la femme à laquelle il venait de s'unir était dans l'indigence. On n'en accusera que le malheur quand on saura qu'elle se composait d'une mère infirme et de trois enfants aveugles.

Le jeune soldat, devenu le fils adoptif de l'une et le frère des autres, se regarda comme chargé désormais, et pour toujours, de pourvoir à tous leurs besoins. Il était riche, et se trouvait heureux de pouvoir leur consacrer une somme de six mille francs, prix du service fait pour le conscrit remplacé. Une partie de ce petit pécule fut employée à leur acheter une chaumière; mais la naissance de trois enfants, et surtout la disette des années 1817 et 1818, eurent bientôt absorbé le reste. Les soins qu'exigeaient une mère infirme, trois enfants en bas âge et trois aveugles, ne laissaient pas à la femme Martin le temps de se livrer à des occupations dont elle pût tirer un salaire; de sorte que le travail manuel du mari devint l'unique moyen d'existence de neuf personnes.

Il ne gagnait que vingt sous par jour, et cependant il y a quelque chose de si noble, de si délicat, dans les sentiments généreux, que, dans cette extrême détresse, il ne voulut jamais permettre à ses beaux-frères aveugles d'aller implorer la pitié publique. Il s'était fait une telle idée de ses devoirs, qu'il aurait cru mériter des reproches si sa famille eût reçu des secours étrangers. Il aimait mieux lui distribuer tout le pain qu'il gagnait si péniblement, et s'exposer, comme cela lui est arrivé plusieurs fois, à tomber d'inanition au milieu de son travail.

Jamais on ne l'a entendu se plaindre, encore moins se vanter; et, après une si énergique persévérance, on ignorerait peut-être encore son dévouement hors de l'étroite enceinte de son village, si l'amour de l'humanité n'eût amené dans cette chaumière un chirurgien recommandable, qui entreprit de rendre la vue aux trois aveugles. Malheureusement ses efforts n'ont pas été récompensés par le succès; mais, témoin de ceux que fait, depuis dix ans, l'infatigable père de cette nombreuse famille, il en a révélé les besoins, le malheur, les nobles dettes, et cette heureuse indiscrétion a fait parvenir jusqu'à nous, non pas un trait de vertu, mais une vie entière, que nous nous félicitons d'avoir à publier et à récompenser.

LE COURAGEUX ENFANT

PRIX MONTYON, 1826

Une médaille d'or du même module que celles de l'Académie a été accordée au jeune Étienne Lucas, né à Serquigny, département de l'Eure.

Un enfant de deux ans et demi était tombé dans la rivière de Charentonne. Lucas, âgé de six ans et demi, seul témoin de l'événement, appelle du secours à grands cris, et il n'est point entendu. Connaissant tout le danger qu'il allait courir, puisqu'une de ses sœurs avait péri par suite du même accident, mais n'écoutant alors que l'instinct, que la voix de son cœur, il se précipite dans la rivière, fait, au risque de perdre terre, plus de quinze pas en avant, arrive à l'endroit où le petit enfant allait périr, le saisit par ses vêtements et le ramène à bord, en ayant soin de lui tenir la tête hors de l'eau. Cependant la rive est très-escarpée; Lucas voit qu'il ne peut la gravir sans exposer à la fois sa vie et celle du petit enfant qu'il vient de sauver. Il appelle de nouveau à son aide, et bientôt, par bonheur, un homme arrive à ses cris et les tire tous les deux du danger.

L'Académie, en accordant au jeune Lucas une médaille réelle, et non sa représentation en argent, a été dirigée par l'espoir que la vue de cette médaille, lui rappelant sans cesse sa conduite courageuse, l'excitera à consacrer sa vie à l'exercice de ses devoirs.

ÉLISABETH FRY

EXTRAIT D'UN DISCOURS ADRESSÉ AUX APPRENTIS PAR M. H. DE TRIQUETI

ille d'un brave gentilhomme campagnard nommé John Gurney, et de la fille d'un négociant de Londres nommée Catherine Bell, Élisabeth Gurney, qui, par son mariage, prit le nom d'Élisabeth Fry, naquit à Norwich le 21 mai 1780. Elle fut élevée par une mère remplie de piété, de savoir et de mérite, qui inspira à toutes ses filles le respect de la parole de Dieu et l'habitude de la prière, et qui surveillait avec d'autant plus d'attention les jeunes âmes de ses enfants, qu'à cette époque le doute et le mépris des sentiments religieux éteignaient la foi dans toutes les classes de la société.

La jeune Élisabeth eut le malheur de perdre, à douze ans, son excellente mère, et, trente années plus tard, le souvenir de cette perte lui était aussi sensible que s'il eût daté de la veille; aussi fut-elle bénie comme le sont tous ceux qui, obéissant au commandement de Dieu, honorent leur père et leur mère.

Elle nous a laissé, dans un journal qu'elle écrivit pendant toute sa vie, le portrait de ce qu'elle était dans son enfance, et ces détails sont bien précieux à comparer à ce qu'elle devint plus tard. Nous devons dire que les renseignements les plus intéressants sur sa vie, nous les devons à ce précieux journal, rédigé, chaque soir, avec une candeur et une humilité admirables.

Nous y trouvons que cette femme, si courageuse quand, animée de l'esprit de charité du Seigneur, elle osait descendre dans les plus affreuses prisons de l'Angleterre, parmi des femmes criminelles, tellement perverties, que leurs geôliers osaient à peine les approcher; quand elle affronta leurs injures, leur violence et tout l'effroi qu'elles lui devaient inspirer, animée de l'espoir d'ouvrir leur cœur au repentir et de leur faire connaître leur Sauveur; cette même femme, qui ne recula jamais devant aucun obstacle quand il s'agissait d'accomplir sa tâche volontaire, était, dans sa jeunesse, si faible et si timide, qu'il suffisait de la regarder en face pour la faire pleurer, et qu'elle ne pouvait rester un instant dans l'obscurité sans que la frayeur lui causât des souffrances qui allaient jusqu'à altérer sa santé.

Cependant, dès son enfance, elle aima tout ce qui est bon et beau. De très-bonne heure, son esprit s'ouvrit au plaisir d'admirer les œuvres de Dieu. Les fleurs des champs, les animaux, les coquillages, tout ce qui se présentait à sa vue lui fournissait l'occasion de penser au Dieu créateur de toutes ces choses, et ce sentiment, développé chez elle à un haut degré, préserva son cœur de l'esprit d'incrédulité qui s'étendait alors sur l'Angleterre, et qui était universel en France.

Petit à petit, le caractère d'Élisabeth se forma; s'observant rigoureusement elle-même, toujours l'œil ouvert sur ses faiblesses, qu'elle inscrivait sévèrement dans son journal, elle fit, des défauts de sa jeunesse, les vertus et les qualités de son âge mûr. Tournant vers Dieu toutes ses actions, ce qui était imperfection dans l'enfant devint mérite chez la jeune femme.

Ainsi sa timidité resta de la modestie, tout en se transformant en courage. Elle fit des efforts énergiques pour vaincre son caractère timide et peureux. Elle s'habitua à rester dans l'obscurité, à se promener, pendant la nuit, dans les logements inhabités; et, quelques années plus tard, elle descendait sans crainte dans l'horrible prison de Newgate, avec un courage qui effrayait même les geôliers.

Elle n'avait jamais vu la mort de près, et redoutait beaucoup ce triste spectacle : elle se fit un devoir d'aller assister un pauvre mourant, de lui lire les saintes Écritures, et de l'exhorter jusqu'à sa dernière heure, en lui parlant des joies de la vie éternelle. Elle abandonna, dès lors, les amusements du monde, dans lesquels, jeune et belle, elle avait trouvé jusque-là tant de plaisirs.

Les soins des malades, des pauvres et des jeunes enfants, devinrent son unique occupation. A dix-huit ans, elle fonda, dans un hangar, chez son père, une école qu'elle commença par un seul petit garçon, et dans laquelle, sans aucun secours étranger, elle parvint à instruire et à diriger jusqu'à quatre-vingt-dix enfants.

A dix-neuf ans, elle épousa un de ses coreligionnaires, M. Joseph Fry. Les premières années de son mariage se passèrent à Londres, dans la paix et le bonheur. Elle éleva successivement plusieurs enfants, consola les pauvres, rendit sa famille heureuse, et s'avança doucement vers cette carrière à laquelle elle devait un jour se dévouer, mais qui demandait la maturité de l'âge et de l'expérience. C'est à trente-trois ans que la circonstance la plus simple décida tout son avenir.

En 1813, quatre membres de la Société des Amis allèrent, dans la prison de Newgate, porter des consolations à quelques condamnés à mort. L'un d'eux, parlant à madame Fry de cette visite, l'engagea à s'informer de l'état des femmes détenues dans cette prison. Elle avait eu, pendant toute sa jeunesse, une si grande frayeur des voleurs, qu'elle dut d'abord accepter difficilement la pensée de pénétrer au milieu d'eux, pour s'occuper de leur amélioration et de leur salut ; elle eut pourtant ce courage, et descendit avec sa cousine, Anna Buxton, dans cette effrayante prison de Newgate, la plus grande de Londres, où trois cents femmes étaient alors enfermées.

Le plus épouvantable désordre y régnait ; et, comme par un abus déplorable, lorsque ces malheureuses avaient, par leurs cris, arraché quelques aumônes aux rares visiteurs de la prison, les geôliers leur fournissaient en échange des liqueurs fortes, il en résultait des scènes d'ivresse et de violence tellement horribles, que le directeur de la prison lui-même n'y pénétrait qu'avec crainte.

Et cependant ces misérables femmes, si dégradées, si abruties, furent frappées du courage et de la charité confiante que ces dames leur témoignaient. « Dès la troisième visite, écrit madame Fry, nous leur adressâmes quelques supplications : j'entendis pleurer; ces femmes me parurent attendries. Un silence respectueux fut observé, et ce fut un spectacle touchant que de voir ces infortunées, dans un état si déplorable, s'agenouiller autour de nous. »

Dès lors Élisabeth Fry se dévoua entièrement à cette tâche, aidée par Anna Buxton, sa parente; elles commencèrent par procurer des vêtements aux plus malheureuses, qu'elles trouvèrent presque nues. La nombreuse famille de ces deux dames ne fut plus occupée qu'à tailler et coudre pour les prisonnières.

Pendant quatre années, Élisabeth Fry médita, traça, exécuta le plan qu'elle avait conçu et qu'elle parvint à réaliser à force de zèle, de charité et de foi. Le frère d'Anna Buxton, qui devint plus tard le beau-frère de madame Fry, sir Thomas Buxton, gagné à cette grande tâche par les exemples de ces deux femmes courageuses, s'y dévoua tout entier comme elles; et, imitant leur prédécesseur, le respectable Howard, passa sa vie à visiter les prisons et à chercher les moyens d'améliorer le sort et l'état spirituel des malheureux détenus.

Élisabeth Fry, mère de dix enfants, eut bien des épreuves à subir, et les souffrit avec résignation. Elle perdit des enfants, des frères, des sœurs; mais il semblait que plus son cœur était attristé, plus sa charité devenait ardente.

Je vous ai cité le nom de Howard; cet homme célèbre avait aussi, quarante ans plus tôt, dévoué sa vie au soulagement des malheureux enfermés dans les prisons ou gisant dans les hôpitaux. Il avait obtenu du parlement d'Angleterre que de sages règlements fussent établis; mais ces règlements étaient déjà mis en oubli, et les prisons étaient retombées, après une trentaine d'années, dans un état de dégradation morale dont nous ne saurions nous faire une idée. C'est au dévouement persévérant d'Élisabeth Fry et de plusieurs membres de sa famille que l'Angleterre doit la fin de cet état déplorable, dont le résultat était l'augmentation croissante des crimes.

Cette famille respectable, voulant détruire le mal dans sa racine, s'occupa d'abord de la fondation d'une société dont le but était d'arracher à la dépravation les jeunes gens qui commençaient par la débauche et la paresse cette rapide carrière qui, de condamnation en condamnation, va se terminer à l'échafaud.

Dans la prison de Newgate, madame Fry, remarquant que beaucoup de condamnées avaient avec elles leurs malheureux enfants, privés à la fois d'air, d'instruction, de nourriture pour le corps et pour l'âme, essaya de ranimer dans leur cœur le sentiment maternel, en leur parlant de ces pauvres enfants; elle réussit bien vite. Alors elle leur demanda de former, dans la prison, sous la surveillance de l'une d'elles, une école où les enfants, tout en recevant un peu d'instruction, seraient soustraits à la vue de tant de scènes propres à les perdre de bonne heure; et cette école fut fondée.

Les autorités de Londres et le gouverneur de la prison, tout en admirant et en accueillant avec respect les efforts de madame Fry, n'en espéraient aucun succès; ils s'aperçurent bien vite qu'ils étaient dans l'erreur.

Il faut avouer qu'effectivement les tableaux des premières visites que ces dames pieuses firent dans la prison rendaient difficile de comprendre qu'elles trouvassent le courage de persévérer dans leur tentative.

L'une d'elles avoua qu'en voyant, le premier jour, ces femmes se battant et s'ensanglantant pour s'emparer les premières des bancs préparés pour la réunion, elle s'était crue dans un repaire de bêtes féroces. Et cependant plusieurs de ces femmes, dont elles remarquèrent, à leur arrivée, la violence poussée jusqu'à la rage et la folie, revinrent, par leurs exhortations, au repentir, à la piété, obtinrent leur grâce, et ne se démentirent jamais.

Les prisonnières vinrent d'elles-mêmes demander, supplier qu'on les admît à partager les avantages de l'instruction préparée pour les enfants.

Élisabeth Fry eut le courage de passer des heures auprès de malheureuses condamnées à mort, et le bonheur de voir le repentir et le calme apparaître dans les derniers moments qu'elles avaient à passer sur la terre.

L'impression de respect et de confiance qu'elle produisait sur ces misérables créatures était si grande, que souvent elles la firent supplier de venir entendre des aveux refusés jusque-là aux instances et aux rigueurs de la justice, et en retour desquels elles ne lui demandaient que l'assistance de ses prières.

Quelle puissance dans cette charité qui parvient à dompter ces natures que les châtiments les plus terribles n'ont pu fléchir !

Au mois d'avril de cette année, Élisabeth Fry fonda l'association pour la réforme des femmes détenues à Newgate. Elle se composa de douze dames. Madame Fry rédigea un règlement pour sa prison, et demanda aux condamnées si elles voulaient s'engager à le suivre. Elles y consentirent.

Les magistrats doutaient encore ; et, deux semaines après, en visitant une partie de la prison nommée depuis longtemps l'Enfer, on constatait avec étonnement qu'on n'entendait plus aucun cri, aucun désordre ; que les prisonnières, décemment vêtues, s'occupaient d'un travail régulier et volontaire, tandis qu'une des dames du comité leur faisait la lecture ; et l'on remarquait avec non moins de surprise, dans le respect que les condamnées témoignaient pour les visiteurs, la preuve du profond changement qui s'était opéré en elles.

Le bruit du bien qu'elle faisait s'était répandu, non comme un son stérile, mais comme un appel à la protection du gouvernement anglais : les membres du gouvernement, les princes, les plus grands seigneurs de l'Angleterre, étudièrent ses plans et furent saisis d'admiration en en voyant la sagesse. Aussi, l'année suivante, pouvait-elle poser les bases de cette réforme des prisons qui, de l'Angleterre, s'étendit sur l'Europe entière.

Un champ nouveau s'ouvrit à sa charité. Chaque année, les femmes condamnées à la déportation, c'est-à-dire envoyées en exil pour subir leur peine à plusieurs mille lieues de l'Angleterre, donnaient, à leur départ et jusque sur le vaisseau qui les emportait, le douloureux spectacle de ces mêmes scènes qui se passaient dans les prisons.

Exhortées par l'éloquente parole de madame Fry, ces malheureuses se conduisirent, pour la première fois, avec une douceur, une résignation telles, que beaucoup de personnes qui assistèrent aux adieux qu'elle vint leur adresser sur le vaisseau en furent émues jusqu'aux larmes.

Le roi, la reine et le prince régent voulurent la connaître, et subirent l'impression qu'elle exerçait sur tous ceux qui l'approchaient. On les vit intercéder avec elle auprès des ministres, lorsqu'elle demandait la grâce d'une condamnée ou l'adoucissement d'une peine trop sévère. Puisque je vous ai parlé des malheureuses déportées, j'ajouterai qu'ayant averti le gouvernement du triste sort de ces femmes abandonnées, alors sans secours, au lieu de leur déportation, elle obtint de grands adoucissements à ces grandes misères.

Son exemple était destiné à produire de bien illustres imitateurs. L'empereur de Russie la fit consulter sur les réformes à introduire, tant dans les hospices que dans les maisons d'aliénés, et ses conseils furent écoutés avec une telle déférence, que, par ordre de l'empereur, une correspondance régulière fut suivie, pendant toute sa vie, entre elle et l'administration russe.

Elle eut encore, dans ce pays, un succès qui dut la toucher profondément : l'impératrice voulut créer un hospice d'après les plans et les idées de madame Fry, y consacrant un palais attenant au sien : et la pieuse impératrice, suivant non-seulement les conseils, mais aussi les exemples de la pieuse Anglaise, visita son hospice jusqu'à sa mort, poussant ses tendres soins jusqu'à y faire placer un orgue et en jouer elle-même, pour récréer ses pauvres malades abattus.

Partout où madame Fry passait, elle organisait et fondait quelque institution utile. Ce furent des maisons de refuge pour les jeunes prisonnières libérées, des sociétés de secours, des caisses d'épargne pour les pauvres ouvriers, des bibliothèques de bons livres pour les marins et pour les soldats gardes-côtes : car elle portait, toujours et partout, à la fois le pain du corps et le pain de vie.

Ayant atteint l'âge de cinquante ans, sa santé commença à s'affaiblir sous le poids de ses immenses travaux. Elle eut de grandes et fréquentes maladies; mais, dès que Dieu lui rendait la santé, elle retrouvait son courage, son zèle et ses chères occupations.

De bien douloureuses épreuves vinrent ensuite : elle perdit des sœurs chéries, des enfants. Son mari, associé d'une grande maison de banque, vit disparaître tout à coup sa fortune dans une crise commerciale. Élisabeth Fry, tout en éprouvant d'amères douleurs, trouva dans sa piété, dans sa longue expérience des malheurs et dans sa résignation entière aux volontés de Dieu, le soutien de ses afflictions.

Elle vint en France deux fois, en 1838 et 1839; elle y fut reçue, par toutes les personnes qui s'intéressaient au règne de Dieu et au soulagement des malheureux, avec cette vénération et cette joie qui accueillaient partout sa venue.

Elle avait soixante ans alors. Elle parcourut toute la France, édifiant également les catholiques et les protestants; accueillant les malheureux à quelque communion qu'ils appartinssent, parlant à tous au nom du Sauveur, et se faisant écouter de tous.

Après un long et utile séjour, elle quitta notre patrie, laissant partout des germes qui ont fructifié. Elle visita la Suisse, et n'y trouva que des amis empressés.

De retour en Angleterre, elle ne s'y reposa pas longtemps. Sentant sa vie s'avancer, elle sentait également le besoin de redoubler de zèle pour accomplir sa tâche. Elle repartit donc bientôt pour visiter les prisons de l'Allemagne; elle y fit successivement deux longs voyages, traversant la Belgique, la Hollande, le Hanovre, la Westphalie, la Prusse, le Danemark, réclamant et obtenant partout l'amélioration et la moralisation de l'intérieur des prisons. Partout les princes l'accueillirent avec une affection respectueuse, et profitèrent de ses conseils pour faire, sous sa direction, d'utiles fondations.

Un exemple touchant montrera leur empressement auprès d'elle. La reine de Danemark, l'ayant conduite dans sa voiture pour visiter une école, se fit entourer des jeunes enfants, et, servant d'interprète, leur traduisait les questions d'Élisabeth Fry, et traduisait pour celle-ci les réponses des enfants.

Elle fit encore un voyage à Paris, et put voir avec bonheur que ses conseils avaient produit de bons fruits; ce fut le dernier de ses pèlerinages sur le continent.

Deux années s'écoulèrent encore, remplies, malgré son affaiblissement graduel, par tout ce que la piété, la charité, l'amour du Seigneur peuvent mettre au cœur de ses plus fidèles serviteurs.

Une dernière et cruelle épreuve lui était réservée : elle perdit tout à coup une sœur bien-aimée, un fils chéri, deux petits-enfants, une nièce, son proche parent Thomas Buxton.

Si le cœur sensible d'Élisabeth Fry sentit vivement ces douleurs, sa résignation et sa paix ne firent que grandir jusqu'au jour où elle fut elle-même rappelée au Seigneur. Elle s'éteignit le 12 octobre 1845, dans des sentiments dignes de son admirable vie.

SŒUR ROSALIE [1]

Cette sainte et digne femme, dont les noms de famille étaient Jeanne-Marie Rendu, naquit, le 8 septembre 1787, à Comfort, département de l'Ain. Sa mère, Anne Laracine, restée veuve après neuf ans de mariage, se consacra à l'éducation de Jeanne et de deux autres filles. « Elle puisa, dit l'éloquent biographe de sœur Rosalie, à l'école maternelle, cette éducation forte, religieuse, qui s'inspire plus qu'elle ne s'apprend, et vient surtout de l'exemple. »

La vocation pour les œuvres charitables et saintes se révéla en elle de bonne heure. Elle avait neuf ans, quand sa mère l'envoya, pour compléter son éducation, dans un pensionnat tenu à Gex par d'anciennes Ursulines. Ces bonnes religieuses, voyant la piété et le recueillement de Jeanne, la considéraient plutôt comme une novice que comme une pensionnaire ; mais le cloître n'allait pas à sa nature.

« Dès l'âge de raison, Jeanne avait eu la pensée de se consacrer à Dieu; nulle joie du monde ne la séduisait; elle ne voulait rien de ses fêtes ni de ses sourires, et, en même temps, elle se sentait attirée par ses gémissements et sa misère; le besoin qu'elle avait d'essuyer des larmes, de panser des blessures, ne s'accordait pas avec la vie contemplative, ni avec la méditation

---

[1] Nous devons beaucoup, pour cette notice, à l'intéressante *Vie de la sœur Rosalie*, par M. le vicomte de Melun, 1 vol. in-12. Paris, Poussielgue-Rusand. — Nous avons indiqué les passages qui en sont extraits.

isolée. Elle aimait beaucoup les Ursulines, admirait leur piété, s'associait avec délices à leurs prières; mais, à la sortie de la chapelle, l'hôpital lui manquait, et il fallait que sa prière fût accompagnée d'une bonne œuvre. Ce n'était pas assez, pour elle, de laisser tomber du pain en abondance dans la main de Lazare demandant l'aumône à la porte de son couvent; elle avait un ardent désir de le sauver du froid de la rue, de l'installer dans un bon abri, de réchauffer ses membres fatigués, de consoler ses afflictions et ses ennuis. Attirée par une impulsion d'en haut vers le service des pauvres, elle en aimait le labeur et même les humiliations. »

Jeanne vint à Paris, en 1802, avec une de ses amies, dans l'intention de se faire admettre dans la communauté des Filles de Saint-Vincent-de-Paul, récemment rétablie en France par le premier consul. Reçue avec empressement dans la maison mère; puis envoyée, pour cause de santé, près de la sœur Tardy, rue des Francs-Bourgeois-Saint-Marcel, la sœur Rosalie ne pouvait commencer à meilleure école.

« Elle avait alors seize ans et demi; sa beauté intérieure rayonnait au dehors; sa physionomie était pleine de bienveillance, de grâce et de vivacité; son esprit, à la fois naïf et profond, charmait par sa candide ignorance du mal, par sa merveilleuse intelligence du bien. Dieu avait déposé en elle l'aiguillon et le frein. Chacune de ses paroles, chacune de ses actions révélait déjà cette nature ferme et sensible, énergique et délicate, qui devait mettre au service de la charité la passion la plus ardente, tempérée par la plus sévère raison.

« Jeanne fit sa profession à la maison mère, reçut le nom de sœur Rosalie, qui la distinguait d'une autre sœur appelée comme elle, puis elle revint, pour ne le plus quitter, au faubourg Saint-Marceau. Il était digne de son zèle et de son génie.

« Le faubourg Saint-Marceau, c'est-à-dire la quatrième partie du douzième arrondissement, est encore aujourd'hui le type le plus achevé de la souffrance et comme la patrie de la misère.

Là, le pauvre est plus pauvre qu'ailleurs, l'insalubrité plus malsaine, la maladie plus meurtrière; l'industrie elle-même, qui ordinairement relève et embellit tout autour d'elle, prend, dans ce quartier, la forme de la ruine, et porte les livrées de la misère : car elle s'exerce surtout la nuit, sur des haillons, au coin des bornes et dans les ruisseaux. En 1802, le lendemain de la Révolution, après tant d'années de trouble, de disette, de sanglante oisiveté, le faubourg Saint-Marceau était encore bien autre chose. Dans les orgies révolutionnaires, il avait acquis une redoutable célébrité; à l'heure du calme et des réparations, il était tombé dans la langueur, dans le malaise qui succèdent à toutes les ivresses, et revenait difficilement aux devoirs d'une société régulière. De l'éphémère souveraineté exercée en son nom, il ne lui restait plus que des blessures aiguës et de profondes souffrances. Dans ces rues étroites et tortueuses, dans ces maisons délabrées, dans ces chambres trop basses, trop humides pour servir d'étable ou d'écurie, des familles entières végétaient pêle-mêle sur la terre ou sur la paille, sans air, sans lumière, sans chaleur, sans pain.

« La vie morale et intellectuelle était à l'unisson de l'existence physique : après tant d'années où le culte avait été aboli, l'instruction négligée, on n'eût pas facilement trouvé un enfant qui sût lire, une femme qui se rappelât ses prières. Les âmes sevrées de vérités étaient devenues pauvres comme le corps; il fallait reprendre le chemin de l'église et de l'école, comme celui de l'atelier. Tout était à reconstruire ou à réparer.

« C'était une tâche bien difficile que d'avoir à lutter contre une pareille situation. La sœur Rosalie n'en fut pas effrayée. En présence de ce monde à conquérir et à régénérer, elle sentit une grande joie, et remercia Dieu de lui accorder, dans les premiers pas de sa carrière, l'objet de ses ardentes prières. D'abord simple sœur dans la rue des Francs-Bourgeois, quelques années plus tard supérieure de la maison de la rue de l'Épée-de-Bois, mais toujours l'âme de ses compagnes, elle entreprit une guerre énergique contre la misère et les vices de son quartier; elle la poursuivit plus de cinquante années, sans un moment d'arrêt, sans un mouvement en arrière; jamais découragée, jamais vaincue; se reposant d'une fatigue par une autre, d'une œuvre accomplie par l'entreprise d'une œuvre nouvelle; n'abandonnant son poste et ses armes que le jour où Dieu, satisfait de ses longs combats et de ses victoires, releva sa servante, et la fit entrer dans son éternel repos. »

Si nous passons en revue les œuvres de cette sainte femme, nous la voyons d'abord répondre à l'appel du bureau de bienfaisance nouvellement organisé, et apporter ses soins à la distribution des secours qu'il mettait à sa disposition. Elle s'appliquait à connaître individuellement chacun de ses pauvres. « Accueillir, a dit, en parlant d'elle, M. de Falloux, ceux que le monde repousse; donner le pain du jour à ceux auxquels on refuse crédit; intercéder auprès du patron, du propriétaire ou du commissaire de police; décider le fils indocile à demander son pardon; ramener au foyer maternel la jeune fille qui l'avait abandonné; employer ceux qu'elle avait faits ses amis au profit de ceux qui ne l'étaient pas encore; leur confier des lettres à porter, leur demander des courses lointaines; apprendre aux petits enfants le catéchisme, préparer l'aïeule à la mort : voilà désormais l'emploi de chaque jour. »

Une des premières, elle comprit l'utilité et l'opportunité de la crèche et de la salle d'asile au milieu d'une population presque exclusivement ouvrière. Les écoles placées sous sa direction avaient, à ses yeux, une extrême importance, et elle ne négligeait rien pour faire pénétrer l'instruction dans les familles; mais elle voulait une éducation proportionnée aux carrières et à la condition des enfants.

Dans la rue, si la sœur Rosalie rencontrait une petite fille, elle lui demandait toujours à quelle école elle appartenait. Quand celle-ci lui avouait qu'elle n'allait pas en classe, elle faisait venir la mère, et lui expliquait tous les avantages de l'éducation chrétienne. Quelquefois, la mère n'était pas coupable : l'enfant n'avait pu être reçue, faute de place. La sœur Rosalie prenait alors la petite fille par la main, et, la présentant elle-même à la sœur de la classe : « Trouvez-moi, je vous prie, une petite place pour cette enfant. — Mais tout est plein, ma mère. — Cherchez bien; elle est si mince! il ne lui en faut pas beaucoup, et vous me ferez grand plaisir. »

A la voix de la sœur Rosalie, toutes les élèves se serraient les unes contre les autres, et trouvaient moyen d'admettre dans leurs rangs la nouvelle venue.

Mais la sœur Rosalie voyait avec peine ses enfants d'adoption lui échapper aussitôt après la première communion. Elle chercha longtemps le moyen de ne pas rompre violemment les rapports de la jeune fille avec la maison des sœurs, et d'étendre à son apprentissage l'influence qui avait protégé son enfance. Elle accueillit, dans cette pensée, l'œuvre du patronage, et l'appliqua immédiatement.

La vieillesse était, dans son cœur, à côté de l'enfance, avec ce redoublement de pitié qu'inspirent les maux qui ne peuvent plus se guérir. La sœur Rosalie frappait, pour le vieillard, aux portes de tous les hospices; mais la concurrence est grande, les rares entrées se font longtemps attendre, et la mort arrive souvent avant l'admission.

« La sœur Rosalie ne goûta aucun repos qu'elle n'eût fondé une maison de refuge. Elle y recueillit, rue Pascal, des vieillards et des infirmes; les installa dans leur propre mobilier; leur fournit les instruments de leur métier, leur prêtant ainsi le moyen de gagner eux-mêmes une amélioration dans leur entretien, et de se défendre de l'oisiveté et de la tentation du cabaret.

« Lors de la première invasion du choléra, en 1832, la sœur Rosalie partagea d'abord l'appréhension commune; mais le jour où le fléau eut frappé la première victime, toutes ses terreurs disparurent, et elle devint intrépide. »

Devant l'activité et le courage de la sœur Rosalie, personne n'osa plus s'avouer faible et découragé; chacun, au contraire, se surpassa, parce qu'elle s'élevait au-dessus de tout le monde, et, « lorsque la science et les soins furent impuissants à écarter le deuil d'une maison, elle en éloigna le désespoir. »

Puis, dès que la tourmente fut passée, elle accepta l'héritage de tous les pauvres gens qui étaient morts; ouvrière infatigable, elle travailla à la réparation des désastres, à l'adoption des orphelins, au soulagement des veuves, au placement des vieillards restés debout sur les ruines de leurs familles.

En 1849, le choléra fit moins de bruit et de peur : il n'apportait plus avec lui les terreurs de l'inconnu, et les émotions politiques lui faisaient diversion; mais il fut plus meurtrier au faubourg Saint-Marceau qu'en 1832. La sœur Rosalie s'y montra telle qu'on l'avait vue en 1832, communiquant à ceux qui l'aidaient et l'entouraient son activité et son courage.

« L'asile des Petits-Orphelins fut fondé, à cette époque, dans la rue Pascal. En quelques jours, soixante-dix-neuf y entrèrent; la sœur Rosalie était allée, dans chaque maison, recueillir les enfants à qui le terrible fléau avait enlevé, quelquefois en bien peu d'heures, leur père et leur mère. La charité de madame Mallet, qui lui avait voué une admiration sans bornes et une extrême affection, lui prêta, pour cette fondation, un puissant concours. La sœur voulut elle-même présider à l'organisation de tout le service de l'asile, et veiller à ce que rien ne manquât à ses pauvres petits habitants. Elle allait sans cesse de la rue de l'Épée-de-Bois à la rue Pascal, apportant à chaque course quelque idée nouvelle, quelque nouvelle industrie, pour répondre aux exigences de cette importante création. »

Un trait entre mille suffira pour faire juger de l'ascendant de son caractère, aussi bien que de son énergie et de son dévouement.

« En 1848, un officier de la garde mobile, séparé de ses soldats, est poursuivi par les insurgés. Il se précipite chez les sœurs. A la vue de cet homme isolé, sans espoir, livré à une troupe altérée de sang, toutes les sœurs, la supérieure en tête, se jettent, par un mouvement instinctif, entre la victime et les meurtriers. Devant ce rempart inattendu, les insurgés s'arrêtent un moment; ils connaissent tous la sœur Rosalie, et commencent avec elle une négociation à haute voix, où, pendant plus d'une heure, la charité dispute la vie d'un homme à la vengeance.

« — Nous voulons notre prisonnier! s'écrient-ils; il n'a cessé
« de faire massacrer nos frères : sa mort seule nous vengera
« du mal qu'il nous a fait. Laissez-nous le prendre, nous ne
« le tuerons pas ici, nous le conduirons dans la rue, il y rece-
« vra la peine de son crime! »

« La sœur Rosalie rejette avec horreur une telle capitulation. La foule grossit, s'exaspère, avance toujours; déjà les canons des fusils s'appuient jusque sur l'épaule des sœurs, les doigts sont sur la détente, le coup mortel va partir, lorsque la sœur Rosalie se jette à genoux :

« — Voilà cinquante ans, s'écrie-t-elle, que je vous ai consacré
« ma vie; pour tout le bien que j'ai fait, à vous, à vos femmes,
« à vos enfants, je vous demande la vie de cet homme! »

« A ce spectacle, à ce cri, les armes se relèvent; la troupe recule comme frappée de repentir; un hourra d'admiration s'échappe de ces lèvres noires de poudre; des larmes d'attendrissement coulent de ces yeux tout à l'heure impitoyables : le prisonnier est sauvé. »

La sœur Rosalie habitait Paris depuis l'âge de seize ans; presque septuagénaire, elle n'en connaissait ni les promenades ni les monuments, et, selon son expression, ne sortait jamais du fourreau de son *Épée-de-Bois*.

Une épreuve cruelle lui était destinée : elle devint aveugle. On tenta l'opération de la cataracte, qui ne réussit qu'imparfaitement. La sœur Rosalie ne proféra d'autre plainte que celle-ci : « J'avais trop de plaisir à voir mes pauvres! »

Malgré tant de résignation, sa santé déclina prématurément; l'heure de la récompense était venue. Elle mourut le 7 février 1856.

« Aussitôt que la nouvelle de sa mort fut répandue, un religieux silence régna dans tout le faubourg Saint-Marceau, d'ordinaire si bruyant. Il n'y avait plus, pour tous, qu'une préoccupation qui faisait oublier toutes les autres; et, pendant deux journées, dans cette foule innombrable qui se rendit à la maison des sœurs, personne ne songea à demander un secours.

« Au lieu de prendre la route directe de l'église, le convoi fit un long détour dans le quartier appelé autrefois son diocèse, comme pour lui faire faire un dernier adieu à ces rues qu'elle avait si souvent parcourues. A la vue des boutiques fermées, de la suspension des travaux, de la foule dans les rues, sur les portes, aux fenêtres, de l'attention fixée sur un seul point, le petit nombre de ceux qui n'en connaissaient pas la cause se demandaient quelle fête, quel grand événement, quelle magnifique cérémonie agitait ce faubourg et tenait tout ce peuple en émoi. Étaient-ce les funérailles d'un prince, ou l'entrée d'un triomphateur? Seul, le corbillard des pauvres leur annonçait qu'il ne s'agissait pas d'une gloire humaine, d'un triomphe de la terre, et qu'il se passait là quelque chose que les idées de ce monde n'expliquent pas. »

SECOURS AUX NAUFRAGÉS

EXTRAIT DES ANNALES MARITIMES

Le capitaine Grenier, sorti de Fécamp, le 6 janvier 1829, avec un vent d'E.-N.-E. (en destination pour Fétuval), aperçut, deux heures après son départ de ce port, un brick qui, par la manœuvre et le désordre de ses voiles, annonçait être en détresse.

Changeant aussitôt de route, malgré la violence de la mer, qui passait à chaque instant par-dessus son navire, le sieur Grenier eut bientôt la certitude que ce brick, qu'il reconnut pour être anglais, se trouvait, en effet, dans la position la plus critique et sur le point de couler bas.

A la vue du péril dont était menacé tout un équipage qui implorait son secours, le brave capitaine Grenier, sans considérer que son propre navire pouvait être défoncé par le choc du bâtiment en perdition et être entraîné dans l'abîme avec lui, n'hésita pas à s'en approcher.

Ce ne fut qu'après trois heures d'efforts les plus pénibles, qu'il réussit à attirer à son bord, en leur lançant des cordages, le capitaine et six hommes, dont se composait l'équipage du brick anglais, nommé le *Shannon*, lequel coula au même instant. Parvenus presque sans vie à bord de la *Perle*, ces malheureux y reçurent tous les secours propres à les rappeler à l'existence, et ils continuèrent d'être l'objet des soins les plus assidus, jusqu'au moment où le sieur Grenier, ayant dirigé sa route sur le Havre, les déposa dans ce port.

Une médaille d'or a été décernée, le 14 mai 1829, par le gouvernement, au capitaine Grenier.

Les accidents qui surviennent en pleine mer, sur nos côtes, à l'entrée de nos ports, donnent lieu chaque jour à des actions héroïques de nos marins, des employés de l'État, des simples particuliers, ouvriers et autres.

A dater de 1820, le gouvernement a eu l'idée louable de décerner des médailles aux auteurs de ces actions les plus remarquables. Les médailles sont remises, soit au port, soit à bord du navire, par les autorités maritimes, avec une solennité convenable, qu'on trouve décrite dans les *Annales maritimes*, année 1832; et les rapports qui contiennent le récit officiel de ces actes récompensés sont insérés dans les *Annales maritimes*, depuis l'année 1822. Dans la foule de ces rapports nous avons déjà pris, en quelque sorte au hasard, quelques-uns de ces traits si honorables pour le caractère national, si propres à servir la cause de la morale publique, en nous bornant à les choisir parmi ceux qui, par quelque circonstance particulière, peuvent échapper à l'uniformité qu'offrent généralement ces exemples. En voici encore quelques-uns.

Gagnon, Chassenet et Pagès, préposés des douanes à Beauduc et à Bouc.

Le 15 décembre 1830, le sieur Gagnon a fait preuve du plus grand dévouement, en se portant au secours de cinq hommes et un mousse provenant de l'équipage du bateau pêcheur le *Saint-Joseph*, d'Agde, et qui, après le naufrage de ce navire, survenu la veille, à trois heures du matin, sur la plage de Beauduc, s'étaient égarés au milieu des étangs débordés par la tempête. Ces malheureux avaient déjà été inutilement recherchés, pendant toute la journée du 14, par les préposés des brigades de Faraman et de Beauduc, lorsque Gagnon conçut la généreuse résolution de les sauver ou de périr avec eux; et ce n'est qu'après avoir parcouru tous les étangs environnants dans une frêle embarcation, avec laquelle il chavira deux fois, que cet intrépide préposé est parvenu à découvrir les naufragés qui s'étaient réfugiés, au milieu des eaux, sur un tertre, où ils étaient à demi morts de froid, de fatigue et de besoin. Gagnon, leur ayant donné quelques secours, particulièrement au mousse, qui était dans un état désespéré, chargea cet enfant sur ses épaules, et le porta pendant deux heures de marche, au bout desquelles l'infortuné expira, au moment d'arriver à la cabane de la Jonquère, où les cinq marins survivants reçurent de nouveaux secours.

Le 12 du même mois de décembre, à dix heures du soir, Chassenet et Pagès, étant de surveillance à l'anse du canal vieux, près du fort de Bouc, entendirent des cris qui leur firent soupçonner quelques désastres; s'étant approchés de l'endroit d'où partaient ces cris, ils aperçurent en effet un bateau pêcheur échoué sur les rochers du fort, où il venait d'être jeté par la tempête.

N'écoutant que leur dévouement, ces deux hommes courageux n'ont point hésité, malgré l'obscurité de la nuit et la violence du vent et de la mer, à s'embarquer dans un petit canot, à l'aide duquel ils sont parvenus, après les efforts les plus pénibles, à remettre à flot le bateau pêcheur.

Des médailles ont été décernées par le gouvernement, le 26 janvier 1831, aux préposés des douanes Gagnon, Chassenet et Pagès.

Renouf (François), Fichet (Charles), matelots; et Fichau (Pierre), maître constructeur.

Onze marins de Barfleur ont puissamment secondé le sieur Daniel, aspirant pilote-lamaneur, qui, le 27 janvier 1831, a fait preuve du dévouement le plus remarquable, en arrachant à une mort certaine vingt hommes dont se composait l'équipage du navire l'*Intimité*, de Saint-Brieuc, naufragé sur les rochers voisins du cap Lévi. Daniel a été, pour ce fait, décoré de la croix de la Légion d'honneur.

Cinq de ces marins, s'étant embarqués à bord du bateau le

Saint-Louis, placé sous le commandement du pilote Daniel, parvinrent, au milieu de grands dangers, et après avoir lutté pendant près de deux heures contre la violence du vent et de la mer, à atteindre la chaloupe dans laquelle s'étaient réfugiés les vingt personnes provenant du navire naufragé l'*Intimité*. Là, quatorze des naufragés furent recueillis à bord du bateau le *Saint-Louis*, où il était impossible d'en recevoir davantage, et les six autres demeurèrent dans la chaloupe, qui fut prise à la remorque.

Mais, pendant ce temps, la rapidité du courant, qui porte vers le raz, avait augmenté de telle manière, qu'il devenait alors impossible au bateau le *Saint-Louis* de le surmonter. Il allait être entraîné sur les rochers, et y périr avec son équipage et les hommes qu'il avait recueillis, lorsqu'une chaloupe, partie de Barfleur, et montée par six autres marins, vint lui offrir les moyens de sortir de cette situation critique.

Après deux heures de nouveaux dangers et de fatigues extrêmes, les deux embarcations et la chaloupe, toujours tenues à la remorque par le *Saint-Louis*, réussirent à atteindre le port de Barfleur, où elles entrèrent enfin à six heures du soir.

Des médailles ont été décernées par le gouvernement aux sieurs Renouf, Fichau et Fichet.

CONCLUSION

Si la lecture des mauvaises actions, le récit des crimes, les drames qu'enfantent les passions blâmables, en s'adressant aux mauvais penchants du cœur de l'homme, excitent en lui les sentiments coupables, y développent les germes du vice, et achèvent de le précipiter dans le gouffre des crimes, ainsi que ne l'attestent que trop les annales de la justice, ne serait-il pas également vrai que la lecture des belles actions, le récit d'une vie toute consacrée à la vertu, le spectacle de l'héroïsme et du dévouement, excitent dans les cœurs le sentiment du beau et du bon, affermissent les dispositions encore chancelantes vers le bien, et achèvent de fixer la vertu dans l'âme? L'influence de la vertu serait-elle moins puissante que celle du vice? Non, non! à la vue de ces généreux dévouements, de ces actions sublimes, de ces belles vies, de nobles inspirations font battre le cœur; l'âme s'élève vers ces belles âmes; et, à leur contact, elle se purifie, elle grandit, s'élance, se sent capable de les imiter, et déjà voudrait être admise dans leur sainte famille!

Ah! laissez-nous approcher de vous, âmes favorisées, dont l'indulgence est aussi un attribut! Déjà, en vous approchant, nous devenons meilleurs. On s'estime de savoir vous apprécier; on est heureux de vous connaître, de vous louer!

Au printemps de la vie, vous nous apparaissez, âmes virginales, semblables aux premiers rayons de l'aurore, parées de candeur et d'innocence, enflammées du désir de bien faire; vous aspirez à tous les nobles dévouements, vous brûlez d'un vif enthousiasme pour toutes les choses louables.

Dans la maturité de l'âge, vous marquez votre passage par les salutaires influences qui émanent de vous. Aimer, soulager, instruire, bénir : voilà votre partage, votre mission. Vous déposez sur vos œuvres l'empreinte des sentiments généreux qui vous animent; vous comptez vos jours par les bonnes actions; vous vivez en existant pour les autres et vous oubliant vous-mêmes.

Vers le soir, couronnées de mérites, riches de souvenirs, vous commandez nos respects, vous vous montrez à nous avec une douce majesté, vous rajeunissez en aimant, vous nous éclairez d'une lumière magnifique, vous fécondez encore le champ de l'humanité par vos exemples. Toujours persévérantes dans la voie droite que vous avez embrassée, vous accomplissez votre promesse; vous élevant au lieu de décliner, vous allez croissant de progrès en progrès.

Oh! pourquoi vous séparer de nous, âmes excellentes! pourquoi vous retirer de ce monde auquel vous êtes si nécessaires? Ah! sans doute, cette terre n'est pas digne de vous; à la soif ardente de la perfection qui vous presse, il faut un séjour qui puisse y satisfaire. Mais vous ne nous délaissez pas en paraissant nous quitter; vos adieux sont encore accompagnés de bienfaits. Vous nous léguez, avec les souvenirs de votre passage au milieu de nous, les gages des plus magnifiques espérances. Vos dernières paroles nous annoncent cette grande destinée dont votre vie entière fut le noviciat; vous nous précédez pour nous montrer la route. Dieu vous appelle à lui pour vous couronner. Vous nous laissez un grand enseignement : vous nous apprenez à dédaigner la terre, à la quitter; vous soulevez le voile de l'avenir, qui seul explique la carrière terrestre. Votre dernier soupir nous proclame l'immortalité.

Louanges à vous, âmes d'élite! vous êtes les reines de l'humanité; vous êtes la gloire de la terre. En vous sont gravés, comme sur un livre vivant, les titres d'honneur de notre nature. Par vous le sceptique s'est vu contraint de croire à la vertu, le méchant à lui rendre hommage. L'humanité vous montre avec fierté à ses détracteurs pour les confondre. Qu'importe que des êtres vils blasphèment contre vous, que des êtres frivoles ne sachent pas vous comprendre! Vous rachetez, par votre valeur propre, la nullité de ceux qui vous méconnaissent; vous vous vengez de ceux qui vous offensent en les servant. Vous êtes la consolation de l'humanité. Ah! nos regards, affligés chaque jour à la vue de cette dégradation que le mensonge, la bassesse, l'égoïsme, font subir aux caractères, ont besoin de se réfugier auprès de vous. Nos regards, indignés par les succès de l'ambition, de l'intrigue, par la violence des passions malfaisantes, par les excès d'une perversité odieuse, par l'apologie, plus odieuse encore, qu'un indigne talent ose quelquefois prêter au crime, se tournent vers vous. Soyez bénies, âmes généreuses! près de vous, nous respirons, nous sommes soulagés du poids qui nous oppresse, en vous entourant d'un culte de respect et d'amour.

Souvent, bien souvent, nous vous découvrons dans des situations obscures, dans des conditions qu'on regarde comme dépendantes, mais qu'affranchissent et rehaussent les nobles sentiments que vous y portez; nous vous découvrons, avec un respect mêlé d'attendrissement, sous l'humble toit de la pauvreté, vous exerçant aux vertus les plus ignorées, les plus difficiles; et notre admiration en devient plus juste encore et plus profonde.

Que sont tous les spectacles qui enchantent ici-bas et éblouissent les humains? Que sont l'éclat de la puissance, de la fortune, les prestiges de la gloire mondaine, auprès de ces âmes qui répandent à la fois la vie et la lumière? Elles sont moins admirables, les scènes imposantes de la nature, les brillantes productions des arts, les merveilles enfantées par le génie; toutes choses, sans doute, vraiment dignes d'admiration, et qui sont autant de rayons émanés de votre éternelle auréole, divin Auteur des êtres; mais son reflet le plus fidèle n'est-il pas une belle âme?

Elles sont vos messagères au milieu de nous, ces âmes éminentes. Il y a en elles quelque chose de divin qui nous révèle votre divinité; elles nous annoncent la source dont elles dérivent, et vous manifestent par elles aux hommes. Vous nous remplissez du sentiment de votre présence.

N'est-ce pas votre adorable bonté qui respire en elles? cette bonté dont la douce et féconde chaleur pénètre et se propage dans le sein de l'humanité, qui calme et guérit les maux, ranime la faiblesse, fait germer les semences du bien, rallie les cœurs, alimente les affections généreuses, scelle les alliances intimes de l'amitié; cette bonté, ministre de la paix, que la sérénité accompagne; puissance invisible et charmante qui se fait chérir de ceux qu'elle subjugue, dont les conquêtes sont autant de bienfaits; cette bonté qui fait l'ornement et les délices de la terre!

N'est-ce pas votre incomparable sagesse qui reluit dans ces âmes où la vérité, la justice, se personnifient vivantes, agissantes; dans ces âmes fidèles à la loi du devoir, dévouées à la cause du bien; dans ces âmes où règnent, comme dans un empire bien réglé, un ordre, une harmonie que ne troublent ni les séductions des sens, ni les orages des passions?

N'est-ce pas en vous qu'elles puisent cette élévation naturelle qui les rend maîtresses d'elles-mêmes, qui les soutient dans le péril, qui les fait triompher des attaques des méchants, qui leur fait dédaigner les ambitions terrestres; cette force mystérieuse, calme, constante, toujours égale, qui les rend capables d'exécuter avec simplicité les plus grandes choses?

A quelle autre source puiseraient-elles ces vertus sublimes, si ce n'est dans cette divine religion, qui seule a le privilège d'élever les âmes au-dessus de l'humaine nature, jusqu'au

Créateur, et d'entretenir avec lui, par la piété, un commerce assidu, intime? Pour ces âmes héroïques, la religion est un sentiment filial; leur prière se confond avec les hymnes des anges; leur vie entière est un hymne en l'honneur de Dieu; elles attirent ses bénédictions sur la terre.

O vous, qui vous êtes sentis émus en contemplant ces belles âmes, en admirant ces sublimes exemples, n'étouffez point en vous ces élans de la vertu! laissez-vous entraîner par ces saintes inspirations; suivez la route lumineuse qui vient d'être tracée devant vous! Vous aussi, soyez vertueux; vous aussi, allez puiser à cette source divine, qui fortifie, vivifie l'âme, et la conduit au vrai but de la destinée humaine!

TABLE DES MATIÈRES

	Pages.
INTRODUCTION, par M. de Gérando.	1
M. DE MONTYON, par M. Ernest Fouinet.	XIII
Vie du cardinal de Cheverus, résumée par M. Villemain.	1
Eustache, dit Belin, nègre de Saint-Domingue. Prix Montyon, 1832.	8
Du courage de l'amitié. (Extrait de la Morale en Action.).	15
Pierre Guillot. Prix Montyon, 1838.	21
Fondation des Hospices pour les enfants trouvés, par saint Vincent de Paul.	24
Anne Langlade, dite Agnoutine. Prix Montyon, 1837.	29
La veuve Vignon. Prix Montyon, 1832.	31
Le militaire en retraite. François Burgot. Prix Montyon, 1837.	33
L'adjudant Martinel. Prix Montyon, 1837.	35
Beau trait de Montesquieu. (Extrait de la Morale en Action.).	42
Le pasteur Oberlin.	49
Beau dévouement d'un préfet, par M. le baron de Gérando.	57
La probité récompensée. (Extrait de la Morale en Action.).	59
Les grenadiers français. (Extrait du Peuple instruit par ses propres vertus.).	67
Les miliciens généreux. (Extrait du Peuple instruit par ses propres vertus.).	69
La légion thébaine.	70
Le père le Jeune.	72
Les trois frères Conté. Prix Montyon, 1835.	75
Sœur Marthe. (Portraits et Histoires des Hommes utiles.).	75
Alexandre Martin. Prix Montyon, 1838.	80
Le batelier de Montereau, Mathieu, dit Boisdoux. Prix Montyon, 1840.	83
Dévouement héroïque. Prix Montyon, 1850.	86
La fidélité mal récompensée. (Extrait de la Morale en Action.).	87
Belsunce, évêque de Marseille. (Publication des Hommes utiles.).	90
Madame de Miramion.	95
Pierre-Alexandre Phlipault. Prix Montyon, 1820.	97

TABLE DES MATIÈRES.

Pages.

Mademoiselle Détrimont. Prix Montyon, 1826.. 100
Le soldat en garnison. (Extrait des Archives du ministère de l'intérieur.. 102
Les insulaires bienfaisants, ou les habitants de l'île de Sen. (Extrait du Bulletin de la Société centrale et locale des Naufragés.) 103
Le débordement de l'Adige. 105
Saint Vincent de Paul fondant l'Institution des Sœurs de la Charité. 107
La famille Grosso. Prix Montyon, 1858. 114
Philippe Barré. Prix Montyon, 1850. 116
Les douze frères. (Extrait de la Morale en action.). 119
Trait de justice. (Extrait de la Morale en Action.). 120
L'abbé Legris-Duval. 125
Généreuse bienfaisance d'un rémouleur. Prix Montyon, 1821. 129
L'apprentie reconnaissante, Antoinette Louis. Prix Montyon, 1824. 131
Grand dévouement. Dacheux. Prix Montyon, 1824. 135
Le bon gendarme, Joseph Taine. Prix Montyon, 1828. 137
Sur la fête de la Rose, établie à Salency. (Extrait de l'ancienne Morale en Action.). 139
Le curé charitable. (Extrait des Anecdotes chrétiennes.). 143
La servante du pasteur Oberlin, Louise Scheppler, la véritable fondatrice des salles d'asile en France. Prix Montyon, 1829. 144
Joseph Cange. 147
Desgenettes et Larrey. 148
L'adoption, ou le cinquième enfant. Prix Montyon, 1850. 150
Joseph Ignace, dit Naxi. Prix Montyon, 1859. 152
Le héros sans le savoir. (Extrait du Peuple instruit par ses propres vertus.). . . . 155
Jeannot et Colin. (Extrait de la Morale en Action.). 157
L'abbé de l'Épée. (Portraits et Histoire des Hommes utiles.). 162
Le funambule bienfaisant, Joseph-Nicolas Plège. Prix Montyon, 1856. 168
Un jugement en Chine. (Extrait de la Morale en Action.). 170
Le don de l'obole a aussi son prix. 172
Piété filiale. Henriette Garden. Prix Montyon, 1850. 175
La mère adoptive, Reine Beaubis, veuve Bordier. Prix Montyon, 1824. 177
Dévouement paternel d'un pauvre. (Extrait de la Morale en Action.). 179
Amyot. Secours et gratitude. 181
Le pilote Delpierre. Prix Montyon et discours prononcé sur sa tombe, 1854. . . . 182
Saint Vincent de Paul au milieu des galériens. (Extrait de la Vie du saint.). . . . 184
Auguste et Cinna. 189
Howard, par M. le baron de Gérande. 190
Le courageux Hollandais. 197
Justice de Louis XII. 199
Reconnaissance des animaux. (Extrait de la Morale en Action.). 200
L'ange des prisons, Suzanne Guiraud. Prix Montyon, 1855. 203
Courage et dévouement d'un infirmier. Prix Montyon, 1855. 205
Trait d'amour fraternel. (Extrait de la Morale en Action.). 207
L'élève de l'École militaire (XVIIIe siècle). 209
Louise Nallard. Prix Montyon, 1850. 210
Marguerite Favret, veuve Meyer. Prix Montyon, 1850. 212
Pierre, l'enfant trouvé. 215
Le Français et le Prussien. 217
Jean et Marie, histoire française. (Extrait de la Morale en Action.). 218
La Peyrouse. (Extrait des Annales maritimes et coloniales, 1822, 1827.) 227
L'enseigne Bisson. 234
Fait d'armes de Mazagran. (Extrait du Moniteur.). 236
Le jeune professeur. Prix Montyon, 1855. 243
Mademoiselle Berteau. Prix Montyon, 1855. 245
Le vétéran des guerres de la République. Prix Montyon, 1855. 249

TABLE DES MATIÈRES. 459

Pages.

Le plus grand bienfait est celui qui soustrait le malheur au danger d'être entraîné au crime. (Extrait de la Morale en Action.).......... 255
La sœur de Charité, Madeleine Fort. Prix Montyon, 1840 255
Le portefeuille........................... 257
La dette de l'humanité. (Extrait de la Morale en Action).......... 260
Dévouement du Clergé français pendant les inondations de 1840. (Extrait du Moniteur, 11 février 1841.)......................... 261
Le modèle des bons serviteurs, Jean Guénisset. Prix Montyon, 1820........ 269
La bonne fileuse, Françoise Olivier. Prix Montyon, 1839............ 271
Dévouement fraternel, Aubry l'invalide. (Extrait des Fastes de la nation française). 273
Amour filial chez les Japonais. (Extrait de la Morale en Action.)......... 274
Le garçon limonadier, Jacques Sorbier. Prix Montyon, 1841........... 276
Le président Matthieu Molé, par M. le comte Molé............. 278
Courageux dévouement d'un curé de campagne. (Extrait des Archives du ministère de l'intérieur.)......................... 285
Le bon fils. (Extrait de la Morale en Action.)................ 287
Courage et dévouement de Hubert Goffin. (Extrait des Fastes de la nation française.)........................... 289
Action héroïque de Kerserho, matelot de Krostein en Quiberon. (Extrait des Annales maritimes et coloniales, 1811.)..................... 291
La bienfaisance du pauvre. Prix Montyon, 1820............... 294
Jean Bart. (Extrait des Fastes de la nation française.)............. 296
Le grenadier Bininger. Prix Montyon, 1841................. 298
Courage envers les Naufragés. (Extrait du Moniteur et des Annales maritimes et coloniales.).......................... 300
Alibée, ou la fidélité, histoire persane. (Extrait de la Morale en Action.)...... 302
Dévouement filial. Jeanne Parelle. Prix Montyon, 1856............ 308
L'héritage de la mère des prisonniers.................... 316
L'abolition de l'esclavage en France, d'après Baillet, par M. le baron de Gérando.. 317
Générosité d'une jeune sourde-muette. (Extrait des procès-verbaux de l'institution des Sourds-Muets de Paris.)....................... 319
Les camarades de collége....................... 320
M. de Choiseul et le Turc....................... 321
Les deux frères. (Extrait de la Morale en Action.).............. 322
Le commissionnaire du port de Rouen. Prix Montyon, 1858.......... 325
Androclès et le lion. (Extrait de la Morale en Action.)............. 327
Le lion et l'épagneul. (Extrait de la Morale en Action.)............ 330
La servante des malheureux. Prix Montyon, 1856.............. 332
Henri IV et Sully. (Extrait de la Morale en Action.)............. 335
Le bon jardinier, Sauquet-Javelot. Prix Montyon, 1855............ 337
Sobriété d'Alphonse V........................ 340
Le jeune père. (Extrait de la Morale en Action.).............. 341
Joseph Chrétien........................... 342
L'écolier généreux.......................... 344
L'incendie............................ 346
Enseignement sur la passion du jeu. (Extrait de la Morale en Action)...... 347
Un nègre de la Guyane française. Prix Montyon, 1852............ 349
La générosité réunie à l'héroïsme dans le caractère du marin Du Petit-Thouars. (Extrait des Annales maritimes, 1817.).................. 351
Le grenadier de la vieille garde, Narcisse Daroux. Prix Montyon, 1854...... 354
Le grand-duc Léopold et Maupertuis. (Extrait de la Morale en Action.)..... 355
Abolition des sacrifices humains par l'influence du christianisme. (Extrait de la Vie des Saints, par Baillet.)...................... 357
L'enfant du fondeur. (Extrait du Guide du Bonheur, par M. le baron Delessert.).. 358
Oraison funèbre d'un paysan par un curé de village. (Extrait de la Morale en Action.) 360

TABLE DES MATIÈRES.

	Pages
Les marchands bienfaisants. Prix Montyon, 1847.	563
Intrépidité de Catherine Robaine. (Extrait des Fastes de la nation française.)	566
Un duel prévenu. (Extrait de la Morale en Action.).	567
Zèle courageux d'un chirurgien militaire. (Extrait des Annales de la Marine, 1857.).	569
Les enfants charitables. (Trait fourni par M. le baron Delessert.).	570
L'aumônier des prisons. (Extrait de la Vie de l'abbé Perrin, par M. Jury.)	572
Charlemagne et un jeune clerc. (Extrait de la Morale en Action.).	575
Le batelier Antoine Dejean et ses compagnons. (Extrait des Archives du ministère de l'intérieur.).	576
L'ami fidèle. (Extrait de la Morale en Action.).	579
Patronage industriel, par M. le baron de Gerando.	580
L'Abbé Desjardins. (Extrait de son Oraison funèbre, prononcée par M. Olivier, curé de Saint-Roch.	584
Un trait de Turenne. (Extrait de la Morale en Action.).	587
Les époux Bachelard. Prix Montyon, 1829.	588
Les bienfaits du patronage. Patronage villageois. Madame la comtesse d'Hervilly. (Extrait des Lettres sur la Picardie.).	590
La piété filiale. (Extrait de la Morale en Action.).	597
Courage et dévouement d'un enfant de douze ans. Prix Montyon, 1810.	400
Le mousse Perret. Prix Montyon, 1857.	401
Secours aux prisonniers. Mademoiselle Farge.	403
Roch Martin. Prix Montyon, 1825.	406
Le courageux enfant. Prix Montyon, 1826.	408
Élisabeth Fry. (Extrait d'un Discours adressé aux apprentis par M. H. de Triqueti.).	409
Sœur Rosalie.	418
Secours aux naufragés. (Extrait des Annales maritimes.).	426
Conclusion.	431

FIN DE LA TABLE.

www.ingramcontent.com/pod-product-compliance
Lightning Source LLC
Chambersburg PA
CBHW072108220426

43664CB00013B/2041